五書五經讀本

懸吐完譯

周易傳義 貞

責任飜譯 崔英辰
共同飜譯 金炳愛 崔廷準
懸吐 吳圭根

전통문화연구회

目 次

《周易傳義》元

《周易傳義》亨

《周易傳義》利

6

刊行辭

經은 본래 책을 가리키는 말이다. 후대에 특별히 經을 높여 聖賢의 말씀을 담고 있는 책이라는 의미로 사용하였다. 儒學이 중국문화는 물론 동아시아 사상의 주류를 이루면서 經은 일반적으로 유학의 기본 典籍을 가리키는 용어가 되었다. 따라서 經을 읽지 않으면 유학을 이해할 수 없고, 유학을 이해하지 못하면 중국문화나 동아시아의 문화를 이해할 수 없다.

1960년대 民族文化振興과 民族中興이라는 기치를 내건 정부는 學·藝術界 指導者 50여 분을 모시고 가장 시급한 문화 사업으로 漢文古典飜譯事業에 착수하였다. 光復 후 20여 년이 지났지만 韓國學의 기본 資料이자 교과서인 四書五經의 우리말 註釋書 하나 없던 시절이었다. 그러나 한문고전번역사업에서 東洋古典(中國古典篇)은 우리 古典이 아니라 하여 번역대상에서 제외되었고, 2000년대에 들어와서야 정부에서 얼마간의 보조금을 주기 시작하였다.

본회에서는 1990년대에 이미 四書三經을 비롯한 유학의 기본 古典을 선별하여 번역하였다. 당시 逐字譯의 실력이 없이는 현대어로의 완전한 번역이 불가능하다는 생각을 바탕으로, 동양학 전공 여부를 막론하고 유학을 넘어 동양학의 기본서를 머리맡에 사전처럼 두고 볼 수 있는 번역서를 목표로 東洋古典國譯叢書를 기획·간행하였다. 우리나라 漢文讀法의 전통을 계승하고자 懸吐 방식으로 원문을 정리하고 주석까지 完譯하여, 학계에 기여함은 물론 교육과 일반교양의 필독서로도 널리 인정을 받았다.

당시 오역 없는 번역에 力點을 두었음에도 불구하고 시간이 지남에 따라 쌓인 국내외 연구 성과로 인하여 번역서의 수정도 불가피하게 되었다. 그리하여 2005년 改訂增補版 四書를 발간하기에 이르렀다. 그러나 개정증보판 사서를 발간하면서 과거 先賢들의 註釋書와 국내외의 연구 성과, 시대에 따라 변화하는 언어를 오롯이 담아내지 못한 점을 아쉬워하였다. 이후 사서 이외의 개정증보판 발간을 미루고 고민한 결과, 동양고전국역 총서가 20세기 버전으로 그 생명력을 다하였으니 21세기 번역의 표준을 제시할 수 있는 고전번역서를 새롭게 만들어보자는 쪽으로 의견이 모아졌다.

본 '五書五經讀本'은 바로 그 고민을 해결하기 위해 기획하였으며, 傳統과 現代를 아우르면서 역대 국내외 연구 성과를 망라하고 연구자는 물론 동양학 열풍으로 수준이 높아진 일반 독자의 눈높이에 맞춰, 독자의 기호에 따라 연구의 기본자료 또는 교재, 입문서 등으로 다양하게 활용할 수 있는 21세기 標準飜譯書 제공을 목적으로 하였다. 따라서 국내외의 역대 註釋書를 비롯하여 동양고전국역총서 발간 이후 축적된 연구 성과를 종합하였다. 이를 위해 몇 분 안 되는 元老漢學者 또는 전공교수와 일정 수준의 소양을 갖춘 신진학자의 協同研究飜譯을 지향하였다.

본회에서 처음 추진한 협동연구번역은 후속연구자 양성이라는 측면에서도 큰 의미를 갖는다. 번역을 통해 徒弟式 교육을 받은 신진학자는 앞으로 학계를 이끌어갈 주역으로서 단단히 자리매김하여 우리나라 학계의 큰 자산이 될 것이다.

또 번역뿐만 아니라 古典籍 정리사업에 따라 각종 校勘·潤文·校訂 등에도 번역수준의 전공자로 구성하는 등 기획부터 출간 단계까지 심혈을 기울였다. 이는 誤謬를 최소화한 표준번역서를 목표로 어느 곳에 내놔도 그 가치를 인정받을 수 있는 名品을 만들기 위한 하나의 노력이었다.

또한 과거에는 상상할 수 없던 모바일 器機의 등장과 대중화는 출판환경과 독서형태를 변화시켰다. 이러한 변화에 발 빠르게 對應하고 시대를 先導하기 위해 '오서오경독본'을 스마트 정보화하였다. 연구자, 교수자, 초학자, 原典을 통해 고전을 읽기 원하는 독자 등 누구나 쉽고 부담 없이 접근하여 동양고전의 참맛을 느낄 수 있을 것이다.

'오서오경독본'은 오류를 최소화하고 스마트화로 접근성을 높인 최상의 표준번역서로서 동양고전 교육의 훌륭한 밑거름이 되어 학계의 수준을 一新하리라 굳게 확신한다. 또한 지식의 국경을 허물고 있는 인터넷 환경은 그 어느 때보다도 동양고전 情報化의 필요성을 切感(例 : 八佾舞)하게 한다. 따라서 시대의 흐름에 맞춰 '오서오경독본'을 정보화하여 그 활용 가치를 극대화할 계획이다. 이는 본회를 넘어 대한민국이 동북아시아뿐만 아니라 전 세계 동양고전 情報와 敎育의 허브로서 중추적 역할을 담당할 것이다.

翻譯은 단순히 다른 言語를 옮기는 행위가 아닌, 한 언어를 사용하는 민족의 사상과 문화 전체를 옮기는 행위인 만큼 고전번역은 과거 聖賢의 사상은 물론 그 당시의 문화와 疏通하는 행위이며, 이는 현재 자신의 문화를 이해하는 尺度라 할 수 있다. '오서오경독본'은 21세기 번역의 표준으로서 우리 한국 고전번역의 수준을 가늠할 수 있는 척도가 되리라 스스로 자부해본다.

'오서오경독본' 시리즈의 첫 출간 시점이 우연히도 전통문화연구회 창립 30주년이 되는 해이다. 30년 동안 동양고전 번역에 무던히 매진하면서 고전의 중요성을 늘 강조하였다. 이제 다시금 내놓는 오서오경독본을 보면서 고전의 맛이 늘 새롭고 無窮함을 새삼 깨달았다. 고전과 씨름하며 지낸 30년 세월을 넘어 '오서오경독본'이 앞으로 30년, 50년을 이어갈 고전번역의 새로운 이정표가 되기를 기대하며, 정부에서도 21세기 東北亞 시대를 인식하여 東洋古典翻譯은 물론 東洋古典情報化에도 特段의 관심을 갖기를 고대한다.

나아가 2000여 년간 한자문화를 기반으로 찬란한 문화를 꽃피운 대한민국이 21세기 東北亞 漢字文化圈에서 다시 눈부신 문화의 융성을 목표로 본회와 관련단체에서 추진하는 先進文化韓國 VISION 2030-2050을 '五書五經讀本'과 '漢文讀解捷徑' 및 '東洋古典情報化'가 앞장서 이끌어 동북아 韓·中·日 三國鼎立과 世界平和에 기여하길 바란다.

2018年 10月 日

社團法人 傳統文化硏究會 會長 李啓晃

凡 例

1. 본서는 五書五經讀本의 한 책이다.

2. 본서의 底本은 庚辰新刊 內閣藏板《周易大全》(純祖 20년, 규장각 소장본 奎中18, 大田 : 學民文化社 影印本)으로 하였으며, 국립중앙도서관 소장본《周易傳義大全》(刊年未詳, 한古朝03-5-1)을 참조하였다.

3. 全4冊의 순서는 古典籍의 書誌에서 사용되어 온 분책 방식인 '元·亨·利·貞'을 차용하였다. '元·亨·利·貞'은《周易》乾卦에 나오는 개념으로, 하늘이 갖춘 네 가지 德이자 사물의 존재양식을 설명하는 용어이다.

4. 原文에는 우리나라 전통 방식으로 懸吐하였다. 經文의 현토는 宣祖 年刊의 內閣版 覆刻初刊本《周易諺解》를 따랐으며, 程頤(北宋)의《程傳》과 朱熹(南宋)의《本義》는 研青 吳虎泳 先生의 연구를 참조하여 譯註者가 현토하였다.

5. 譯註는 저본의 原註 및《韓國經學資料集成 : 易經》(대동문화연구원, 성균관대학교출판부, 1995~1997)을 중심으로 작성하였으며, 일정 부분을《한국주역대전》(한국주역대전편찬실 저, 學古房, 2017)에서 선별하여 수록하였다. 64괘의 도입부에서는 각 괘의 간략한 의미와 관련하여 리하르트 빌헬름(Richard Wilhelm)의 영문판 주역인《The I Ching》(Princeton University Press, 1977)을 활용하였다. 이밖에 校勘, 인용문의 出典, 故事, 역사 사건, 전문용어, 難解語, 制度 등에 관한 사항을 밝혔다.

6. 異音, 僻字의 경우는 원문의 해당 글자 뒤에 한글로 音을 달아주었으며, 難解字는 각 단락의 아래에 字義를 실었다.

7. 飜譯은 原義에 충실하게 하되, 이해가 어려운 부분은 意譯 또는 補充譯을 하였다.

8. 飜譯文은 한글과 漢字를 混用하였으며, 맞춤법과 띄어쓰기는 한글 맞춤법과 표준어
   규정을 따르는 것을 원칙으로 하였다.

9. 校勘은 원문의 誤字, 脫字, 衍字, 倒文 등을 대상으로 하였다.

10. 본서에 사용한 주요 符號는 다음과 같다.

   “ ” : 對話, 각종 引用

   ‘ ’ : “ ”안에서 再引用, 强調

   「 」 : ‘ ’안에서 再引用, 强調

   ( ) : 원문에서는 讀音이 다른 글자나 僻字의 音
   　　　 번역문에서는 간단한 譯註

   〔 〕 : 번역문의 이해를 돕기 위한 原文의 漢字나 句節
   　　　 譯註에서 인용한 原文

   《 》 : 書名

   〈 〉 : 篇章名, 作品名, 補充譯

   ○ : 저본에 사용된 단락 구분 표시 遵用

   字義 : 字義 표시

11. 본서의 校勘에 사용된 부호는 다음과 같다.

   ( )〔 〕 : (저본의 誤字)[교감한 正字]

   〔 〕 : 저본의 脫字 보충

   ( ) : 저본의 衍字 삭제

周易傳義

周易傳義 卷第十八

50. 鼎

䷱ 巽下離上

下卦는 巽卦☴이고 上卦는 離卦☲이다.

【傳】鼎[1]은 序卦에 革物者莫若鼎이라 故受之以鼎이라하니라 鼎之爲用은 所以革物也니 變腥而爲熟하고 易堅而爲柔라 水火不可同處也어늘 能使相合爲用而不相害하면 是能 革物也니 鼎所以次革也라 爲卦ㅣ 上離下巽하니 所以爲鼎은 則取其象焉이요 取其義 焉이라 取其象者有二하니 以全體言之하면 則下植爲足이요 中實爲腹이니 受物在中之 象이요 對峙於上者는 耳也요 橫亘乎上者는 鉉也니 鼎之象也라 以上下二體言之하면 則中虛在上하고 下有足以承之하니 亦鼎之象也라 取其義하면 則木從火也라 巽은 入 也니 順從之義니 以木從火는 爲然之象이라 火之用은 唯燔與烹이니 燔不假器라 故取 烹象而爲鼎하니 以木巽火는 烹飪之象也라 制器는 取其象也어늘 乃象器以爲卦乎아 曰 制器 取於象也나 象存乎卦而卦不必先器라 聖人制器에 不待見卦而後知象이로되 以衆人之不能知象也라 故設卦以示之하시니 卦器之先後는 不害於義也니라 或疑鼎非自 然之象이요 乃人爲也라하니 曰 固人爲也나 然烹飪은 可以成物이니 形制如是則可用이라 此非人爲요 自然也니 在井亦然[2]이라 器雖在卦先이나 而所取者乃卦之象이요 卦復用 器以爲義也니라

---

1   鼎 : 빌헬름 영문판 주역인 《The I Ching》에서는 鼎卦를 "Ting / The Caldron"이라고 하였다. 괘를 구성하는 여섯 효가 솥의 상이다. 초육은 다리에 해당하며 구이효에서 구사효까지는 솥의 배에 해당하며 육오효는 솥의 귀에 해당하며 상구효는 나를 때 사용하는 고리에 해당한다. 우물도 사람들에게 영양을 공급하는 의미이지만 솥은 일상의 사람들에게 영양을 정제하고 개선하여 공급하는 도구이다. 이처럼 사람들을 길러주고 개선하는 의미를 지닌다고 하였다.

2   在井亦然 : 《大全》의 소주에서 郭忠孝(南宋)는 "성인은 반드시 道로써 괘를 명명하는데, 井卦와 鼎卦에서만 그릇으로써 한 것은 道와 그릇이 한 가지이기 때문이다. 道로 말미암아 그릇을 알 수 있고, 그릇으로 말미암아 道를 추정할 수 있다." 하였다.

鼎卦는 〈序卦傳〉에 "물건을 변혁하는 것은 솥 만한 것이 없기 때문에 鼎卦로 받았다." 하였다. 솥의 쓰임은 물건을 변혁하는 것이니, 날고기를 변하여 익게 하고 단단한 것을 바꾸어 부드럽게 만든다. 물과 불은 함께 있을 수 없는데 서로 합하여 쓰임이 되어 서로 해치지 않게 하면 이는 물건을 변혁하는 것이니, 이 때문에 鼎卦가 革卦의 다음이 되었다.

卦의 구성이 上卦는 離卦☲이고 下卦는 巽卦☴이니, 솥이 된 까닭은 그 象을 취하고 그 뜻을 취한 것이다. 象을 취한 것에 두 가지가 있으니, 〈첫째〉 卦 전체로 말하면 아래에 세워진 것은 '발'이 되고 가운데 채워진 것은 '배'가 되니 물건을 받아 가운데에 두는 象이고, 위에 마주보고 솟아있는 것은 '솥귀'이고 위에 가로로 뻗어있는 것은 '鉉'이니 솥의 象이다. 〈둘째〉 위와 아래의 두 몸체로 말하면 가운데가 빈 것(☲)이 위에 있고 아래에 발(☴)이 있어 받드니 또한 솥의 象이다. 그 뜻을 취하면 나무가 불을 따른 것이다. 巽卦는 들어감이니 순종하는 뜻이니, 나무가 불에 순종함은 불태우는 象이 된다. 불의 쓰임은 오직 굽는 것과 삶는 것이니 굽는 것은 그릇을 빌리지 않기 때문에 삶는 象을 취하여 '솥'이라고 하였다. 나무가 불에 순종함은 삶아 익히는 象이다.

〈어떤 이가 묻기를〉 "그릇을 만듦은 그 象을 취하는 것인데, 곧 그릇을 형상하여 卦를 만들었단 말입니까?" 하니, 대답하기를 "그릇을 만듦은 象에서 취하였으나 象이 卦에 있는 것이고, 卦가 반드시 그릇보다 먼저 있었던 것은 아닙니다. 聖人이 그릇을 만들 적에 卦를 본 뒤에 象을 안 것이 아니지만 사람들이 象을 모르기 때문에 卦를 만들어 보여준 것이니, 卦와 그릇 중에 어느 것이 먼저이든 의리에 해롭지 않습니다." 하였다. 어떤 이가 의심하기를 "솥은 자연적인 象이 아니고 바로 사람이 만들어낸 것입니다." 하니, 대답하기를 "진실로 사람이 만들어낸 것이지만 〈여기에〉 삶아 익히면 만물을 養成할 수 있고, 만들어진 그릇의 형상이 이와 같으면 쓸 만한 가치가 있으니, 이는 사람이 만든 것이 아니고 자연적인 것이니, 井卦에 있어서도 그렇습니다. 그릇이 비록 卦보다 먼저 있었으나 취한 것은 바로 卦의 象이고, 卦는 다시 그릇을 사용하여 뜻을 삼은 것입니다." 하였다.

字義 鼎 : 솥 정   腥 : 날고기 성   亘 : 뻗칠 긍   鉉 : 솥귀에꿰는막대 현   燔 : 구울 번
烹 : 삶을 팽   飪 : 익힐 임

鼎은 元(吉)亨[3]하니라

---

3 鼎 元(吉)亨 : 《大全》의 소주에서 胡一桂(元)는 《주역》의 괘사에 '元亨'의 점사가 있는 것이 네 괘가 있는데, 大有卦☲·蠱卦☶·升卦☷·鼎卦☲라고 하고 이에 대해 다음과 설명하였다. "'元亨' 이외에 다른 말이 없는 것은 大有卦와 鼎卦 뿐이다. 대유괘는 한 음이 다섯 양을 소유하고 있어 크게 형

鼎은 크고 형통하다.

【본의】크게 형통하다.

【傳】以卦才言也니 如卦之才면 可以致元亨也라 止當云元亨이니 文羨(衍)吉字라 卦才可以致元亨이니 未便有元吉也라 彖에 復止云元亨이라하니 其羨이 明矣라

  卦才로 말하였으니, 卦의 재질과 같으면 크고 형통함을 이룰 수 있다. 다만 '元亨'이라고만 말해야 하니, '吉'자는 연문이다. 卦의 재질이 크게 형통함을 이룰 수 있으니, 곧 '크게 길함'이 있는 것은 아니다. 〈彖傳〉에 다시 '元亨'이라고만 하였으니, '吉'자는 연문임이 분명하다.

【本義】鼎은 烹飪之器라 爲卦下陰은 爲足이요 二三四陽은 爲腹이요 五陰은 爲耳요 上陽은 爲鉉이니 有鼎之象이요 又以巽木入離火而致烹飪하니 鼎之用也라 故其卦爲鼎이라 下巽은 巽也요 上離는 爲目而五爲耳하니 有內巽順而外聰明之象이며 卦自巽來하여 陰進居五而下應九二之陽이라 故로 其占曰元亨이라하니라 吉은 衍文也라

  '솥'은 삶아 익히는 그릇이다. 鼎卦 맨 아래의 陰爻는 '발'이 되고, 二爻·三爻·四爻의 陽은 '배'가 되며, 五爻의 陰은 '귀'가 되고, 上爻의 陽은 鉉이 되니, 솥의 象이 있다. 또 나무인 巽卦☴가 불인 離卦☲로 들어가 삶아 익힘을 이루니, 솥의 쓰임이다. 그러므로 그 卦가 鼎이 된 것이다. 아래의 巽卦는 '巽順'이고, 위의 離卦는 '눈'이 되며, 六五는 '귀'가 되니, 안은 巽順하고 밖은 총명한 象이 있으며, 卦가 巽卦☴로부터 와서 陰이 나아가 五爻 자리에 있어 아래로 九二의 陽과 호응한다. 그러므로 그 占에 크게 형통하다고 한 것이다. '吉'은 연문이다.

字義 羨 : 남을 연(衍)

象曰 鼎은 象也니

〈彖傳〉에 말하였다. "鼎은 象이니,

통함이 되고, 鼎卦는 천하의 소중한 그릇이니 그 점이 본래 대유괘와 같아서 고괘·승괘와 동등하게 말할 수 있는 것이 아니다." 또, 胡炳文(南宋)은 "大有卦☰와 鼎卦☴는 괘 이름 밑에 곧바로 '원형'이라고 하였으니, 孔子가 괘의 재질로 설명한 것이다. 문왕의 처음 생각은 大有卦☰의 六五가 虛中으로 위에 있어서 큰 여러 양들을 소유할 수 있으므로 '크게 형통'하고, 鼎卦☴는 날것을 변하여 익히고 굳셈을 변하여 부드럽게 하며 물·불은 함께 있을 수 없는 것인데 서로 쓰임이 되게 하여 사람을 기를 수 있으니, 형통함이 또한 크다는 것이었다." 하였다.

【傳】卦之爲鼎은 取鼎之象也요 鼎之爲器는 法卦之象也[4]니 有象而後有器하고 卦復用器而爲義也라 鼎은 大器也요 重寶也라 故其制作形模가 法象尤嚴하니라 鼎之名은 正也니 古人은 訓方하니 方은 實正也라 以形言하면 則耳對植於上하고 足分峙於下하여 周圓內外의 高卑厚薄이 莫不有法而至正하니 至正然後에 成安重之象이라 故鼎者는 法象之器니 卦之爲鼎은 以其象也라

卦가 鼎卦가 됨은 솥의 象을 취한 것이고, 솥이 그릇이 됨은 卦의 象을 본받은 것이니, 象이 있은 뒤에 그릇이 있게 되었고, 卦는 다시 그릇으로 뜻을 삼았다. '鼎'은 큰 그릇이고, 귀중한 보물이다. 그러므로 모형을 제작하는 데 있어서 본받고 본뜸이 더욱 엄격하다. 鼎이란 이름은 '바르다〔正〕'는 뜻이다. 옛 사람은 〈方正의〉'方'으로 훈고하였으니, 方은 실제로 바른 것이다. 형체로 말하면 '귀'가 위에 대치해 있고, '발'이 아래에 나누어 버티고 있어서, 圓둘레 안팎의 높고 낮음과 두껍고 얇음이 모두 법도가 있고 지극히 바르지 않음이 없으니, 지극히 바른 뒤에 안정되고 후중한 象을 이룬다. 그러므로 솥이란 본받고 본떠서 만들어진 그릇이니, 卦가 鼎이 된 것은 象 때문이다.

字義 模 : 법 모

以木巽火는 亨(팽)飪也니 聖人이 亨하여 以享上帝하고 而大亨하여 以養聖賢하니라

'나무가 불에 순종함'은 삶아 익힌다는 뜻이니, 聖人이 삶아서 상제께 제향하고, 크게 삶아 聖賢을 기른다.

【傳】以二體로 言鼎之用也라 以木巽火는 以木從火니 所以亨飪也라 鼎之爲器는 生人所賴 至切者也니 極其用之大하면 則聖人亨하여 以享上帝하고 大亨하여 以養聖賢이라 聖人은 古之聖王이라 大는 言其廣이라

두 卦體로 솥의 쓰임을 말하였다. '나무로 불에 순종함'은 나무가 불을 따르는 것이니, 삶아 익히는 것이다. 솥이라는 그릇은 살아있는 사람들이 의뢰하는 바가 지극히 간절한 것이니, 그 쓰임의 큼을 지극히 하면 聖人이 삶아 익혀 上帝께 제향하고, 크게 삶아 익혀 聖賢을 기른다. '聖人'은 옛날 훌륭한 왕이다. '大'는 그 넓음을 말한 것이다.

---

4 法卦之象也 :《大全》의 간주에 "어떤 판본에는 '法象之器也'로 되어 있다." 하였다.

【本義】以卦體二象으로 釋卦名義하고 因極其大而言之하니라 享帝는 貴誠하니 用犢而已요 養賢則饔飧牢禮[5]를 當極其盛이라 故曰大亨이라하니라

卦體의 두 象으로 卦名의 뜻을 해석하고, 이것으로 인하여 그 큼을 지극하게 말하였다. 上帝께 제향함은 정성을 귀중히 여기니 송아지를 쓸 뿐이고, 어진 이를 봉양함은 饔飧과 牢禮를 매우 성대하게 해야 하므로 '크게 삶음'이라 말하였다.

字義　犢 : 송아지 독　饔 : 아침밥 옹　飧 : 저녁밥 손　牢 : 희생 뢰

巽而耳目聰明하며 柔進而上行하고 得中而應乎剛이라 是以元亨하니라

공손하고 耳目이 총명하며, 柔가 나아가 위로 올라가고 中을 얻었으며 剛에게 호응한다. 이러므로 크게 선하고 형통하다."

【傳】上에 旣言鼎之用矣요 復以卦才言이라 人能如卦之才면 可以致元亨也라 下體는 巽이니 爲巽順於理요 離明而中虛於上하니 爲耳目聰明之象이라 凡離在上者는 皆云柔進而上行이라 柔는 在下之物이어늘 乃居尊位하니 進而上行也라 以明居尊而得中道하고 應乎剛하니 能用剛陽之道也라 五居中하고 而又以柔而應剛하니 爲得中道라 其才如是하니 所以能元亨也라

위에서 이미 솥의 쓰임을 말하였고, 다시 卦才로 말하였다. 사람이 卦의 재질과 같이 한다면 크고 형통함을 이룰 수 있다. 下體는 巽卦이니 이치에 巽順함이 되고, 離卦는 밝고 위에서 가운데가 비어 있으니 귀와 눈이 총명한 象이 된다. 離卦☲가 위에 있는 것은 모두 "柔가 나아가 위로 올라갔다"고 말하였으니, 柔는 아래에 있는 물건인데 높은 자리에 있으니, 이는 나아가 위로 올라간 것이다. 밝음으로 높은 자리에 있어 中道를 얻고 剛에 호응하니 강건한 陽의 道를 쓸 수 있다. 六五가 가운데에 있고 또 柔로 剛에게 호응하니, 中道를 얻음이 된다. 그 재질이 이와 같으니, 이 때문에 크게 형통한 것이다.

【本義】以卦象卦變卦體로 釋卦辭라

5　饔飧牢禮 : 빈객이 처음 당도했을 때 대접하는 禮를 '饔'이라 하고, 폐백을 마치고 대접하는 禮를 '飧'이라고 한다. 《周禮》鄭玄의 注에서는 '饔飧'이 곧 '牢禮'라고 하였다. 牢禮는 소·양·돼지의 세 가지 희생을 갖추어 빈객을 대접하는 禮이다.

卦象과 卦變과 卦體로 卦辭를 해석하였다.

象曰 木上有火 鼎이니 君子以하여 正位하여 凝命하나니라

〈象傳〉에 말하였다. "나무 위에 불이 있음이 鼎이니, 군자가 이것을 본받아 자리를 바르게 하여 명령을 안정되고 중후하게 한다."

【본의】 명령을 응집한다.

【傳】 木上有火는 以木巽火也니 烹飪之象이라 故爲鼎하니 君子觀鼎之象하여 以正位凝命하나니라 鼎者는 法象之器니 其形端正하고 其體安重하니 取其端正之象하면 則以正其位하니 謂正其所居之位라 君子所處必正이니 其小至於席不正不坐[6]하며 毋跛毋倚[7]라 取其安重之象하면 則凝其命令이니 安重其命令也라 凝은 聚止之義니 謂安重也라 今世俗에 有凝然之語하니 以命令而言耳니 凡動爲를 皆當安重也라

나무 위에 불이 있음은 나무가 불에 순종함이니, 삶아 익히는 象이다. 그러므로 鼎이라고 하였으니, 君子가 鼎의 象을 보고서 자리를 바르게 하여 명령을 중후하게 한다. 鼎은 본받고 본뜨는 기물이니, 그 모양이 단정하며 몸체가 안정되고 중후하다. 단정한 象을 취하면 그 자리를 바르게 하니, 거처하는 바의 지위를 바르게 함을 이른다. 君子는 처하는 바를 반드시 바르게 하니, 작게는 바르지 않은 자리에 앉지 않으며, 한쪽 발로 기울게 서지 않고 기대지 않기까지 한다. 안정되고 중후한 象을 취하면 그 命令을 안정되게 하니, 그 명령을 안정되고 중후하게 하는 것이다. '凝'은 모여서 그친다는 뜻이니, 안정되고 중후함을 이른다. 지금 세속에 '凝然'이란 말이 있으니 명령을 가지고 말하였을 뿐이다. 움직이고 행함을 모두 마땅히 안정되고 중후하게 해야 한다.

【本義】 鼎은 重器也라 故有正位凝命之意라 凝은 猶至道不凝之凝[8]이니 傳所謂協于上

---

6 席不正不坐 : 《論語》〈鄕黨〉에 보인다.

7 毋跛毋倚 : 《禮記》〈曲禮〉에 "거만하게 걷지 말며, 한쪽 다리로 기우뚱하게 서지 말라〔遊毋倨 立毋跛〕" 하였다.

8 猶至道不凝之凝 : 至道不凝은 《중용장구》 제27장의 "만일 지극한 덕이 아니면 지극한 도가 모이지 않는다.〔苟不至德 至道不凝焉〕"라고 한 데서 취한 말이다.

下以承天休者也[9]라

　　솥은 귀중한 그릇이므로 지위를 바르게 하여 天命을 모은다는 뜻이 있다. '凝'은 "至道不凝
(지극한 道가 모이지 않는다)"의 '凝'과 같으니, 《春秋左氏傳》에 이른바 "上下가 화목하여 하늘
의 복을 받았다."는 뜻이다.

字義　凝 : 엉길 응　跢 : 외발로설 피

初六은 鼎이 顚趾나 利出否(비)하니 得妾하면 以其子无咎리라

【本義】利出否요 得妾하여 以其子니 无咎리라

　初六은 솥이 엎어져 발이 넘어졌으나 나쁜 것이 쏟아져 나와 이로우니, 첩을 얻으면
그 남자를 도와서 허물이 없게 할 것이다.

【본의】나쁜 것이 쏟아져 나옴이 이롭고, 첩을 얻어 자식까지 얻으니 허물이 없을 것이
다.

【傳】六在鼎下하니 趾之象也요 上應於四하니 趾而向上은 顚之象也라 鼎覆則趾顚이요
趾顚則覆其實矣니 非順道也라 然有當顚之時하니 謂傾出敗惡하여 以致潔取新이면 則
可也라 故顚趾는 利在於出否하니 否는 惡也라 四는 近君하니 大臣之位요 初는 在下之人
而相應하니 乃上求於下하고 下從其上也라 上能用下之善하고 下能輔上之爲하면 可以
成事功이니 乃善道니 如鼎之顚趾가 有當顚之時하여 未爲悖理也라 得妾以其子无咎는
六陰而卑라 故爲妾이니 得妾은 謂得其人也라 若得良妾이면 則能輔助其主하여 使无過
咎也라 子는 主也니 以其子는 致其主於无咎也라 六陰居下而卑巽從陽하니 妾之象也라

9　傳所謂協于上下以承天休者也 : 《春秋左氏傳》宣公 3년에 "〈王者가 되는 것은〉德에 달린 것이지 鼎
　에 달린 것이 아니다. 옛날 夏나라에 德이 있을 때에 遠方의 나라들이 각각 그 山川의 奇異한 물건
　들을 그려 올리자, 九州의 牧伯에게 靑銅〔金〕을 바치게 하여, 아홉 개의 鼎을 鑄造하여 그 物象(遠方
　에서 그려 올린 物象)을 새겨 넣고, 百物을 새겨 넣어 백성들로 하여금 鬼神의 奸邪한 情狀을 알 수
　있게 對備하였다. 그러므로 백성들이 川澤과 山林에 들어가도 不若(사람을 해치는 妖怪)을 만나지
　않고, 螭魅罔兩을 만나지 않았다. 그러므로 上下가 和睦하여 하늘의 福을 받았다.〔在德 不在鼎 昔夏
　之方有德也 遠方圖物 貢金九牧 鑄鼎象物 百物而爲之備 使民知神姦 故民入川澤山林 不逢不若 螭魅
　罔兩 莫能逢之 用能協于上下以承天休〕"하였다. 여기에서 '承天休'는 杜預의 注에 "백성에게 災害가
　없으면 上下가 화목하여 하늘의 복을 받는다는 말이다.〔民無災害 則上下和而受天祐〕" 하였다.

以六上應四하니 爲顚趾而發此義라 初六은 本无才德可取라 故云得妾하니 言得其人則
如是也라

陰이 솥 아래에 있으니 '발'의 象이고, 위로 九四와 호응하니 발이 위로 향하여 엎어지는 象
이다. 솥이 엎어지면 발이 넘어지고, 발이 넘어지면 솥 안에 담긴 것이 쏟아지니, 순한 道가
아니다. 그러나 넘어져야 할 때가 있으니, 〈이때〉 부패한 것과 나쁜 것을 쏟아 버려 깨끗함을
이루고 새로움을 취한다면 괜찮다는 말이다. 그러므로 발이 넘어짐은 이로움이 나쁜 것이 쏟
아져 나옴에 있으니, '否'는 나쁜 것이다.

九四는 임금과 가까우니 大臣의 자리이고, 初六은 아래에 있는 사람인데 서로 호응하니,
위는 아래에게 구하고 아래는 위를 따르는 것이다. 윗사람이 아랫사람의 善을 쓰고 아랫사람
이 윗사람의 하는 일을 보필하면 일의 功을 이룰 수 있다. 이는 곧 좋은 道이니, 마치 솥의 발
이 넘어진 것이 마땅히 넘어져야 할 때가 있어서 이치를 거스르지 않는 것과 같다. "첩을 얻
으면 그 남자를 도와서 허물이 없게 할 것이다."는 初六이 陰이고 낮기 때문에 '妾'이라고 한
것이니, '첩을 얻음'은 훌륭한 사람을 얻음을 이른다. 만일 어진 첩을 얻으면 그 주인을 보좌
하여 허물이 없게 할 것이다. '子'는 주인이니, '以其子'는 그 주인을 허물이 없는데 이르게 하
는 것이다. 初六의 陰이 아래에 거처하여 낮추고 공손하여 陽을 따르니, 첩의 象이다. 陰으로
써 위로 九四와 호응하니, 발이 넘어짐이 되므로 이 뜻을 밝힌 것이다. 初六은 본래 취할 만
한 재주와 德이 없기 때문에 '첩을 얻었다.'고 말했으니, 훌륭한 사람을 얻으면 이와 같음을
말한 것이다.

【本義】居鼎之下는 鼎趾之象也니 上應九四則顚矣라 然當卦初하여 鼎未有實而舊有
否惡之積焉하니 因其顚而出之면 則爲利矣라 得妾而因得其子도 亦由(猶)是也라 此爻
之象如此而其占无咎하니 蓋因敗以爲功하고 因賤以致貴也라

솥의 아래에 있음은 솥발의 象이니, 위로 九四와 호응하면 넘어진다. 그러나 卦의 초기를
당하여 솥에 담겨진 물건은 없고 예전에 쌓인 나쁜 것이 있으니, 넘어짐으로 인하여 나쁜 것
이 쏟아져 나오면 이로움이 된다. 妾을 얻고 그로 인하여 아들을 얻음도 또한 이와 같다. 이
爻의 象이 이와 같지만 그 占은 허물이 없으니, 실패로 인하여 성공을 삼고 천함으로 인하여
귀함을 이룬다.

字義 顚 : 넘어질 전 趾 : 발 지 否 : 악할 비 由 : 같을 유(猶)

象曰 鼎顚趾나 未悖也요

〈象傳〉에 말하였다. "'솥이 엎어져 발이 넘어짐'이나 아직 어긋나지 않은 것이다.

【傳】 鼎覆而趾顚은 悖道也라 然非必爲悖者는 蓋有傾出否惡之時也일새라

솥이 엎어져 발이 넘어진 것은 悖逆의 道이지만 반드시 패역이 되지 않음은 나쁜 것이 쏟아져 나올 때가 있기 때문이다.

字義 悖 : 어긋날 패   傾 : 기울 경

利出否는 以從貴也라

'나쁜 것이 나와 이로움'은 귀함을 따르기 때문이다."

【傳】 去故而納新하고 瀉惡而受美는 從貴之義也니 應於四는 上從於貴者也라

옛것을 버리고 새것을 받아들이며, 나쁜 것을 쏟아내고 아름다운 것을 받음은 귀함을 따르는 뜻이니, 九四와 호응함은 위로 귀한 자를 따르는 것이다.

【本義】 鼎而顚趾는 悖道也로되 而因可出否以從貴하니 則未爲悖也라 從貴는 謂應四니 亦爲取新之意라

솥인데 발이 넘어짐은 悖逆의 道이지만 그로 인하여 나쁜 것을 쏟아버리고 귀함을 따를 수 있으니 패역이 되지 않는다. 귀함을 따름은 九四와 호응함을 이르니, 또한 새로움을 취하는 뜻이다.

字義 瀉 : 쏟을 사

九二는 鼎有實이나 我仇有疾[10]하니 不我能卽이면 吉하리라

---

10 我仇有疾 :《大全》의 소주에서 徐幾(南宋)는 "원수끼리의 짝을 상대〔仇〕라 하니 좋지 않은 짝이다. 九二는 정응인 六五가 있는데 음유인 初六이 은밀히 가까이 있다. 九二와 初六은 음양이 서로 짝이 되나 바름은 아니니, 九二의 仇가 初六이다." 하였다.

【本義】鼎有實이라 我仇有疾이니 不我能卽이니

九二는 솥에 담겨진 물건이 있으나 나의 상대가 병이 있으니, 나에게 오지 못하게 하면 길할 것이다.

【본의】솥에 담겨진 것이 있다. 나의 상대가 병이 있으니 나에게 오지 못하게 할 수 있으므로 길할 것이다.

【傳】二以剛實居中은 鼎中有實之象이니 鼎之有實이 上出則爲用이라 二는 陽剛으로 有濟用之才하고 與五相應하니 上從六五之君이면 則得正而其道可亨이라 然與初密比하고 陰은 從陽者也라 九二居中而應中하여 不至失正이로되 己雖自守나 彼必相求라 故戒能遠之하여 使不來卽我하면 則吉也라 仇는 對也라 陰陽은 相對之物이니 謂初也라 相從則非正而害義하니 是有疾也라 二當以正自守하여 使之不能來就己니 人能自守以正이면 則不正이 不能[11]就之矣니 所以吉也라

九二가 剛의 實함으로 가운데 자리에 있음은 솥 가운데 담겨진 것이 있는 象이니, 솥에 담겨진 것이 위로 나오면 쓰임이 된다. 九二는 강건한 陽으로 구제하고 쓰여지는 재질이 있고, 六五와 서로 호응하니, 위로 六五의 임금을 따르면 바름을 얻어 그 道가 형통할 수 있다. 그러나 初六과 매우 가까이 있고, 陰은 陽을 따르는 자이다. 九二는 下卦의 가운데에 있으면서 上卦의 가운데(九五)와 호응하여 바름을 잃음에 이르지 않을 것이나, 자신은 비록 스스로 지키더라도 저 初六이 반드시 요구할 것이다. 그러므로 그를 멀리하여 자신에게 오지 못하게 하면 길하다고 경계하였다.

'仇'는 相對이다. 陰과 陽은 상대하는 물건이니, 初六을 이른다. 서로 따르면 바름이 아니어서 義를 해치니, 이것이 병이 있는 것이다. 九二는 正道로써 스스로를 지켜 初六이 자신에게 오지 못하게 해야 하니, 사람이 스스로 正道로써 지키면 부정한 자가 찾아오지 못한다. 이 때문에 길한 것이다.

【本義】以剛居中하니 鼎有實之象也라 我仇는 謂初라 陰陽相求而非正이면 則相陷於惡而爲仇矣라 二能以剛中自守하면 則初雖近이나 不能以就之矣라 是以로 其象如此요 而其占爲如是則吉也라

---

11 能 : 《大全》의 간주에 "어떤 판본에는 뒤에 '以'자가 있다." 하였다.

강건함으로 가운데 자리에 있으니, 솥에 담겨진 물건이 있는 象이다. '我仇'는 初六을 이른다. 陰과 陽은 서로 구하나 正道가 아니면 서로 惡에 빠져 원수가 된다. 九二가 剛中으로 스스로 지키면 初六이 비록 가까이 있으나 다가올 수 없을 것이다. 이 때문에 그 象은 이와 같고, 그 占은 이와 같이 하면 길한 것이다.

字義 仇 : 짝 구   卽 : 나아갈 즉

象曰 鼎有實이나 愼所之也니

〈象傳〉에 말하였다. "솥에 담겨진 물건이 있으나 갈 바를 삼가야 하니,

【傳】鼎之有實은 乃人之有才業也니 當愼所趨向이라 不愼所往이면 則亦陷於非義라 二能不暱於初하고 而上從六五之正應이면 乃是愼所之也라

솥에 담겨진 물건이 있는 것은 바로 사람이 재주와 업적을 소유하고 있는 것이니, 마땅히 나아가는 바를 삼가야 한다. 갈 바를 삼가지 않으면 또한 의롭지 않은 데 빠지게 된다. 九二가 初六과 친압하지 않고 위로 正應인 六五를 따른다면 이것이 바로 갈 바를 삼가는 것이다.

我仇有疾은 終无尤也리라

'나의 상대가 병이 있음〈을 알아 나에게 오지 못하게 한다면〉'은 끝내 허물이 없을 것이다."

【傳】我仇有疾은 擧上文也라 我仇는 對己者니 謂初也라 初比己而非正이니 是有疾也라 旣自守以正이면 則彼不能卽我리니 所以終无過尤也라

'나의 상대가 병이 있음'은 윗글을 인용한 것이다. '我仇'는 자신과 相對되는 자이니, 初六을 이른다. 初六이 자신과 가까이 있으나 正應이 아니니, 이는 병이 있는 것이다. 이미 스스로 正道로써 지키면 저가 나에게 오지 못할 것이니, 이 때문에 끝내 허물이 없는 것이다.

【本義】有實而不愼所往이면 則爲仇所卽而陷於惡矣라

담겨진 물건이 있으나 갈 바를 삼가지 않으면 원수가 오게 되어 惡에 빠진다.

字義　趨 : 향할 추　暱 : 친할 닐

九三은 鼎耳革[12]하여 其行이 塞(색)하여 雉膏를 不食하나 方雨하여 虧悔終吉이리라

【本義】鼎耳革이라 其行이 塞하여 雉膏不食이나 方雨虧悔니

九三은 솥귀가 변하여 그 가는 것이 막혀서 맛난 꿩고기를 먹지 못하나, 장차 비가 내려서 부족하다는 후회가 마침내 길하게 될 것이다.

【본의】솥귀가 변함이다. 그 가는 것이 막혀서 맛난 꿩고기가 먹혀지지 못하나 장차 비가 내려서 후회가 없어지니,

【傳】鼎耳는 六五也니 爲鼎之主라 三以陽居巽之上하여 剛而能巽하니 其才足以濟務라 然與五非應而不同이라 五는 中而非正이요 三은 正而非中하여 不同也니 未得於君者也라 不得於君이면 則其道何由而行이리오 革은 變革爲[13]異也니 三與五異而不合也라 其行塞은 不能亨也니 不合於君이면 則不得其任하여 无以施其用이라 膏는 甘美之物이니 象祿位라 雉는 指五也니 有文明之德이라 故謂之雉라 三有才用而不得六五之祿位하니 是不得雉膏食之也라 君子蘊其德하여 久而必彰하고 守其道면 其終必亨이라 五有聰明之象而三終上進之物이니 陰陽交暢則雨라 方雨는 且將雨也니 言五與三이 方將和合이라 虧悔終吉은 謂不足之悔가 終當獲吉也라 三懷才而不偶라 故有不足之悔라 然其有陽剛之德하니 上聰明而下巽正하여 終必相得이라 故吉也라 三雖不中이나 以巽體故로 无過剛之失하니 若過剛이면 則豈能終吉이리오

'솥귀'는 六五이니, 솥의 주체가 된다. 九三은 陽으로서 巽卦☴의 위에 있어서 강건하고도 공손하니, 그 재질이 일을 이루기에 충분하다. 그러나 六五와 호응이 아니어서 함께 하지 못

---

12 鼎耳革 : 金相岳(朝鮮)은 《山天易說》에서 "六五(⚋)가 위에 나누어 펼쳐있으니 솥귀의 상이다. 솥은 솥귀가 있어야 들어서 옮길 수 있는데 九三은 六五와 다른 몸체로 가깝지 않기 때문에 솥귀가 변했다고 하였다." 하고, 來知德(明)의 《周易集註》를 인용하여 "솥 그릇을 받드는 것은 발〔足〕이고 물건을 담는 것은 배〔腹〕이며 솥을 옮기는 것은 귀〔耳〕이고 솥을 드는 것은 鉉인데, 九三이 巽卦☴인 나무의 위에 있고 上九가 離卦☲의 끝에 있으니 나무와 불이 서로 만나 솥 속의 음식물이 끓으면 솥귀도 함께 열을 받아 변하니 들어 옮길 수 없다." 하였다.

13 爲 : 《大全》의 간주에 "어떤 판본에는 '謂'자로 되어 있다." 하였다.

한다. 六五는 가운데 자리에 있으나 바른 자리가 아니고, 九三은 바른 자리에 있으나 가운데 자리가 아니어서 같지 않으니, 임금에게 신임을 얻지 못한 자이다. 임금에게 신임을 얻지 못하면 그 道가 어디로 말미암아 행해지겠는가.

'革'은 변혁하여 달라짐이니, 九三과 六五가 달라져서 합하지 못하는 것이다. 그 감이 막힘은 형통하지 못한 것이니, 임금에게 합하지 못하면 신임을 얻지 못하여 그 씀을 베풀 수가 없다. '膏'는 달고 맛난 물건이니, 祿과 地位를 상징하였다. '雉'는 六五를 가리키니, 文明한 德이 있으므로 꿩이라고 이른 것이다. 九三이 쓰일 수 있는 재주가 있으나, 六五의 녹과 지위를 얻지 못하니, 이것이 맛난 꿩고기를 먹지 못하는 것이다.

君子가 德을 온축하여 오래되면 반드시 드러나니, 그 道를 지키면 종말에는 반드시 형통한다. 六五는 총명한 象이 있고 九三은 마침내 위로 나아가는 물건이니, 陰과 陽이 사귀어 통하면 비가 내린다. '方雨'는 장차 비가 내리려 하는 것이니, 六五와 九三이 바야흐로 장차 화합함을 말한다. '虧悔終吉'은 부족하다는 후회가 마침내 마땅히 길함을 얻음을 이른다. 九三은 재주를 간직하고도 때를 만나지 못했기 때문에 부족하다는 후회가 있는 것이다. 그러나 강건한 陽의 德을 소유하고 있고, 위(六五)는 총명하며 아래(九三)는 공손하고 발라서, 마침내 반드시 서로 만나기 때문에 길하다. 九三이 비록 가운데 자리가 아니나 巽의 卦體이기 때문에 지나치게 굳센 잘못이 없으니, 만일 지나치게 굳세다면 어찌 마침내 길할 수 있겠는가.

【本義】以陽居鼎腹之中하니 本有美實者也라 然以過剛失中하고 越五應上하며 又居下之極하니 爲變革之時라 故爲鼎耳方革而不可擧移니 雖承上卦文明之膴하여 有雉膏之美나 而不得以爲人之食이라 然以陽居陽하여 爲得其正이니 苟能自守면 則陰陽將和而失其悔矣니 占者如是면 則初雖不利나 而終得吉也라

陽으로 솥의 배 가운데에 있으니, 본래 아름다운 실제가 있는 자이다. 그러나 지나치게 剛함으로 中道를 잃고 六五를 건너뛰어 上九와 호응하며 또 下體의 끝에 있으니, 변혁하는 때가 된다. 그러므로 솥귀가 바야흐로 변혁하여 솥을 들어 옮길 수가 없으니, 비록 上卦의 文明한 윤택함을 이어서 꿩고기의 아름다움이 있으나 사람이 먹을거리가 되지 못한다. 그러나 陽으로서 陽의 자리에 있어서 그 바름을 얻음이 되니, 만일 스스로 지키면 장차 陰과 陽이 화합하여 후회가 없어질 것이다. 점치는 자가 이와 같이 하면 처음에는 비록 불리하나 종말에는 길함을 얻을 것이다.

字義 雉 : 꿩 치 膏 : 기름 고 虧 : 이지러질 휴 務 : 일 무 蘊 : 쌓을 온 彰 : 밝을 창
      暢 : 통할 창 膴 : 기름질 유

象曰 鼎耳革은 失其義也일새라

〈象傳〉에 말하였다. "'솥귀가 변함'은 그 義를 잃었기 때문이다."

【傳】始與鼎耳革異者는 失其相求之義也라 與五非應이니 失求合之道也요 不中하니 非同志之象也라 是以로 其行塞而不通이라 然上明而下才하여 終必和合이라 故方雨而 吉也라

처음에 변혁하여 솥귀(六五)와 달라진 것은 서로 구하는 義를 잃은 것이다. 六五와 호응이 아니니 합함을 구하는 道를 잃은 것이고, 가운데 자리가 아니니 뜻을 함께 하는 象이 아니다. 이 때문에 그 행함이 막혀서 통하지 못한 것이다. 그러나 위가 밝고 아래가 재주가 있어 끝내 는 반드시 화합할 것이므로 바야흐로 비가 내려 길한 것이다.

九四는 鼎이 折足하여 覆公餗하니 其形이 渥이라 凶토다

【本義】其刑이 剭이라

九四는 솥발이 부러져서 公에게 바칠 음식을 엎었으니, 그 얼굴이 붉어진다. 흉하도다.
【본의】형벌이 무겁다.

【傳】四는 大臣之位니 任天下之事者也라 天下之事를 豈一人所能獨任이리오 必當求 天下之賢智하여 與之協力이니 得其人이면 則天下之治를 可不勞而致也요 用非其人이면 則敗國家之事하고 貽天下之患하리라 四下應於初이나 初는 陰柔小人이라 不可用者 也어늘 而四用之면 其不勝任而敗事가 猶鼎之折足也라 鼎折足이면 則傾覆公上之餗이니 餗은 鼎實也라 居大臣之位하여 當天下之任而所用非人하여 至於覆敗면 乃不勝其 任이니 可羞愧之甚也라 其形渥은 謂赧汗也니 其凶을 可知라 繫辭曰 德薄而位尊하며 知(智)小而謀大하며 力少而任重이면 鮮不及矣라하니 言不勝其任也라 蔽於所私하면 德 薄知小也라

四爻는 大臣의 자리이니, 천하의 일을 맡은 자이다. 천하의 일을 어찌 한 사람이 홀로 맡 을 수 있겠는가. 마땅히 천하의 어진 이와 지혜로운 이를 구하여 더불어 협력해야 하니, 적임 자를 얻으면 천하의 다스림을 수고롭지 않고도 이룰 것이고, 적임자가 아닌 사람을 등용하

면 국가의 일은 실패하고 천하에 환란을 끼칠 것이다. 九四는 아래로 初六과 호응하니, 初六은 유약한 陰인 小人이라서 쓸 수 없는 자이다. 그런데도 九四가 그를 등용하면 임무를 감당하지 못하여 일을 실패함이 마치 솥발이 부러지는 것과 같을 것이다. 솥발이 부러지면 公에게 바칠 음식〔餗〕을 엎어 쏟게 되니, '餗'은 솥에 담긴 음식이다. 大臣의 자리에 있어 천하의 임무를 담당해야 하나 등용한 바가 적임자가 아니어서 전복하고 실패함에 이르면 이는 곧 그 임무를 감당하지 못한 것이니, 부끄러움이 심한 것이다. '其形渥'은 부끄러워 얼굴이 붉어지고 땀이 남을 이르니, 흉함을 알 만하다. 〈繫辭傳〉에 "德이 박하면서 지위가 높으며, 지혜가 작으면서 도모함이 크며, 힘이 적으면서 짐이 무거우면 화가 미치지 않는 자가 드물다." 하였으니, 그 임무를 감당하지 못함을 말한 것이다. 사사로운 바에 가려지면 등용된 자가 德이 박하고 지혜가 작다.

【本義】晁氏曰 形渥은 諸本에 作刑劓하니 謂重刑也라하니 今從之하노라 九四는 居上任重者也어늘 而下應初六之陰이면 則不勝其任矣라 故其象如此而其占凶也라

晁氏(晁說之)가 말하기를 "'形渥'은 여러 판본에 '刑劓'으로 되어 있으니, 중한 형벌을 이른다" 하였으니, 이제 그 말을 따른다. 九四는 위에 있으니 책임이 무거운 자인데, 아래로 初六의 陰에 호응한다면 그 임무를 감당하지 못할 것이다. 그러므로 象이 이와 같고 占이 흉한 것이다.

字義 折 : 꺾을 절   覆 : 뒤엎을 복   餗 : 솥안의음식 속   渥 : 붉을 악   劓 : 형벌 악   貽 : 끼칠 이
根 : 부끄러울 난   汗 : 땀 한

象曰 覆公餗하니 信如何也오

〈象傳〉에 말하였다. "公에게 바칠 음식을 엎었으니 미더움이 어떻겠는가."

【傳】大臣이 當天下之任하여 必能成天下之治安이면 則不誤君上之所倚와 下民之所望과 與己致身任道之志하여 不失所期하리니 乃所謂信也라 不然이면 則失其職하여 誤上之委任이니 得爲信乎아 故曰信如何也라하니라

大臣이 천하의 임무를 담당하여 반드시 천하의 안정된 치세를 이룬다면 君上의 의지한 바와 下民의 바라는 바와 자신이 몸을 바쳐 道를 自任하는 뜻을 잘못하지 않아서 기대한 바를 잃지 않을 것이니, 이것이 이른바 '미더움'이다. 그렇지 않다면 직분을 잃어서 윗사람이 믿고 맡긴

것을 잘못할 것이니, 미덥다 할 수 있겠는가. 그러므로 "미더움이 어떻겠는가." 한 것이다.

【本義】言失信也라

　　미더움을 잃었다는 말이다.

六五는 鼎黃耳金鉉[14]이니 利貞하니라

六五는 솥이 누런 귀에 금으로 장식한 鉉이니, 貞固함이 이롭다.

【傳】五在鼎上하니 耳之象也라 鼎之擧措在耳하니 爲鼎之主也라 五有中德이라 故云黃耳요 鉉은 加耳者也라 二應於五하니 來從於耳[15]者 鉉也라 二有剛中之德하니 陽體剛이요 中色黃이라 故爲金鉉이라 五는 文明得中而應剛하고 二는 剛中巽體而上應하니 才无不足也요 相應至善矣니 所利在貞固而已라 六五居中應中하여 不至於失正이로되 而質本陰柔라 故戒以貞固於中也라

　　六五는 鼎卦의 위에 있으니, 솥귀의 象이다. 솥을 들거나 놓음은 솥귀에 달려 있으니, 솥의 주체가 된다. 六五는 中德이 있으므로 '누런 귀'라 한 것이고, '鉉'은 솥귀에 꿰는 것이다. 九二는 六五와 호응하니, 솥귀에 딸려 오는 것이 鉉이다. 九二는 剛中의 德이 있으니, 陽의 卦體는 강건하고 중앙의 색깔은 황색이다. 그러므로 '금으로 장식한 鉉'이라 하였다. 六五는 文明함으로 中을 얻고 강건함과 호응하며, 九二는 剛中으로 巽의 卦體이고 위로 호응한다. 그러므로 九二는 재질이 부족함이 없고 서로 호응함이 지극히 善하니, 이로움이 貞固함에 있을 뿐이다. 六五는 가운데 자리에 있고 中과 호응하여 바름을 잃음에는 이르지 않을 것이나, 재질이 본래 유약한 陰이기 때문에 中에 貞固하라고 경계한 것이다.

【本義】五는 於象에 爲耳而有中德이라 故云黃耳라 金은 堅剛之物이요 鉉은 貫耳以擧鼎者也라 五虛中하여 以應九二之堅剛이라 故其象如此하고 而其占則利在貞固而已라 或

---

14 金鉉 : 鉉은 鼎의 양쪽 솥귀 구멍에 넣어서 들어 올리는 도구이다. 본래 빗장처럼 생겼으므로 '扃'이라고 하였다. '경'의 양쪽 끝 부분에 옻칠을 해서 붉게 만드는데, 天子의 경우에는 옥으로 장식을 했고, 諸侯는 금으로 장식을 했다. 《儀禮注疏》에 "今文扃爲鉉"이라고 하였다.

15 耳 : 《大全》의 간주에 "어떤 판본에는 '五'자로 되어 있다." 하였다.

曰 金鉉은 以上九而言이라하니 更詳之니라

　六五는 象에 있어서 솥귀가 되고 中德이 있으므로 '누런 귀'라 말한 것이다. '金'은 견고하고 강한 물건이고, '鉉'은 솥귀에 꿰어 솥을 드는 것이다. 六五는 中을 비워 견고하고 강건한 九二와 호응하므로 그 象이 이와 같고, 그 占은 이로움이 貞固함에 있을 뿐이다. 어떤 이는 "金으로 장식한 鉉은 上九를 두고 한 말이다." 하니, 다시 상고해 볼 일이다.

字義　揩 : 둘 조

象曰 鼎黃耳는 中以爲實也라

〈象傳〉에 말하였다. "'솥이 누런 귀'는 中을 진실한 德으로 삼은 것이다."

【傳】六五以得中爲善하니 是는 以中爲實德也라 五之所以聰明應剛하여 爲鼎之主하고 得鼎之道는 皆由得中也일새라

　六五는 中을 얻음을 善으로 여기니, 이는 中을 진실한 德으로 삼은 것이다. 六五가 총명하고 剛에 호응하여 鼎卦의 주체가 되고, 솥의 道를 얻음은 모두 中을 얻었기 때문이다.

上九는 鼎玉鉉이니 大吉하여 无不利니라

上九는 솥이 玉으로 장식한 鉉이니, 크게 길하여 이롭지 않음이 없다.

【傳】井與鼎은 以上出爲用하니 處終은 鼎功之成也라 在上은 鉉之象이요 剛而溫者는 玉也라 九雖剛陽이나 而居陰履柔하여 不極剛而能溫者也라 居成功之道는 唯善處而已니 剛柔適宜하고 動靜不過하면 則爲大吉하여 无所不利矣라 在上爲鉉이니 雖居无位之地나 實當用也니 與他卦異矣니 井亦然하니라

　井卦와 鼎卦는 위로 나옴을 쓰임으로 삼으니, 끝에 있음은 솥의 功을 이룬 것이다. 위에 있음은 '鉉'의 象이고, 강하면서도 따뜻함은 玉이다. 上九가 비록 강건한 陽이나 陰의 자리에 있고 유순함을 밟고 있어 剛을 극도로 하지 않고 온순할 수 있는 자이다. 성공에 처하는 道는 오직 잘 대처하는 것일 뿐이니, 강건함과 유순함이 적절하고 움직임과 고요함이 지나치지 않으면 크게 길함이 되어 이롭지 않은 바가 없다. 위에 있는 것은 '鉉'이 되니, 비록 지위가 없

는 자리에 있으나 실제는 쓰여지는 것이니, 다른 卦와는 다르다. 井卦도 그러하다.

【本義】上은 於象에 爲鉉이요 而以陽居陰하니 剛而能溫이라 故有玉鉉之象이요 而其占이 爲大吉无不利하니 蓋有是德이면 則如其占也라

上九는 象에 있어서 '鉉'이 되고 陽으로서 陰의 자리에 있으니, 강건하면서도 온순할 수 있다. 그러므로 玉으로 장식한 鉉의 象이 있고, 그 占이 크게 길하여 이롭지 않음이 없으니, 이러한 德이 있으면 이 占과 같을 것이다.

象曰 玉鉉在上은 剛柔節也일새라

〈象傳〉에 말하였다. "'옥으로 장식한 鉉이 위에 있음'은 강건함과 유순함이 적절하기 때문이다."

【傳】剛而溫은 乃有節也라 上居成功致用之地하여 而剛柔中節하니 所以大吉无不利也라 井鼎이 皆以上出爲成功이어늘 而鼎不云元吉은 何也오 曰 井之功用은 皆在上하고 井又有博施有常之德하니 是以元吉이어니와 鼎은 以烹飪爲功하니 居上爲成이라 德與井異하니 以剛柔節이라 故得大吉也라

강건하면서도 온화함은 바로 절도가 있는 것이다. 上九가 功을 이루고 씀을 지극히 하는 자리에 있어서 강건함과 유순함이 절도에 맞으니, 이 때문에 크게 길하여 이롭지 않음이 없다.

〈어떤 이가 묻기를〉 "井卦와 鼎卦는 모두 위로 나옴을 성공으로 삼는데, 鼎卦에서는 '元吉'이라 말하지 않음은 어째서입니까?" 하니, 대답하기를 "우물의 功用은 모두 위로 나옴에 있고, 우물은 또 널리 베풀며 떳떳한 德이 있으니, 이 때문에 크게 善하고 吉하지만, 솥은 삶아 익히는 것을 功으로 삼으니, 위에 있음은 이룸이 되어 德이 井卦와 다릅니다. 강건함과 유순함이 적절하기 때문에 크게 길함을 얻은 것입니다." 하였다.

51. 震

䷲ 震下震上

下卦는 震卦☳이고 上卦는 震卦☳이다.

【傳】震은 序卦에 主器者莫若長子라 故受之以震이라하니라 鼎者는 器也니 震爲長男이라 故取主器之義而繼鼎之後라 長子는 傳國家繼位號者也라 故爲主器之主하니 序卦엔 取其一義之大者하여 爲相繼之義하니라 震之爲卦는 一陽이 生於二陰之下하니 動而上者也라 故爲震이라 震은 動也어늘 不曰動者는 震有動而奮發震驚之義일새라 乾坤之交가 一索而成震하니 生物之長也라 故爲長男이라 其象則爲雷요 其義則爲動이니 雷有震奮之象이요 動爲驚懼之義라

　震卦는 〈序卦傳〉에 "祭器를 주관하는 것은 맏아들만한 이가 없기 때문에 震卦로 받았다." 하였다. '솥'은 器物이니, 震卦는 長男이다. 그러므로 祭器를 주관하는 뜻을 취하여 鼎卦의 뒤를 이었다. 맏아들은 나라를 전승하고 지위와 호칭을 잇는 자이므로 祭器를 주관하는 주체가 되니, 〈序卦傳〉에서는 그 한 가지 큰 뜻을 취하여 잇는다는 뜻으로 삼았다. 震卦의 구성이 한 陽이 두 陰의 아래에서 생기니 움직여 올라간다. 그러므로 우레가 된다. 우레는 움직이는 것인데 '움직임'을 말하지 않은 것은 우레에 움직여 떨쳐 놀라게 한다는 뜻이 있기 때문이다. 乾卦☰와 坤卦☷의 사귐이 첫 번째로 구하여 震卦☳를 이루니, 태어난 인물 가운데 맏이므로 長男이 된다. 그 象은 '우레'가 되고 그 의미는 '움직임'이 되니, 우레에는 진동하고 떨치는 象이 있고, '움직임'은 놀라고 두려워한다는 뜻이 된다.

字義　震 : 떨칠 진　奮 : 떨칠 분

震¹은 亨하니

震은 형통하니,

【傳】陽生於下而上進하니 有亨之義하고 又震爲動이요 爲恐懼요 爲有主하니 震而奮發하고
動而進하고 懼而修하고 有主而保大는 皆可以致亨이라 故震則有亨이라

陽이 아래에서 생겨서 위로 나아가니 형통한 뜻이 있고, 또 震은 움직임이 되고, 두려움이
되며, 주체가 있음이 되니, 우레가 떨쳐 일어나고 움직여 나아가고 두려워하여 닦고, 주체가
있어 큰 것을 보존함은 모두 형통함을 이룰 수 있다. 그러므로 震卦䷲는 형통함이 있다.

震來에 虩虩이면 笑言이 啞啞(액액)²이리니

우레가 옴에 놀라고 두려워하면, 웃고 말함이 깔깔거릴 것이니,

【傳】當震動之來하면 則恐懼不敢自寧하고 旋顧周慮하여 虩虩然也라 虩虩은 顧慮不安
之貌니 蠅虎를 謂之虩者는 以其周環顧慮하여 不自寧也일새라 處震如是면 則能保其安
裕라 故笑言啞啞하니 啞啞은 言笑和適之貌라

우레가 움직여 오는 것을 당하면 두려워서 감히 스스로 편안해하지 못하고 돌아보고 두루
생각하여 두려워하는 것이다. '虩虩'은 돌아보면서 염려하고 불안해하는 모습이니, 깡충거미
를 '虩'이라 하는 것은 그것이 두루 돌아보면서 염려하여 스스로 편안해하지 않기 때문이다.
우레가 칠 때 이와 같이 하면 그 편안하고 넉넉함을 지킬 수 있으므로 웃고 말함이 깔깔거리
는 것이니, 깔깔거림은 말과 웃음이 화락하고 알맞은 모습이다.

---

1 震 : 빌헬름 영문판 주역인《The I Ching》에서는 震卦를 Ch^en / The Arousing (Shock, Thunder)이
라고 하였다. 진괘는 장남으로 기운과 권력을 장악한다. 맨 아래의 양효가 두 음의 아래에서 자라
나 강력하게 위로 솟아오른다. 이 운동은 너무 격렬하기 때문에 두려움을 불러온다. 물상으로는
천둥을 상징하는데 그 충격으로 공포와 전율을 야기한다. 진괘는 봄철의 만물의 소생과도 연관된
다. 진괘는 두 양효인 初九와 九四 가운데 初九가 주효이다.
2 笑言 啞啞(액액) : 曹好益(朝鮮)은《易象說》에서 胡一桂(元代)의 말을 인용하여 "웃고 말함이 깔깔
거림은 초효로부터 사효에 이르기까지 턱과 입의 상이 있고, 또 震卦(☳)에는 소리의 상이 있기
때문이다." 하였다.

震驚百里[3]에 不喪匕鬯[4]하나니라

우레가 백리를 놀라게 함에 숟가락과 울창주를 잃지 않는다.

【傳】言震動之大而處之之道하니라 動之大者 莫若雷하니 震爲雷라 故以雷言하니라 雷之震動이 驚及百里之遠이면 人无不懼而自失하니 雷聲所及이 百里也라 唯宗廟祭祀에 執匕鬯者는 則不致於喪失하니 人之致其誠敬은 莫如祭祀라 匕以載鼎實하여 升之於俎[5]하고 鬯以灌地而降神하나니 方其酌祼以求神하고 薦牲而祈享하여 盡其誠敬之心이면 則雖雷震之威라도 不能使之懼而失守라 故臨大震懼하여 能安而不自失者는 唯誠敬而已니 此는 處震之道也라 卦才无取라 故但言處震之道하니라

우레의 진동이 클 때 대처하는 道를 말하였다. 움직임이 큰 것은 우레보다 더한 것이 없으니 '震'은 우레가 되기 때문에 '우레'로 말하였다. 우레가 진동이 百里에 이르는 먼 곳까지 놀라게 하면 사람이 두려워하여 스스로를 잃지 않음이 없으니, 우레 소리가 미치는 곳이 百里이다. 오직 宗廟 제사에서 숟가락과 울창주를 맡은 사람만이 상실함에 이르지 않으니, 사람이 정성과 공경을 다함은 제사만한 것이 없다. 숟가락으로 솥에 든 것을 떠서 도마에 올리고, '울창주'를 땅에 부어 神이 강림하게 하니, 술을 부어 降神하여 神을 구하고 犧牲을 올려 흠향하시기를 빌어서 정성과 공경의 마음을 다하면 비록 우레가 진동하는 위엄이라도 두려워하여 지키는 것을 잃게 할 수 없다. 그러므로 큰 진동의 두려움을 당해 침착하여 자신을 잃지 않을 수 있도록 하는 것은 오직 정성과 공경하는 것일 뿐이니, 이는 震卦의 때에 대처하는 道이다. 卦의 재질은 취할 만한 것이 없으므로 震卦의 때에 대처하는 道만 말하였다.

【本義】震은 動也니 一陽이 始生於二陰之下하여 震而動也라 其象이 爲雷요 其屬이 爲長子하니 震有亨道라 震來는 當震之來時也라 虩虩은 恐懼驚顧之貌라 震驚百里는 以雷言이라 匕는 所以擧鼎實이요 鬯은 以秬黍酒로 和鬱金이니 所以灌地降神者也라 不喪

---

3 震驚百里 : 項安世(南宋)는《大全》의 소주에서 "전하는 말에 '천 리까지 같은 바람이 불지 않고, 백 리까지 같은 우레가 치지 않는다'고 하였으니, 우레가 백리를 놀라게 한다는 것은 우레 소리가 대단하여 아주 멀리까지 이르는 것이다." 하였다.

4 不喪匕鬯 : 曹好益(朝鮮)은《易象說》에서 "백리는 震卦☳가 제후〔侯〕가 되므로 제후의 나라를 상으로 취하였다. 숟가락〔匕〕은 坎卦☵인 나무의 상이고, 울창주는 坎卦☵인 물의 상이다. 떨어뜨리지 않는 것은 坎卦☵가 위에 있고 艮卦☶가 아래에 있는데, 艮卦☶는 손이 되므로 숟가락과 울창주를 잡는 상이 있기 때문이다." 하였다.

5 升之於俎 : 俎는 국물 없이 고기만 올리는 祭器이다.

匕鬯은 以長子言也라 此卦之占은 爲能恐懼면 則致福而不失其所主之重이니라

震은 움직임이니 하나의 陽이 두 陰의 아래에서 처음 생겨 진동하면서 움직인다. 그 象은 '우레'가 되고, 그에 속한 것은 맏아들이 되니, 震卦☳☳에는 형통한 道가 있다. '우레가 옴'은 우레가 오는 때를 당한 것이다. '虩虩'은 두렵고 놀라 돌아보는 모습이다. '우레가 百里를 놀라게 함'은 우레가 치는 것으로 말한 것이다. 숟가락은 솥에 든 것을 뜨는 것이고, 울창주는 검은 기장으로 담근 술에 울금을 섞은 것으로 땅에 부어 降神하는 것이다. '숟가락과 울창주를 잃지 않음'은 맏아들을 두고 말한 것이다. 이 卦의 占은 두려워 할 줄 알면 福을 이루어 그 주관하고 있는 중요한 바를 잃지 않는다.

字義 虩 : 놀랄 혁　啞 : 깔깔거릴 액　旋 : 돌 선　顧 : 돌아볼 고　蠅 : 거미 승　匕 : 숟가락 비
鬯 : 울창주 창　俎 : 도마 조　灌 : 따를 관　祼 : 강신제 관　秬 : 찰기장 거　黍 : 기장 서
鬱 : 울금 울

彖曰 震은 亨하니

〈彖傳〉에 말하였다. "震은 형통하니,

【本義】震有亨道하니 不待言也라

震卦에 형통한 道가 있음은 굳이 말할 것도 없다.

震來虩虩은 恐致福也요 笑言啞啞은 後有則(칙)也라

'우레가 옴에 놀라고 두려워함'은 두려워함으로써 福을 이룸이고, '웃고 말함이 깔깔거림'은 그런 뒤에야 법칙이 있다는 것이다.

【傳】震은 自有亨之義하니 非由卦才라 震來而能恐懼하여 自修自愼이면 則可反致福吉也라 笑言啞啞은 言自若也니 由能恐懼而後에 自處有法則也라 有則이면 則安而不懼矣니 處震之道也라

震卦는 본래 형통한 뜻이 있으니, 卦의 재질에 말미암은 것이 아니다. 우레가 옴에 두려워할 줄 알아 스스로 닦고 스스로 삼가면 도리어 복과 길함을 이르게 할 수 있다. '웃고 말함이 깔깔

거림'은 태연함을 말하는 것이니, 두려워함을 말미암은 뒤에야 스스로 대처함에 법칙이 있는 것이다. 법칙이 있으면 안정되어 두려워하지 않을 것이니, 震卦의 때에 대처하는 道이다.

【本義】恐致福은 恐懼以致福也라 則은 法也라

'恐致福'은 두려워함으로써 福을 이루는 것이고, '則'은 법칙이다.

震驚百里는 驚遠而懼邇也[6]니

'우레가 백리를 놀라게 함'은, 멀리 있는 자를 놀라게 하고, 가까이 있는 자를 두렵게 함이니,

【傳】雷之震이 及於百里하여 遠者驚하고 邇者懼하니 言其威遠大也라

우레의 진동이 百里에 미쳐서 멀리 있는 자가 놀라고 가까이 있는 자가 두려워하니, 그 위엄이 멀고 큼을 말한다.

〔不喪匕鬯은〕 出可以守宗廟社稷하여 以爲祭主也리라

숟가락과 울창주를 잃지 않음은 나감에 종묘와 사직을 지킬 수 있어 제주가 될 것이다." 【본의】숟가락과 울창주를 잃지 않음은 나와서

【傳】彖文에 脫不喪匕鬯一句하니라 卦辭云 不喪匕鬯은 本謂誠敬之至하여 威懼不能使之自失이어늘 彖엔 以長子宜如是라하니 因承上文用長子之義하여 通解之하니라 謂其誠敬이 能不喪匕鬯이면 則君出而可以守宗廟社稷하여 爲祭主也니 長子如是而後에 可以守世祀, 承國家也라

〈象傳〉의 글에는 '不喪匕鬯' 한 구절이 빠져 있다. 卦辭에서 "숟가락과 울창주를 떨어뜨리

---

6 驚遠而懼邇也 : 丘富國(宋代)은 《大全》의 소주에서 "놀라는 것은 갑작스레 마주쳐 밖으로 움직이는 것이고, 두려워하는 것은 척연히 두려워하여 안에서 변하는 것이다. 멀리 있는 자를 놀라게 하고 가까이 있는 자를 두렵게 함은 우레의 위엄이 두려워할 만함을 심하게 말한 것이다." 하였다.

지 않는다." 한 것은 본래 정성과 공경이 지극하여 위엄과 두려움으로도 자신을 잃게 할 수
없음을 말한 것인데, 〈象傳〉에서 맏아들이 마땅히 이와 같아야 한다고 하였으니, 윗글을 이
어 맏아들의 의미로 통틀어 해석한 것이다. 그 정성과 공경이 국자와 울창주를 잃지 않을 수
있으면 임금이 됨에 종묘와 사직을 지켜 祭主가 됨을 말한 것이니, 맏아들은 이처럼 한 뒤에
야 대대로 이어오는 제사를 지키고 나라를 계승할 수 있다.

【本義】程子以爲邇也下에 脫不喪匕鬯[7]四字라하시니 今從之하노라 出은 謂繼世而主祭
也라 或云 出은 卽鬯字之誤라하니라

程子가 "'邇也' 다음에 '不喪匕鬯' 네 글자가 빠졌다." 하였는데, 지금 이것을 따른다. 出은
대를 이어 제사를 주관함을 말한다. 어떤 이가 "出은 鬯자의 誤字다." 하였다.

象曰 洊雷震이니 君子以하여 恐懼修省[8]하나니라

〈象傳〉에 말하였다. "우레가 거듭된 것이 震이니, 君子가 이것을 본받아 두려워하여
닦고 살핀다."

【傳】洊은 重襲也니 上下皆震이라 故爲洊雷라 雷重仍이면 則威益盛이니 君子觀洊雷威
震之象하여 以恐懼하여 自修飭循省也라 君子畏天之威하여 則修正其身하고 思省其過
咎而改之하나니 不唯雷震이요 凡遇驚懼之事에 皆當如是니라

洊은 거듭한다는 뜻이니 上卦와 下卦가 모두 震卦이므로 '洊雷'가 되었다. 우레가 거듭 이

---

7 不喪匕鬯 : 楊萬里(宋代)는 《大全》의 소주에서 "진동하는 우레가 백 리를 놀라게 함에도 제사를 주
재하는 사람이 손으로 숟가락과 울창주를 잡고 제사를 지내게 되면 오로지 敬말고는 다른 생각이
없다. 이 때를 당하여서는 번득이는 칼날이 앞에 놓이고 사나운 호랑이가 뒤에서 쫓아와도 깨닫지
못한다. 그러므로 진동하는 우레가 백 리를 놀라게 하여도 듣지 못한다. 敬이 깊어져 두려움도 잊
는 것이다." 하였다.
8 恐懼修省 : 丘富國(宋代)은 《大全》의 소주에서 "두 진괘가 서로 겹치므로 '우레가 거듭된다.'고 하
였다. 우레는 하늘의 위엄이니 막 그것이 그대로 겹쳐 오면 듣는 사람치고 두려워하지 않음이 없
으나, 군자가 두려워한 뒤에 반드시 닦고 살핌으로 이어가는 것은, 하늘을 두려워하는 실질을 다
하는 것이다. 한갓 두려워하기만 하고 닦고 살피지 않으면, 이변이 이르러 근심하고 이변이 끝나
면 그치니, 두려움이 없는 것과 같을 뿐이다. 두려워하는 사람은 그 이변이 옴을 걱정하니 처음
의 우레가 치는 상이고, 닦고 살피는 사람은 그 이변이 그침을 생각하니 거듭된 우레의 상이다."
하였다.

어지면 위엄이 더욱 커지니, 君子는 우레가 거듭되어 위엄이 떨쳐지는 象을 보고서 두려워하여 스스로를 닦고 삼가며 따라서 살핀다. 君子는 하늘의 위엄을 두려워하여 자신을 닦아 바르게 하고 그 잘못과 허물을 생각하고 살펴 고치니, 우레의 진동만이 아니라 놀랍고 두려운 일을 만나면 모두 이처럼 해야 한다.

字義 洊 : 거듭할 천 雷 : 우레 뢰 懼 : 두려울 구 重 : 거듭할 중 襲 : 거듭할 습 仍 : 인할 잉
飭 : 삼갈 칙

初九[9]는 震來虩虩이라야 後에 笑言啞啞이리니 吉하니라

初九는 우레가 올 때에 놀라고 두려워해야 웃고 말함이 깔깔거릴 것이니 길하다.

【傳】初九는 成震之主하니 致震者也요 在卦之下하니 處震之初也라 知震之來하고 當震之始하여 若能以爲恐懼而周旋顧慮하여 虩虩然不敢寧止하면 則終必保其安吉이라 故後笑言啞啞也라

初九는 震卦를 이루는 주체이니 우레를 이루는 자이고, 卦의 맨 아래에 있으니 震卦의 처음에 있는 것이다. 우레가 올 것을 알고 우레가 치는 초기를 당해 두렵게 여겨 두루 힘쓰며 돌아보고 염려하여 놀라고 두려워하며 감히 안주하지 않으면 끝에 가서는 반드시 그 안정과 길함을 보존할 것이다. 그러므로 뒤에 웃고 말함이 깔깔거리는 것이다.

【本義】成震之主하고 處震之初라 故其占如此하니라

震卦를 이루는 주체이고 震卦의 처음에 있으므로 그 占이 이와 같다.

象曰 震來虩虩은 恐致福也요 笑言啞啞은 後有則也라

〈象傳〉에 말하였다. "'우레가 옴에 놀라고 두려워 함'은 두려워함으로써 福을 이루는 것이고, '웃고 말함이 깔깔거림'은 그런 뒤에야 법칙이 있는 것이다."

---

9 初九 : 沈大允(朝鮮)은 《周易象義占法》에서 "震卦☳에서 효의 자리는 강한 양의 자리에 있으면 법을 믿고 달아남이 없으며, 부드러운 음의 자리에 있으면 법이 반드시 행해지지 않는 바가 있다." 하였다.

【傳】震來而能恐懼周顧면 則无患矣니 是는 能因恐懼而反致福也요 因恐懼而自修省하여 不敢違於法度하니 是는 由震而後有法則이라 故能保其安吉하여 而笑言啞啞也라

우레가 옴에 두려워하여 두루 돌아볼 줄 알면 근심이 없을 것이니, 이는 두려워하였기에 오히려 福을 이룰 수 있는 것이고, 두려워하였기에 스스로 닦고 살펴 감히 법도를 어기지 않으니, 이는 우레로 말미암은 뒤에야 법칙이 있는 것이다. 그러므로 그 안정과 길함을 지킬 수 있어 웃고 말함이 깔깔거리는 것이다.

六二는 震來厲라 億[10]喪貝하여 躋于九陵[11]이니 勿逐하면 七日得[12]하리라

【本義】震來에 厲하여 億喪貝하고 躋于九陵이니 勿逐이라도

六二는 우레가 옴이 사납다. 재물을 잃을 것을 헤아려 높은 언덕에 오르니, 쫓지 말면 七日만에 얻을 것이다.

【본의】우레가 옴에 위태로워 재물을 잃고 九陵에 오르니, 쫓지 않아도

【傳】六二居中得正하니 善處震者也로되 而乘初九之剛하니 九는 震之主라 震剛이 動而上奮이면 孰能禦之리오 厲는 猛也, 危也니 彼來旣猛이면 則己處危矣라 億은 度也요 貝는 所有之資也라 躋는 升也요 九陵은 陵之高也라 逐은 往追也라 以震來之厲에 度不能當而必喪其所有하여 則升至高以避之也라 九는 言其重하니 岡陵之重은 高之至也라 九는 重之多也니 如九天九地也라 勿逐七日得은 二之所貴者는 中正也니 遇震懼之來에 雖量勢巽避하나 當守其中正하여 无自失也니 億之必喪也라 故遠避以自守하고 過則復其

---

10 億:李恒老(朝鮮)는《周易傳義同異釋義》에서 "십만을 億이라고 하니, 크다는 뜻이 있다. 육오의 〈상전〉에서 '크게 잃음이 없다.'라고 하였는데 여기서 '크다(大)'라는 글자는 아마도 '億'의 뜻을 풀이한 듯하다. 그러나 마땅히 의심나는 부분은 그대로 두어야 할 듯하다." 하였다.

11 躋于九陵:李震相(朝鮮)은《易學管窺》에서 "이효에서 사효까지의 호괘는 艮卦☶이니 산과 언덕의 상이 있고, 九인 양이 꼭대기에 있기 때문에 '九陵'이라고 하였다. 震卦☳는 발이 되기 때문에 '오른다(躋)'고 하였다. '七日'의 상은《정전》의 설명이 옳다." 하였다.

12 勿逐 七日得:柳正源(朝鮮)은《易解參攷》에서 "재물을 크게 잃고서 九陵에 오름은 위태로움이 지극한 것이지만, 이것은 時運이 때마침 온 것에 불과하다. 이효는 중정하여 스스로를 지켜 얻고 잃음으로써 근심하지 않으니, 물욕을 따라 쫓아다니지 않는다면 곤궁하더라도 형통하며, 비색하여 기울어지더라도 칠일 후에는 잃은 자는 반드시 얻게 되고 위태로운 자는 반드시 편안해진다." 하였다.

常矣니 是勿逐而自得也라 逐은 卽物也니 以己卽物이면 失其守矣라 故戒勿逐이라 避遠自守는 處震之大方也니 如二者는 當危懼而善處者也라 卦位有六하니 七乃更始니 事旣終하고 時旣易也라 不失其守하면 雖一時不能禦其來나 然時過事已면 則復其常이라 故云七日得이라하니라

　六二는 中에 있으면서 바름을 얻었으니 震의 때에 잘 대처하는 자이지만, 初九의 剛을 타고 있으니 初九는 震卦의 주체이다. 震卦의 剛이 움직여 떨쳐 올라가면 누가 막을 수 있겠는가. '厲'는 사나움이고 위태로움이니 저(初九)가 옴이 이미 사나우면 자기(六二)가 위태로움에 처한다. '億'은 헤아림이고, '貝'는 가지고 있는 재물이다. '躋'는 올라감이고, '九陵'은 언덕 중에 높은 것이고, '逐'은 가서 쫓음이다. 우레가 오는 것이 사나워 감당하지 못하여 반드시 자기가 소유한 것을 상실할 것을 헤아리고서, 지극히 높은 곳에 올라가 피하는 것이다. '九'는 거듭함을 말하니, 언덕이 거듭됨은 지극히 높다는 것이다. '九'는 거듭됨이 많은 것이니, '九天'이나 '九地'와 같은 것이다.

　'쫓지 말면 七日만에 얻음'은 六二가 귀중한 바는 '中正'이니, 큰 진동과 두려움이 옴을 만남에 비록 기세를 헤아려 순순히 피하지만 마땅히 그 中正함을 지켜 스스로를 잃지 말아야 하니, 반드시 잃을 것을 헤아리기 때문에 멀리 피하여 스스로 지키고, 지나가면 평상을 회복하는 것이니, 이것이 쫓지 않아도 저절로 얻는 것이다. '逐'은 대상에게 나아가는 것이니 자기가 대상에게 나아가면 그 지킴을 잃게 되므로 쫓지 말라 경계한 것이다. 멀리 피하여 스스로 지킴은 震에 대처하는 큰 방법이니, 六二와 같은 자는 위태롭고 두려운 때를 당하여 잘 처신하는 자이다. 卦의 자리가 여섯이 있으니, '七'은 바로 다시 시작함이니, 일이 이미 끝나고 때가 바뀐 것이다. 그 지킴을 잃지 않으면 비록 한 때 우레가 옴을 막을 수는 없으나 때가 지나고 일이 끝나면 평상을 회복하므로 '七日만에 얻는다.' 한 것이다.

【本義】六二乘初九之剛이라 故當震之來而危厲也라 億字는 未詳이라 又當喪其貨貝하고 而升於九陵之上이나 然柔順中正하여 足以自守라 故不求而自獲也라 此爻는 占具象中이나 但九陵七日之象은 則未詳耳라

　六二는 初九의 剛을 탔으므로 우레가 오는 때를 당하여 위태롭다. '億'자는 자세하지 않다. 또 마땅히 그 재물을 잃고 九陵 위로 올라갔으나, 柔順하고 中正하여 스스로를 지키기에 충분하기 때문에 구하지 않아도 저절로 얻는다. 이 爻는 占이 象 가운데 갖춰져 있으나 다만 '九陵'과 '七日'의 象은 자세하지 않다.

字義 厲 : 사나울 려　億 : 헤아릴 억　貝 : 재물 패　躋 : 오를 제　禦 : 막을 어

象曰 震來厲는 乘剛也일새라

〈象傳〉에 말하였다. "'우레가 옴이 사나움'은 剛을 탔기 때문이다."

【傳】當震而乘剛이라 是以로 彼厲而己危하니 震剛之來를 其可禦乎아

우레가 치는 때를 당하여 剛을 타고 있다. 이 때문에 저(初九)는 사납고 나(六二)는 위태로 우니, 剛한 우레가 오는 것을 막을 수 있겠는가.

六三은 震蘇蘇니 震行하면 无眚하리라

六三은 우레가 침에 〈神氣가〉 흩어짐이니, 우레가 침으로 인해 가면 허물이 없을 것 이다.

【傳】蘇蘇는 神氣緩散自失之狀이라 三以陰居陽하여 不正하니 處不正이면 於平時에도 且 不能安이어든 況處震乎아 故其震懼而蘇蘇然이라 若因震懼而能行하여 去不正而就正이면 則可以无過라 眚은 過也라 三行則至四하니 正也니 動은 以就正爲善이라 故二는 勿逐則 自得이요 三은 能行則无眚이라 以不正而處震懼면 有眚을 可知니라

'蘇蘇'는 정신과 기운이 느슨해지고 흩어져 자기 자신을 잃은 모양이다. 六三은 陰으로 陽 의 자리에 있어서 바르지 않으니, 처한 자리가 바르지 않으면 평소에도 안정될 수 없는데 하 물며 震의 때에 처함에 있어서랴. 그러므로 우레가 두렵게 하여 〈신기가〉 흩어지는 것이다. 만약 우레가 두렵게 함으로 인해 가서 바르지 않은 곳을 떠나 바른 데로 나아갈 수 있다면 허 물이 없을 것이다. '眚'은 허물이다. 六三이 가면 四爻 자리에 이르니 四는 바르니, 움직임은 바른 데로 나아감을 善으로 여긴다. 그러므로 六二는 쫓지 말면 저절로 〈바름을〉 얻고, 六三 은 갈 수 있으면 허물이 없다. 바르지 않음으로써 우레가 두렵게 하는 데 처하면 허물이 있음 을 알 수 있다.

【本義】蘇蘇는 緩散自失之狀이라 以陰居陽하여 當震時而居不正하니 是以如此라 占者 若因懼而能行하여 以去其不正이면 則可以无眚矣리라

'蘇蘇'는 느슨해지고 흩어져 자기 자신을 잃은 모양이다. 陰으로 陽의 자리에 있어서 震의 때를 당하여 바르지 못한 곳에 있으니, 이 때문에 이와 같은 것이다. 점치는 자가 두려움으로

인해 가서 바르지 않은 곳을 떠날 수 있다면 허물이 없을 수 있을 것이다.

字義 蘇 : 흩어질 소 眚 : 허물 생

象曰 震蘇蘇는 位不當也일새라

〈象傳〉에 말하였다. "'우레가 침에 〈신기가〉 흩어짐'은 자리가 마땅하지 않기 때문이다."

【傳】其恐懼自失蘇蘇然은 由其所處不當故也라 不中不正하니 其能安乎아

두려워하여 스스로를 잃어 〈신기가〉 흩어짐은 그 처한 곳이 마땅치 않기 때문이다. 中도 아니고 正도 아니니, 편안할 수 있겠는가.

九四는 震이 遂泥[13]라

九四는 우레가 마침내 빠짐이다.

【傳】九四居震動之時하여 不中不正하니 處柔는 失剛健之道요 居四는 无中正之德이니 陷溺於重陰之間하여 不能自震奮者也라 故云遂泥라하니 泥는 滯溺也라 以不正之陽으로 而上下重陰이니 安能免於泥乎아 遂는 无反之意라 處震懼면 則莫能守也요 欲震動이면 則莫能奮也니 震道亡矣라 豈復能光亨也리오

九四는 우레가 진동하는 때에 있으면서 中도 아니고 正도 아니니, 유약한 자리에 처함은 剛健한 道를 잃은 것이고, 四爻 자리에 있음은 中正한 德이 없는 것이니, 겹친 陰의 사이에 빠져서 스스로는 떨칠 수 없는 자이다. 그러므로 '마침내 빠짐이다.'라고 하였다. '泥'는 침체하고 빠지는 것이다. 바르지 않은 陽으로서 위와 아래에 陰이 겹쳐 있으니, 어찌 빠짐에서 벗어날 수 있겠는가. '遂'는 돌이킬 수 없다는 뜻이다. 우레가 쳐서 두려운 곳에 있으면 지킬 수 없고, 진동하고자 하면 떨칠 수가 없으니, 震의 道가 없어진 것이다. 어찌 다시 빛나 형통할

---

13 遂泥 : 宋時烈(朝鮮)은 《易說》에서 "'遂'는 정체되고 빠져서 돌이키지 못한다는 뜻이다. 泥는 坎卦가운데에 있는 진흙 길이다. 효가 비록 강하지만 음의 자리에 있고 또한 험함을 건너는 재질이 없는데 坎卦☵의 구덩이에 있어서 돌이킬 수가 없다. 그러므로 '마침내 빠짐이다.'라고 한 것이다." 하였다.

수 있겠는가.

【本義】以剛處柔하여 不中不正이요 陷於二陰之間하여 不能自震也라 遂者는 无反之意라 泥는 滯溺也라

剛으로 유약한 자리에 처하여 中도 아니고 正도 아니고, 두 陰 사이에 빠져있어 스스로는 떨칠 수 없다. '遂'는 돌이킬 수 없다는 뜻이다. '泥'는 침체하고 빠진 것이다.

字義 遂 : 마침내 수   泥 : 빠질 니   滯 : 막힐 체   溺 : 빠질 닉

象曰 震遂泥는 未光也로다

〈象傳〉에 말하였다. "'우레가 드디어 침체하고 빠짐'은 아직 빛나지 못한 것이다."

【傳】陽者는 剛物이요 震者는 動義니 以剛處動하면 本有光亨之道로되 乃失其剛正而陷於重陰하여 以致遂泥하니 豈能光也리오 云未光은 見陽剛本能震也로되 以失德故로 泥耳라

陽은 剛한 물건이고, 震은 움직인다는 뜻이니, 剛함으로써 움직이는 데에 있으면 본래 빛나고 형통한 道가 있으나, 그 剛함과 바름을 잃고 거듭된 陰에 빠져서 마침내 침체하고 빠지게 되었으니 어찌 빛나겠는가. '빛나지 못함'은 陽의 강건함은 본래는 떨칠 수 있으나 德을 잃었기 때문에 빠져있을 뿐임을 보인 것이다.

六五는 震이 往來厲하니 億하여 无喪有事[14]니라

【本義】震에 往來厲하나 億无喪하고 有事로다

六五는 우레가 왕래함이 위태로우니, 헤아려서 있는 일을 잃음이 없게 할 것이다.

---

14 无喪有事 : 金箕灃(朝鮮)는 《易要選義綱目》에서 "이효에서 말하는 '우레가 온다'란 초효인 강한 양이 막 오는 위엄을 가리키고, 오효에서 말하는 '우레가 왕래한다'란 사효가 음에 빠져 혹 가기도 하고 혹 오기도 함을 가리키니, 비록 강한 양을 올라탄 위태로움은 있지만 이효가 두려워하는 만큼은 아니다. 그러므로 잃는 바도 이효 만큼은 아니다." 하였다.

【본의】 우레가 침에 왕래함이 위태로우나 잃음이 없고 일이 있다.

【傳】 六五雖以陰居陽하여 不當位하여 爲不正이나 然以柔居剛하고 又得中하니 乃有中德者也라 不失中이면 則不違於正矣니 所以中爲貴也라 諸卦에 二五는 雖不當位나 多以中爲美하고 三四는 雖當位나 或以不中爲過하니 中常重於正也일새라 蓋中則不違於正이요 正不必中也라 天下之理가 莫善於中하니 於六二六五에 可見이라 五之動은 上往則柔不可居動之極이요 下來則犯剛하니 是는 往來皆危也라 當君位하여 爲動之主하니 隨宜應變하여 在中而已라 故當億度하여 无喪失其所有之事而已니 所有之事는 謂中德이라 苟不失中이면 雖有危라도 不至於凶也라 億度(탁)은 謂圖慮니 求不失中也라 五所以危는 由非剛陽而无助니 若以剛陽有助하여 爲動之主면 則能亨矣리라 往來皆危면 時則甚難이니 但期於不失中則可自守어니와 以柔主動이면 固不能致亨濟也라

　六五가 비록 陰으로 陽의 자리에 있어 자리가 마땅하지 않아 바르지 않음이 되지만 유순함으로 剛한 자리에 있고, 또 中을 얻었으니 바로 中德을 지닌 자이다. 中德을 잃지 않으면 바름에서 어긋나지 않으니, 이 때문에 '中'이 귀한 것이다. 여러 卦의 二爻와 五爻는 비록 마땅한 자리가 아니더라도 中을 아름답게 여기는 경우가 많고, 三爻와 四爻는 비록 마땅한 자리라도 어떤 때는 中이 아닌 것을 허물로 여긴 경우가 있으니, '中'이 항상 '正'보다 중요하기 때문이다. 中을 얻으면 바름에서 어긋나지 않으나 바르다고 꼭 中은 아니다. 천하의 이치가 中보다 좋은 것이 없으니, 六二와 六五에서 알 수 있다.

　六五의 움직임은 올라가면 유약해서 움직임의 지극함에 있을 수 없고, 내려오면 剛한 陽을 범하니, 이는 오든가든 다 위태로운 것이다. 임금의 자리에 해당하여 움직임의 주체가 되니 마땅함을 따라 변화에 호응하면서 中道에 있을 뿐이다. 그러므로 그 가지고 있는 일을 잃음이 없도록 할 뿐이니, '가지고 있는 일'이란 中德을 말한다. 中을 잃지 않으면 비록 위태로워도 흉함에까지 이르지는 않는다. '億度'은 도모하고 생각함을 말하니, 中을 잃지 않기를 구함이다. 六五가 위태로운 까닭은 강건한 陽이 아니고 도움이 없기 때문이니, 만약 강건한 陽으로 도와줌이 있어서 움직임의 주체가 되면 형통할 수 있을 것이다. 오든가든 다 위태로우면 때가 매우 어려운 시기이니, 中을 잃지 않기만을 기약한다면 스스로를 지킬 수 있을 것이나, 유약한 陰으로서 움직임을 주관하면 진실로 형통함과 이룸을 이룰 수 없다.

【本義】 以六居五而處震時하니 无時而不危也로되 以其得中이라 故无所喪而能有事也니 占者不失其中이면 則雖危나 无喪矣리라

陰으로서 五爻 자리에 있고 震의 때에 있으니, 어느 때고 위태롭지 않음이 없으나 中을 얻었기 때문에 잃는 것이 없고 일이 있을 수 있는 것이니, 점치는 자가 中을 잃지 않으면 비록 위태로우나 잃음은 없을 것이다.

字義 圖 : 도모할 도

象曰 震往來厲는 危行也요 其事在中하니 大无喪也니라

〈象傳〉에 말하였다. "'우레가 왕래함이 위태로움'은 가면 위태로운 것이고, 그 일이 中에 있으니 크게 잃음이 없다."

【傳】往來皆厲하니 行則有危也라 動皆有危하니 唯在无喪其事而已니 其事는 謂中也라 能不失其中이면 則可自守也라 大无喪은 以无喪爲大也라

오나가나 다 위태로우니 가면 위태롭다. 움직이는 것이 다 위태로우니 오직 '그 일'을 잃지 않음에 있을 뿐이니, '그 일'은 中을 말한다. 그 中을 잃지 않을 수 있으면 스스로를 지킬 수 있다. '大无喪'은 '잃음이 없음'을 크다고 여기는 것이다.

上六은 震이 索索(삭삭)하여 視矍矍이니 征이면 凶하니 震不于其躬이요 于其隣이면 无咎리니 婚媾는 有言이리라

【本義】无咎어니와

上六은 우레가 흩어져 보기를 두리번거리는 것이니, 가면 흉하니, 우레가 그 몸에 미치지 않고 그 이웃에 왔을 때 하면 허물이 없으리니, 혼인은 원망하는 말이 있을 것이다.

【본의】허물이 없을 것이나

【傳】索索은 消索不存之狀이니 謂其志氣如是라 六以陰柔로 居震動之極하니 其驚懼之甚하여 志氣殫索也라 矍矍은 不安定貌니 志氣索索이면 則視瞻徊徨이라 以陰柔不中正之質로 而處震動之極이라 故征則凶也라 震之及身은 乃于其躬也니 不于其躬은 謂未

及身也라 隣者는 近於身者也니 能震懼於未及身之前이면 則不至於極矣라 故得无咎라 苟未至於極이면 尙有可改之道하니 震終當變이요 柔不固守라 故有畏隣戒而能變之義하니라 聖人이 於震終에 示人知懼能改之義하시니 爲勸이 深矣로다 婚媾는 所親也니 謂同動者라 有言은 有怨咎之言也라 六居震之上하여 始爲衆動之首러니 今乃畏隣戒而不敢進하여 與諸處震者異矣라 故婚媾有言也니라

'索索'은 흩어져 존재하지 않는 모양이니 그 뜻과 기운이 이와 같음을 말한다. 上六이 유약한 陰으로 震動함의 끝에 있으니, 그 놀라고 두려워함이 심하여 뜻과 기운이 다해 사라진 것이다. '矍矍'은 불안한 모습이니, 뜻과 기운이 흩어지면 시선이 두리번거린다. 陰으로 유약하고 中正하지 못한 재질로 震動함의 끝에 있으므로 가면 凶하다. 우레가 자신에게 미치는 것이 '于其躬'이니, '그 몸에 치지 않음'은 아직 자신에게 미치지 않은 것이다. '이웃'은 자신에게 가까운 것이니, 자신에게 미치기 전에 떨면서 두려워할 줄 알면 지극한 데에까지는 이르지 않으므로 허물이 없을 수 있다. 아직 지극한 데에 이르지 않았다면 여전히 고칠 수 있는 방도가 있으니, 震卦의 끝이라서 당연히 변화하고, 유약함은 견고하게 지키지 못하므로 이웃의 경계함을 두려워하여, 변할 수 있는 뜻이 있는 것이다. 聖人이 震卦의 끝에서 사람들에게 두려워할 줄을 알면 고칠 수 있다는 뜻을 보여주었으니 힘쓰게 함이 깊다. '혼인'은 친한 것이니 함께 움직이는 자를 말하고, '말이 있음'은 원망하고 허물하는 말이 있는 것이다. 上六이 震卦의 맨 위에 있어 처음에는 여러 움직임의 우두머리가 되지만, 지금은 벼락이 쳐서 이웃의 경계함을 두려워하여 감히 나아가지 못하여, 여러 爻가 震卦에 대처하는 경우와는 다르므로 혼인에는 원망하는 말이 있는 것이다.

【本義】以陰柔處震極이라 故爲索索矍矍之象이니 以是而行이면 其凶이 必矣라 然能及其震未及其身之時하여 恐懼修省이면 則可以无咎로되 而亦不能免於婚媾之有言하리니 戒占者當如是也라

유약한 陰으로 震卦의 끝에 있으므로 흩어지고 두리번거리는 象이 되니, 이렇게 하여 가면 흉할 것이 틀림없다. 그러나 우레가 아직 자신에게 미치지 않았을 때에 두려워하여 닦고 살피면 허물이 없을 수 있으나, 그래도 혼인에는 말이 있음을 면할 수 없다. 점치는 자는 이처럼 하여야 한다고 경계한 것이다.

字義 索 : 흩어질 삭   矍 : 두리번거릴 확   婚 : 혼인 혼   媾 : 혼인 구   消 : 사라질 소
殫 : 다할 탄   徊 : 배회할 회   徨 : 배회할 황

象曰 震索索은 中未得也일새요 雖凶无咎[15]는 畏隣戒也일새라

〈象傳〉에 말하였다. "우레가 흩어짐은 中을 얻지 못해서이고, 비록 흉해도 허물이 없음은 이웃의 경계함을 두려워해서이다."

【본의】 우레가 흩어짐은 속마음이 얻지 못해서이고

【傳】 所以恐懼自失如此는 以未得於中道也니 謂過中也라 使之得中이면 則不至於索索矣라 極而復征이면 則凶也니 若能見隣戒而知懼하여 變於未極之前이면 則无咎也라 上六은 動之極이니 震極則有變義也라

두려워하여 스스로 잃음이 이와 같은 까닭은 아직 中道를 얻지 못했기 때문이니, 中道를 넘은 것을 말한다. 中道를 얻게 하면 흩어짐에 이르지 않을 것이다. 지극한데 다시 가면 凶하니, 만약 이웃의 경계함을 보고 두려워할 줄을 알아서 아직 지극한 데에 이르기 전에 변하면 허물이 없다. 上六은 움직임의 끝이니, 震이 지극하면 변하는 뜻이 있다.

【本義】 中은 謂中心이라

'中'은 속마음을 말한다.

---

15 雖凶无咎 : 吳致箕(朝鮮)는 《周易經傳增解》에서 "알맞은 도를 얻지 못하였기 때문에 두려워하면서 불안해하고, 이웃이 경계하는 말을 두려워할 수 있기 때문에 비록 흉하더라도 허물이 없을 수 있다." 하였다.

52. 艮

☶ 艮下艮上

下卦는 艮卦☶이고 上卦는 艮卦☶이다.

【傳】艮은 序卦에 震者는 動也니 物不可以終動하여 止之라 故受之以艮하니 艮者는 止
也라하니라 動靜相因하여 動則有靜하고 靜則有動하여 物无常動之理하니 艮所以次震也라
艮者는 止也어늘 不曰止者는 艮은 山之象이니 有安重堅實之意하여 非止義可盡也일새라
乾坤之交 三索[1]而成艮하여 一陽이 居二陰之上하니 陽은 動而上進之物이니 旣至於上이면
則止矣요 陰者는 靜也니 上止而下靜이라 故爲艮也라 然則與畜止之義何異오 曰 畜止
者는 制畜之義니 力止之也요 艮止者는 安止之義니 止其所也라

艮卦는 〈序卦傳〉에 "震은 움직임이니, 물건은 끝까지 움직일 수 없어서 그친다. 그러므로
艮卦로 받았으니, 艮은 그침이다." 하였다. 動靜은 서로 근거하여, 움직이면 고요함이 있고
고요하면 움직임이 있어서, 물건이 항상 움직이기만 하는 이치는 없으니, 이 때문에 艮卦가
震卦의 다음이 되었다. 艮은 '그침'인데도 '止'라 하지 않는 것은, 艮은 산의 象이니 안정되고
무거우며 단단하고 차있다는 뜻이 있어서 '止'의 뜻만으로는 다할 수 없기 때문이다. 乾卦☰
와 坤卦☷가 세 번째 자리에서 구하여 艮卦☶를 이루어서 한 陽이 두 陰의 위에 있으니 陽은
움직여 위로 나아가는 물건이니 위에 이르면 그치고, 陰은 고요함이니 위는 그치고 아래는
고요하다. 그러므로 艮卦가 된다.

〈어떤이가 묻기를〉 "그렇다면 大畜卦☰의 '그침'과는 어떻게 다른 것입니까?" 하니, 대답하
기를 "大畜卦의 '그침'은 억눌러 저지하는 뜻이니 힘으로 멈추게 하는 것이고, 艮卦의 '그침'
은 편안하게 그친다는 뜻이니, 그쳐야 할 자리에 그치는 것입니다." 하였다.

字義 艮 : 그칠 간   畜 : 그칠 축

---

1 三索 : 〈說卦傳〉에 索을 '구한다'는 의미로 사용하였다. 乾坤이 사귀어 一索과 再索과 三索의 과정
을 통해 각각 震巽과 坎離와 艮兌의 남녀괘를 얻는다.

艮²其背³⁴면 不獲其身하며 行其庭하여도 不見其人⁵하여 无咎⁶리라

그 등에 그치면 몸을 얻지 못하며, 그 뜰을 다녀도 그 사람을 보지 못하여 허물이 없을 것이다.

【傳】人之所以不能安其止者는 動於欲也니 欲牽於前而求其止면 不可得也라 故艮之道는 當艮其背라 所見者在前而背乃背之하니 是所不見也니 止於所不見이면 則无欲以亂其心하여 而止乃安하리라 不獲其身은 不見其身也니 謂忘我也라 无我則止矣어니와 不

2　艮 : 빌헬름 영문판 주역인 《The I Ching》에서는 艮卦를 K^en / Keeping Still, Mountain이라고 하였다. 간괘는 두 양효인 상구와 구삼 가운데 상구가 주효이며, 의미는 가만히 있음이나 멈추어 있음이다. 양효가 맨 위에 있는 것은 끝에 다다라 운동이 더 이상 진행되지 못하고 멈추어 있음을 의미한다. 그러므로 물상으로는 산에 해당한다. 진정한 멈추어 있음은 가만히 있을 땐 가만히 있고 전진할 때는 전진하는 것이다. 간괘가 의미하는 것은 모든 운동의 마침과 시작이라고 하였다.

3　背 : 郭忠孝는 《大全》의 소주에서 "사람의 이목구비가 다 욕망을 가지고 있지만 등의 경우는 욕망이 없다." 하였다.

4　艮其背 : 주자는 《大全》의 소주에서 어떤 이가 "이천이 '내 속의 욕심이 싹트지 않고 바깥 사물을 접하지 않아 이처럼 그쳐야 그 그침을 얻는 것이다'라고 하였으니, 고요한 가운데에 그침을 말한 것 같은데 그렇지 않습니까?"라고 묻자, 그렇다고 대답하였다.

5　行其庭 不見其人 : 蔡鍾植(朝鮮)은 《周易傳義同歸解》에서 "《정전》에서는 '바깥 사물에 관계하지 않는다.'고 했고, 《본의》에서는 '다닐 만한 때의 그침이다.'라고 했다. '바깥 사물에 관계하지 않는다.'는 것은 바깥 사물을 끊어 관계하지 않음을 이르는 것이 아니다. 사물에는 당연한 이치가 있고 나는 당연한 이치에 그칠 뿐이어서 내가 이러한 사물이 있는 것을 보지 못하면 비록 사물과 관계하더라도 관계하지 않는 것과 같다. 그러니 마치 그 뜰을 다니면 의당 사람을 볼 것 같은데도 도리어 사람을 보지 못하는 것과 같다. 그렇다면 '바깥 사물에 관계하지 않는다.'는 것은 단지 움직이지만 움직이지 않는 것과 같아서 그침에 편안해 하는 뜻이니, 또한 어찌 《본의》에서 이른바 다닐 만한 때의 그침이라는 것이 아니겠는가. 또 《정전》에서 '바깥 사물을 접하지 않으면 내 속의 욕심이 싹트지 않는다.'고 말한 것은 흡사 고요한 가운데 그친 것과 같다. 《본의》에서 '움직임과 고요함이 각각 그 마땅한 자리에 그치지만 모두 저 고요함을 위주로 한다.'고 말한 것은 바로 움직임과 고요함이 모두 그침이다. 대체로 정자의 설명은 고요한 가운데의 그침을 가리키는 듯하다. 그러나 '바깥 사물을 접하지 않는다.'고 말한 것은 음란한 음악과 나쁜 예를 마음에 접하지 않는다는 부류와 같다. 비록 바깥 사물을 접하는 때에 있을지라도 예가 아닌 것을 보고 듣는 데 접하지 않는다면 이는 움직이더라도 오히려 움직이지 않는 것과 같아서 또한 고요함에 그치는 것이다. 그러므로 내 속의 욕심이 싹트지 않으니, 밖을 제어하여 그 마음을 기른다는 뜻이다. 그렇다면 이것이 어찌 주자가 이른바 '움직임과 고요함이 각각 그 마땅한 자리에 그치되 다 저 고요함을 위주로 한다.'는 뜻이 아니겠는가." 하였다.

6　无咎 : 蘭廷瑞(明)는 《大全》의 소주에서 "간괘의 여섯 효가 다 그침이다. '그 등에 그치면 그 몸을 얻지 못한다.'는 것은 내가 남들에게 반응하지 않는 것이고, '그 뜰을 다녀도 그 사람을 보지 못한다.'는 것은 남들이 내게 반응하지 않는 것이다. 남과 내가 사귀지 않는데 후회나 부끄러움이 어디서 생기겠는가. 이러므로 허물이 없는 것이다." 하였다.

能无我면 无可止之道라 行其庭不見其人은 庭除之間은 至近也니 在背則雖至近이나 不見하니 謂不交於物也라 外物不接하고 內欲不萌하여 如是而止면 乃得止之道하니 於 止에 爲无咎也라

사람이 그침을 편안히 여기지 못하는 것은 욕심에 움직이기 때문이니, 욕심이 앞에서 끄는데 그치기를 구한다면 얻을 수 없다. 그러므로 艮卦의 道는 '그 등에 그쳐야 한다.'는 것이다. 보이는 것은 앞에 있는데 등은 등지는 것이니, 이는 보이지 않는 것이니, 보이지 않는 곳에 그치면 욕심이 그 마음을 어지럽힐 수 없어 그침이 편안할 것이다. '그 몸을 얻지 못함'은 제자신을 보지 못함이니, '나를 망각함'을 말한다. '나라는 생각'이 없으면 그칠 수 있지만 '나라는 생각'이 없을 수 없다면 그칠 수 있는 방도가 없다. '그 뜰을 다녀도 그 사람을 보지 못함'은 뜰의 섬돌 사이는 아주 가까우니, 등 뒤에 있으면 지극히 가까워도 보지 못하니, 바깥 사물과 사귀지 않음을 말한다. 바깥 사물을 접하지 않고 내 속의 욕심이 싹트지 않아서, 이처럼 그치면 그침의 도리를 얻으니 그침에 허물이 없게 된다.

【本義】艮은 止也니 一陽이 止於二陰之上하니 陽自下升하여 極上而止也라 其象이 爲 山하니 取坤地而隆其上之狀이요 亦止於極而不進之意也라 其占則必能止于背而不有 其身하고 行其庭而不見其人이라야 乃无咎也라 蓋身은 動物也로되 唯背爲止하니 艮其背면 則止於所當止也니 止於所當止면 則不隨身而動矣니 是不有其身也라 如是則雖行於 庭除有人之地라도 而亦不見其人矣라 蓋艮其背而不獲其身者는 止而止也요 行其庭 而不見其人者는 行而止也니 動靜이 各止其所而皆主夫靜焉하니 所以得无咎也라

艮은 '그침'이니 한 陽이 두 陰의 위에 그쳤으니, 陽이 아래에서부터 올라가 위의 끝에서 그친 것이다. 그 象은 '山'이 되니, 坤卦의 땅에서 위로 솟아 올라온 모양을 취했고, 또한 끝에 그쳐 나가지 않는다는 의미이다. 그 占은 등에 그쳐 그 자신을 두지 않고 뜰을 다녀도 그 사람을 보지 않을 수 있어야만 허물이 없다. 몸은 움직이는 물건이나 등만은 그쳐 있으니, 등에 그치면 그쳐야 할 곳에 그친 것이다. 그쳐야 할 곳에 그치면 몸을 따라 움직이지 않으니, 이것이 '몸을 두지 않음'이다. 이와 같이 하면, 뜰에 사람이 있는 곳을 다니더라도 그 사람을 보지 못할 것이다. '등에 그쳐 그 몸을 얻지 못함'은 그쳐 있으면서 그치는 것이고, '그 뜰을 다니는데도 그 사람을 보지 못함'은 가면서 그치는 것이니, 움직임과 고요함이 각각 그 마땅한 자리에 그쳐서 모두 고요함을 위주로 하니, 이 때문에 허물이 없을 수 있다.

字義 牽 : 끌 견   除 : 뜰 제

彖曰 艮은 止也니 時止則止하고 時行則行[7]하여 動靜不失其時하니 其道光明[8]이니

〈彖傳〉에 말하였다. "艮은 그침이니 때가 그칠 만하면 그치고 때가 행할 만하면 행해서 움직임과 고요함이 그 때를 잃지 않으니 그 도가 빛남이니,

【傳】艮爲止하니 止之道는 唯其時니 行止動靜을 不以時則妄也라 不失其時면 則順理而合義하니 在物爲理요 處物爲義라 動靜合理義면 不失其時也니 乃其道之光明也라 君子所貴乎時하니 仲尼行止久速[9]이 是也라 艮體篤實하여 有光明之義하니라

艮은 '그침'이니 그치는 도는 오직 때에 맞게 해야 하니, 행함과 그침, 움직임과 고요함을 때에 맞게 하지 않으면 망령된 것이다. 그 '때'를 잃지 않으면 이치에 순하고 의리에 합하니, 사물에 있는 것은 이치가 되고 사물을 처리하는 것은 의리가 된다. 움직임과 고요함이 '理'와 '義'에 부합되면 그 때를 잃지 않은 것이니, 이에 그 道가 밝게 빛난다. 君子는 때를 귀하게 여기니, 孔子의 '행함과 그침, 오래 있음과 속히 떠남을 時宜에 맞게 함'이 이것이다. 艮卦의 卦體는 독실하여 빛나는 뜻이 있다.

【本義】此는 釋卦名이라 艮之義則止也나 然行止各有其時라 故時止而止는 止也요 時行而行도 亦止也라 艮體篤實이라 故又有光明之義라 大畜도 於艮에 亦以輝光言之하니라

이는 卦名을 해석한 것이다. 艮卦의 뜻은 그치는 것이나 행함과 그침에 각각 그 때가 있다. 그러므로 때가 그칠 만하여 그치는 것도 그침이고, 때가 행할 만하여 행하는 것도 그침이다. 艮의 卦體가 독실하기 때문에 또한 빛나고 밝은 뜻이 있다. 大畜卦☰☶에서도 艮卦에 대해 '輝光'으로 말하였다.

---

7 時行則行 : 李震相(朝鮮)은 《易學管窺》에서 "간이 비록 그침이 되지만 〈호괘로〉 감이 그 가운데 있으니, 다만 움직이는 것도 고요한 것이고 고요한 것도 고요한 것이다." 하였다.

8 光明 : 주자는 《大全》의 소주에서 간괘의 광명에 관한 질문에 대해 "안정되면 밝아지기 때문입니다. 누구나 속이 어지러우면 더욱 어둡게 되고, 안정되어 그치게 되면 저절로 환해지니, 장자가 말한 '큰 그릇이 안정되어 타고난 빛이 나온다.'는 것이 이것입니다." 하였다.

9 仲尼行止久速 : 《孟子》, 〈公孫丑 上〉에 "벼슬할 만하면 벼슬하고 그만둘 만하면 그만두고 오래 머물 만하면 오래 머물고 빨리 떠날 만하면 빨리 떠나는 이는 공자이시다.〔可以仕則仕, 可以止則止, 可以久則久, 可以速則速, 孔子也〕"라고 보인다.

艮其止는 止其所也일새라

‘그 그쳐야 함에 그침’은 그 자리에 그치기 때문이다.

【傳】艮其止는 謂止之而止也니 止之而能止者는 由止得其所也니 止而不得其所면 則无可止之理라 夫子曰 於止에 知其所止[10]라하시니 謂當止之所也라 夫有物이면 必有則이니 父止於慈하고 子止於孝하고 君止於仁하고 臣止於敬하여 萬物庶事가 莫不各有其所하니 得其所則安이요 失其所則悖라 聖人이 所以能使天下順治는 非能爲物作則(칙)也요 唯止之各於其所而已니라

‘그 그쳐야 함에 그침’은 그쳐야 해서 그침을 말한다. 그쳐야 할 때 그칠 수 있는 것은 그침이 그 자리를 얻었기 때문이니, 그침에 그 자리를 얻지 못하면 그칠 수 있는 이치가 없다. 孔子가 “그칠 때에 그쳐야 할 곳을 안다.” 하시니, ‘그쳐야 할 곳’을 말한 것이다. 사물이 있으면 반드시 법칙이 있으니, 어버이는 자애로움에 그치고, 자식은 孝에 그치고, 임금은 어짊에 그치고, 신하는 공경에 그쳐서 만물과 모든 일이 제자리가 있지 않음이 없으니, 그 자리를 얻으면 안정되고 그 자리를 잃으면 어그러진다. 聖人이 세상을 순리대로 다스릴 수 있는 것은 물건을 위해 법칙을 만드는 것이 아니고, 오직 각각 제자리에 그치게 할 뿐이다.

字義 慈 : 자애로울 자

上下敵應[11]하여 不相與也일새

위와 아래가 적으로 대응하여 서로 함께하지 않으니,

【傳】以卦才言也라 上下二體가 以敵相應하여 无相與之義하니 陰陽相應이면 則情通而

---

10 於止 知其所止:《大學》에 “시에 이르길, ‘지저귀는 꾀꼬리여 언덕기슭에 깃들어 산다.’고 하니 공자 말씀하시길, ‘〈새도〉 머물러 살 때에 제 머물 곳을 아는데, 사람으로서 새만 못해서야 되겠는가.’〔詩云 緡蠻黃鳥 止于丘隅 子曰 於止 知其所止 可以人而不如鳥乎〕”라고 보인다.

11 上下敵應:項安世(南宋)는 《大全》의 소주에서 “괘상은 비록 서로 대적하여도 情은 자연히 서로 함께 하는데, 간괘만 上卦와 下卦의 음양이 각각 그 성품을 바르게 하여 밖에서 구하는 정이 없으므로 서로 함께하지 않는다는 뜻이 있다. 양효가 위에 음효가 아래에 있어 양효 하나가 두 음효를 통제하는 것은 다 천하의 정해진 이치여서 다시 더하거나 덜 수 없다.” 하였다.

相與어늘 乃以其敵이라 故로 不相與也라 不相與則相背하니 爲艮其背는 止之義也라

卦의 재질로 말하였다. 上下의 두 卦體가 적으로 서로 대응하여 서로 함께하는 뜻이 없으니, 陰陽이 서로 호응하면 情이 통하여 서로 함께하지만 적이기 때문에 서로 함께하지 않는다. 서로 함께하지 않으면 서로 등지니 '그 등에 그침'이 됨은 그침의 뜻이다.

是以不獲其身行其庭不見其人无咎也라

이 때문에 그 몸을 얻지 못하며 그 뜰을 다녀도 그 사람을 보지 못하여 허물이 없는 것이다."

【傳】相背故로 不獲其身, 不見其人이라 是以能止하니 能止則无咎也라

서로 등지기 때문에 그 몸을 얻지 못하고 그 사람을 보지 못한다. 이 때문에 그칠 수 있으니, 그칠 수 있으면 허물이 없다.

【本義】此는 釋卦辭라 易背爲止는 以明背卽止也니 背者는 止之所也라 以卦體言하면 內外之卦가 陰陽敵應而不相與也하니 不相與하면 則內不見己하고 外不見人而无咎矣라 晁氏云 艮其止는 當依卦辭하여 作背라하니라

이는 卦辭를 해석한 것이다. '背'를 바꾸어 '止'라 한 것은 '등'이 바로 '그침'임을 밝힌 것이니 '등'은 그치는 곳이다. 卦體로 말하면 內卦와 外卦가 陰陽이 적으로 대응하여 서로 함께하지 않으니, 서로 함께하지 않으면 안으로는 자신을 보지 못하고 밖으로는 사람을 보지 못하여 허물이 없다. 晁氏는 '艮其止'의 '止'는 卦辭에 근거하여 '背'로 써야 한다." 하였다.

象曰 兼山이 艮이니 君子以하여 思不出其位[12]하나니라

---

12 思不出其位 : 丘富國(宋代)은 《大全》의 소주에서 "지위는 그치는 곳이다. '생각을 그 지위에서 벗어나지 않게 하는 것'은 '그침에 그칠 곳을 안다.'는 것이니 두 산이 마주 서서 서로 넘보지 않는다는 의미이다. 《대학》에서 '임금은 어질고, 신하는 공경하고, 부모는 자애롭고, 자식은 효도한다.'고 한 것과 《중용》에서 '부유하고 귀한 자리에 있게 되면 부유하고 귀한 처지에 맞게 행하고, 가난하고 낮은 자리에 있게 되면 가난하고 낮은 처지에 맞게 행한다.'는 따위가 다 그 뜻이다. 사람들이 쉽게 지위를 벗어남에 이르는 것은 생각할 줄 모르기 때문이다. 생각한다면 마음에 깨우침이 있을

〈象傳〉에 말하였다. "거듭한 산이 艮이니, 君子가 이것을 본받아 생각이 그 지위를 벗어나지 않는다."

【傳】上下皆山이라 故爲兼山이라 此而幷彼 爲兼이니 謂重復也니 重艮之象也라 君子觀 艮止之象하여 而思安所止하여 不出其位也니 位者는 所處之分也라 萬事各有其所하니 得其所則止而安이라 若當行而止하고 當速而久하여 或過, 或不及이면 皆出其位也니 況 踰分非據乎아

上卦와 下卦가 다 산이므로 '거듭한 산'이다. 이것에 저것을 합친 것이 '거듭함'이니 '중복 됨'을 말한 것이니 艮卦가 거듭된 象이다. 君子가 艮卦의 그치는 象을 보고 생각함이 그쳐야 할 곳에 편안하여 그 지위를 벗어나지 않으니, '位'는 처한 바의 분수이다. 모든 일이 각각 제 자리가 있으니 제자리를 얻으면 그쳐서 편안하다. 만약 가야 하는데 그치고, 빨리 떠나야 하 는데 오래 머물며, 혹 지나치거나 혹 미치지 못하면 이는 모두 그 지위를 벗어나는 것이니, 하물며 분수를 넘고 차지할 곳이 아닌 데에 있어서이겠는가.

字義 幷 : 합칠 병   踰 : 넘을 유

初六은 艮其趾[13]라 无咎하니 利永貞[14]하니라

初六은 그 발꿈치에 그침이다. 허물이 없으니, 오래도록 바르게 함이 이롭다.

【傳】六在最下하니 趾之象이라 趾는 動之先也니 艮其趾는 止於動之初也라 事止於初면 未至失正이라 故无咎也라 以柔處下하여 當趾之時也하니 行則失其正矣라 故止乃无 咎라 陰柔는 患其不能常也 不能固也라 故方止之初하여 戒以利在常永貞固하니 則不

것이니, 그 마땅히 그쳐야 할 곳을 알아 그칠 곳을 얻게 될 것이다." 하였다.

13 艮其趾 : 柳正源(朝鮮)은 《易解參攷》에서 "처음에 그치면 곧 허물이 없으니, 어릴 때 자식을 가르 치고 막 시집왔을 때 며느리를 가르치는 것과 같은 것이 이것이다." 하였다.

14 利永貞 : 康儼(朝鮮)은 《周易》에서 이미 "'발꿈치에 그친다'고 말했는데, 또 '길이 곧게 함이 이롭 다.'고 말한 것은, 곧 《대학장구》에서 이른바 '그친다'는 것은 반드시 여기에 이르러 옮기지 않는 뜻이다. 초육의 '발꿈치에 그침'은 마땅히 그쳐야 할 바에 그치는 것이라고 할 수 있다. 그러나 부 드러운 음의 재질이 혹 변하여 옮기는 바가 있으면 또한 '그친다'고 말할 수 없다. 그러므로 또 '길 이 곧게 함이 이롭다.'고 하여 옮기지 않는 뜻을 드러낸 것이다." 하였다.

失止之道也라

　初六이 가장 아래에 있으니 발꿈치의 象이다. '발꿈치'는 움직일 때에 제일 먼저 움직이는 것이니, '그 발꿈치에 그침'은 움직임의 처음에 그치는 것이다. 일이 처음에 그치면 바름을 잃는 데까지 이르지 않으므로 허물이 없는 것이다. 柔로서 맨 아래에 있어서 '발꿈치'의 때에 해당하니, 가면 그 바름을 잃기 때문에 그쳐야 허물이 없는 것이다. 유약한 陰은 항상할 수 없고, 견고할 수 없을까 근심한다. 그러므로 그침의 처음을 당하여 이로움이 항상 오래도록 貞固하게 하는 데 있다고 경계하였으니, 〈이렇게 하면〉 그치는 도리를 잃지 않는다.

【本義】以陰柔로 居艮初하니 爲艮趾之象이라 占者如之則无咎요 而又以其陰柔故로 又戒其利永貞也라

　유약한 陰으로 艮卦의 처음에 있으니, 발꿈치에 그치는 象이다. 점치는 자가 이와 같이 하면 허물이 없고, 또한 유약한 陰이기 때문에 오래도록 바르게 함이 이로움을 경계한 것이다.

字義 趾 : 발꿈치 지

象曰 艮其趾는 未失正[15]也라

　〈象傳〉에 말하였다. "'발꿈치에 그침'은 바름을 잃지 않은 것이다."

【傳】當止而行은 非正也로되 止之於初라 故未至失正하니 事止於始면 則易而未至於失也라

　그쳐야 하는데 가는 것은 바른 것이 아니나, 처음에 그쳤기 때문에 바름을 잃는 데까지 이르지 않은 것이니, 일이 시작될 때 그치면 쉽고 바름을 잃는 데까지 이르지 않는다.

六二는 艮其腓니 不拯其隨[16]라 其心不快로다

---

15 未失正 : 金相岳(朝鮮)은 《山天易說》에서 "음이 아래에 있어 바름의 뜻이 있다." 하였다.

16 不拯其隨 : 李恒老(朝鮮)는 《周易傳義同異釋義》에서 "육이는 중정한 덕으로 간괘의 그치는 때에 있어 비록 가서 구삼의 등뼈를 벌리는 위태로움을 구할 수는 없으나 만약 자신이 지키는 바를 바꾸어 구삼이 바라는 바를 따른다면 '그 장딴지에 그친다'는 뜻이 아니다. 문세로 살펴본다면 '그 따

六二는 장딴지에 그침이니, 구원하지 못하고 따른다. 그러므로 그 마음이 불쾌하다.
【본의】그 따름을 구원하지 못한다.

【傳】六二居中得正하여 得止之道者也로되 上无應援하니 不獲其君矣라 三居下之上하여
成止之主하니 主乎止者也로되 乃剛而失中하여 不得止之宜하고 剛止於上하여 非能降而
下求하니 二雖有中正之德이나 不能從也라 二之行止는 係乎所主하여 非得自由라 故爲
腓之象이라 股動則腓隨하니 動止在股而不在腓也라 二旣不得以中正之道로 拯救三之
不中이면 則必勉而隨之리니 不能拯而唯隨也면 雖咎不在己나 然豈其所欲哉리오 言不
聽, 道不行也라 故其心不快하니 不得行其志也라 士之處高位면 則有拯而无隨하고 在
下位면 則有當拯, 有當隨하고 有拯之不得而後隨니라

　六二가 中에 있고 正을 얻어서 그침의 道를 얻은 자이나, 위에서 호응하여 끌어줌이 없으니 임
금에게 신임을 얻지 못하였다. 九三은 下卦의 맨 위에 있어서 그침을 이루는 주체이니 그침을
주재하는 자이나, 剛하고 中道를 잃어서 그침의 마땅함을 얻지 못하였고, 剛이 위에 그쳐서 내
려와 아래로 구할 수 있는 자가 아니니, 六二가 비록 中正의 德을 가지고 있더라도 따를 수 없다.
　六二의 행함과 그침은 주재자에게 매어 있어 자유롭지 않기 때문에 '장딴지'의 象이 된다.
넓적다리가 움직이면 장딴지는 따르기 마련이니, 움직임과 그침은 넓적다리에 달려있지 장
딴지에 달려있지 않다. 六二가 이미 中正의 道로써 九三의 中하지 못함을 구원하지 못하면
반드시 억지로 九三을 따라갈 수 밖에 없을 것이니, 구원하지 못하면서 오직 따르기만 한다
면 비록 허물이 자기에게 있지 않으나 어찌 그것이 바라던 바겠는가. 말을 들어주지 않고 道
가 행해지지 않으므로 마음이 불쾌하니, 그 뜻을 행할 수 없다. 선비가 높은 자리에 있으면
구원함(바로잡음)은 있고 따름은 없으며, 낮은 자리에 있으면 구원해야 할 경우도 있고 따라
야 할 경우도 있으며, 구원하여 되지 않은 뒤에 따르는 경우도 있다.

【本義】六二居中得正하니 旣止其腓矣라 三爲限하니 則腓所隨也而過剛不中하여 以止
乎上하니 二雖中正이나 而體柔弱하여 不能往而拯之라 是以로 其心不快也라 此爻는 占
在象中하니 下爻放此하니라

　六二가 中에 있으면서 正을 얻었으니 이미 그 장딴지에 그친 것이다. 九三은 '허리〔限〕'가

름〔其隨〕'의 '그〔其〕'는 구삼을 가리킨다. 而자로 其자를 바꾼 뒤라야 육이가 구삼을 따르는 것이
된다. 나머지는 소주를 보라." 하였다.

되니 장딴지가 따라가는 바이나 지나치게 剛하고 가운데 자리가 아니며 위에 그치니, 六二가 비록 中正하더라도 爻의 卦體가 柔弱하여 가서 구원할 수가 없다. 그러므로 그 마음이 불쾌한 것이다. 이 爻는 占이 象 속에 있으니, 아래 爻도 이와 같다.

字義 腓 : 장딴지 비 拯 : 구원할 증 股 : 넓적다리 고

象曰 不拯其隨는 未退聽^{17}也일새라

〈象傳〉에 말하였다. "'구원하지 못하고 따름'은 물러나 듣지 않기 때문이다."

【傳】所以不拯之而唯隨者는 在上者未能下從也일새라 退聽은 下從也라

구원하지 못하고 오직 따르기만 하는 까닭은 윗사람이 아래를 따르지 않기 때문이다. '물러나 들음'은 아래를 따르는 것이다.

【本義】三止乎上하여 亦不肯退而聽乎二也라

九三이 위에서 그쳐서 또한 기꺼이 물러나 六二에게 들으려 하지 않는다.

字義 肯 : 기꺼워할 긍

九三은 艮其限^{18}이라 列其夤이니 厲薰心이로다

九三은 허리에 그친다. 등뼈를 벌림이니, 위태로움이 마음을 태운다.

【傳】限은 分隔也니 謂上下之際라 三以剛居剛而不中하여 爲成艮之主하니 決止之極也요 已在下體之上而隔上下之限하니 皆爲止義라 故爲艮其限이니 是確乎止而不復能進退者

---

17 退聽 : 金相岳(朝鮮)은 《山天易說》에서 "물러나 들음'은 낮추어 이효에게 들음을 말한다." 하였다.

18 限 : 柳正源(朝鮮)은 《易解參攷》에서 《주역정의》의 견해를 인용해 "'限'은 몸의 가운데니, 사람이 띠를 맨 곳이다. 삼효가 두 상의 가운데에 해당함을 말했기 때문에 '허리(限)'라고 했다. 베풂이 허리에 그치기 때문에 그 허리에 그친다고 했다. '夤'은 가운데 등골의 살에 해당한다. '薰'은 불에 태우는 것이다. 이미 그침을 몸 안에 더했다면 위와 아래가 통하지 않는다는 뜻이다. 이것이 그 등뼈(夤)를 나누어 벌림이니, 등뼈가 이미 나누어 벌려졌다면 몸을 잃게 되기 때문에 근심과 위태로움의 절실함이 그 마음을 태우는 것이다." 하였다.

也라 在人身에 如列其夤이니 夤은 膂也니 上下之際也라 列絶其夤이면 則上下不相從
屬이니 言止於下之堅也라 止道는 貴乎得宜하니 行止를 不能以時而定於一하여 其堅强如
此면 則處世乖戾하여 與物睽絶하리니 其危甚矣라 人之固止一隅하여 而擧世莫與宜者는 則
艱蹇忿畏하여 焚撓其中하리니 豈有安裕之理리오 厲薰心은 謂不安之勢가 薰爍其中也라

'한계'는 나누어 가로막는 것이니, 위와 아래가 맞닿는 곳을 말한다. 九三이 剛으로서 剛한
자리에 있고 中이 아니어서 艮卦를 이루는 주체가 되니 결단하여 그침의 끝이고, 이미 下體
의 맨 위에 있어 上卦와 下卦의 한계를 가르니 다 그치는 뜻이 된다. 그러므로 '그 허리에 그
침'이 되니, 이는 그침에 확고하여 다시 나가거나 물러날 수 없는 것이다. 사람의 몸에서는
그 '등뼈'를 벌리는 것과 같다. '夤'은 등뼈이니, 위와 아래가 맞닿는 곳이다. 그 등뼈를 벌려
끊어 놓으면 위와 아래가 서로 이어지지 못하니, 아래에 그침이 견고함을 말한다. 그치는 道
는 마땅함을 얻음을 귀하게 여기니, 행함과 그침을 때에 따라 하지 못하고 하나에 고정하여
이처럼 견고하게 한다면 처세가 어긋나고 남과 반목하고 끊어질 것이니 그 위태로움이 심하
다. 한 귀퉁이에 굳게 그쳐 온 세상 사람과 잘 지내지 못하는 사람은 어렵고 분노하고 두려워
하여 속을 태우고 흔들 것이니, 어찌 편안하고 여유로울 리가 있겠는가. '위태로움이 마음을
태움'은 불안한 형세가 속을 태움을 말한다.

【本義】限은 身上下之際니 卽腰胯也요 夤은 膂也라 止于腓則不進而已요 九三은 以過
剛不中으로 當限之處而艮其限하니 則不得屈伸하여 而上下判隔이 如列其夤矣라 危厲
薰心은 不安之甚也라

'限'는 몸의 위와 아래가 맞닿는 곳이니 바로 허리부분이고 '夤'은 등뼈이다. 장딴지에 멈추
면 나아가지 않을 뿐이고, 九三은 지나치게 剛하고 中을 얻지 못하여 한계처를 당해 허리에
그치니, 굽히고 펴지 못해 위와 아래가 나뉘어 막힌 것이 그 등뼈를 벌림과 같다. 위태로움이
마음을 태움은 불안함이 심한 것이다.

字義 限 : 허리 한 夤 : 등골뼈 인 薰 : 태울 훈 膂 : 등골뼈 려 戾 : 어그러질 려
睽 : 어그러질 규 蹇 : 어려울 건 焚 : 태울 분 胯 : 사타구니 과

象曰 艮其限이라 危薰心[19]也라

19 危薰心 : 吳致箕(朝鮮)는 《周易經傳增解》에서 "나아가고 물러나며 굽히고 펼 수 없어서 위와 아래

〈象傳〉에 말하였다. "그 허리에 그침이라 위태로움이 마음을 태운다."

【傳】謂其固止하고 不能進退하여 危懼之慮 常薰爍其中心也라

　견고하게 그치고 나가거나 물러나지 못해서 위태롭고 두려운 생각이 늘 그 속마음을 태움을 말한다.

字義 　爍 : 태울 삭

六四는 艮其身[20]이니 无咎니라

六四는 그 몸에 그침이니, 허물이 없다.

【傳】四는 大臣之位니 止天下之當止者也로되 以陰柔而不遇剛陽之君이라 故不能止物이요 唯自止其身이면 則可无咎니 所以能无咎者는 以止於正也일새라 言止其身无咎는 則見(현)其不能止物이니 施於政則有咎矣라 在上位而僅能善其身이면 无取之甚也라

　四爻는 大臣의 자리이니, 천하를 그쳐야 할 곳에 그치게 해야 하는 자이나, 陰으로 유약하고 陽의 강건한 임금을 만나지 못하였다. 그러므로 남을 그치게 하지 못하고, 오직 자신만 그치면 허물이 없을 수 있으니, 허물이 없을 수 있는 것은 바름에 그치기 때문이다. '그 몸에 그침이니, 허물이 없음'은 남을 그치게 할 수 없음을 나타낸 것이니, 政事에 시행한다면 허물이 있다. 윗자리에 있으면서 겨우 자기 자신만을 착하게 한다면 취할 것이 없음이 심한 것이다.

【本義】以陰居陰하니 時止而止라 故爲艮其身之象이요 而占得无咎也라

　陰으로 陰의 자리에 있으니, 때가 그쳐야 할 때 그친 것이다. 그러므로 그 몸에 그치는 象이 되고, 占이 허물이 없음을 얻는 것이다.

　가 갈라져 막히기 때문에 위태롭고 두려워 그 마음을 태우는 것이다." 하였다.

20 艮其身 : 金相岳(朝鮮)은 《山天易說》에서 "'몸'은 삼효를 가리킨다. 사효는 삼효와 가까워 그 몸에 그치는 상이 되는데, 부드러운 음으로 스스로 설 수 없어 가까이 있는 것을 따라 그쳐 몸에 돌이키는 뜻을 얻었기 때문에 허물이 없다." 하였다.

象曰 艮其身은 止諸躬²¹也라

〈象傳〉에 말하였다. "'그 몸에 그침'은 자신의 몸에 그치는 것이다."

【傳】不能爲天下之止요 能止於其身而已니 豈足稱大臣之位也리오

천하를 그치게 하지 못하고 제 몸에 그칠 뿐이니, 어찌 大臣의 지위에 걸맞겠는가.

字義 躬 : 몸 궁

六五는 艮其輔²²라 言有序니 悔亡하리라

六五는 볼에 그침이다. 말이 순서가 있음이니, 후회가 없을 것이다.

【傳】五는 君位로 艮之主也니 主天下之止者也로되 而陰柔之才라 不足以當此義라 故로 止以在上取輔義言之하니라 人之所當愼而止者는 唯言行也니 五在上이라 故以輔言이라 輔는 言之所由出也니 艮於輔면 則不妄出而有序也라 言輕發而无序則有悔요 止之於 輔則悔亡也니 有序는 中節, 有次序也라 輔與頰舌은 皆言所由出而輔在中하니 艮其輔는 謂止於中也라

五爻는 임금의 자리로서 艮卦의 주체이니, 천하의 그침을 주관하는 자이나 陰의 유약한 재질이라서 이러한 뜻을 감당할 수 없으므로 다만 위에 있는 것으로 '볼'의 뜻을 취해 말한 것이다. 사람이 삼가고 그쳐야 할 것은 오직 말과 행동이니, 六五가 위에 있으므로 '볼'로 말하였다. '볼'은 말이 나오는 곳이니, '볼'에 그치면 말을 망령되게 내지 않아 순서가 있다. 말이 가볍게 나와 순서가 없으면 후회가 있고, '볼'에 그치면 후회가 없을 것이니 순서가 있음은 절도에 맞고 차서가 있는 것이다. '볼'과 '뺨', '혀'는 다 말이 나오는 곳인데 볼이 가운데 있으니, '그 볼에 그침'은 中道에 그침을 말한다.

【本義】六五當輔之處라 故其象如此요 而其占悔亡也라 悔는 謂以陰居陽이라

---

21 止諸躬 : 沈大允(朝鮮)은 《周易象義占法》에서 "욕심을 따르지만 분수 안에 그침을 말한다." 하였다.

22 艮其輔 : 李舜臣은 《大全》의 소주에서 "사람에게서 겉으로 드러나는 것은 기껏해야 말과 행동 둘 뿐이니, 아래에 장딴지와 발꿈치가 있어 그 행동을 상징하고, 위에 볼과 뺨이 있어 그 말을 상징함으로써 간괘의 의미를 밝힘은 같다." 하였다.

六五는 '볼'에 해당되는 곳이므로 그 象은 이와 같고, 그 占은 후회가 없는 것이다. '후회'는 陰으로서 陽의 자리에 있는 것을 말한다.

字義 輔 : 광대뼈 보   頰 : 뺨 협

象曰 艮其輔는 以中으로 正也라

【本義】以中(正)也라

〈象傳〉에 말하였다. "'그 볼에 그침'은 中으로써 바름이다."

【본의】中하기 때문이다.

【傳】五之所善者는 中也니 艮其輔는 謂止於中也라 言以得中爲正[23]하니 止之於輔하여 使不失中은 乃得正也라

五爻가 좋은 점은 中에 있는 것이니, '그 볼에 그침'은 中道에 그침을 말한다. 말은 中道를 얻는 것을 바름으로 삼으니, 볼에 그쳐 中道를 잃지 않게 함은 바로 바름을 얻은 것이다.

【本義】正字는 羨(衍)文이니 叶韻可見[24]이라

'正'자는 衍文이니, 韻을 맞추어 보면 알 수 있다.

字義 叶 : 맞출 협

上九는 敦艮[25]이니 吉하니라

---

23 以得中爲正 : 金相岳(朝鮮)은 《山天易說》에서 "사람이 마땅히 그치고 삼가야 할 것은 말과 행동일 뿐이다. 그러므로 초효에서 '그 발꿈치에 그침이라 허물이 없다'고 했고, 오효에서 '볼에 그침이라 후회가 없다.'고 했다. 오효가 비록 正은 아니지만 中은 얻었고, 초효가 아래에서 그 바름을 잃지 않을 수 있다." 하였다.

24 正字……叶韻可見 : 육사효 〈象傳〉의 '止諸躬'과의 협운을 말한다. 이에 대해 沈大允(朝鮮)은 《周易象義占法》에서 "마땅히 '正中'이 되어야 한다." 하였다.

25 敦艮 : 李震相(朝鮮)은 《易學管窺》에서 《이아》에서 '丘가 거듭 이루어진 것이 도타움이 된다.'고 했으니, 산을 겸한 상이다. '도타움'은 흙덩이의 두터움이므로 '돈독하게 임함〔敦臨〕'·'돌아오기를 돈독하게 함〔敦復〕'·'그침에 도타움〔敦艮〕'이 모두 흙의 상이다." 하였다.

上九는 그침에 독실하니, 吉하다.

【傳】九以剛實居上하고 而又成艮之主로 在艮之終하니 止之至堅篤者也라 敦은 篤實也니 居止之極이라 故不過而爲敦이라 人之止는 難於久終이라 故節或移於晚하고 守或失於 終하고 事或廢於久하니 人之所同患也라 上九能敦厚於終하니 止道之至善이니 所以吉 也라 六爻之德에 唯此爲吉이니라

上九는 강건하고 독실함으로써 맨 윗자리에 있고, 또 艮卦를 이룬 주체로 艮卦의 마지막에 있으니, 그침이 아주 단단하고 돈독한 자이다. '敦'은 독실함이니 그침의 끝에 있으므로 지나치지 않고 독실함이 된다. 사람의 그침은 오래함과 끝마침을 어렵게 여긴다. 그러므로 절개를 만년에 바꾸기도 하고 지킴을 끝에 잃기도 하며 일을 오래함에 그만두기도 하니, 이는 사람들이 동일하게 근심하는 바이다. 上九는 마지막에 도타울 수 있으니, 그치는 도리의 지극히 善한 것이니, 이 때문에 길한 것이다. 여섯 爻의 德 가운데 이 爻만 길하다.

【本義】以陽剛으로 居止之極하니 敦厚於止者也라

陽의 강건함으로 '그침'의 끝에 있으니, 그침에 돈독한 자이다.

象曰 敦艮之吉은 以厚終也일새라

〈象傳〉에 말하였다. "'그침에 독실함'이 길한 것은 끝을 돈독히 하기 때문이다."

【傳】天下之事 唯終守之爲難이니 能敦於止하여 有終者也라 上之吉은 以其能厚於終 也일새라

천하의 일은 오직 끝까지 지키는 것이 어려우니, 그침에 돈독할 수 있어 마침이 있는 자이다. 上九의 길함은 끝을 돈독히 할 수 있기 때문이다.

周易傳義 卷第十九

53. 漸
☶ 艮下巽上

下卦는 艮卦☷이고 上卦는 巽卦☴이다.

【傳】漸은 序卦에 艮者는 止也니 物不可以終止라 故受之以漸하니 漸者는 進也라하니라 止必有進하니 屈伸消息之理也라 止之所生도 亦進也요 所反도 亦進也니 漸所以次艮也라 進以序爲漸이어늘 今人은 以緩進爲漸하니 進以序하여 不越次하니 所以緩也라 爲卦 上巽下艮하여 山上有木이라 木之高而因山은 其高有因也니 其高有因이면 乃其進有序也니 所以爲漸也라

　　漸卦는 〈序卦傳〉에 "艮은 그침이니, 물건은 끝까지 그칠 수 없다. 그러므로 漸卦로 받았으니, 漸은 '나아감'이다." 하였다. 그치면 반드시 나아감이 있으니, 굽히고 펴며 사그라지고 불어나는 이치이다. 그침이 낳는 것도 나아감이고 반대되는 것도 나아감이니, 이 때문에 漸卦가 艮卦의 다음이 되었다. 나아감을 순서대로 하는 것이 漸인데, 지금 사람들은 천천히 나아감을 漸이라고 여기니, 나아감을 순서대로 하여 차례를 뛰어넘지 않기 때문에 느린 것이다. 卦의 구성이 上卦는 巽卦☴이고 下卦는 艮卦☶여서 산 위에 나무가 있다. 나무가 높은 것이 산에 근거함은 그 높음이 근거가 있는 것이다. 높은 것이 근거가 있다면 바로 나아감에 순서가 있는 것이니, 이 때문에 漸卦가 된다.

字義　漸 : 나아갈 점　緩 : 느릴 완

漸[1]은 女歸吉하니 利貞[2]이니라

1　漸 : 빌헬름 영문판 주역인 《The I Ching》에서는 漸卦를 Chien / Development (Gradual Progress)라고 하였다. 상괘의 손괘는 나무이고 하괘의 간괘는 산으로 산 위에 있는 나무가 점차 자라는 상이

漸은 여자가 시집가는 것이 吉하니, 이로움은 바르기 때문이다.

【본의】바르게 함이 이롭다.

【傳】以卦才로 兼漸義而言也라 乾坤之變이 爲巽艮이요 巽艮重而爲漸이라 在漸體而言하면 中二爻交也니 由二爻之交然後에 男女各得正位라 初終二爻는 雖不當位나 亦陽上陰下하니 得尊卑之正이요 男女各得其正은 亦得位也니 與歸妹正相對라 女之歸能如是之正이면 則吉也라 天下之事에 進必以漸者 莫如女歸라 臣之進於朝와 人之進於事에 固當有序하니 不以其序하면 則陵節犯義하여 凶咎隨之라 然以義之輕重과 廉恥之道에 女之從人이 最爲大也라 故以女歸爲義요 且男女는 萬事之先也일새라 諸卦多有利貞而所施或不同하니 有涉不正之疑而爲之戒者하며 有其事必貞이라야 乃得其宜者하며 有言所以利者 以其有貞也라 所謂涉不正之疑而爲之戒者는 損之九二是也니 處陰居說이라 故戒以宜貞也요 有其事必貞이라야 乃得宜者는 大畜是也니 言所畜利於貞也요 有言所以利者以其有貞者는 漸是也니 言女歸之所以吉은 利於如此貞正也니 蓋其固有요 非設戒也라 漸之義 宜能亨이로되 而不云亨者는 蓋亨者는 通達之義요 非漸進之義也일새라

卦의 재질로 漸卦의 뜻을 겸하여 말하였다. 乾卦☰와 坤卦☷가 변한 것이 巽卦☴와 艮卦☶가 되고, 巽卦와 艮卦가 겹쳐서 漸卦가 되었다. 漸卦의 卦體로 말하면 가운데의 두 爻가 사귄 것이니, 두 爻가 사귄 뒤에야 男女가 각각 바른 자리를 얻는다. 처음과 마지막의 두 爻는 비록 합당한 자리가 아니지만 또한 陽이 위에 있고 陰이 아래에 있으니 尊卑의 바름을 얻었고, 男女가 각각 그 바름을 얻음은 또한 자리를 얻은 것이니, 歸妹卦☳와 정반대가 된다. 여자가 시집을 감에 이처럼 바를 수 있다면 吉하다. 천하의 일 중에 나아가기를 반드시 점진적으로 하는 것은 여자가 시집가는 것보다 더한 것이 없다. 신하가 조정에 나아감과 사람이 일에 나아감에 진실로 순서가 있어야 하니, 순서를 따르지 않는다면 節度를 능멸하고 義를 범하여 흉함과

다. 나무가 산에 뿌리를 내리고 자체의 생리에 따라 자라난다. 인사로 보면 처녀가 남자를 따라 시집을 가는 데 결혼을 하기 전에 여러 가지 절차를 거치는 것이다. 이 괘는 공순하게 움직이는 덕이 있기 때문에 사회적으로 올바른 협력관계를 시사한다고 하였다.

2 利貞 : 沈大允(朝鮮)은 《周易象義占法》에서 "여자가 부인이 되면 비로소 지위를 얻는다. 부인으로부터 모친이 되니 나아감에 질서가 있기 때문에 '여자가 시집을 가는 것이 길하다.'라고 했다. 점진적인 도는 중도에 폐지할 수 없고 성사시켜 마무리를 짓는데 달려 있기 때문에 '곧음이 이롭다'고 했다. 마무리를 잘 지을 수 있는 것은 반드시 올바른 도 때문이다." 하였다.

허물이 뒤따른다. 그러나 義의 경중과 염치의 도리에 있어서 여자가 남을 따르는 것이 가장 크다. 그러므로 여자가 시집감을 義로 삼았고, 또 男女는 모든 일의 우선순위가 되기 때문이다.

　　여러 卦 중에는 '利貞'이 있는 것이 많은데 적용함에 간혹 다름이 있으니, 바르지 못하다는 의혹을 사게 되어 그것을 위해 경계를 한 경우가 있고, 그 사안이 반드시 발라야만 마땅함을 얻게 되는 경우가 있으며, 이로운 이유가 바름이 있기 때문임을 뜻하는 경우가 있다. 바르지 못하다는 의혹을 사게 되어 그것을 위해 경계를 한 경우는 損卦䷨의 九二에 해당하니, 陰의 자리에 처하여 기쁨에 머물기 때문에 마땅히 바르게 해야 한다고 경계를 하였다. 그 사안이 반드시 발라야만 마땅함을 얻게 되는 경우는 大畜卦䷙에 해당하니, 쌓음이 발라야 이롭다는 뜻이다. 이로운 이유가 바름에 있기 때문임을 말하는 경우는 漸卦에 해당하니, 여자가 시집감이 吉한 이유는 이처럼 바름이 이롭다는 것으로, 본래 바름을 지니고 있다는 것이지 경계를 한 말이 아니다. 漸卦의 뜻이 마땅히 형통할 수 있는데, '형통하다'고 하지 않은 것은 '형통함'은 통달한다는 뜻이지 점진적으로 나아간다는 뜻이 아니기 때문이다.

【本義】漸은 漸進也라 爲卦止於下而巽於上하니 爲不遽進之義요 有女歸之象焉하며 又 自二至五에 位皆得正이라 故其占이 爲女歸吉而又戒以利貞也라

　　'漸'은 점진적으로 나아감이다. 卦가 아래에서 그치고 위에서 공손하니, 갑작스럽게 나아가지 않는 뜻이 되고, 여자가 시집가는 象이 있으며, 또 二爻로부터 五爻에 이르기까지 자리가 모두 바름을 얻었기 때문에 그 占이 여자가 시집감이 吉한 것이 되고, 또 "바르게 함이 이롭다."는 말로 경계하였다.

字義　歸 : 시집갈 귀　畜 : 제지할 축

象曰 漸之進[3]也는 女歸의 吉也라

　　〈象傳〉에 말하였다. "점진적으로 나아감은 여자가 시집감의 길함이다.

【傳】如漸之義而進은 乃女歸之吉也니 謂正而有漸也라 女歸爲大耳요 他進亦然이니라

3　漸之進 : 曹好益(朝鮮)은 《易象說》에서 "《본의》에서는 '之'자가 잘못 들어간 글자이거나 漸자의 오자일 것이라고 했다. 내가 생각하기에 需卦䷄·師卦䷆·咸卦䷞·恒卦䷟의 부류들은 괘명에 곧 그 의미가 있지만, 점괘의 경우에는 괘명에 나아간다는 뜻이 없고 단지 나아가기를 점진적으로 할 따름이다. 그래서 之자를 덧붙인 것이니, 점진적으로 나아가는 것은 여자가 시집가는 것을 길함으로 삼았다는 뜻이다."

漸卦의 뜻처럼 나아감은 여자가 시집감의 길함이니, 바르고 점진적으로 함이 있음을 말한다. 여자가 시집가는 것이 큰 일일 뿐이고, 다른 일에 나아감에도 또한 그러하다.

【本義】之字는 疑衍이어나 或是漸字라

'之'자는 衍文이거나 '漸'자일 것이다.

進得位하니 往有功也요

나아가 자리를 얻으니 감에 功이 있음이고,

【傳】漸進之時而陰陽各得正位하니 進而有功也라 四復由上進而得正位하고 三離下而爲上하여 遂得正位[4]하니 亦爲進得位之義라

점진적으로 나아갈 때이고 陰陽이 각각 바른 자리를 얻으니, 나아감에 功이 있다. 六四는 다시 위로 나아감으로 말미암아 바른 자리를 얻었고, 九三은 아래를 떠나 위가 되어 결국 바른 자리를 얻었으니, 이 또한 나아감에 자리를 얻는 뜻이 된다.

進以正하니 可以正邦也니

바름으로써 나아가면 나라를 바르게 할 수 있다.

【傳】以正道而進이면 可以正邦國하여 至於天下也라 凡進於事, 進於德, 進於位가 莫不皆當以正也니라

바른 道로써 나아가면 나라를 바르게 하여 천하에까지 이르게 할 수 있다. 일에 나아가고 德에 나아가고 자리에 나아가는 것은 모두 正道로써 해야만 한다.

【本義】以卦變으로 釋利貞之意라 蓋此卦之變이 自渙而來하여 九進居三하고 自旅而來

---

4 四復由上進而得正位……遂得正位 : 柳正源(朝鮮)은 《易解參攷》에서 "상괘는 본래 건괘이고 하괘는 본래 곤괘이며, 사효가 자리를 얻음은 아래로부터 위로 나아감에 따른 것이고, 삼효가 자리를 얻음은 아래의 음을 떠나 위로 도달하기 때문이다." 하였다.

하여 九進居五하니 皆爲得位之正이라

卦變으로 '利貞'의 뜻을 해석하였다. 이 괘의 卦變은 渙卦䷜로부터 와서 九二가 나아가 三爻 자리에 거처하고, 旅卦䷷로부터 와서 九四가 나아가 五爻 자리에 거처하니, 모두 자리의 바름을 얻음이 된다.

其位는 剛得中也라

그 자리는 剛이 中을 얻은 것이다.

【傳】上云 進得位往有功也는 統言陰陽得位라 是以進而有功이요 復云 其位剛得中也는 所謂位者는 五以剛陽中正으로 得尊位也라 諸爻之得正도 亦可謂之得位矣나 然未若 五之得尊位라 故特言之하니라

앞에서 "나아가 자리를 얻으니 감에 功이 있다." 함은 陰과 陽이 자리를 얻었기 때문에 나아가면 功이 있음을 통틀어 말한 것이고, 다시 "그 자리는 剛이 中을 얻은 것이다." 함은 이른바 '자리'는 九五가 陽剛함과 中正함으로 존귀한 자리를 얻었음을 뜻한다. 나머지 여러 爻가 가운데 바름을 얻은 것도 자리를 얻었다고 할 수 있지만, 九五가 존귀한 자리를 얻음 것만 못하기 때문에 특별히 언급한 것이다.

【本義】以 卦體言이니 謂九五也라

卦體로 말하였으니, 九五를 말한다.

止而巽할새 動不窮[5]也라

그치고 공손하므로 움직임에 곤궁하지 않다."

【傳】內艮止하고 外巽順하니 止爲安靜之象이요 巽爲和順之義라 人之進也를 若以欲心之動이면 則躁而不得其漸이라 故有困窮이어니와 在漸之義엔 內止靜而外巽順이라 故其

---

5 動不窮 : 張淸子(元)는 《大全》의 소주에서 "간괘가 안에서 그치고 손괘가 공손함으로 시행하며 움직이되 포악하지 않다면, 곤궁함에 이르지 않는다." 하였다.

進動이 不有困窮也라

內卦의 艮卦☶는 그치고, 外卦의 巽卦☴는 순종하니, 그침은 안정하는 象이 되고, 순종함은 온화하고 유순한 뜻이 된다. 사람이 나아감에 욕심으로 움직인다면 조급하여 점진적으로 할 수 없기 때문에 困窮함이 생기지만, 漸卦의 뜻에 있어서는 內卦는 그치고 고요하며 外卦는 순종하기 때문에 나아가 움직임에 곤궁함이 없다.

【本義】以卦德으로 言漸進之義라

卦德으로 점진적으로 나아가는 뜻을 설명하였다.

字義 巽 : 공손할 손

象曰 山上有木이 漸이니 君子以하여 居賢德하여 善俗[6]하나니라

【本義】居賢德하며

〈象傳〉에 말하였다. "산 위에 나무가 있는 것이 漸이니, 군자가 이것을 본받아 현명한 德에 머물러 風俗을 善하게 했다."

【본의】德에 머물며

【傳】山上有木하여 其高有因하니 漸之義也라 君子觀漸之象하여 以居賢善之德하여 化美於風俗하나니라 人之進於賢德에 必有其漸하여 習而後能安이요 非可陵節而遽至也라 在己且然이어든 教化之於人에 不以漸이면 其能入乎아 移風易俗은 非一朝一夕所能成이라 故善俗을 必以漸也라

산 위에 나무가 있어서 나무가 높은 것이 근거가 있으니, 漸卦의 뜻이다. 군자가 漸卦의 象을 보고서 현명하고 착한 德에 머물러 풍속을 아름답게 교화한다. 사람이 현명한 德에 나아감에 반드시 점진적으로 함이 있어서 익힌 뒤에야 편안할 수 있는 것이지, 절차를 무시하고

---

6 居賢德 善俗 : 金相岳(朝鮮)은 《山天易說》에서 "괘의 덕으로 말하면, 그치고 공손함은 가서 나아가는 뜻에는 부족하기 때문에 움직임으로 독려를 했다. 움직이지 않는다면 공손함에 그치니, 나약하고 곤궁한 것으로, 蠱卦☶가 고괘가 되는 이유는 아래로는 낮추고 공손하며 위로는 구차히 행동하기 때문이다." 하였다.

급작스럽게 도달할 수 있는 것이 아니다. 자신에게 있어서도 이러한데 남을 교화함에 있어서 점진적으로 하지 않는다면 교화가 먹혀들어갈 수 있겠는가. 풍속을 변화시킴은 하루아침 하루저녁에 이룰 수 있는 것이 아니므로 풍속을 선하게 함은 반드시 점진적으로 해야 한다.

【本義】二者를 皆當以漸而進이라 疑賢字衍이어나 或善下有脫字라

'居賢德'과 '善俗'의 두 가지는 모두 점진적으로 나아가야만 한다. '賢' 자는 衍文이거나, '善' 자 뒤에 누락된 글자가 있는 것 같다.

字義 陵 : 능멸할 릉 遽 : 갑자기 거

初六은 鴻漸于干[7]이니 小子厲하여 有言이나 无咎니라

初六은 기러기가 물가로 점진적으로 나아가니, 小子는 위태로워서 말이 있지만 허물은 없다.

【傳】漸諸爻皆取鴻象하니 鴻之爲物은 至有時而群有序하니 不失其時序는 乃爲漸也라 干은 水湄라 水鳥止於水之湄하여 水至近也니 其進이 可謂漸矣라 行而以時는 乃所謂漸이니 漸進不失이면 漸得其宜矣라 六居初는 至下也요 陰之才는 至弱也어늘 而上無應援하니 以此而進은 常情之所憂也라 君子則深識遠照하여 知義理之所安과 時事之所宜하여 處之不疑어니와 小人幼子는 唯能見已然之事하고 從衆人之知(智)하여 非能燭理也라 故危懼而有言하니 蓋不知在下所以有進也요 用柔所以不躁也요 无應所以能漸也니 於義自无咎也라 若漸之初而用剛急進이면 則失漸之義하니 不能進而有咎 必矣니라

漸卦의 모든 爻가 다 기러기의 象을 취하였으니, 기러기라는 동물은 찾아옴에 일정한 때가 있고 무리를 이룸에 질서가 있으니, 그 때와 질서를 잃지 않음이 곧 점진적인 것이 된다. '干'은 물가이다. 물새는 물가에 그쳐서 물이 지극히 가까우니, 그 나아감이 점진적이라고 할 수 있다. 행동하길 때에 맞춰서 함이 바로 점진적이라는 뜻이니, 점진적으로 나아감을 잃지 않

---

7 鴻漸于干 : 胡一桂(元)는 《大全》의 소주에서 "호괘인 離卦는 날아가는 새가 되고, 호괘인 坎卦는 물가에 거주함이 되며, 또 坎卦의 북쪽으로부터 離卦의 남쪽으로 가는 것은 기러기가 이동하는 것을 본뜬 것이다." 하였다.

으면 점진함이 그 알맞음을 얻게 된다. 初六은 初爻 자리에 있어 지극히 낮고, 陰의 재질은 지극히 유약한데, 위로 호응하여 도와줌이 없으니, 이로써 나아감에 근심하는 것은 인지상정이다. 君子는 깊이 알고 멀리 비추어 의리상 편안한 바와 때와 時事의 마땅한 바를 알아서 대처함에 의심하지 않으나, 小人과 어린아이들은 오직 이미 지나간 일이나 볼 수 있고 보통 사람의 지혜를 따를 뿐이어서 이치를 밝힐 수 없다. 그러므로 위태롭게 여기고 두려워하여 말이 있게 되니, 아래에 있기 때문에 나아감이 있고, 유순함을 쓰기 때문에 조급하지 않고, 호응함이 없기 때문에 점진적으로 할 수 있어서 그 뜻에 스스로 허물이 없음을 알지 못한다. 만약 점진적으로 나아가는 초기에 剛함을 써서 급작스럽게 나아간다면, 점진적인 뜻을 잃으니 나아갈 수 없고 반드시 허물이 생기게 된다.

【本義】鴻之行有序而進有漸이라 干은 水涯也니 始進於下하여 未得所安而上復无應이라 故其象如此요 而其占則爲小子厲하여 雖有言이나 而於義則无咎也라

　기러기가 날아갈 때에는 질서가 있으며 나아감에도 점진적이다. '干'은 물가를 뜻하니 아래에서 처음으로 나아가서 아직 편안한 곳을 얻지 못했고 위에서도 호응함이 없기 때문에 그 象이 이와 같고, 그 占은 小子가 위태롭게 여겨서 비록 말은 있지만 뜻에는 허물이 없다.

字義　鴻 : 기러기 홍　干 : 물가 간　湄 : 물가 미　燭 : 밝힐 촉　涯 : 물가 애

象曰 小子之厲나 義无咎也니라

　〈象傳〉에 말하였다. "小子가 위태롭게 여기지만 의리에 허물이 없다."

【傳】雖小子以爲危厲나 在義理에 實无咎也라

　비록 小子가 위태롭게 여기지만 義理에 있어서는 실제로 허물이 없다.

六二는 鴻漸于磐[8]이라 飲食이 衎衎하니 吉하니라

8　鴻漸于磐 : 徐有臣(朝鮮)은 《易義擬言》에서 "磐은 물속에 있는 넓은 바위이니, 점진적으로 나아가서 반석에 머무는 것이다. 반석은 물을 마시고 부리로 곡식을 쪼는 곳이 아니니, 이미 배가 부른 상태에서 그곳에서 노닐며 쉬는 것이다. 衎衎은 무리를 이루어 화락하고 유순하게 있다는 뜻이다.

六二는 기러기가 반석으로 점진적으로 나아감이다. 음식을 먹음이 즐거우니 吉하다.

【傳】二居中得正하여 上應於五하니 進之安裕者也로되 但居漸故로 進不速이라 磐은 石之安平者니 江河之濱所有니 象進之安이요 自干之磐은 又漸進也라 二與九五之君으로 以中正之道相應하여 其進之安固平易 莫加焉이라 故其飮食和樂衎衎然하니 吉可知也라

六二는 中에 있고 正을 얻어서 위로 九五와 호응하니 나아감이 편안하고 여유로운 자이지만 다만 점진적으로 나아가는데 있으므로 나아감이 빠르지 않다. '磐'은 돌 중에서도 평평하고 편안한 돌로, 강이나 하천의 물가에 있으니 편안히 나아감을 상징하고, 〈初六이〉 물가로부터 반석까지 나아감은 또한 점진적으로 나아간 것이다. 六二는 九五의 임금과 함께 中正한 道로 서로 호응하여 그 나아감이 안정되고 平易하여 더할 것이 없으므로 음식을 먹음에 和樂하고 즐거우니, 吉함을 알 수 있다.

【本義】磐은 大石也니 漸遠於水하여 進於干而益安矣라 衎衎은 和樂意라 六二柔順中正하여 進以其漸而上有九五之應이라 故其象如此요 而占則吉也라

'磐'은 큰 돌이니, 물에서 점점 멀어져 물가에서 나아가 더욱 편안하다. '衎衎'은 화락하다는 뜻이다. 六二는 柔順하고 中正하여 점진적으로 나아가고 위로 九五의 호응이 있으므로 그 象이 이와 같고 占이 吉하다.

字義 磐 : 큰 돌 반   衎 : 화락할 간   濱 : 물가 빈

象曰 飮食衎衎은 不素飽[9]也라

〈象傳〉에 말하였다. "'음식을 먹음이 즐거움'은 공연히 배만 부른 것이 아니다."

【傳】爻辭는 以其進之安平이라 故取飮食和樂爲言하니 夫子恐後人之未喩하사 又釋之云 中正君子 遇中正之主하여 漸進于上하여 將行其道以及天下하니 所謂飮食衎衎은

육이는 중정하여 제자리를 얻었고 구오와 호응하여 녹봉을 향유하니, 이러한 상이 있다." 하였다.

9 素飽 : 金相岳(朝鮮)은 《山天易說》에서 "素飽는 《시경》에 나오는 공밥〔素餐〕이다. 이효는 오효와 호응하여 장차 나라를 바르게 하고 풍속을 선하게 해서, 국가를 안정된 반석에 올려놓고 백성들을 화락한 즐거움으로 들게 한다. 따라서 어찌 배만 부르게 하여 편안한 곳에 거처하는 자가 되겠는가." 하였다.

謂其得志和樂이요 不謂空衎飮食而已라 素는 空也라

爻辭는 나아감이 편안하기 때문에 음식을 먹음에 화락하다는 뜻을 취하여 말했으니, 孔子가 後人들이 깨닫지 못할까 염려하여 다시 풀이하기를 "中正한 君子가 中正한 임금을 만나서 위로 점진적으로 나아가 그 道를 시행하여 세상에 미치게 하려고 한 것이니, 이른바 '음식을 먹음에 즐거움'은 뜻을 얻어서 화락하게 됨을 말하는 것이지, 공연히 배불리 먹기만 함을 뜻하지는 않는다." 하였다. '素'자는 공연히라는 뜻이다.

【本義】素飽는 如詩言素飧(餐)[10]이니 得之以道면 則不爲徒飽而處之安矣리라

'素飽'는 《詩經》에 말한 '素飧'과 같으니, 道로써 얻었다면 〈하는 일 없이〉 공연히 밥만 배불리 먹지 않아서 처함이 편안하게 된다.

字義 素 : 헛될 소   飽 : 배부를 포

九三은 鴻漸于陸이니 夫征이면 不復하고 婦孕이라도 不育[11]하여 凶하니 利禦寇하나니라

【本義】婦孕이면

九三은 기러기가 평원으로 점진적으로 나아감이니, 남편이 가면 돌아오지 않고, 부인은 잉태를 하더라도 양육을 못하여 흉하니, 도적을 막음이 이롭다.
【본의】부인은 잉태를 하면

【傳】平高曰陸이니 平原也라 三在下卦之上하니 進至於陸也라 陽은 上進者也로되 居漸之時하여 志將漸進而上无應援하니 當守正以俟時하고 安處平地하면 則得漸之道어니와 若或不能自守하여 欲有所牽하고 志有所就하면 則失漸之道라 四陰이 在上而密比하니

---

10 素飧(餐) : 《詩經》〈伐檀〉에 "저 군자여, 공밥을 먹지 않도다.〔彼君子兮 不素餐兮〕"라고 하였다.

11 夫征……不育 : 徐幾(宋代)는 《大全》의 소주에서 "남편은 삼효를 뜻하며 부인은 사효를 뜻하니, 小畜卦☴와 뜻이 같다. 삼효와 사효의 자리는 모두 알맞지 않아서 서로 가깝지만 호응함이 없으니, 서로 가깝다면 서로 친하여 쉽게 합치지만, 호응함이 없다면 갈 곳이 없어서 서로를 찾게 된다. '征'은 간다는 뜻이다. '孕'은 양을 얻음이다." 하였다.

陽所說也요 三陽이 在下而相親하니 陰所從也라 二爻相比而无應하니 相比則相親而易合이요 无應則无適而相求라 故爲之戒라 夫는 陽也니 夫는 謂三이라 三若不守正하고 而與四合이면 是知征而不知復이라 征은 行也요 復은 反也니 不復은 謂不反顧義理라 婦는 謂四니 若以不正而合이면 則雖孕而不育이니 蓋非其道也니 如是則凶也라 三之所利는 在於禦寇하니 非理而至者寇也라 守正以閑邪는 所謂禦寇也니 不能禦寇면 則自失而凶矣리라

평평하고 높은 지대를 '陸'이라 하니 '평원'을 뜻한다. 九三은 下卦의 맨 위에 있으니, 나아가서 평원에 이른 것이다. 陽은 위로 나아가는 것인데 점진적으로 나아가야 할 때에 처하여 뜻은 점진적으로 나아가려고 하지만 위에서 호응하여 도와줌이 없으니, 마땅히 바름을 지켜서 때를 기다리고, 평지에서 편안하게 머문다면 점진적으로 나아가는 道를 얻겠지만, 만약 자기를 지키지 못하여 욕심에 끌리게 되고 뜻이 나아가는 바에 있으면 점진적으로 나아가는 道를 잃게 된다. 六四의 陰이 위에 있고 매우 가까우니 陽이 좋아하는 바이고, 九三의 陽이 아래에 있고 서로 친하니 陰이 따르는 바이다. 두 爻가 서로 가깝고 호응이 없으니, 서로 가까우면 서로 친하게 되어 합하기 쉽고, 호응이 없으면 갈 데가 없어 서로 구하기 때문에 경계한 것이다. '夫'는 陽을 뜻하니 夫는 九三을 가리킨다. 九三이 만약 바름을 지키지 못하고 六四와 합하면, 가는 것만 알고 돌아옴을 모르는 것이다. '征'은 떠남이고, '復'은 돌아옴이니, '돌아오지 않음'은 義理를 돌아보지 않음을 말한다. '婦'는 六四를 가리키니, 만약 바르지 않게 합한다면 비록 잉태를 하더라도 양육을 못하니, 그 도리가 아니니 이처럼 하면 凶하다. 九三의 이로움은 도적을 막음에 있으니, 도리가 아닌데도 오는 자가 도적이다. 바름을 지켜서 간사함을 막는 것은 이른바 '도적을 막는다.'는 것이니, 도적을 막지 못한다면 자기를 잃어서 凶할 것이다.

【本義】 鴻은 水鳥니 陸은 非所安也라 九三이 過剛不中而无應이라 故其象如此요 而其占은 夫征則不復하고 婦孕則不育하니 凶莫甚焉이라 然以其過剛也라 故利禦寇하니라

기러기는 물새이니 '육지'는 편안히 여기는 곳이 아니다. 九三이 지나치게 剛하고 中道를 얻지 못하여 호응이 없으므로 그 象이 이와 같고, 그 占은 남편이 가면 돌아오지 않고, 부인이 잉태를 하면 양육을 못하니, 凶함이 이보다 심한 것이 없다. 그러나 지나치게 剛하기 때문에 도적을 막음이 이롭다.

字義 陸 : 육지 륙 孕 : 아이밸 잉 禦 : 막을 어 寇 : 도적 구 比 : 가까울 비 適 : 갈 적
閑 : 막을 한

象曰 夫征不復은 離群하여 醜也요 婦孕不育은 失其道也요 利用禦寇는 順相保也라

〈象傳〉에 말하였다. "남편이 가면 돌아오지 않음'은 무리를 떠나 추한 것이고, '부인은 잉태를 하더라도 양육하지 못함'은 道를 잃어버렸기 때문이고, '적을 막는데 사용함이 이로움'은 순종함으로 서로를 보호하기 때문이다."

【傳】夫征不復이면 則失漸之正이니 從欲而失正하여 離叛其群類는 爲可醜也라 卦之諸爻 皆无不善이어늘 若獨失正이면 是離其群類라 婦孕이 不由其道하니 所以不育也라 所利在禦寇는 謂以順道相保라 君子之與小人比也에 自守以正이니 豈唯君子自完其己而已乎아 亦使小人으로 得不陷於非義하니 是는 以順道相保하여 禦止其惡이라 故曰禦寇라하니라

남편이 가서 돌아오지 않는다면 점진적으로 나아가는 바름을 잃은 것이니, 욕심을 따라 正道를 잃어서 무리를 배반함은 추할 수 있다. 卦의 모든 爻들이 다 善하지 않음이 없는데, 만일 자기 홀로 바름을 잃는다면 이는 무리를 떠난 것이다. 부인이 잉태함이 道를 따르지 않았기 때문에 양육하지 못한다. '이로움이 도적을 막는데 있음'은 순종의 道로써 서로 보호함을 말한다. 君子가 小人을 가까이 할 때에 바름으로써 자기를 지키니, 어찌 君子 스스로 자기만을 완전하게 하는데 그치겠는가. 또한 小人으로 하여금 의롭지 않은 데 빠지지 않게 하니, 이는 순종의 道로써 서로 보호하여 惡함을 막는 것이므로 '도적을 막는다.' 한 것이다.

字義 離 : 떠날 리 醜 : 추할 추 叛 : 배반할 반

六四는 鴻漸于木이니 或得其桷[12]이면 无咎리라

六四는 기러기가 나무로 점진적으로 나아가니, 혹 그 평평한 가지를 얻으면 허물이 없을 것이다.

---

12 桷 : 宋時烈(朝鮮)은 《易說》에서 "나무는 손괘가 나무이기 때문이다. '桷'자는 평평한 가지이다. 손괘 중 가장 아래에 있는 효에 처해 있기 때문이다. '或' 또한 손괘의 상이다. 〈소상전〉에서 '순종하고 공손하다'고 한 것 또한 공손하고 순종하여 낮춘다는 뜻이고, 또 초효는 서로 상응이 되고 초효 또한 부드러운 음이기 때문에, 順자와 巽자를 거듭 기록한 것은 낮고 평평하다는 뜻을 드러내기 위해서이다." 하였다.

【傳】當漸之時하여 四以陰柔로 進據剛陽之上하니 陽은 剛而上進하나니 豈能安處陰柔之下리오 故四之處非安地니 如鴻之進于木也라 木은 漸高矣而有不安之象하니 鴻趾連하여 不能握枝라 故不木棲라 桷은 橫平之柯니 唯平柯之上이라야 乃能安處라 謂四之處本危로되 或能自得安寧之道면 則无咎也니 如鴻之於木에 本不安이로되 或得平柯而處之면 則安也라 四居正而巽順하니 宜无咎者也로되 必以得失言者는 因得失以明其義也라

점진적으로 나아가야 할 때를 맞이하여 六四가 유약한 陰으로 강건한 陽 위에 나아가 머물러 있으니, 陽은 강건해서 위로 올라가는데, 어찌 유약한 陰이 아래에 편안히 머물 수 있겠는가. 그러므로 六四의 처지가 편치 못한 것이 마치 기러기가 나무로 나아감과 같다. '나무'는 점진적으로 높아지지만 불안한 象이 있고, 기러기는 발가락이 붙어 있어서 나뭇가지를 잡지 못하기 때문에 나뭇가지에 깃들지 않는다. '桷'은 가로로 평평하게 뻗은 가지이니, 오직 평평한 가지 위라야만 편안하게 머물 수 있다. 六四가 처한 곳이 본래 위태롭지만 혹 스스로 편안할 수 있는 道를 얻는다면 허물이 없게 되니, 마치 기러기가 나무에 대하여 본래 편치 않지만, 혹 평평한 가지를 얻어서 머문다면 편안하게 됨과 같음을 말한 것이다. 六四는 바른 자리에 있고 공손하고 순종하니 마땅히 허물이 없는 자이지만, 기필코 得失을 언급한 것은 得失에 따라서 그 뜻을 밝히고자 했기 때문이다.

【本義】鴻不木棲하나니 桷은 平柯也니 或得平柯면 則可以安矣라 六四乘剛而順巽이라 故其象如此하니 占者如之면 則无咎也라

기러기는 나무에 깃들지 않으니, '桷'은 평평한 가지를 뜻하니, 혹여 평평한 가지를 얻게 된다면 편안하게 될 수 있다. 六四는 剛을 탔지만 순하기 때문에 그 象이 이와 같으니, 점치는 자가 이처럼 하면 허물이 없다.

字義 桷 : 평평한 가지 각   趾 : 발가락 지   連 : 이어질 련   握 : 잡을 악   棲 : 깃들 서

象曰 或得其桷은 順以巽[13]也일새라

〈象傳〉에 말하였다. "'혹 평평한 가지를 얻음'은 순하고 공손하기 때문이다."

---

13 順以巽 : 沈大允(朝鮮)은 《周易象義占法》에서 "부드러운 음이 손괘의 주인이 되고 오효를 받들기 때문에 '순종하고 공손하기 때문이다.'라고 했다." 하였다.

【傳】桷者는 平安之處니 求安之道는 唯順與巽이라 若其義順正하고 其處卑巽이면 何處
而不安이리오 如四之順正而巽이라야 乃得桷也라

'桷'은 평안한 곳이니, 편안함을 찾는 道는 오직 순함과 공손함에 달려 있다. 만약 그 의리
가 순하고 바르며 처신함이 겸손하다면 어디에 처한들 불안하겠는가. 六四와 같이 순하고 올
바르면서도 겸손해야만 평평한 가지를 얻게 된다.

九五는 鴻漸于陵이니 婦三歲를 不孕하나 終莫之勝[14]이라 吉하리라

九五는 기러기가 높은 언덕으로 점진적으로 나아감이니, 부인이 삼년 동안 잉태를
하지 못했지만, 끝내 그를 이기지 못하니, 길할 것이다.

【傳】陵은 高阜也니 鴻之所止 最高處也니 象君之位라 雖得尊位나 然漸之時엔 其道之
行이 固亦非遽라 與二爲正應而中正之德同이어늘 乃隔於三四하니 三比二하고 四比五하여
皆隔其交者也라 未能即合이라 故三歲不孕이나 然中正之道 有必亨之理하니 不正이 豈
能隔害之리오 故終莫之能勝이니 但其合有漸耳요 終得其吉也라 以不正而敵中正은 一
時之爲耳니 久면 其能勝乎아

'陵'은 높은 언덕으로, 기러기가 머물러 있는 곳 중 가장 높은 곳이니 임금의 자리를 상징한
다. 비록 존귀한 자리를 얻었으나 점진적으로 나아갈 때에는 그 道를 행함이 진실로 급작스
럽게 되는 것도 아니다. 六二와 正應이 되고 中正한 德이 같으나 九三과 六四에 막혀 있으니,
九三은 六二와 가깝고 六四는 九五와 가까워 모두 〈六二와 九五의〉 사귐을 막는 자들이다. 아
직은 곧바로 합하지 못하기 때문에 삼년 동안 잉태를 하지 못하지만, 中正의 道는 반드시 형
통하게 되는 이치가 있으니, 바르지 않은 자가 어찌 막고 해칠 수 있겠는가. 그러므로 끝내 그
를 이길 수 없으니, 단지 합함에 점진적으로 할 따름이고, 끝내는 吉함을 얻게 된다. 바르지
않음으로 中正함을 대적하는 것은 일시적으로 하는 것일 뿐이니, 오래되면 이길 수 있겠는가.

【本義】陵은 高阜也라 九五居尊하고 六二正應在下而爲三四所隔이라 然終不能奪其正

---

14 終莫之勝 : 曹好益(朝鮮)은 《易象說》에서 "구오는 기러기가 높은 구릉으로 점진적으로 나아가니,
부인이 삼년 동안 잉태를 하지 못했지만, 끝내 그를 이기지 못한다." 하였다.

也라 故其象如此하고 而占者如是則吉也라

　'陵'은 높은 언덕이다. 九五는 존귀한 자리에 있고 六二는 正應으로 아래에 있지만 九三과 六四에 의해 막혔다. 그러나 끝내 그 바름을 빼앗지 못하기 때문에 그 象이 이와 같고, 점치는 자가 이처럼 하면 吉하다.

字義 陵 : 높은 언덕 릉　遽 : 갑자기 거　隔 : 막힐 격

象曰 終莫之勝吉은 得所願[15]也라

　〈象傳〉에 말하였다. "'끝내 그를 이기지 못하니 길함'은 원하던 바를 얻음이다."

【傳】君臣以中正相交하면 其道當行이니 雖有間其間者나 終豈能勝哉리오 徐必得其所願하리니 乃漸之吉也라

　임금과 신하가 中正으로 서로 사귀면 그 道는 마땅히 행해지니, 비록 그 사이를 이간질하려는 자가 있더라도 끝내 어찌 이길 수 있겠는가. 천천히 하면 반드시 원하던 바를 얻게 될 것이니, 점진적으로 행함이 길하다.

上九는 鴻漸于(陸)〔逵〕니 其羽可用爲儀니 吉[16]하니라

　上九는 기러기가 공중으로 점진적으로 나아감이니, 그 깃이 예의와 법도가 될 만하니, 길하다.

---

15 所願 : 李瀷(朝鮮)은 《易經疾書》에서 "오효의 부인은 이효이다. 호괘는 未濟卦☳☲의 리괘가 되고, 리괘는 가운데가 비어 있기 때문에, 삼년 동안 잉태를 하지 못하는 상이 있으니, 삼효로부터 오효에 이르기까지 삼년의 상이 있기 때문이다. 그러나 중정하고 서로 호응하여, 그 바람에 대해서는 끝내 이기지 못하는 점이 있으니, 〈상전〉에서 이른바 '원하던 바를 얻었기 때문이다.'라는 것이다." 하였다.

16 其羽可用爲儀 吉 : 丘富國(宋代)은 《大全》의 소주에서 "상구는 점괘의 끝에 있으니 기러기가 강가로부터 점진적으로 나아가 이곳에 이르러 구름으로 날아오름과 같다. 깃털은 기러기가 나아갈 때 사용하는 수단이고 나아감에 점진적이지 않음이 없으니 의칙으로 삼을 수 있다. 현명하고 통달한 자는 고결한 곳에 머물며 지위에 연연하지 않으니, 외물이 그 마음을 굽히고 그 뜻을 어지럽힐 수 없으므로 이 또한 천하의 의표로 삼을 수 있으니, 어떠한 길함이 이와 같겠는가." 하였다.

【본의】그 깃털이 儀式의 장식이 될 만하니,

【傳】安定胡公이 以陸爲逵하니 逵는 雲路也니 謂虛空之中이라 爾雅에 九達을 謂之
逵라하니 逵는 通達无阻蔽之義也라 上九在至高之位하고 又益上進이면 是出乎位之外니
在他時則爲過矣로되 於漸之時에 居巽之極하여 必有其序하니 如鴻之離所止而飛于雲
空이요 在人則超逸乎常事之外者也라 進至於是而不失其漸은 賢達之高致也라 故可
用爲儀法而吉也라 羽는 鴻之所用進也니 以其進之用으로 況上九進之道也라

安定胡公(胡瑗)이 '陸'자를 '逵'자로 여겼으니, '逵'는 구름길을 뜻하니 허공을 의미한다. 《爾
雅》〈釋宮〉에 "아홉 방향으로 소통됨을 '逵'라 한다." 하였으니, '逵'는 두루 통하여 막힘과 가
림이 없다는 뜻이다. 上九가 가장 높은 자리에 있는데 또 위로 더욱 나아가려고 한다면 이는
자리 밖으로 벗어난 것이니, 다른 때라면 지나침이 되지만 점진적으로 나아가는 때에는 巽卦
☴의 끝에 있어서 반드시 차례가 있으니, 마치 기러기가 머물던 곳을 떠나 구름 사이로 날아
오름과 같고, 사람에게 있어서는 일상적인 일 밖으로 초월한 자에 해당한다. 나아감이 여기
에 이르러 그 점진적으로 나아감을 잃지 않음은 현명하고 통달한 자의 지극히 높은 경지이기
때문에 예의와 법도로 삼을 수 있어서 吉하다. '깃'은 기러기가 나아갈 때 사용하는 수단이
니, 나아갈 때 사용하기 때문에 上九가 나아가는 道에 비유하였다.

【本義】胡氏程氏皆云 陸當作逵하니 謂雲路也라하니 今以韻讀之에 良是라 儀는 羽旄旌
纛之飾也라 上九至高하여 出乎人位之外나 而其羽毛可用以爲儀飾하니 位雖極高나 而
不爲无用之象이라 故其占爲如是則吉也라

胡氏(胡瑗)와 程氏(程頤)는 모두 '陸'자는 '逵'자가 되어야 한다고 했으니 '구름길'을 말한다.
지금의 韻으로 읽으면 그 해석이 옳다. '儀'는 羽旄나 旌纛 등의 깃발 장식을 뜻한다. 上九는
지극히 높은 자리에 있어서 사람의 자리 밖에까지 나갔으나, 그 깃털을 사용하여 儀式의 장
식으로 삼을 수 있으니, 자리가 비록 지극히 높지만 无用의 象이 되지 않으므로 그 占이 이와
같이 하면 吉하다.

字義 逵 : 구름길 규 阻 : 막힐 조 蔽 : 가릴 폐 旄 : 깃대 장식 모 纛 : 기 독

象曰 其羽可用爲儀吉은 不可亂也일새라

〈象傳〉에 말하였다. "'그 깃이 儀法이 될 만하니 길함'은 어지럽힐 수 없기 때문이다."

【傳】君子之進이 自下而上하고 由微而著하여 跬步造次라도 莫不有序하니 不失其序면 則无所不得其吉이라 故九雖窮高나 而不失其吉이라 可用爲儀法者는 以其有序而不可 亂也일새라

君子의 나아감이 아래로부터 위로 올라가고 은미함으로부터 드러나서 반걸음 정도의 짧은 거리와 찰나의 시간이라도 질서가 있지 않음이 없으니, 질서를 잃지 않는다면 길하지 않을 수 없다. 그러므로 上九가 비록 지극히 높아졌지만 길함을 잃지 않는 것이다. 예의와 법도로 삼을 수 있는 까닭은 질서를 가지고 있어서 어지럽힐 수 없기 때문이다.

【本義】漸進愈高而不爲无用이요 其志卓然하니 豈可得而亂哉리오

점진적으로 나아가 더욱 높아졌지만 无用함이 되지 않고 그 뜻이 높고 뛰어나니, 어찌 어지럽힐 수 있겠는가.

字義 跬 : 반걸음 규   卓 : 높을 탁

54. 歸妹

䷵ 兌下震上

下卦는 兌卦☱이고 上卦는 震卦☳이다.

【傳】歸妹는 序卦에 漸者는 進也니 進必有所歸라 故로 受之以歸妹라하니라 進則必有所至라 故漸有歸義하니 歸妹所以繼漸也라 歸妹者는 女之歸也니 妹는 少女之稱이라 爲卦震上兌下하니 以少女從長男也라 男動而女說하고 又以說而動하니 皆男說女, 女從男之義라 卦有男女配合之義者四하니 咸, 恒, 漸, 歸妹也라 咸은 男女之相感也니 男下女하여 二氣感應하고 止而說하니 男女之情相感之象이요 恒은 常也니 男上女下하고 巽順而動하며 陰陽皆相應하니 是男女居室夫婦唱隨之常道요 漸은 女歸之得其正也니 男下女而各得正位하고 止靜而巽順하여 其進有漸하니 男女配合이 得其道也요 歸妹는 女之嫁歸也니 男上女下하여 女從男也而有說少之義라 以說而動하니 動以說이면 則不得其正矣라 故位皆不當이라 初與上은 雖當陰陽之位하나 而陽在下하고 陰在上하니 亦不當位也니 與漸正相對라 咸, 恒은 夫婦之道요 漸, 歸妹는 女歸之義라 咸與歸妹는 男女之情也니 咸은 止而說하고 歸妹는 動於說하니 皆以說也요 恒與漸은 夫婦之義也니 恒은 巽而動하고 漸은 止而巽하니 皆以巽順也니 男女之道와 夫婦之義가 備於是矣라 歸妹는 爲卦澤上有雷하니 雷震而澤動은 從之象也니 物之隨動이 莫如水라 男動於上而女從之는 嫁歸從男之象이며 震은 長男이요 兌는 少女니 少女從長男은 以說而動이니 動而相說也라 人之所說者少女라 故云妹하니 爲女歸之象이요 又有長男說少女之義라 故爲歸妹也라

歸妹卦는 〈序卦傳〉에 "漸은 나아감이니, 나아가면 반드시 돌아옴이 있기 때문에 歸妹卦로 받았다." 하였다. 나아가면 반드시 이르는 곳이 있으므로 漸卦에 돌아가는 뜻이 있으니, 이 때문에 歸妹卦가 漸卦를 이었다. '歸妹'는 여자가 시집감이니 '妹'는 少女의 칭호이다. 卦의 구성이 上卦는 震卦☳이고 下卦는 兌卦☱이니, 少女가 長男을 따르는 것이다. 남자가 움직

이고 여자가 기뻐하며 또 기뻐함으로써 움직이니, 모두 남자가 여자를 기뻐하고 여자가 남자를 따르는 뜻이다.

卦 가운데 男女가 배합하는 뜻이 있는 卦가 넷인데 咸卦·恒卦·漸卦·歸妹卦이다. 咸卦☲는 男女가 서로 느낌이니, 남자가 여자에게 낮춰서 두 기운이 感應하고 그쳐서 기뻐하니 男女의 情이 서로 느끼는 象이다. 恒卦☳는 항상함이니, 남자가 위에 있고 여자가 아래에 있으며 공손하게 따르고 움직여서 陰陽이 모두 서로 感應하니, 이는 男女가 모두 집에 있어 남편이 선창하고 부인이 따르는 떳떳한 도리에 해당한다. 漸卦☴는 여자가 시집감에 바름을 얻은 것이니, 남자가 여자에게 낮추어 각각 바른 자리를 얻고, 그쳐서 고요하고 공손하게 따라서 그 나아감에 점진적인 뜻이 있으니, 男女가 배합함에 그 道를 얻은 것이다. 歸妹卦☳는 여자가 시집가는 것이니, 남자가 위에 있고 여자가 아래에 있어 여자가 남자를 따르고 〈남자가〉 少女를 기뻐하는 뜻이 있다. 기뻐함으로써 움직이니, 움직임을 기뻐함으로써 한다면 바름을 얻지 못하기 때문에 자리가 모두 합당하지 않다. 初九와 上六은 비록 陰과 陽의 자리에는 합당하지만, 陽이 맨 아래에 있고 陰이 맨 위에 있으니 또한 합당한 자리가 아니다. 漸卦와는 정반대가 된다.

咸卦와 恒卦는 夫婦의 道이고, 漸卦와 歸妹卦는 여자가 시집가는 뜻이다. 咸卦와 歸妹卦는 男女의 情이니, 咸卦는 그쳐서 기뻐하며 歸妹卦는 기뻐함에 움직이니 모두 기뻐함으로써 한다. 恒卦와 漸卦는 부부의 뜻이니 恒卦는 공손하게 움직이고 漸卦는 그쳐서 공손하므로 모두 공손하게 따름으로써 하니 男女의 道와 夫婦의 뜻이 여기에 모두 갖춰져 있다. 歸妹는 卦가 못 위에 우레가 있으니 우레가 진동함에 못이 움직임은 따르는 象이니, 물건 중에 따라 움직이는 것으로는 물 만한 것이 없다. 남자가 위에서 움직이고 여자가 따르니 여자가 시집가서 남자를 따르는 象이며, 震卦☳는 長男이고 兌卦☱는 少女이니 少女가 長男을 따름은 기뻐함으로써 움직이니, 움직여서 서로 기뻐한다. 사람이 기뻐하는 대상은 少女이므로 '妹'라 하였으니, 여자가 시집가는 象이 되고 또 長男이 少女를 기뻐하는 뜻이 있으므로 歸妹가 된다.

字義 歸 : 시집갈 귀　妹 : 누이 매　唱 : 선창할 창　隨 : 따를 수

歸妹[1]는 征하면 凶하니 无攸利[2]하니라

1　歸妹 : 빌헬름 영문판 주역인 《The I Ching》에서는 歸妹卦를 Kuei Mei / The Marrying Maiden이라고 하였다. 남편과 아내의 관계를 말하는 괘가 넷이 있다. 함괘는 젊은 짝끼리 끌리는 상황이고, 항괘는 결혼생활의 항구성을 이야기하고, 점괘는 절차를 거쳐 시집을 가는 상황이다. 귀매는 상괘는 장남에 해당하고 하괘는 소녀에 해당하여 남자가 여자를 이끌어 여자가 그 남자를 기쁘게 따르는 상이다. 여자가 남자의 집안에 들어가긴 하지만 정부인으로 들어가지 못하기 때문에 특별한 주

歸妹는 가면 凶하니, 이로운 바가 없다.

【傳】以說而動이면 動而不當이라 故凶이니 不當은 位不當也라 征凶은 動則凶也라 如卦之義면 不獨女歸요 无所往而利也리라

기뻐함으로써 움직이면 움직임이 합당하지 않기 때문에 凶하니, 합당하지 않음은 자리가 합당하지 않은 것이다. '가면 凶함'은 움직이면 흉한 것이다. 卦의 뜻과 같다면 여자가 시집가는 것뿐만 아니라 가는 곳마다 이로움이 없을 것이다.

【本義】婦人謂嫁曰歸요 妹는 少女也라 兌以少女而從震之長男하고 而其情이 又爲以說而動하니 皆非正也라 故卦爲歸妹요 而卦之諸爻 自二至五에 皆不得正하고 三五又皆以柔乘剛이라 故其占이 征凶而无所利也라

여자가 시집감을 '歸'라 하고, '妹'는 少女이다. 兌卦☱는 少女로서 震卦☳의 長男을 따르고, 그 情도 기뻐함으로써 움직임이 되니, 모두 바르지 않다. 그러므로 卦가 歸妹卦가 되고, 卦의 여러 爻가 二爻부터 五爻까지 다 바름을 얻지 못하였고, 六三과 六五도 모두 柔로서 剛을 타고 있다. 그러므로 그 占이 가면 凶하여 이로운 바가 없다.

彖曰 歸妹는 天地之大義也니

〈彖傳〉에 말하였다. "歸妹는 천지의 큰 뜻이니

【傳】一陰一陽之謂道니 陰陽交感하고 男女配合은 天地之常理也라 歸妹는 女歸於男

의와 예비를 해야 하는 상황이라고 하였다.

2 征凶 无攸利 : 胡炳文(南宋)은 《大全》의 소주에서 "〈彖傳〉에서는 오직 臨卦와 井卦에서만 흉하다고 했고 否卦와 剝卦에서만 이롭지 않다고 했는데, 흉하다고 말한 경우에는 이롭지 않다고 말한 적이 없고, 이롭지 않다고 말한 경우에는 흉하다고 말한 적이 없다. 그런데 귀매괘에서는 이미 '가면 흉하다.'고 했는데 또 '이로운 바가 없다.'고 했으니 어째서인가? 기뻐함으로써 움직임은 감정의 바름이 아니니, 감정에 내맡기고 욕심대로 한다면 어떤 지경인들 이르지 않겠는가. 그렇기 때문에 육십사괘 중에 이처럼 불길함이 심한 괘가 없으니, 성인이 드러내어 세상에 대한 경계로 삼았다. 그런데 隨卦도 움직여서 기쁜 경우에 해당하는데 '元亨利貞'이라고 말한 이유는 어째서인가? 역에서는 내괘를 貞으로 삼는데 수괘의 곧음은 진괘이니 이것이 움직여서 저것이 기쁨이 되며, 귀매괘의 貞은 태괘이니 여자가 기뻐하여 남자가 움직인 것이기 때문에 같지 않다." 하였다.

也라 故云天地之大義也라 男在女上하고 陰從陽動이라 故爲女歸之象이라

한 번 陰이 되고 한 번 陽이 됨을 道라고 하니, 陰陽이 서로 감응하고 男女가 배합함은 天地의 떳떳한 도리이다. 歸妹는 여자가 남자에게 시집가는 것이므로 "天地의 大義(올바른 도리)이다." 하였다. 남자가 여자 위에 있고, 陰이 陽을 따라 움직이므로 여자가 시집가는 象이 된다.

天地不交而萬物이 不興하나니 歸妹는 人之終始[3]也라

하늘과 땅이 사귀지 않으면 만물이 일어나지 못하니, 歸妹는 사람의 끝과 시작이다.

【傳】天地不交면 則萬物何從而生이리오 女之歸男은 乃生生相續之道라 男女交而後에 有生息이요 有生息而後에 其終不窮이라 前者有終而後者有始하여 相續不窮하니 是人之終始也라

天地가 사귀지 않으면 만물이 어디로부터 생겨나겠는가? 여자가 남자에게 시집감은 바로 낳고 낳아서 서로 잇는 道이다. 男女가 사귄 뒤에 낳아서 번식하고, 낳아서 번식한 뒤에 그 끝이 다함이 없다. 앞에 있는 자가 마침이 있으면 뒤에 있는 자가 시작함이 있어서 서로 이어서 다함이 없으니, 이는 사람의 끝과 시작이다.

【本義】釋卦名義也라 歸者는 女之終이요 生育者는 人之始라

卦名의 뜻을 해석하였다. 시집감은 여자의 끝이고, 낳아서 기름은 사람의 시작이다.

說(열)以動하여 所歸妹也니

기뻐함으로써 움직여 시집가는 자가 소녀이니

3　人之終始 : 張淸子(元)는 《大全》의 소주에서 "여자가 시집을 감에, 자식으로서의 도리는 여기에서 끝나고, 모친으로서의 도리는 여기에서 시작된다." 하였다. 李恒老(朝鮮)는 《周易傳義同異釋義》에서 "쌍호호씨는 막내딸과 맏아들을 통해서 끝과 시작을 말했다. 중계장씨는 자식의 도리와 모친의 도리로 끝과 시작을 말했다. 정자와 주자의 해석까지 합하면 모두 네 가지 주장이 되는데, 무엇을 따라야 하는가? '귀매는 사람에게 끝과 시작이 된다'는 말은 귀매의 뜻을 풀이한 것인데, 《본의》만한 것이 없으니, 《본의》의 정밀함이 이와 같다." 하였다.

【本義】又以卦德言之라

또 卦德으로 말하였다.

征凶은 位不當也요

'가면 흉함'은 자리가 마땅하지 않기 때문이고,

【傳】以二體로 釋歸妹之義라 男女相感하여 說而動者는 少女之事라 故以說而動하여 所歸者妹也라 所以征則凶者는 以諸爻皆不當位也니 所處皆不正이면 何動而不凶이리오 大率以說而動이면 安有不失正者리오

두 卦體로 歸妹卦의 뜻을 해석하였다. 男女가 서로 감응하여 기뻐하여 움직이는 것은 少女의 일이므로 기뻐함으로써 움직여 시집가는 자는 소녀이다. 가면 凶하게 되는 것은 여러 爻의 자리가 모두 합당하지 않기 때문이니, 처한 곳이 모두 바르지 않으면 어떻게 움직인들 흉하지 않겠는가. 대체로 기뻐함으로써 움직인다면 어찌 바름을 잃지 않는 자가 있겠는가.

无攸利는 柔乘剛也[4]일새라

'이로운 바가 없음'은 柔가 剛을 탔기 때문이다."

【傳】不唯位不當也라 又有乘剛之過하니 三五皆乘剛이라 男女有尊卑之序하고 夫婦有唱隨之禮하니 此常理也니 如恒이 是也라 苟不由常正之道하고 徇情肆欲하여 唯說是動이면 則夫婦瀆亂하여 男牽欲而失其剛하고 婦狃說而忘其順하리니 如歸妹之乘剛이 是也라 所以凶이니 无所往而利也라 夫陰陽之配合과 男女之交媾는 理之常也나 然從欲而流放하여 不由義理면 則淫邪無所不至하여 傷身敗德하리니 豈人理哉리오 歸妹之所以凶也라

---

4 征凶……柔乘剛也 : 金相岳(朝鮮)은 《山天易說》에서 "진괘와 태괘가 합하니 시집을 가는 자는 소녀이다. 괘가 변화하여 九가 가서 사효에 머물면 자리를 얻지 못하기 때문에 가면 흉하다. 六이 와서 삼효에 거처하면 이효의 굳센 양을 타고 있기 때문에 이로울 것이 없다. 귀매괘에서 경계하는 것은 전적으로 삼효와 사효에 있기 때문에 이효와 오효의 호응을 언급하지 않았다." 하였다.

　　단지 자리가 합당하지 않을 뿐만 아니라 또 剛을 탄 잘못이 있으니, 六三과 六五가 모두 剛을 타고 있다. 男女간에는 尊卑의 질서가 있고, 夫婦간에는 인도하고 따르는 예법이 있으니, 이는 떳떳한 도리이니 恒卦와 같음이 이것이다. 만약 떳떳하고 바른 道를 따르지 않고 정을 따르고 욕심을 부려 오직 기뻐함에 움직인다면 부부가 문란해져서 남편은 욕심에 끌려 강건함을 잃고 부인은 기쁨에 빠져 순종함을 잊을 것이니, 歸妹卦에서 '剛을 탄 것'과 같음이 이것이다. 이 때문에 흉한 것이니 가는 곳마다 이로움이 없다. 陰陽의 배합과 男女의 교합은 떳떳한 이치이지만, 욕심을 따라 방탕한 데로 흘러 義理를 따르지 않는다면, 음란하고 사벽함이 이르지 않는 곳이 없게 되어 몸을 상하고 德을 해칠 것이니, 어찌 사람의 도리이겠는가. 歸妹卦가 凶함이 되는 까닭이다.

【本義】又以卦體로 釋卦辭라 男女之交는 本皆正理로되 唯若此卦면 則不得其正也라

　　이 또한 卦體로 卦辭를 해석한 것이다. 男女의 사귐은 본래 모두 바른 이치이지만, 다만 이 卦와 같다면 바름을 얻지 못한다.

字義 徇 : 따를 순　　肆 : 방자할 사　　瀆 : 더럽힐 독　　狃 : 익숙할 뉴　　媾 : 교접할 구

象曰 澤上有雷 歸妹니 君子以하여 永終하여 知敝[5]하나니라

　　〈象傳〉에 말하였다. "연못 위에 우레가 있는 것이 歸妹이니, 군자가 이것을 본받아 끝을 영구하게 하여 해짐이 있음을 안다."

【傳】雷震於上에 澤隨而動하고 陽動於上에 陰說而從은 女從男之象也라 故爲歸妹라 君子觀男女配合하여 生息相續之象하여 而以永其終하여 知有敝也하나니라 永終은 謂生息嗣續하여 永久其傳也요 知敝는 謂知物有敝壞而爲相繼之道也라 女歸則有生息이라 故有永終之義요 又夫婦之道는 當常永有終이니 必知其有敝壞之理而戒愼之니 敝壞는 謂離隙이라 歸妹는 說以動者也니 異乎恒之異而動과 漸之止而異也라 少女之說은 情

　永終 知敝 : 宋時烈(朝鮮)은 《易說》에서 "'끝을 영구하게 한다'는 것은 상괘는 본래 간괘로 끝을 완성하는데, 거꾸로 된 괘가 진괘이니 진괘는 또한 군건함이 되기 때문이다. '해짐이 있음을 안다'는 것은 태괘는 무너지고 끊어짐이 되기 때문에 敝라고 했다. 군자가 무너짐을 알아서 그 끝을 잘 도모한다." 하였다.

之感動이니 動則失正이라 非夫婦正而可常之道니 久必敝壞리니 知其必敝면 則當思永
其終也라 天下之反目者는 皆不能永終者也니 不獨夫婦之道라 天下之事 莫不有終有
敝요 莫不有可繼可久之道하니 觀歸妹면 則當思永終之戒也니라

　우레가 위에서 진동함에 못이 따라서 움직이고, 陽이 위에서 움직임에 陰이 기뻐서 따름은
여자가 남자를 따르는 象이므로 歸妹卦가 되었다. 君子는 男女가 배합하여 자식을 낳아 서
로 잇는 象을 보고서 끝을 영구하게 하여 해짐이 있을 것을 안다. ‘永終’은 자식을 낳아 대를
이어서 전함을 영구하게 하는 것을 이르고, ‘知敝’는 사물이 해지고 무너짐이 있음을 알아서
서로 잇는 방도를 만드는 것이다. 여자가 시집을 가면 자식을 낳음이 있으므로 ‘永終’의 뜻
이 있고, 또 夫婦의 道는 마땅히 항상하고 영구하며 끝이 있어야 하니, 반드시 해지고 무너지
는 이치가 있음을 알아서 경계하고 삼가야 한다. 해지고 무너짐은 서로 떨어지고 틈이 생김
을 말한다. 歸妹는 기뻐함으로써 움직이는 자이니, 恒卦의 공손하게 움직임과 漸卦의 그쳐서
공손함과는 다르다. 少女가 기뻐함은 情이 감동함이니 움직이면 바름을 잃는다. 夫婦가 바르
고 항상할 수 있는 道가 아니므로 오래되면 반드시 해지고 무너지게 되니, 반드시 해지게 됨
을 안다면 마땅히 끝을 영구하게 만들 것을 생각해야 한다. 천하의 반목하는 자들은 모두 끝
을 영구하게 만들 수 없는 자이다. 夫婦의 道뿐만 아니라 천하의 일은 끝이 있고 무너짐이 있
지 않은 것이 없고, 이을 수 있고 오래할 수 있는 도가 있지 않은 것이 없으니, 歸妹卦를 보면
마땅히 끝을 영구하게 하는 경계를 생각해야만 한다.

【本義】雷動澤隨는 歸妹之象이니 君子觀其合之不正하여 知其終之有敝也하나니 推之
事物에 莫不皆然이니라

　우레가 움직임에 못이 따름은 歸妹의 象이니, 君子가 합함이 바르지 않은 것을 보고서 그
끝에 해짐이 있을 것을 아니, 事物에 미루어봄에 모두 그렇지 않음이 없다.

字義　敝 : 해질 폐　嗣 : 이을 사　續 : 이을 속　壞 : 무너질 괴　隙 : 틈 극

初九는 歸妹以娣니 跛能履[6]라 征이면 吉하리라

6　歸妹以娣 跛能履 : 曹好益(朝鮮)은 《易象說》에서 “잉첩은 태괘의 상이다. 절름발이는 초효가 아래
　에 있어서 발의 상이 되기 때문이다. 초효는 알맞지 않고 가는 것도 알맞지 않기 때문에 절름발이
　가 된다. 혹자는 ‘손괘는 넓적다리가 되고, 태괘는 손괘의 반대 괘이니 절름발이의 상이 있다’고

初九는 여동생을 시집보내되 잉첩으로 함이니, 절름발이가 걸을 수 있음이다. 가면 길할 것이다.

【傳】女之歸에 居下而无正應하니 娣之象也라 剛陽은 在婦人엔 爲賢貞之德而處卑順하니 娣之賢正者也라 處說居下는 爲順義라 娣之卑下로 雖賢이나 何所能爲리오 不過自善其身하여 以承助其君而已라 如跛之能履하니 言不能及遠也라 然在其分에 爲善이라 故以是而行則吉也라

여자가 시집감에 맨 아래에 있고 正應이 없으니 잉첩의 象이다. 강건한 陽은 부인에게 있어서는 현명하고 바른 德이 되지만, 낮고 순종하는 자리에 있으니 잉첩 중에 현명하고 바른 자이다. 기쁨에 처하고 맨 아래에 있음은 순종의 뜻이 된다. 잉첩의 낮은 신분으로 아무리 현명하더라도 무엇을 할 수 있겠는가. 스스로 자신을 善하게 하여 正妻를 받들고 돕는 것에 불과할 뿐이다. 이는 절름발이가 걸을 수 있는 것과 같으니 멀리까지는 갈 수 없음을 말한다. 그러나 본분에 있어서는 善함이 되므로 이처럼 행동하면 길하다.

【本義】初九居下而无正應이라 故爲娣象이라 然陽剛은 在女子엔 爲賢正之德이로되 但爲娣之賤하여 僅能承助其君而已라 故又爲跛能履之象이요 而其占則征吉也라

初九는 맨 아래에 있고 正應이 없으므로 잉첩의 象이 된다. 그러나 陽의 강건함은 여자에게 있어서는 현명하고 바른 德이 되지만, 다만 잉첩의 천한 신분이 되어 겨우 正妻를 받들고 도울 수 있을 뿐이다. 그러므로 또한 절름발이가 걷는 象이 되고, 그 占은 가면 길하다.

字義 娣 : 잉첩 제   跛 : 절름발이 파   履 : 밟을 리   僅 : 겨우 근

象曰 歸妹以娣나 以恒也요 跛能履吉은 相承[7]也일새라

〈象傳〉에 말하였다. "여동생을 시집보내되 잉첩으로 하였으나 항상된 德을 갖췄고, 절름발이가 걷는 것 같지만 가서 길함은 서로 받들기 때문이다."

───────────────

했다. 양으로 양의 자리에 있는데 양은 굳셈이 되기 때문에 걸을 수 있다." 하였다.

7   相承 : 朴文鎬(朝鮮)는 《經說·周易》에서 "承자는 君을 돕는다는 뜻인데, 君은 정부인을 뜻한다. 육오에서 娣를 君과 대비해서 말한 것이 이것이다." 하였다.

【傳】歸妹之義는 以說而動하니 非夫婦能常之道로되 九乃剛陽이라 有賢貞之德하니 雖娣之微나 乃能以常者也라 雖在下하여 不能有所爲가 如跛者之能履나 然征而吉者는 以其能相承助也일새라 能助其君은 娣之吉也라

　　歸妹의 뜻은 기쁨으로써 움직이는 것이니, 夫婦가 항상 할 수 있는 道는 아니지만, 初九가 강건한 陽으로 현명하고 바른 德이 있으니, 비록 잉첩의 미천한 신분이지만 항상함이 있는 자이다. 비록 맨 아래에 있어서 할 수 있는 바가 없는 것이 절름발이가 걸을 수 있는 것과 같지만, 가서 吉한 것은 서로 받들어 도울 수 있기 때문이다. 正妻〔君〕를 도울 수 있음은 잉첩의 吉함이다.

【本義】恒은 謂有常久之德이라

　　'恒'은 변치않고 오래가는 德이 있음을 말한다.

字義　君 : 정처 군

九二는 眇能視[8]니 利幽人之貞[9]하니라

　九二는 애꾸눈이 볼 수 있음이니, 幽人의 바름이 이롭다.

【傳】九二陽剛而得中하니 女之賢正者也로되 上有正應而反陰柔之質이라 動於說者也니 乃女賢而配不良이라 故二雖賢이나 不能自遂以成其內助之功이요 適可以善其身而小施之 如眇者之能視而已니 言不能及遠也라 男女之際는 當以正禮니 五雖不正이나 二自守其幽靜貞正이면 乃所利也라 二有剛正之德하니 幽靜之人也라 二之才如是로되 而言利貞者는 利는 言宜於如是之貞이요 非不足而爲之戒也니라

　　九二는 陽으로 강건하고 中을 얻었으니 여자 중에서도 현명하고 바른 자인데, 위에 正應이 있지만 도리어 陰으로 유약한 재질이어서 기뻐함에 움직이는 자이니, 이는 여자는 현명한데

8　眇能視 : 曹好益(朝鮮)은 《易象說》에서 "애꾸눈은 호괘인 離卦가 눈인 상인데 이효가 바르지 않아 보는 것이 바르지 않기 때문에 애꾸눈이 된다. 호응이 있기 때문에 볼 수 있다." 하였다.

9　幽人之貞 : 李止淵(朝鮮)은 《周易箚疑》에서 "태괘에는 애꾸눈과 幽人의 상이 있기 때문에 履卦에서도 이처럼 말한 것이다. 거처한 곳이 비록 가운데 자리이지만 결국 기뻐하는 몸체가 되기 때문에 이처럼 말했다." 하였다.

배필이 어질지 못한 것이다. 그러므로 九二가 비록 현명하지만 스스로 이루어서 內助의 功을 이룰 수 없고, 다만 자신을 善하게 하여 조금 베풀 수 있는 것이 마치 애꾸눈이 볼 수 있는 것과 같을 뿐이므로 멀리까지 미칠 수 없음을 말한다. 男女 사이에는 마땅히 바른 禮를 따라야 하니, 六五가 비록 바르지 못하나 九二가 스스로 그윽하고 조용하며 바름을 지키면 이롭다. 九二는 강건하고 바른 德이 있으니 그윽하고 조용한 사람이다. 九二의 재질이 이와 같은데도 '바름이 이롭다.'고 말한 것은 이로움은 이와 같은 바름이 마땅함을 말한 것이고, 부족해서 경계를 한 것은 아니다.

【本義】眇能視는 承上爻而言이라 九二陽剛得中하니 女之賢也로되 上有正應而反陰柔不正하니 乃女賢而配不良이니 不能大成內助之功이라 故爲眇能視之象이요 而其占則利幽人之貞也라 幽人은 亦抱道守正而不偶者也라

'애꾸눈이 볼 수 있음'은 위의 爻(初爻)를 이어서 말한 것이다. 九二가 강건한 陽으로 中을 얻었으니 여자 중에서는 현명한 자이지만 위에 正應이 있으나 도리어 유약한 陰으로 바르지 못하니, 여자는 어진데 배필이 어질지 못한 것이니 내조의 功을 크게 이룰 수 없다. 그러므로 애꾸눈이 볼 수 있는 象이 되고, 그 占은 幽人의 바름이 이로운 것이다. '幽人'은 또한 道를 간직하고 바름을 지키지만 不遇한 자이다.

字義 眇 : 애꾸눈 묘   適 : 다만 적

象曰 利幽人之貞은 未變常也라

〈象傳〉에 말하였다. "'그윽하고 조용한 자의 바름이 이로움'은 常道를 변치 않기 때문이다."

【傳】守其幽貞하니 未失夫婦常正之道也라 世人은 以媟狎爲常이라 故以貞靜爲變常하나니 不知乃常久之道也라

그윽하고 바름을 지키니 夫婦의 떳떳하고 바른 道를 아직 잃지 않은 것이다. 세상 사람들은 친압함을 常道로 여기기 때문에 바르고 고요한 것을 常道가 변한 것이라고 여기니, 이것이 바로 항상되고 오래되는 道임을 알지 못하는 것이다.

字義 媟 : 친압할 설   狎 : 친압할 압

六三은 歸妹以須[10]니 反歸以娣니라

六三은 여동생을 시집보냄에 기다림으로 하니, 다시 돌아와 잉첩이 되어야 한다.

【傳】三居下之上하니 本非賤者로되 以失德而无正應이라 故爲欲有歸而未得其歸라 須는 待也니 待者는 未有所適也라 六居三은 不當位니 德不正也요 柔而尙剛은 行不順也요 爲說之主하여 以說求歸는 動非禮也요 上无應은 无受之者也니 无所適이라 故須也라 女子之處如是면 人誰取之리오 不可以爲人配矣라 當反歸而求爲娣媵이면 則可也니 以不正而失其所也일새라

六三은 下卦의 맨 위에 있으니 본래 천한 자가 아니지만 德을 잃고 正應이 없기 때문에 시집을 가고자 하나 아직 시집을 가지 못한 것이다. '須'는 기다림이니, 기다림은 아직 갈 곳이 없어서이다. 陰이 三爻 자리에 있는 것은 합당한 자리가 아니니 德이 바르지 못하고, 柔로서 剛함을 숭상함은 행실이 순하지 않음이고, 기쁨의 주체가 되어 기쁨으로써 시집감을 구하는 것은 禮法에 맞지 않은 행동이고, 위에 호응이 없음은 받아주는 자가 없음이니, 갈 곳이 없으므로 기다리는 것이다. 여자가 이처럼 처신하면 누가 부인으로 취하겠는가? 남의 배필이 될 수 없다. 마땅히 돌아와서 잉첩이 되기를 구하면 괜찮을 것이니, 바르지 않아서 제 자리를 잃었기 때문이다.

【本義】六三이 陰柔而不中正하고 又爲說之主하니 女之不正은 人莫之取者也라 故爲未得所適而反歸爲娣之象이라 或曰 須는 女之賤者라

六三은 陰으로 유약하고 中正하지 못하며 또한 기쁨의 주체가 되니, 여자가 바르지 않으면 사람이 취하는 자가 없다. 그러므로 갈 곳을 얻지 못하여 되돌아와 잉첩이 되는 象이 있다. 어떤 이는 '須'는 여자 중에서 미천한 자라고 하였다.

字義 須 : 기다릴 수, 미천한 계집 수   適 : 갈 적   媵 : 잉첩 잉

象曰 歸妹以須는 未當[11]也일새라

---

10 須 : 朱震(宋)은 《大全》의 소주에서 "《史記》〈天官書〉에 須女 네 별은 미천한 첩의 칭호이며, 織女 세 별은 天女라고 했다. 陸震은 '천문 중 직녀성은 존귀하고, 수녀성은 미천하다.'고 했으니, 須가 미천한 여자임을 알 수 있다." 하였다.

11 未當 : 丘富國(宋代)은 《大全》의 소주에서 "육삼은 유약한 음이고 바르지 못하며, 위로 정응이 없

〈象傳〉에 말하였다. "'여동생을 시집보냄에 기다림으로 함'은 자리가 마땅하지 않기 때문이다."

【傳】未當者는 其處, 其德, 其求歸之道 皆不當이라 故无取之者하니 所以須也라

'마땅하지 않음'은 그 처한 곳과 德과 시집감을 구하는 방법이 모두 마땅하지 않은 것이다. 그러므로 취하는 자가 없으니, 이 때문에 기다리는 것이다.

九四는 歸妹愆期[12]니 遲歸有時니라

九四는 여동생을 시집보냄에 혼기를 넘겼으니, 지체하여 시집감이 때가 있다.
【본의】시집감을 지체함이 때가 있다.

【傳】九以陽居四하니 四는 上體니 地之高也요 陽剛은 在女子엔 爲正德하니 賢明者也로되 无正應하여 未得其歸也라 過時未歸라 故云愆期라 女子居貴高之地하고 有賢明之資하면 人情所願娶라 故其愆期는 乃爲有時니 蓋自有待요 非不售也니 待得佳配而後行也라 九居四는 雖不當位나 而處柔는 乃婦人之道라 以无應故로 爲愆期之義어늘 而聖人推理하사 以女賢而愆期는 蓋有待也라하시니라

九四는 陽으로 四爻 자리에 있으니, 四爻는 上體이니 지위가 높고 강건한 陽은 여자에게 있어서는 바른 德이 되니 賢明한 자이지만, 正應이 없어서 아직 시집가지 못한다. 혼기를 놓쳐서 아직 시집가지 못했으므로 '愆期'라 하였다. 여자가 존귀하고 높은 자리에 있고 현명한

어서 받아주는 자가 없기 때문에, 기다려서 이효를 따라야 한다. 그러나 이효는 강하고 알맞으며 오효와 호응하니 존귀한 소군이 되는데, 자기가 이효를 올라타고 있다. 이와 같다면 미천한 첩이 교만하여 위에서 분수에 지나치게 구니 반드시 이효로부터 버림을 당하게 된다. 삼효에 있어서는 아래로 되돌아옴만 못하니, 만약 초효처럼 행동하여 잉첩의 예로써 섬긴다면 자리에 마땅하게 되며 교만하고 참람하게 군다는 근심도 없게 된다. 〈상전〉에서 '마땅하지 않기 때문이다.'라고 했는데, 六이 삼효에 있어서 유가 강을 탔으며 미천한 자가 귀한 자를 능멸하므로, 모두 마땅하지 않은 뜻이 된다." 하였다.

12 歸妹愆期 : 李震相(朝鮮)은 《易學管窺》에서 "귀매괘는 泰卦의 구삼이 변하여 사효에 있으니 이는 제자리를 잃은 것이다. 사물이 극에 이르면 반드시 돌아오니, 다시 돌아오면 태괘가 된다. 반드시 정해진 때가 있기 때문에 이러한 상이 있다. 胡一桂가 사효를 여동생을 시집보내는 남자에 해당한다고 하였는데 또한 통한다." 하였다.

자질을 지니고 있으면 인정상 아내로 맞이하려고 한다. 그러므로 혼기를 놓친 것은 정해진 때가 있어서이다. 스스로 기다려서이고 시집을 못 갔기 때문이 아니니, 아름다운 배필을 얻기를 기다린 뒤에 시집가려는 것이다. 陽이 四爻 자리에 있는 것이 비록 마땅한 자리는 아니나 부드러운 자리에 있음은 부인의 道이다. 호응이 없기 때문에 혼기를 놓친 뜻이 되는데, 聖人은 이치를 미루어 여자가 현명한데도 혼기를 놓친 것은 기다리기 때문이라고 하였다.

【本義】九四以陽居上體而无正應하니 賢女不輕從人而愆期以待所歸之象이니 正與六三相反이라

　九四는 陽으로 上體에 있고 正應이 없으니, 현명한 여자가 가볍게 남을 따르지 않아서 혼기를 놓쳐 시집가기를 기다리는 象이니, 六三과는 정반대이다.

字義　愆 : 지나칠 건　娶 : 장가들 취　售 : 팔 수

象曰 愆期之志는 有待而行[13]也라

〈象傳〉에 말하였다. "혼기를 넘긴 뜻은 기다렸다가 시집가려 해서이다."

【傳】所以愆期者는 由己而不由彼라 賢女는 人所願娶니 所以愆期는 乃其志欲有所待하여 待得佳配而後行也라

　혼기를 넘긴 까닭은 자기 때문이지 남 때문이 아니다. 현명한 여자는 남들이 아내로 맞기를 원하니, 혼기를 넘긴 것은 그 뜻이 기다리는 바가 있어서 아름다운 배필을 얻은 후에야 시집가려 하기 때문이다.

六五는 帝乙歸妹니 其君之袂가 不如其娣之袂良하니 月幾望[14]이면 吉하리라

---

13 有待而行 : 金相岳(朝鮮)은 《山天易說》에서 "부인이 시집가는 것을 行이라고 부른다. '혼기를 지나침'은 상대에게 달린 것이지 나에게 달린 것이 아니지만, 감괘의 몸체가 미진하기 때문에 기다림이 있다. 需卦☳가 기다림이 되는 것도 이러한 이유 때문이다." 하였다.

14 月幾望 : 金相岳(朝鮮)은 《山天易說》에서 "육오는 부드럽고 알맞음으로 존귀한 자리에 있고 아래로 구이와 호응하여 사귀니 제을이 여동생을 시집보내는 상이 된다. 잉첩은 삼효를 가리킨다. 진

【本義】帝乙歸妹에 其君之袂가 不如其娣之袂良이요 月幾望이니

六五는 帝乙이 여동생을 시집보냄이니, 正妻의 소매가 잉첩의 소매보다 아름답지 못하니, 달이 거의 보름에 가까우면 길할 것이다.

【본의】帝乙이 여동생을 시집보냄에 正妻의 소매가 잉첩의 소매보다 아름답지 못하고, 달이 거의 보름에 아까우니,

【傳】六五居尊位하니 妹之貴高者也요 下應於二하니 爲下嫁之象이라 王姬下嫁는 自古而然이로되 至帝乙而後에 正婚姻之禮하고 明男女之分하여 雖至貴之女라도 不得失柔巽之道하여 有貴驕之志라 故易中에 陰尊而謙降者는 則曰帝乙歸妹라하니 泰六五是也라 貴女之歸는 唯謙降以從禮가 乃尊高之德也니 不事容飾以說於人也라 娣勝者는 以容飾爲事者也니 衣袂는 所以爲容飾也라 六五는 尊貴之女니 尙禮而不尙飾이라 故其袂不及其娣之袂良也니 良은 美好也라 月望은 陰之盈也니 盈則敵陽矣로되 幾望은 未至於盈也라 五之貴高로 常不至於盈極이면 則不亢其夫하니 乃爲吉也니 女之處尊貴之道也라

六五는 존귀한 자리에 있으니 여동생 중에서 존귀하고 높은 자이고, 아래로 九二와 호응하니 지체가 낮은 데로 시집가는 象이 된다. 왕가의 딸을 지체가 낮은 곳으로 시집보냄은 예로부터 그러하였으나, 帝乙에 이른 뒤에야 혼인의 禮法을 바로잡고 男女의 본분을 명확히 하여, 비록 지극히 존귀한 여자라도 유순하고 공손한 道를 잃어서 존귀하게 여기고 교만한 뜻을 갖지 못하도록 하였다. 그러므로 《周易》에서는 陰이 존귀하면서도 겸손하게 낮추는 자를 '帝乙이 여동생을 시집보낸다.' 하였으니, 泰卦☷☰의 六五가 이것이다. 존귀한 여자가 시집을 감은 오직 겸손히 낮추어서 禮法에 따르는 것이 존귀하고 높은 德이 되니, 용모를 꾸미면서 남을 기쁘게 하는데 힘쓰지 않는다. 잉첩은 용모를 꾸미는데 힘쓰는 자이니, 의복의 소매는 용모를 장식하기 위함이다. 六五는 존귀한 여자이니 禮法을 숭상하고 장식을 숭상하지 않기 때문에 그 소매가 잉첩의 아름다운 소매에 미치지 못하는 것이니, '良'은 아름답고 좋다는 뜻이다. 보름달은 陰이 가득 찬 것이니, 가득차면 陽에게 대적하는데, '幾望'은 아직 가득참에 이

괘가 태괘를 만나고 삼효는 호괘가 리괘와 감괘이기 때문에 또한 정처의 소매가 잉첩의 소매보다 아름답지 못하니, 달이 거의 보름에 가까운 상이 있다." 하였고, "'달이 거의 보름에 가깝다.'는 감괘의 달이 태괘의 丁日에 나타난 것이고 또 리괘의 해 위에 있으니, 이것은 보름달이 가득 차는 기한이 된다. 달과 해는 가득 차면 서로 대적하는데, 거의 보름에 가까운 것은 달이 해에게 겸손하게 대한 것으로, 부인이 남편을 만나는 상이다." 하였다.

르지 않은 것이다. 六五가 고귀함으로 항상 가득차고 지극한 데까지 이르지 않으면 남편에게 대항하지 않아서 길하게 되니, 여자가 존귀함에 처하는 道이다.

【本義】六五柔中居尊하고 下應九二하여 尙德而不貴飾이라 故爲帝女下嫁而服不盛之象이라 然女德之盛이 无以加此라 故又爲月幾望之象이요 而占者如之則吉也라

六五가 유순함과 中德으로 존귀한 자리에 있고, 아래로 九二와 호응하여 德을 숭상하고 장식을 귀하게 여기지 않으므로 제왕의 딸을 지체가 낮은 곳으로 시집보내며 복식을 융성하게 하지 않은 象이 된다. 그러나 여자의 德의 성대함이 이보다 더한 것이 없으므로 또 달이 보름에 가까운 象이 되고, 점치는 자가 이와 같이 하면 吉하다.

字義 袂 : 소매 메　幾 : 거의 기　望 : 보름 망　嫁 : 시집갈 가　姨 : 딸 희

象曰 帝乙歸妹不如其娣之袂良也는 其位在中하여 以貴行也라

〈象傳〉에 말하였다. "帝乙이 여동생을 시집보냄이니, 잉첩의 소매처럼 아름답지 못함'은 그 자리가 가운데에 있어서 귀함으로 행하기 때문이다."

【傳】以帝乙歸妹之道言이라 其袂不如其娣之袂良은 尙禮而不尙飾也라 五以柔中으로 在尊高之位하니 以尊貴而行中道也라 柔順降屈하여 尙禮而不尙飾은 乃中道也라

帝乙이 누이를 시집보내는 道를 말하였다. 소매가 잉첩의 소매보다 아름답지 못함은 禮를 숭상하고 장식을 숭상하지 않기 때문이다. 六五가 柔中함으로 존귀한 자리에 있으니, 존귀함으로 中道를 행하는 것이다. 柔順하고 낮추고 굽혀서 禮를 숭상하고 장식을 숭상하지 않음은 바로 中道이다.

【本義】以其有中德之貴而行이라 故不尙飾이라

中德의 존귀함을 지니고 행하기 때문에 장식을 숭상하지 않는다.

上六은 女承筐无實이라 士刲羊无血[15]이니 无攸利하니라

---

15 女承筐无實 士刲羊无血 : 金相岳(朝鮮)은 《山天易說》에서 "여자는 태괘의 상이고 남자는 진괘의 상

【本義】女承筐无實하며 士刲羊无血이니 无攸利리라

上六은 여자가 광주리를 받들지만 담겨진 물건이 없다. 남자가 羊을 베었으나 피가
없으니, 이로운 바가 없다.

【본의】여자가 광주리를 받들지만 담겨진 물건이 없으며, 남자가 양을 베었으나 피가
없으니, 이로운 바가 없을 것이다.

【傳】上六은 女歸之終而无應하니 女歸之无終者也라 婦者는 所以承先祖, 奉祭祀니 不
能奉祭祀면 則不可以爲婦矣니 筐筥之實은 婦職所供也라 古者에 房中之俎菹歜(잠)之
類를 后夫人職之하니라 諸侯之祭에 親割牲하고 卿大夫皆然하여 割取血以祭하니 禮云
血祭는 盛氣也라하니라 女當承事筐筥而无實하니 无實則无以祭하니 謂不能奉祭祀也라
夫婦共承宗廟하나니 婦不能奉祭祀하면 乃夫不能承祭祀也라 故刲羊而无血하여 亦无
以祭也니 謂不可以承祭祀也라 婦不能奉祭祀하면 則當離絶矣니 是夫婦之无終者也니
何所往而利哉리오

上六은 여자가 시집가는 卦의 끝인데 호응함이 없으니, 여자가 시집감에 마침이 없는 자이
다. 시집간 여자는 先祖를 받들고 祭祀를 모시니, 제사를 모시지 못한다면 부인이라 할 수 없
다. 광주리에 담는 물건은 부인의 직분에 맡아서 공급하는 것이다. 옛날에는 방안에 차리는
제기와 절임류를 王后와 夫人이 맡았다. 諸侯의 제사에서는 제후가 직접 희생을 도축하며 卿
과 大夫도 모두 이처럼 하여, 희생을 베어 피를 담아 제사를 지내니,《禮記》〈郊特牲〉에 "희
생의 피를 가지고 제사를 지내는 일은 기운을 왕성하게 하는 방법이다." 하였다. 여자는 마땅
히 광주리를 들어 바쳐야 하는데 담긴 물건이 없으니, 담긴 물건이 없다면 제사를 지낼 수 없
으니, 제사를 모시지 못함을 말한다. 夫婦가 함께 宗廟의 제사를 받드는데, 부인이 제사를 모
시지 못한다면 남편도 제사를 모실 수 없다. 그러므로 양을 베었지만 피가 없어서 제사를 지
낼 수 없으니, 제사를 모시지 못함을 말한다. 부인이 제사를 모실 수 없다면 헤어지고 관계를
끊어야만 하니, 이는 부부 사이에 마침이 없는 것이니 어느 곳에 간들 이롭겠는가.

인데, 삼효는 상효와 정응이 아니니 약혼을 했지만 끝까지 가지 못하는 자이다. 그래서 단지 남자
와 여자라고만 지칭했다. 大過卦의 구이는 초육과 가까워서 '늙은 남자가 젊은 아내를 얻었다'고 했
고 구오는 상육과 사귀니 '늙은 부인이 젊은 남자를 얻는다'고 했다. 음양이 서로 짝을 이루어야 부
부가 된다. 태괘의 여자가 진괘의 광주리를 받들고 진괘의 남자는 태괘의 양을 베는데 '담겨진 물건
이 없다'고 하고 '피가 없다'고 한 것은 삼효와 상효가 모두 음으로 비어 있기 때문이다." 하였다.

【本義】上六이 以陰柔로 居歸妹之終而无應하니 約婚而不終者也라 故其象如此요 而
於占에 爲无所利也라

　　上六이 유순한 陰으로 歸妹卦의 끝에 있어 호응함이 없으니, 약혼하였으나 마침이(결과가)
없는 자이다. 그러므로 그 象이 이와 같고, 占에 있어서는 이로운 바가 없다.

字義 筐 : 광주리 광　刲 : 벨 규　篚 : 광주리 비　俎 : 도마 조　菹 : 절임 저　歜 : 창포절임 잠
　　　割 : 벨 할　牲 : 희생 생

象曰 上六无實은 承虛筐也라

〈象傳〉에 말하였다. "'上六은 담겨진 물건이 없음'은 빈 광주리를 받든 것이다."

【傳】筐无實이면 是空筐也니 空筐可以祭乎아 言不可以奉祭祀也라 女不可以承祭祀면
則離絶而已니 是女歸之无終者也라

　　광주리에 물건이 없음은 빈 광주리를 뜻하니, 빈 광주리로 제사를 지낼 수 있겠는가? 제사
를 모실 수 없다는 말이다. 여자가 제사를 받들지 못한다면 헤어지고 관계를 끊을 따름이니,
이는 여자가 시집을 감에 마침이 없음을 뜻한다.

55. 豐

䷶ 離下震上

下卦는 離卦☲이고 上卦는 震卦☳이다.

【傳】豐은 序卦에 得其所歸者는 必大라 故受之以豐이라하니라 物所歸聚면 必成其大라 故歸妹之後에 受之以豐也니 豐은 盛大之義라 爲卦 震上離下하니 震은 動也요 離는 明也라 以明而動하고 動而能明은 皆致豐之道니 明足以照하고 動足以亨然後에 能致豐大也라

豐卦는 〈序卦傳〉에 "돌아갈 곳을 얻은 자는 반드시 커지기 때문에 豐卦로 받았다." 하였다. 물건이 돌아가 모이면 반드시 그 큼을 이루므로 歸妹卦 뒤에 豐卦로 받았으니, 豐은 성대하다는 뜻이다. 卦의 구성이 上卦는 震卦☳이고 下卦는 離卦☲이니, 震卦는 움직임이고 離卦는 밝음이다. 밝음으로 움직이고, 움직여서 밝게 할 수 있는 것은 모두 성대함을 이루는 道이다. 밝으면 비출 수 있고 움직이면 형통할 수 있으니, 그런 뒤에 풍성하고 큼을 이룰 수 있다.

豐[1]은 亨하니 王이라야 假(격)之하나니 勿憂[2]인댄 宜日中이니라

---

1 豐 : 빌헬름 영문판 주역인 《The I Ching》에서는 豐卦를 Fêng / Abundance〔Fullness〕이라고 하였다. 진괘는 움직임이고 이괘는 불꽃으로 밝음이다. 안에서 밝고 밖으로 움직이니 이는 위대함과 풍성함을 만들어낸다. 이 괘는 문명한 사회를 상징한다. 그렇지만 발전이 극치에 다다라 비정상적으로 풍성해지면 영구히 유지할 수 없음을 보여준다. 이런 때는 탁월한 지도자만이 그 풍성함을 유지할 수 있다고 하였다.

2 勿憂 : 胡炳文(南宋)은 《大全》의 소주에서 "괘사에서 '왕'이라고 일컬은 것이 셋인데, 渙卦☴와 萃卦☷의 괘사에서 '왕이 종묘에 이르며'라고 하였고, 豐卦에서는 '왕이 이른다'고 하였다. 假(격)은 이르는 것이니, 왕이라야 여기에 이를 수 있게 된다. 성대함이 크면 형통한 도가 있다. 크면 반드

【本義】 王이 假之하여 勿憂요

豐은 형통하니, 王이어야 이르니, 근심하지 않게 하려면 해가 중천에 있듯이 하여야 한다.

【본의】 王이 이르러 근심하지 말고

【傳】 豐爲盛大하니 其義自亨이라 極天下之光大者는 唯王者能至之니 假은 至也라 天位之尊하고 四海之富하고 群生之衆하고 王道之大하여 極豐之道는 其唯王者乎인저 豐之時엔 人民之繁庶하고 事物之殷盛하니 治之豈易周리오 爲可憂慮라 宜如日中之盛明廣照하여 无所不及然後에 无憂也니라

豐은 성대함이 되니 그 뜻이 저절로 형통하다. 세상의 빛나고 큼을 지극히 하는 것은 오직 왕이어야 이를 수 있으니, '假'은 이른다는 뜻이다. 하늘이 준 지위가 높고 四海가 부유하고 백성이 많고 王道가 커서 성대함을 지극하게 하는 道는, 그 오직 王뿐일 것이다. 풍성한 때에는 백성이 많고 事物이 번성하니, 다스림을 어찌 쉽게 두루 할 수 있겠는가. 그것이 우려할 만한 것이다. 마땅히 해가 중천에서 성대하게 밝아 널리 비추어 미치지 않는 곳이 없는 것과 같게 한 뒤에야 근심이 없다.

【本義】 豐은 大也니 以明而動은 盛大之勢也라 故其占有亨道焉이라 然王者至此면 盛極當衰하니 則又有憂道焉이라 聖人이 以爲徒憂无益이니 但能守常하여 不至於過盛則可矣라 故戒以勿憂요 宜日中也라

豐은 큼이니, 밝음으로써 움직임은 성대한 기세이므로 그 占에 형통한 道가 있다. 그러나 왕이 이에 이르면 성대함이 지극하여 쇠함을 맞으니, 또 근심하는 道가 있다. 聖人은 한갓 근심만 하면 유익함이 없으니, 다만 항상성을 지켜서 지나치게 성대한 데에 이르지 않게 하면 괜찮기 때문에 "근심하지 말고 해가 중천에 있듯이 하여야 한다."고 경계하였다.

字義 假 : 이를 격

시 통하지만 또 근심해야 하는 도가 있다. 크면 근심하게 되지만 지나치게 근심할 필요는 없어서 해가 중천에 있듯이 하면 이에 괜찮다. 泰卦䷊와 晉卦䷢와 夬卦䷪와 家人卦䷤와 升卦䷭에서 모두 '걱정하지 말라(勿恤)'고 하고, 풍괘에서 '걱정하지 말라(勿憂)'고 한 것은 모두 지극한 때를 당하여 보통 사람들은 걱정하지 않는 바인데 성인이 깊이 걱정하는 것이니, 그 말(괘사)에 '~말라'고 한 것은 매우 절실한 말이니, '걱정이 없다'는 것을 말하는 것이 아니다. 여기에 방법이 있으니, 반드시 걱정해야 하는 것은 아니다." 하였다.

彖曰 豐은 大也니 明以動이라 故로 豐이니

〈彖傳〉에 말하였다. "豐은 큼이니, 밝음으로써 움직이므로 풍성하니,

【傳】豐者는 盛大之義라 離明而震動하니 明動相資하여 而成豐大也라

'豐'은 성대한 뜻이다. 離卦☲는 밝음이고 震卦☳는 움직임이니, 밝음과 움직임이 서로 의지하여 풍성하고 큼을 이룬다.

【本義】以卦德으로 釋卦名義라

卦德으로 卦名의 뜻을 해석하였다.

王假之는 尙大也요

'왕이어야 이름'은 숭상함이 큰 것이고,

【傳】王者는 有四海之廣과 兆民之衆하여 極天下之大也라 故豐大之道는 唯王者能致之라 所有旣大면 其保之治之之道 亦當大也라 故王者之所尙이 至大也라

王은 넓은 四海와 많은 백성을 소유하여 천하의 큼을 지극히 하므로 풍성하고 큰 道는 오직 왕이어야만 이룰 수 있다. 소유한 것이 이미 크면 보존하고 다스리는 道 또한 마땅히 커야 하므로 王이 숭상하는 바가 지극히 큰 것이다.

勿憂宜日中은 宜照天下也라

'근심하지 않게 하려면 해가 중천에 있듯이 하여야 함'은 마땅히 세상에 비추어야 하는 것이다.

【傳】所有旣廣하고 所治旣衆이면 當憂慮其不能周及이니 宜如日中之盛明이 普照天下하여 无所不至하면 則可勿憂矣라 如是然後에 能保其豐大하리니 保有豐大 豈小才小知(智)之所能也리오

소유한 것이 이미 넓고 다스려지는 것이 이미 많으면 두루 미치지 못할까 우려해야 하니, 해가 중천에서 성대하게 밝음이 같이 널리 천하를 비추어서 이르지 않는 곳이 없는 것과 같이 한다면 근심하지 않을 수 있다. 이와 같이 한 뒤에야 풍성하고 큼을 보전할 수 있으니, 풍성하고 큼을 보전함이 어찌 작은 재주와 작은 지혜로 할 수 있는 것이겠는가.

【本義】釋卦辭라

卦辭를 해석하였다.

日中則昃하며 月盈則食하나니 天地盈虛도 與時消息이온 而況於人乎며 況於鬼神³乎여

해가 중천에 있으면 기울고 달은 차면 이지러지니, 천지가 차고 비는 것도 때에 따라 사그라지고 불어나는데, 하물며 사람에 있어서이며 하물며 귀신에 있어서이겠는가.”

【傳】旣言豐盛之至하고 復言其難常하여 以爲誡也라 日中盛極이면 則當昃昳이요 月旣盈滿이면 則有虧缺하나니 天地之盈虛도 尙與時消息이어든 況人與鬼神乎아 盈虛는 謂盛衰요 消息은 謂進退니 天地之運도 亦隨時進退也라 鬼神은 謂造化之迹이니 於萬物盛衰에 可見其消息也라 於豐盛之時而爲此誡는 欲其守中하여 不至過盛이니 處豐之道豈易也哉리오

이미 풍성함이 지극함을 말하고, 다시 그 항상함이 어려움을 말하여 경계하였다. 해가 중천에 있어 성대함이 지극하면 마땅히 기울고, 달이 이미 가득 차면 이지러짐이 있으니, 天地가 차고 비는 것도 오히려 때에 따라 사그라지고 불어나는데, 하물며 사람과 귀신에게 있어서이겠는가. ‘차고 빔’은 성하고 쇠함을 말하고, ‘사그라지고 불어남’은 나아가고 물러남을 말하니, 天地의 운행도 때에 따라 나아가고 물러난다. ‘鬼神’은 造化의 자취를 말하니, 萬物이 성하고 쇠함에서 그 사그라지고 불어남을 볼 수 있다. 풍성한 때에 이러한 경계를 한 것은 中道를 지켜 지나치게 성대한 데에 이르지 않게 하고자 함이니, 풍성함에 대처하는 道가 어찌 쉽겠는가.

---

3 鬼神 : 曺好益(朝鮮)은 《易象說》에서 “‘해’는 리괘☲의 상이고, ‘달’은 감괘☵를 몸체로 한 듯하다. ‘하늘’은 위의 두 효이고, ‘땅’은 아래의 두 효이며, ‘사람’은 가운데의 두 효이다. ‘鬼’는 음의 효를 가리키고, ‘神’은 양의 효를 가리킨다.” 하였다.

【本義】此又發明卦辭外意하니 言不可過中也라

이는 또한 卦辭 밖에 숨어 있는 뜻을 밝힌 것이니, 中道를 넘어서는 안 됨을 말한다.

字義 普 : 두루 보 昃 : 기울 측 盈 : 찰 영 消 : 사라질 소 息 : 자랄 식 昃 : 해기울 일
虧 : 이지러질 휴 缺 : 이지러질 결

象曰 雷電皆至 豐이니 君子以하여 折獄致刑[4]하나니라

〈象傳〉에 말하였다. "우레와 번개가 모두 이르는 것이 豐이니, 君子가 이것을 본받아 옥사를 결단하고 형벌을 집행한다."

【傳】雷電皆至는 明震竝行也니 二體相合이라 故云皆至라 明動相資하여 成豐之象하니 離는 明也니 照察之象이요 震은 動也니 威斷之象이라 折獄者는 必照其情實이니 唯明克允이요 致刑者는 以威於姦惡이니 唯斷乃成이라 故君子觀雷電明動之象하여 以折獄致刑也라 噬嗑에 言先王飭法하고 豐에 言君子折獄하니 以明在上而麗(리)於威震은 王者之事라 故爲制刑立法이요 以明在下而麗(리)於威震은 君子之用이라 故爲折獄致刑이라 旅는 明在上而云君子者는 旅取愼用刑與不留獄이니 君子皆當然也라

우레와 번개가 모두 이르는 것은 밝음과 진동이 함께 행하는 것이니, 두 卦體가 서로 합했기 때문에 '모두 이른다.' 하였다. 밝음과 움직임이 서로 의지하여 풍성한 象을 이룬다. 離卦☲는 밝음이니 비추어 살피는 象이고, 震卦☳는 움직임이니 위엄으로 결단하는 象이다. '옥사를 결단함'은 반드시 그 실정을 비추어야 하니 밝아야만 믿을 수 있고, '형벌을 집행함'은 간악한 자에게 위엄으로써 대함이니 오직 결단하여야만 이루어진다. 그러므로 君子가 우레와 번개의 밝고 움직이는 象을 보고서 옥사를 결단하고 형벌을 집행하는 것이다. 噬嗑卦에서는 先王이 법령을 정비하였음을 말하였고, 豐卦에서는 君子가 옥사를 결단함을 말하였으니, 밝음으로 위에 있으면서 위엄을 떨치는 데 걸린 것은 王의 일이므로 형벌을 만들고 법을 세움이 되고, 밝음으로 아래에 있으면서 위엄을 떨치는 데 걸림은 君子의 쓰임이므로 옥사를 결단하고 형

---

4 折獄致刑 : 許傳(朝鮮)은 《易考》에서 "풍괘☲☳는 서합괘☲☳와 위아래가 바뀐 괘로 모두 밝음과 위엄의 상이 있으므로 서합괘에서는 '옥을 쓰는 것이 이롭다.'고 하였고, 풍괘에서는 '옥사를 결단하고 형벌을 집행한다.'고 하였다. 그러나 서합괘는 리괘☲의 밝음이 위에 있으므로 옥사의 진실을 밝힌다고 하였고, 풍괘는 진괘☳의 위엄이 위에 있으므로 '형벌을 쓴다.'고 아울러 말하였다. 그러나 또한 옥사의 진실을 먼저 절충한 이후에 형벌을 쓰는데 신중할 수 있다." 하였다.

벌을 집행함이 된다. 旅卦☲는 밝음이 위에 있는데도 君子라 한 것은 旅卦는 형벌을 쓰는 데 신중하고 옥사를 지체하지 않는 뜻을 취한 것이니, 군자라면 모두 그렇게 하여야 한다.

【本義】取其威照並行之象이라

그 위엄과 비춤이 함께 행해지는 象을 취하였다.

字義 折 : 결단할 절　筋 : 정비할 칙　麗 : 걸릴 리　留 : 지체할 류

初九는 遇其配主호되 雖旬이나 无咎하니 往하면 有尙이리라

初九는 짝이 되는 주인을 만나되 비록 똑같은 陽이지만 허물이 없으니, 가면 嘉尙한 일이 있을 것이다.

【傳】雷電皆至하니 成豐之象이요 明動相資하니 致豐之道라 非明이면 无以照요 非動이면 无以行이니 相須猶形影하고 相資猶表裏라 初九는 明之初요 九四는 動之初니 宜相須以 成其用이라 故雖旬而相應이라 位則相應하고 用則相資라 故初謂四爲配主하니 己所配 也라 配雖匹稱이나 然就之者也니 如配天以配君子라 故로 初於四云配요 四於初云夷 也라 雖旬无咎의 旬은 均也니 天下之相應者는 常非均敵이니 如陰之應陽, 柔之從剛, 下之附上이니 敵則安肯相從이리오 唯豐之初四는 其用則相資하고 其應則相成이라 故雖 均是陽剛이나 相從而无過咎也라 蓋非明則動无所之요 非動則明无所用5이니 相資而 成用이라 同舟則胡越一心이요 共難則仇怨協力은 事勢使然也라 往而相從이면 則能成 其豐이라 故云有尙하니 有可嘉尙也라 在他卦면 則不相下而離隙矣리라

우레와 번개가 모두 이르니 풍성한 象을 이루고, 밝음과 움직임이 서로 의지하니 풍성한 道를 이룬다. 밝음이 아니면 비출 수 없고 움직임이 아니면 행할 수 없으니, 서로 따르는 것 이 형체와 그림자 같고, 서로 의지하는 것이 겉과 속 같다. 初九는 밝음의 처음이고, 九四는 움직임의 처음이니, 마땅히 서로 따라서 그 쓰임을 이루어야 하므로 비록 똑같으나 서로 호

5　非明則動无所之 非動則明无所用 : 朱熹(南宋)는 《大全》의 소주 문답에서 어떤 이의 질문에 대해 "한갓 행하기만 하고 밝지 못하면 행함에 향하는 곳이 없어서 어둡게 행할 뿐이며, 한갓 밝기만 하고 행하지 못하면 밝음이 쓰일 곳이 없어서 헛되이 밝을 뿐이다." 하였다.

응한다. 자리는 서로 호응하고 쓰임은 서로 의지하므로 初九가 九四를 짝이 되는 주인이라고 말하였으니, 자기의 짝이 되는 것이다. '짝'은 비록 배필로 걸맞지만 〈初九는 九四에게〉 나아가는 자이니, 하늘에 짝하는 것과 같이 君子를 짝하는 것이다. 그러므로 初九는 九四에 대하여 '짝'이라 하고, 九四는 初九에 대하여 '대등하다' 하였다.

'비록 똑같으나 허물이 없음'에서의 '똑같음'은 균등함이니, 천하에 서로 호응하는 것이 항상 차별없이 평등하지는 않으니, 예컨대 陰이 陽에 호응하고 柔가 剛을 따르며, 아랫사람이 윗사람에게 붙는 것과 같으니 똑같다면 어찌 기꺼이 서로 따르겠는가. 오직 豐卦의 初九와 九四는 그 쓰임이 서로 의지하고 그 호응이 서로 이루어주므로 비록 똑같이 강건한 陽이지만 서로 따르고 허물이 없다. 밝음이 아니면 움직임이 갈 곳이 없고 움직임이 아니면 밝음이 쓰일 곳이 없으니, 서로 의지하여 씀을 이룬다. 배를 함께 타면 적대국인 吳나라와 越나라가 한마음이 되고, 난리를 함께 하면 원수라도 협력함은 일의 형세가 그렇게 만드는 것이다. 가서 서로 따르면 풍성함을 이룰 수 있으므로 "가상함이 있다." 하였으니, 아름답게 칭찬할 만한 것이 있는 것이다. 다른 卦에 있어서는 〈初九와 九四가 같은 陽이라서〉 서로 낮추지 못하여 헤어지고 틈이 있다.

【本義】配主는 謂四요 旬은 均也니 謂皆陽也라 當豐之時하여 明動相資라 故初九之遇九四에 雖皆陽剛이나 而其占如此也라

'짝이 되는 주인'은 九四를 말하고 '똑같음'은 균등하다는 뜻이니, 다 陽임을 말한다. 풍성한 때를 맞이하여 밝음과 움직임이 서로 의지하므로 初九가 九四를 만남에 비록 모두 陽으로 剛하지만 그 占이 이와 같다.

字義 旬 : 똑같을 순   夷 : 대등할 이   均 : 균등할 균   敵 : 대등할 적   仇 : 원수 구   隙 : 틈 극

象曰 雖旬无咎니 過旬이면 災[6]也리라

〈象傳〉에 말하였다. "비록 똑같은 陽이지만 허물이 없으니, 대등함을 지나면 재앙이 있을 것이다."

---

6 過旬 災 : 金箕澧(朝鮮)는 《易要選義綱目》에서 "아래에 있는 자가 스스로 낮추면 균등해져 짝이 될 수 있고, 만약 강함만 믿고 이기기를 구하여 다른 사람보다 위에 오르려고 하면 재앙이 생긴다." 하였다.

【傳】聖人은 因時而處宜하고 隨事而順理하나니 夫勢均則不相下者는 常理也나 然有雖敵而相資者는 則相求也니 初四是也니 所以雖旬而无咎也라 與人同而力均者는 在乎降己以相求하고 協力以從事하니 若懷先己之私하여 有加上之意하면 則患當至矣라 故曰 過旬災也라하니라 均而先己면 是過旬也니 一求勝이면 則不能同矣니라

聖人은 때에 따라 마땅하게 대처하고 일에 따라 이치를 따르니, 형세가 균등하면 서로 낮추지 못하는 것이 당연한 이치이다. 그러나 비록 대적하더라도 서로 의지할 경우에는 서로 구함이 있으니, 初九와 九四가 이러한 경우이다. 이 때문에 비록 똑같더라도 허물이 없다. 남과 함께 일하면서 힘이 균등한 경우에는 자신을 낮추어 서로 구하고 협력하여 일에 처리하는 데 달려 있으니, 자기를 앞세우려는 사사로운 마음을 품어서 상대의 위에 올라타려는 뜻이 있으면 환난이 마땅히 이르므로 "대등함을 지나면 재앙이 있다." 하였다. 균등한데 자신을 앞세우면 대등함을 지난 것이니, 한번이라도 이기기를 구하면 함께 할 수 없다.

【本義】戒占者不可求勝其配하니 亦爻辭外意라

점치는 자가 그 짝을 이기기를 구하지 말라고 경계한 것이니, 또한 爻辭 밖에 숨어있는 뜻이다.

字義 災 : 재앙 재

六二는 豐其蔀라 日中見斗니 往하면 得疑疾하리니 有孚發若하면 吉[7]하리라

六二는 가리개가 풍성하다. 대낮에도 북두성을 보며, 가면 의심과 미움을 얻으리니, 믿음을 갖고 감동시켜 분발하게 하면 길할 것이다.

【傳】明動相資라야 乃能成豐이라 二爲明之主요 又得中正하니 可謂明者也로되 而五在正應之地하여 陰柔不正하니 非能動者라 二五雖皆陰이나 而在明動相資之時하고 居相應之地하여 五才不足하니 旣其應之才不足資면 則獨明不能成豐이요 旣不能成豐이면

---

[7] 有孚發若 吉 : 柳正源(朝鮮)은 《易解參攷》에서 "육이의 유약함으로 육오의 유약하고 어두움을 만나면 가려지고 어두워져 천지가 긴 밤이 되어 의심하고 미워하여 간과 쓸개처럼 가까워도 초나라와 월나라 같이 멀어지게 된다. 그렇지만 이미 중앙의 바름에 있는데다가 또 가운데가 빈 진실함이 있으니, 끝내 어찌 가리개를 걷고 어두움을 여는 길함이 없겠는가." 하였다.

則喪其明功이라 故로 爲豐其蔀라 日中見斗는 二는 至明之才로되 以所應이 不足與하여 而不能成其豐하여 喪其明功하니 无明功이면 則爲昏暗이라 故云見斗라하니 斗는 昏見者也라 蔀는 周匝之義니 用障蔽之物하여 掩晦於明者也라 斗는 屬陰而主運乎하니 象五以陰柔而當君位라 日中盛明之時에 乃見斗는 猶豐大之時에 乃遇柔弱之主라 斗以昏見하니 言見斗면 則是明喪而暗矣라 二雖至明中正之才나 所遇乃柔暗不正之君이라 旣不能下求於已하니 若往求之면 則反得疑猜忌疾하리니 暗主如是也라 然則如之何而可오 夫君子之事上也에 不得其心이면 則盡其至誠하여 以感發其志意而已라 苟誠意能動이면 則雖昏蒙可開也요 雖柔弱可輔也요 雖不正可正也라 古人之事庸君常主而克行其道者는 已之誠意上達하여 而君見信之篤耳니 管仲之相桓公과 孔明之輔後主是也라 若能以誠信으로 發其志意하면 則得行其道하리니 乃爲吉也라

밝음과 움직임이 서로 의지하여야 풍성함을 이룰 수 있다. 六二는 밝음의 주체가 되고 또 中正을 얻었으니, 밝은 자라고 이를 만한데 六五가 正應의 자리에 있어서 陰으로 유약하고 바르지 못하니, 움직일 수 있는 자가 아니다. 六二와 六五가 비록 모두 陰이지만 밝음과 움직임이 서로 의지하는 때에 있고 서로 호응하는 자리에 있어서 六五의 재질이 부족하니, 이미 그 호응의 재질을 거의 의지할 수 없다면 혼자의 밝음만으로는 풍성함을 이룰 수 없고, 이미 풍성함을 이룰 수 없다면 밝음의 功을 잃기 때문에 그 가리개가 풍성하게 된다.

'대낮에도 북두성을 봄'은 六二는 지극히 밝은 재질이지만 호응하는 바가 함께할 수 없어서 풍성함을 이루지 못하여 밝음의 功을 상실하였으니, 밝음의 功이 없으면 어둡게 되기 때문에 '북두성을 본다.' 하였다. '북두성'은 어두울 때에 나타나는 것이다. '蔀'는 두루 가린다는 뜻이니, 막고 가리는 물건을 사용하여 밝음을 가리어 어둡게 하는 것이다. 북두성은 陰에 속하나 운행을 고르게 함을 주관하니, 六五가 유약한 陰으로 임금 자리에 해당함을 형상한다. 해가 중천에 있어 가장 밝은 때에 북두성을 봄은 풍대한 때에 유약한 임금을 만남과 같다. 북두성은 어두울 때에 나타나니, 북두성을 본다고 말했다면 밝음이 상실되어 어두워진 것이다.

六二가 비록 지극히 밝고 中正한 재질이나 만나는 바가 바로 유약하고 어두워 바르지 못한 임금이라 이미 낮추어 자기(六二)에게 구하지 못하니, 만약 가서 구한다면 도리어 의심과 시기와 꺼리고 미워함을 얻을 것이니, 어두운 임금이 이와 같다. 그렇다면 어찌 하여야 옳은가? 君子가 윗사람을 섬길 때에 그 마음을 얻지 못하면 지극한 정성을 다하여 윗사람의 의지를 감동시켜 분발하게 할 뿐이다. 진실로 誠意로 감동시킨다면 비록 어둡고 몽매하더라도 개발할 수 있고, 비록 유약하더라도 보필할 수 있고, 비록 바르지 못하더라도 바르게 할 수 있다. 옛사람 가운데 용렬한 임금과 보통의 임금을 섬김에 그 道를 행할 수 있었던 자는 자신

의 誠意가 위로 도달되어 임금이 돈독한 신임을 보였다. 管仲이 桓公을 도운 것과 孔明이 後主를 보필함이 바로 이런 경우이다. 정성과 신의로써 임금의 의지를 감동시켜 분발하게 하면 그 道를 행할 수 있을 것이니 이에 길함이 된다.

【本義】六二居豐之時하여 爲離之主하니 至明者也로되 而上應六五之柔暗이라 故爲豐蔀見斗之象이라 蔀는 障蔽也니 大其障蔽라 故日中而昏也라 往而從之하면 則昏暗之主必反見疑하리니 唯在積其誠意하여 以感發之則吉이니 戒占者宜如是也라 虛中은 有孚之象이라

六二가 풍성한 때에 있으면서 離卦의 주체가 되니 지극히 밝은 자이나, 위로 六五의 유약하고 어두움이 호응하므로 가리개가 풍성하여 북두성을 보는 象이 된다. '蔀'는 막고 가리는 것이니, 막고 가림을 크게 하므로 대낮인데도 어둡다. 가서 따르면 어두운 임금이 반드시 도리어 의심할 것이니, 오직 그 誠意를 쌓아 감동시켜 분발하게 하면 吉하니, 점치는 자에게 마땅히 이와 같아야 함을 경계한 것이다. 가운데가 비어있음은 믿음이 있는 象이다.

字義   蔀 : 가리개 부   疾 : 미워할 질   匝 : 가릴 잡   障 : 막을 장   蔽 : 가릴 폐   掩 : 가릴 엄
猜 : 시기할 시

象曰 有孚發若은 信以發志[8]也라

〈象傳〉에 말하였다. "'믿음을 갖고 감동시켜 분발하게 함'은 믿음으로 뜻을 분발시키는 것이다."

【傳】有孚發若은 謂以己之孚信으로 感發上之心志也라 苟能發이면 則其吉可知니 雖柔暗이나 有可發之道也라

'믿음을 갖고 감동시켜 분발하게 함'은 자신의 믿음으로 윗사람의 心志를 감동시켜 분발하

---

8 信以發志 : 康儼(朝鮮)은 《周易》에서 "大有卦☲ 육오는 위의 리괘☲의 가운데 있어 '믿음으로 사귀니'라고 하였고, 〈소상전〉에서 '믿음으로 뜻을 일으킨다.'고 하였다. 풍괘☵의 육이는 아래의 리괘☲의 가운데 있어 '믿음을 갖고 감동하여 분발하면'이라고 하였고, 〈소상전〉에서 '믿음으로 뜻을 감동하여 분발시키는 것이다.'라고 하였다. 대유괘와 풍괘는 모두 성대한 뜻이 있다. 육오가 가운데가 비었으면서 높은 데 있어 천하의 뜻을 일으키고, 풍괘의 육이가 가운데가 비었으면서 아래에 있어 육오의 뜻을 감동하여 분발시키니, 자리가 같지 않지만 가운데가 빈 것은 같으므로 모두 믿음을 말하였다." 하였다.

게 함을 말한다. 진실로 감동시켜 분발하게 할 수 있으면 그 길함을 알 수 있으니, 비록 유약하고 어둡지만 감동시켜 분발하게 할 수 있는 방법이 있다.

九三은 豐其沛(旆)라 日中見沫요 折其右肱이니 无咎[9]니라

【本義】折其右肱이나

九三은 장막이 풍성함이다. 대낮에도 작은 별을 보고 오른팔이 부러졌으니, 허물할데가 없다.

【본의】그 오른팔이 부러졌으나 허물이 아니다.

【傳】沛字는 古本에 有作旆字者하며 王弼以爲幡幔이라하니 則是旆也라 幡幔은 圍蔽於內者니 豐其沛면 其暗이 更甚於蔀也라 三은 明體而反暗於四者는 所應이 陰暗故也라 三은 居明體之上하고 陽剛得正하니 本能明者也로되 豐之道必明動相資而成이어늘 三應於上이나 上은 陰柔요 又无位而處震之終하니 旣終則止矣니 不能動者也라 他卦는 至終則極이나 震은 至終則止矣라 三이 无上之應이면 則不能成豐이라 沫는 星之微小无名數者니 見沫는 暗之甚也라 豐之時而遇上六은 日中而見沫者也라 右肱은 人之所用이어늘 乃折矣면 其无能爲를 可知라 賢智之才 遇明君이면 則能有爲於天下어늘 上无可賴之主하면 則不能有爲하니 如人之折其右肱也라 人之爲 有所失이면 則有所歸咎하여 曰 由是故로 致是라하니 若欲動而無右肱하고 欲爲而上无所賴면 則不能而已니 更復何言이리오 无所歸咎也라

沛자는 고본에 旆자로 쓴 것이 있으며, 王弼은 幡幔이라 하였으니, 장막이다. 幡幔은 안을에워싸 가리는 것이니, '장막이 풍성함'은 그 어두움이 가리개보다도 더 심한 것이다. 九三은 밝은 卦體인데 도리어 九四보다 어두운 것은 호응하는 바가 어둡기 때문이다. 九三은 밝은 卦體의 맨 위에 있고 강건한 陽으로 바름을 얻었으니, 본래 밝을 수 있는 자이지만 풍성함의

---

9 无咎 : 胡炳文(南宋)은 《大全》의 소주에서 "가림이 크면 클수록 보이는 것이 더욱 작다. 장막의 가림이 가리개(蔀)보다도 심하기 때문에 작은 별의 드러남이 북두성보다 심하다. 삼효는 군센 양으로 바르며 또 밝음의 끝에 있어 훌륭한 일을 할 수 있는데, 상효는 어두워 훌륭한 일을 할 수 없기 때문에 오른팔이 부러지는 상이 있다. 그러나 삼효의 허물은 아니다." 하여 허물이 아니라는 의미로 풀었다.

道는 반드시 밝음과 움직임이 서로 의지하여 이루어지는데, 九三은 上六과 호응하나 上六은 陰으로 유약하고 또 지위가 없으면서 震卦의 끝에 처했으니 이미 끝났으면 멈추니 움직일 수 없는 자이다. 다른 卦는 끝에 이르면 지극하지만 震卦는 끝에 이르면 멈춘다. 九三은 上六의 호응이 없으면 풍성함을 이룰 수 없다.

'沬'는 별이 미미하고 작아 이름을 짓거나 셀 수 없는 것이니, '작은 별을 봄'은 어둠이 깊은 것이다. 풍성한 때에 上六을 만남은 대낮에 작은 별을 보는 것과 같다. '오른팔'은 사람이 사용하는 것인데 부러졌다면 할 수 있는 것이 없음을 알 수 있다. 어질고 지혜로운 재목이 현명한 임금을 만나면 천하에 훌륭한 일을 할 수 있는데, 위로 의지할 만한 임금이 없으면 훌륭한 일을 할 수 없으니, 사람의 오른팔이 부러진 것과 같다. 사람의 행위에 잘못이 있으면 허물을 돌릴 곳이 있어서 '이 때문에 이렇게 되었다.'고 하는데, 만일 움직이고자 하나 오른팔이 없고, 일을 하고자 하나 위로 의지할 바가 없다면 할 수 없을 뿐이니, 다시 무슨 말을 하겠는가? 허물을 돌릴 곳이 없는 것이다.

【本義】沛는 一作旆하니 謂幡幔也니 其蔽甚於蔀矣라 沬는 小星也라 三處明極而應上六하여 雖不可用而非咎也라 故其象占如此하니라

'沛'는 어떤 판본에는 '旆'로 되어 있으니, 장막을 말하고, 그 가림이 '가리개'보다도 심하다. '沬'는 작은 별이다. 九三이 밝음의 끝에 있으면서 上六과 호응하여, 비록 쓸 수는 없으나 허물이 아니므로 그 象과 占이 이와 같다.

字義 沛 : 장막 패(旆) 沬 : 별이름 매 肱 : 팔뚝 굉 幡 : 장막 번 幔 : 장막 만 圍 : 두를 위

象曰 豐其沛라 不可大事也요 折其右肱이라 終不可用[10]也라

〈象傳〉에 말하였다. "장막이 풍성하니 큰일을 할 수 없고, 오른팔이 부러졌으니 끝내 쓸 수 없다."

【傳】三應於上이어늘 上(應)〔陰〕[11]而无位하니 陰柔无勢力而處旣終이면 其可共濟大事

---

10 終不可用 : 金相岳(朝鮮)은 《山天易說》에서 "위에서 가림을 당하므로 큰 일을 할 수 없고, 호응에 의지할 수 없으므로 끝내 쓸 수 없다."고 하였다.

11 (應)〔陰〕 : 저본에는 '應'으로 되어 있으나 《二程集》에 근거하여 '陰'으로 바로잡았다.

乎아 旣无所賴하니 如右肱之折하여 終不可用矣라

九三이 上六과 호응하는데 上六이 陰으로서 지위가 없으니, 유약한 陰으로 세력이 없고 있는 곳이 이미 끝이면, 어찌 함께 큰일을 이룰 수 있겠는가? 이미 의지하는 바가 없으니, 오른팔이 부러진 것과 같아서 끝내 쓸 수가 없다.

九四는 豐其蔀라 日中見斗[12]니 遇其夷主하면 吉하리라

九四는 가리개가 풍성하여 대낮에도 북두성을 보니, 대등한 상대를 만나면 길하다.

【傳】四雖陽剛으로 爲動之主하고 又得大臣之位나 然以不中正으로 遇陰暗柔弱之主하니 豈能致豐大也리오 故爲豐其蔀라 蔀는 周圍掩蔽之物이니 周圍則不大요 掩蔽則不明이라 日中見斗는 當盛明之時하여 反昏暗也라 夷主는 其等夷也니 相應故로 謂之主라 初四皆陽而居初하니 是其德同이요 又居相應之地라 故爲夷主라 居大臣之位而得在下之賢하여 同德相輔면 其助豈小也哉아 故吉也라 如四之才로 得在下之賢하여 爲之助면 則能致豐大乎아 曰 在下者上有當位爲之與하고 在上者下有賢才爲之助면 豈无益乎아 故吉也라 然而致天下之豐은 有君而後能也니 五는 陰柔居尊而震體라 无虛中巽順下賢之象하니 下雖多賢이나 亦將何爲리오 蓋非陽剛中正이면 不能致天下之豐也라

九四가 비록 강건한 陽으로 움직임의 주체가 되고, 또 大臣의 자리를 얻었으나 中正하지 못한 자로서 陰의 어둡고 柔弱한 임금을 만났으니, 어찌 성대하고 큼을 이룰 수 있겠는가? 그러므로 가리개가 풍성함이 된다. '蔀'는 주위를 가려 덮는 물건이니, 주위를 가리면 크지 못하고 가려 덮으면 밝지 못하다. '대낮에 북두성을 봄'은 성대하게 밝은 때에 해당하여 도리어 어둡다는 것이다. '夷主'는 대등한 상대이니, 서로 호응하기 때문에 '주인'이라 하였다. 初九와 九四는 모두 陽으로 첫 번째 자리에 있으니 그 德이 같고, 또 서로 호응하는 자리에 있으므로 대등한 상대가 된다. 大臣의 지위에 있고 아래에 있는 賢人을 얻어서 德을 함께 하여 서로 돕는다면 도움이 어찌 작겠는가. 그러므로 길하다.

---

12 日中見斗 : 沈潮(朝鮮)는 《易象箚論》에서 "양으로 음 자리에 있어 해가 구름과 안개 속에 있는 것과 같으니, 이것은 자리가 마땅하지 않아 밝지 않다는 상을 말하는 것이 아니다. 북두성은 7개인데, 이 괘의 하괘인 리괘☲는 수가 3이고, 상괘인 진괘☳는 수가 4이므로 합하여 7이다. 상괘의 호괘인 태괘☱가 2이고, 하괘의 호괘인 손괘☴가 5이므로 또한 합하여 7이다." 하였다.

〈어떤 이가 묻기를〉 "九四와 같은 재질로 아래에 있는 현인을 얻어 도움을 받는다면 성대하고 큼을 이룰 수 있습니까?" 하니, 대답하기를 "아래에 있는 자는 위로 지위에 있는 이가 있어 자신과 함께 함이 있고, 위에 있는 자는 아래로 어진 재주가 있는 이가 있어 자신을 도와주면 어찌 유익함이 없겠습니까. 그러므로 길한 것입니다. 그러나 세상의 풍성함을 이루는 데에는 임금이 있은 뒤에야 가능하니, 六五가 유약한 陰으로 높은 자리에 있고 震의 卦體라서 마음을 비우고 巽順하게 어진 이에게 낮추는 象이 없으니, 아래에 비록 어진 자가 많으나 또한 무엇을 할 수 있겠습니까. 강건한 陽의 中正함이 아니면 세상의 풍성함을 이루지 못합니다." 하였다.

【本義】象與六二同이라 夷는 等夷也니 謂初九也라 其占은 爲當豐而遇暗主하니 下就同德則吉也라

象이 六二와 같다. '夷'는 대등한 상대이니, 初九를 말한다. 그 占이 풍성한 때에 해당하나 어두운 임금을 만났으니, 아래로 德이 같은 자에게 나아가면 길하다.

字義 夷 : 대등할 이

象曰 豐其蔀는 位不當也일새요

〈象傳〉에 말하였다. "'가리개가 풍성함'은 자리가 마땅하지 않기 때문이고,

【傳】位不當은 謂以不中正居高位니 所以闇而不能致豐이라

'자리가 마땅하지 않음'은 中正하지 않음으로써 높은 자리에 있음을 말하니, 이 때문에 어두워 풍성함을 이룰 수 없다.

日中見斗는 幽不明也일새요

'대낮에 북두성을 봄'은 어두워 밝지 못하기 때문이요,

【傳】謂幽暗不能光明하니 君陰柔而臣不中正故也라

어두워서 빛나고 밝을 수 없음을 말하니, 임금은 유약한 陰이고 신하는 中正하지 못하기 때문이다.

遇其夷主는 吉行¹³也라

'대등한 상대를 만남'은 길하게 행함이다."

【傳】陽剛相遇는 吉之行也라 下就於初라 故云行하니 下求則爲吉也라

강건한 陽이 서로 만남은 吉하게 행하는 것이다. 아래로 初九에게 나아가기 때문에 "행한다." 하였으니, 아래로 구하면 길하게 된다.

六五는 來章¹⁴이면 有慶譽하여 吉하리라

六五는 빛난 것을 오게 하면 경사와 명예가 있어 길할 것이다.

【傳】五以陰柔之才로 爲豐之主하니 固不能成其豐大나 若能來致在下章美之才而用之면 則有福慶이요 復得美譽리니 所謂吉也라 六二文明中正하니 章美之才也라 爲五者誠能致之在位而委任之면 可以致豐大之慶, 名譽之美라 故吉也라 章美之才는 主二而言이나 然初與三四皆陽剛之才니 五能用賢則彙征矣리라 二雖陰이나 有文明中正之德하니 大賢之在下者也라 五與二 雖非陰陽正應이나 在明動相資之時하여 有相爲用之義하니 五若能來章이면 則有慶譽而吉也라 然六五无虛己下賢之義하니 聖人이 設此義以爲敎耳시니라

六五가 유약한 陰의 재질로 풍괘의 주체가 되니 실로 성대하고 큼을 이룰 수 없으나 아래에 있는 빛나고 아름다운 재주를 오게 하여 쓸 수 있으면 복과 경사가 있고, 또 아름다운 명예를 얻을 것이니, 이른바 吉하다는 것이다. 六二는 文明하고 中正하니, 빛나고 아름다운 재

---

13 吉行 : 金相岳(朝鮮)은 《山天易說》에서 "풍성함에 가림은 자리가 마땅하지 않지만 진괘≡≡는 본래 밝음을 만드는 방향이어서 가서 리괘≡≡를 만나면 시작은 어둡지만 끝내 밝음으로 향할 것이니, 길함을 따라 행하는 것이다." 하였다.

14 來章 : 丘富國(宋代)은 《大全》의 소주에서 "이효가 오효에 호응함에 믿지 않으면 갈 수가 없고 가면 도리어 그 의심을 부르니, 정성을 들여 감동시킨 뒤라야만 오효의 가린 것을 열 수 있기 때문에 '믿음을 갖고 감동하여 분발하면 길하다'고 하였다. 사효는 오효에 가까우나 도움이 없으면 행할 수 없고, 행한다고 반드시 신임을 받는 것은 아니니, 오직 덕을 같이하는 초구의 어진 이를 구하여 자신을 돕게 한 뒤라야 어두운 오효를 도울 수 있기 때문에 '대등한 상대를 만나면 길하다.'고 하였다. 이것은 신하가 어두운 임금을 섬기는 가르침이다. 육오는 음과 어두움으로 위에 있고 풍성한 때에 있어 본래 경사와 명예가 없다. 그런데 아래에 이효와 사효의 굳세고 밝은 신하가 있어 육오를 도울 수 있다." 하여 '章'을 이효와 사효로 여겼다.

주이다. 六五가 진실로 그를 데려다가 지위에 있게 하고 위임하면 풍대한 경사와 명예의 아름다움을 이룰 수 있으므로 吉하다. 빛나고 아름다운 재주는 六二를 위주로 말했으나 初九와 九三과 九四가 모두 강건한 陽의 재질이니, 六五가 어진 이(六二)를 쓸 수 있으면 무리지어 나올 것이다. 六二가 비록 陰이지만 文明하고 中正한 德이 있으니, 크게 어진 이가 아래에 있는 것이다. 六五와 六二가 비록 陰과 陽의 正應은 아니지만 밝음과 움직임이 서로 의지하는 때에 있어 서로 쓰임이 되는 뜻이 있으니, 六五가 만약 빛난 것(六二)을 오게 할 수 있으면 경사와 명예가 있어 길하다. 그러나 六五가 자신을 비워 어진 이에게 낮추는 뜻이 없으니, 聖人이 이러한 뜻을 가설하여 가르침으로 삼았을 뿐이다.

【本義】質雖柔暗이나 若能來致天下之明이면 則有慶譽而吉矣라 蓋因其柔暗而設此以開之하니 占者能如是면 則如其占矣리라

재질이 비록 유약하고 어두우나 천하 사람들 중에 밝은 자를 오게 할 수 있으면 경사와 명예가 있어 吉할 것이다. 六五가 유약하고 어둡기 때문에 聖人이 이것을 가설해서 개진하였으니, 점치는 자가 이처럼 한다면 이 占과 같을 것이다.

字義 彙 : 무리 휘   征 : 나아갈 정

象曰 六五之吉은 有慶也라

〈象傳〉에 말하였다. "六五의 길함은 경사가 있는 것이다."

【傳】其所謂吉者는 可以有慶福及于天下也라 人君雖柔暗이나 若能用賢才면 則可以爲天下之福이니 唯患不能耳라

이른바 '길하다'는 것은 경사와 복이 천하에 미칠 수 있다는 것이다. 임금이 비록 유약하고 어두우나 어진 이의 재주를 쓸 수 있으면 천하의 복이 될 수 있으니, 오직 그렇게 할 수 없음을 걱정할 뿐이다.

上六은 豐其屋하고 蔀其家라 闚其戶하니 閴(闃)其无人하여 三歲라도 不覿[15]이로

---

15 三歲 不覿 : 蔡淵(송대)은 《大全》의 소주에서 "豐은 큼이다. 또 '연고가 많다'고 하였다. 천하의 사

소니 凶하니라

上六은 집을 풍성하게 하고 집에 가리개를 쳐놓음이다. 그 문을 엿보니, 고요하여 사람이 없어서 삼년이 되어도 보지 못하니, 흉하다.

【傳】六以陰柔之質로 而居豐之極하고 處動之終하니 其滿假躁動이 甚矣라 處豐大之時하여는 宜乎謙屈이어늘 而處極高하고 致豐大之功은 在乎剛健이어늘 而體陰柔하고 當豐大之任은 在乎得時어늘 而不當位하니 如上六者는 處无一當하니 其凶可知라 豐其屋은 處太高也요 蔀其家는 居不明也라 以陰柔로 居豐大而在无位之地하니 乃高亢昏暗하여 自絶於人이니 人誰與之리오 故로 闚其戶, 闃(闚)其无人也라 至於三歲之久而不知變하니 其凶宜矣라 不覿은 謂尙不見人이니 蓋不變也라 六居卦終하여 有變之義어늘 而不能遷하니 是其才不能也라

上六이 유약한 陰의 재질로 豐卦의 끝에 있고 움직임(☳)의 마지막에 처했으니, 자만하고 큰 체하며 조급히 움직임이 심하다. 풍대한 때에 처해서는 겸손하고 굽힘이 마땅한데 지극히 높은 데 처하고, 성대하고 큰 功을 이룸은 剛健함에 달려 있는데 卦體가 陰으로 유약하고, 풍대한 큰 임무를 감당함은 때를 얻는데 달려 있는데 자리가 합당하지 않으니, 上六과 같은 자는 처함이 하나도 합당하지 않으니 그 흉함을 알 수 있다. '집을 풍성하게 함'은 너무 높은 데에 있는 것이고, '집에 가리개를 쳐놓음'은 밝지 못함에 있는 것이다. 유약한 陰으로 풍대함에 있지만 지위가 없는 자리에 있으니, 이는 너무 높고 어두워서 스스로 남과 끊는 것이다. 어느 누가 함께하겠는가? 그러므로 그 문을 엿봄에 고요하여 사람이 없는 것이다. 삼년의 오랜 세월에 이르도록 변할 줄을 모르니, 그 흉함이 당연하다. '보지 못함'은 아직도 사람을 보지 못함을 말하니, 변하지 않은 것이다. 上六이 卦의 끝에 있어 변하는 뜻이 있는데 옮기지 못하니, 이는 그 재질이 할 수 없는 것이다.

물은 지극히 많아 다 보기는 어렵다. 오직 剛이 剛을 만나고 柔가 柔를 만나면 보는 것이 같아서 의심이 없을 수 있다. 강이 유를 만나면 강은 밝고 유는 어두워 결국 서로 믿을 수 없다. 초효와 사효는 모두 강하므로 '짝이 되는 주인'의 허물이 없음과 '대등한 상대'의 길함이 있다. 그러나 사효는 부드러운 음의 자리에 있어 또 가리개가 풍성하고 북두성을 보는 상이 있음을 면하지 못한다. 이효와 오효는 모두 부드러운 음이기 때문에 '믿음을 갖고 빛난 것을 오게 하는' 기쁨이 있다. 그러나 이효는 부드러운 음의 자리에 있어 또 가면 의심과 미움을 얻는 일이 있음을 면하지 못한다. 삼효와 상효만이 강이 유를 만나므로 삼효는 오른팔이 부러지고 상효는 삼년이 되어도 보지 못하는데 이른다." 하였다.

【本義】以陰柔로 居豐極하고 處動終하니 明極而反暗者也라 故爲豐大其屋而反以自蔽之象이라 无人不覿은 亦言障蔽之深이니 其凶甚矣라

유약한 陰으로 豐卦의 끝에 있고 움직임의 마지막에 처했으니, 밝음이 극에 달하여 도리어 어두워진 자이다. 그러므로 집을 풍대하게 하지만 도리어 자신을 가리는 象이다. '사람이 없음'과 '보지 못함'은 또한 막고 가림이 심함을 말하니, 그 흉함이 심하다.

字義 闚 : 엿볼 규   闃 : 고요할 격(闃)   覿 : 볼 적   滿 : 자만할 만   假 : 클 가

象曰 豐其屋은 天際翔也요 闚其戶 闃(闃)其无人은 自藏也라

〈象傳〉에 말하였다. "'집을 풍성하게 함'은 하늘 가로 비상하는 것이고, '그 문을 엿보니 고요하여 사람이 없음'은 스스로 감추는 것이다."

【傳】六이 處豐大之極하여 在上而自高하여 若飛翔於天際하니 謂其高大之甚이라 闚其戶而无人者는 雖居豐大之極이나 而實无位之地니 人以其昏暗自高大라 故皆棄絶之하니 自藏避而弗與親也라

上六이 풍대함의 끝에 처하여 위에 있으면서 자신을 높여서 하늘 가로 飛翔하는 듯하니, 높고 큼이 심함을 말한다. '문을 엿보니 사람이 없음'은 비록 풍대함의 끝에 있으나 실상은 지위가 없는 자리이다. 사람들이 그(上六)가 어두우면서 자신을 높이고 크게 하기 때문에 모두 버리고 끊으니, 스스로 감추고 피하여 더불어 친하지 않는 것이다.

【本義】藏은 謂障蔽라

'藏'은 막고 가린다는 말이다.

字義 翔 : 날 상

56. 旅

☲☶ 艮下離上

下卦는 艮卦☶이고 上卦는 離卦☲이다.

【傳】旅는 序卦에 豐은 大也니 窮大者는 必失其居라 故受之以旅라하니라 豐盛이 至於窮極이면 則必失其所安이니 旅所以次豐也라 爲卦 離上艮下하니 山은 止而不遷하고 火는 行而不居하여 違去(爲)〔而〕[1]不處之象이라 故爲旅也요 又麗乎外는 亦旅之象이라

旅卦는 〈序卦傳〉에 "豐은 큼이니, 큼을 다한 자는 반드시 거처를 잃기 때문에 旅卦로 받았다." 하였다. 풍성함이 궁극에 이르면 반드시 편안한 바를 잃으니, 이 때문에 旅卦가 豐卦의 다음이 되었다. 괘의 구성이 上卦는 離卦☲이고 下卦는 艮卦☶이다. 산은 멈추어 옮기지 않고 불은 행하여 머물지 않아서, 떠나가서 거처하지 않는 象이다. 그러므로 나그네가 되고, 또 밖에 걸려 있으니 또한 나그네의 象이다.

旅[2][3]는 小亨하고 旅貞하여 吉하니라

【本義】小亨하니 旅貞하면

---

1 (爲)〔而〕: 저본에는 '爲'로 되어 있으나, 《二程集》에 근거하여 '而'로 바로잡았다.

2 旅 : 빌헬름 영문판 주역인 《The I Ching》에서는 旅卦를 Lu / The Wanderer이라고 하였다. 하괘는 산으로 고요히 그쳐있고 상괘는 불꽃으로 머무르지 않는다. 그러므로 결국 두 물체가 함께 있을 수 없다. 낯선 곳과 이별은 방랑자나 나그네의 운명이다. 나그네는 익숙한 게 별로 없으니 자신을 뽐내면 안 되며 특별한 주의와 예비를 해야만 한다. 이런 방법으로 자신을 보호하고 규칙을 따라 타인들을 대하면 나그네 생활을 성공적으로 할 수 있다. 나그네는 일정한 거처가 없고 길이 집이기 때문에 바름을 유지해야 한다고 하였다.

3 旅 : 胡炳文(南宋)은 《大全》의 소주에서 "멈추어 밖에 걸려 있는 것이 나그네라는 뜻이다. 산 위의 불이 머물 곳을 떠나 정처가 없으니 나그네의 상이다." 하였다.

旅는 조금 형통하고, 나그네가 바르게 하여 길하다.

【본의】조금 형통하니, 나그네가 바르면

【傳】以卦才言也니 如卦之才면 可以小亨이요 得旅之貞正而吉也라

　卦才로 말하였으니, 卦의 재질과 같으면 조금 형통할 수 있고, 나그네의 곧고 바름을 얻어 길하다.

【本義】旅는 羈旅也라 山止於下하고 火炎於上하니 爲去其所止而不處之象이라 故爲旅라 以六五得中於外而順乎上下之二陽하고 艮止而離麗(리)於明이라 故其占이 可以小亨이요 而能守其旅之貞則吉이라 旅非常居니 若可苟者나 然道无不在라 故自有其正하여 不可須臾離也라

　旅는 떠도는 나그네이다. 산이 아래에서 멈추고 불이 위에서 타오르니, 머물던 곳을 떠나 거처하지 못하는 象이 되므로 나그네가 된다. 六五가 밖에서 中을 얻어 위와 아래의 두 陽을 따르고, 艮卦☶는 멈추고 離卦☲는 밝음에 걸려 있으므로 그 占이 조금 형통할 수 있고 나그네의 바름을 지킬 수 있으면 길하다. 나그네는 거처가 일정하지 않으니 구차한 듯하나, 道는 있지 않은 곳이 없으므로 자신이 그 바름을 가지고 있어 잠깐이라도 떠날 수가 없다.

字義　羈 : 나그네 기　臾 : 잠깐 유　離 : 떠날 리

象曰 旅小亨은 柔得中乎外而順乎剛하고 止而麗(리)乎明이라 是以小亨旅貞吉也니

〈象傳〉에 말하였다. "'旅가 조금 형통함'은 柔가 밖에서 中을 얻고 剛에게 순종하며, 멈추고 밝음에 걸려 있다. 이 때문에 '조금 형통하니, 나그네가 바르게 하여 길한 것'이니

【傳】六上居五는 柔得中乎外也요 麗乎上下之剛은 順乎剛也요 下艮止, 上離麗는 止而麗於明也라 柔順而得在外之中하고 所止能麗於明하니 是以小亨이요 得旅之貞正而吉也라 旅困之時에 非陽剛中正이 有助於下면 不能致大亨也라 所謂得在外之中은 中非一揆니 旅有旅之中也라 止麗於明이면 則不失時宜하리니 然後에 得處旅之道라

　陰이 위로 五爻 자리에 있음은 柔가 밖에서 中을 얻은 것이고, 위와 아래의 剛에 걸려 있음

은 剛에게 순종하는 것이다. 아래의 艮卦는 멈추고 위의 離卦는 걸림은 멈추고 밝음에 걸려 있는 것이다. 柔順하면서 외괘의 中을 얻고 멈춘 바가 밝음에 걸려 있으니, 이 때문에 조금 형통하고 나그네의 곧고 바름을 얻어 길한 것이다. 나그네로 곤궁할 때에는 陽剛의 中正함이 아래에서 도와줌이 있지 않으면 크게 형통함을 이룰 수 없다. 이른바 '밖에 있는 中을 얻었다'에서 '中'은 한 가지 法이 아니니, 나그네에게는 나그네의 中이 있다. 멈추어 밝음에 걸려 있으면 때의 마땅함을 잃지 않으니, 그런 뒤에야 나그네로 처신하는 道를 얻는다.

【本義】以卦體卦德으로 釋卦辭라

　　卦體와 卦德으로 卦辭를 해석하였다.

旅之時義 大矣哉라

　　旅의 때와 뜻이 크도다."

【傳】天下之事 當隨時各適其宜로되 而旅爲難處라 故로 稱其時義之大하니라

　　천하의 일은 때에 따라 각각 그 마땅함에 맞게 하여야 하는데, 나그네는 대처하기가 어려우므로 그 때와 뜻이 크다고 말하였다.

【本義】旅之時爲難處라

　　旅의 때는 대처하기 어려움이 된다.

　字義　麗 : 걸릴 리　揆 : 법 규

象曰 山上有火旅니 君子以하여 明慎用刑하며 而不留獄[4]하나니라

4　明慎用刑 而不留獄 : 徐有臣(朝鮮)은《易義擬言》에서 "산이 멈춰 있음은 나그네의 처소와 같고, 불이 번져감은 나그네와 같다. 군자는 旅卦의 상을 보고 나그네의 고통을 생각하는데, 나그네 중에서 감옥에 있는 나그네보다 더 고통스러운 것은 없다. 그러므로 형벌을 쓰는 것을 밝게 하고 삼가며 옥사를 지체하지 않는다. 함부로 잡혀온 죄수가 없거나 지체하는 죄수가 없으면 옥에는 나그네가 없을 것이다. 밝음과 삼감은 불과 산의 상이다." 하였다.

〈象傳〉에 말하였다. "산 위에 불이 있는 것이 旅이니, 군자가 이것을 본받아 刑을 쓰기를 밝게 하고 삼가며 옥사를 지체하지 않는다."

【傳】火之在高에 明无不照하니 君子觀明照之象하여 則以明愼用刑하나니 明不可恃라 故戒於愼이요 明而止亦愼象이라 觀火行不處之象하면 則不留獄하나니 獄者는 不得已而 設이니 民有罪而入이면 豈可留滯淹久也리오

불이 높은 곳에 있음에 밝음이 비추지 않음이 없으니, 군자가 밝게 비추는 象을 보고서 刑을 쓰기를 밝게 하고 삼가니, 밝음을 믿을 수 없기 때문에 삼가라고 경계하였고, 밝고 멈춤 또한 삼가는 象이다. 불이 번져서 머물지 않는 象을 보면 옥사를 지체하지 않으니, 獄은 부득이하여 만든 것이니 백성들이 죄가 있어 들어오면 어찌 지체하여 오랫동안 머물게 하겠는가.

【本義】愼刑如山이요 不留如火라

刑을 삼가기를 산과 같이 하고, 지체하지 않기를 불과 같이 한다.

字義 留 : 지체할 류 淹 : 오랠 엄

初六은 旅瑣瑣[5]니 斯其所取災니라

初六은 나그네가 자잘하니, 이는 그 재앙을 취함이다.

【傳】六以陰柔로 在旅之時하여 處於卑下하니 是柔弱之人이 處旅困而在卑賤이니 所存 汚下者也라 志卑之人이 旣處旅困이면 鄙猥瑣細하여 无所不至하나니 乃其所以致悔辱, 取災咎也라 瑣瑣는 猥細之狀이라 當旅困之時하여 才質如是하니 上雖有援이나 无能爲 也라 四는 陽性而離體니 亦非就下者也요 又在旅하니 與他卦爲大臣之位者異矣니라

初六이 유약한 陰으로 나그네의 때에 있어서 낮은 곳에 처했으니, 이는 柔弱한 사람이 나

---

5 瑣瑣 : 金相岳(朝鮮)은 《山天易說》에서 "瑣瑣는 陰의 작음이니, 《시경》에서 말한 '자잘하며 자잘한'이다. '斯'는 곽경은 '심부름꾼(廝)'이라고 하였고, 왕필은 '비천한 일'이라고 하였으니, 이효와 삼효로 인하여 초효가 童僕이 됨을 가리켜 말한 것이다. 그러나 초효가 재앙을 취한 것은 자잘하기 때문이다. '이는(斯)'은 재앙을 취한 이유를 말한 것이니, 아마도 '심부름꾼(廝)'이라고 해서는 안 될 것 같다." 하였다.

그네의 곤궁함에 처하여 비천한 자리에 있는 것이니, 간직한 바가 더럽고 낮은 것이다. 뜻이 낮은 사람이 이미 나그네의 곤궁함에 처하면 비굴하고 추잡하며 자질구레하여 이르지 않는 바가 없을 것이니, 이에 뉘우침과 모욕을 부르고 재앙과 허물을 취하는 것이다. '瑣瑣'는 자질구레한 모양이다. 나그네의 곤궁할 때를 당하여 재질이 이와 같으니, 위에서 비록 도와줌이 있으나 큰일을 할 수가 없다. 九四는 陽의 성질로 離의 卦體이니 또한 아래로 내려오는 자가 아니고, 또 나그네로 있으니 다른 卦에서 大臣의 자리가 되는 것과는 다르다.

【本義】當旅之時하여 以陰柔居下位라 故其象占如此하니라

나그네의 때를 당하여 유약한 陰으로 낮은 자리에 있기 때문에 그 象과 占이 이와 같다.

字義 瑣 : 자잘할 쇄   猥 : 비루할 외

象曰 旅瑣瑣는 志窮[6]하여 災也라

〈象傳〉에 말하였다. "'나그네가 자잘함'은 뜻이 궁하여 재앙이 있는 것이다."

【傳】志意窮迫하여 益自取災也라 災眚은 對言則有分이요 獨言則謂災患耳라

의지가 궁박하여 더욱 스스로 재앙을 취하는 것이다. '災'와 '眚'은 상대하여 말하면 분별이 있고, 하나로 말하면 災患을 이른다.

字義 眚 : 재앙 생

六二는 旅卽次하여 懷其資하고 得童僕貞이로다

六二는 나그네가 머무는 곳에 나아가 물자를 간직하고 童僕의 바름을 얻는다.

【傳】二有柔順中正之德하니 柔順則衆與之요 中正則處不失當이라 故能保其所有하고 童僕亦盡其忠信이라 雖不若五有文明之德, 上下之助나 亦處旅之善者也라 次舍는 旅

---

6 志窮 : 沈大允(朝鮮)은 《周易象義占法》에서 "뜻이 음식과 재화에 있으나 또한 얻지 못하므로 궁하다." 하였다.

所安也요 財貨는 旅所資也요 童僕은 旅所賴也라 得就次舍하여 懷畜其資財하고 又得童僕之貞良은 旅之善也라 柔弱在下者는 童也요 强壯處外者는 僕也니 二柔順中正이라 故得內外之心이라 在旅에 所親比者는 童僕也라 不云吉者는 旅寓之際에 得免於災厲면 則已善矣일새라

六二는 柔順하고 中正한 德이 있으니, 柔順하면 사람들이 함께 하고 中正하면 처신함에 마땅함을 잃지 않는다. 그러므로 그 소유한 것을 보존할 수 있고 童僕도 충성과 믿음을 다한다. 비록 文明한 德과 위아래의 도움이 있는 六五만은 못하지만 또한 나그네로서 처신을 잘하는 자이다. '次舍'는 나그네가 편안히 쉬는 곳이고, '財貨'는 나그네가 의지하는 것이고, '童僕'은 나그네가 도움을 받는 바이다. 편히 쉬는 집에 나아가 물자와 재물을 간직할 수 있고, 또 童僕의 바르고 선량함을 얻음은 나그네에게 좋은 것이다. 유약하여 아래에 있는 자는 '어린아이'이고, 강하고 씩씩하여 밖에 있는 자는 '종'이니, 六二가 柔順하고 中正하므로 안팎의 마음을 얻었다. 나그네에게 있어 가깝고 친한 자는 童僕이다. '길하다.'고 말하지 않은 것은 나그네의 처지에 있을 때에는 재앙과 위태로움을 면할 수 있으면 이미 좋은 것이기 때문이다.

【本義】卽次則安하고 懷資則裕하고 得其童僕之貞信則无欺而有賴하니 旅之最吉者[7]也라 二有柔順中正之德이라 故其象占如此하니라

머무는 곳에 나아가면 편안하고, 物資를 간직하면 여유롭고, 童僕의 바름과 믿음을 얻으면 속임이 없고 신뢰를 받으니, 나그네로서 가장 길한 것이다. 六二는 柔順하고 中正한 德이 있으므로 그 象과 占이 이와 같다.

字義 次 : 머무를 차   僕 : 종 복   賴 : 신뢰할 뢰

象曰 得童僕貞은 終无尤也리라

〈象傳〉에 말하였다. "'童僕의 바름을 얻음'은 끝내 허물이 없을 것이다."

---

7 旅之最吉者 : 康儼(朝鮮)은 《周易》에서 "괘사에 '나그네가 곧아 길하다.'고 하였는데 여섯 효 어디에도 길하다고 한 경우가 없다. 그러나 육이가 유순하고 중정한 덕을 가졌으므로 《본의》에서 '나그네로서 가장 길한 것이다.'라고 하였으니, '나그네가 곧아 길하다.'는 뜻은 이 효에 해당할 수 있다. 육오가 유순하고 문명한 덕이 있고, 또 알맞은 도를 얻었지만 오히려 바름을 얻지 못했기 때문에 '화살 하나를 잃음'을 면할 수 없다. 육이는 이미 바르고 알맞아 덕이 온전하고 모자라지 않기 때문에 잃을 것은 없고 얻을 것은 있으니, 이것이 《본의》에서 말한 가장 길한 것이다." 하였다.

【傳】羈旅之人은 所賴者童僕也어늘 旣得童僕之忠貞하니 終无尤悔矣리라

나그네로 떠도는 사람은 도움을 받는 자가 童僕인데 이미 동복의 충성과 바름을 얻었으니, 끝내 허물과 후회가 없을 것이다.

字義 尤 : 허물 우

九三은 旅焚其次하고 喪其童僕貞이니 厲하니라

【本義】喪其童僕이니 貞이라도 厲하니라

九三은 나그네가 머무는 곳을 불태우고 童僕의 바름을 잃었으니, 위태롭다.

【본의】동복을 잃으니, 바르게 하더라도 위태롭다

【傳】處旅之道는 以柔順謙下爲先이어늘 三이 剛而不中하고 又居下體之上, 與艮之上하여 有自高之象하니 在旅而過剛自高는 致困災之道也라 自高則不順於上이라 故上不與而焚其次하니 失所安也니 上離爲焚象이라 過剛則暴下라 故下離而喪其童僕之貞信하니 謂失其心也니 如此則危厲之道也라

나그네로 처신하는 道는 유순함과 겸손함을 우선으로 삼는데, 九三이 강하고 中을 얻지 못하고, 또 下體의 맨 위와 艮卦☶의 꼭대기에 있어 스스로를 높이는 象이 있으니, 나그네로 있으면서 지나치게 剛하고 스스로를 높임은 곤궁과 재앙을 부르는 道이다. 스스로를 높이면 윗사람에게 순하지 않으므로 윗사람이 함께 하지 않아, 그 머무는 곳을 불태우니 편안한 바를 잃은 것이다. 上卦인 離卦☲는 불타는 象이 되고, 지나치게 강하면 아랫사람에게 사나우므로 아랫사람이 떠나서 그 童僕의 바름과 믿음을 잃으니, 그 마음을 잃는 것을 말하니, 이와 같으면 위태로운 道이다.

【本義】過剛不中하여 居下之上이라 故其象占如此라 喪其童僕이면 則不止於失其心矣라 故貞字連下句爲義니라

지나치게 剛하고 中을 얻지 못하여 下卦의 맨 위에 있으므로 그 象과 占이 이와 같다. 동복을 잃으면 그 마음을 잃는 데에만 그치지 않는다. 그러므로 '貞' 자를 아래 구절과 연결하여 뜻을 삼았다.

象曰 旅焚其次하니 亦以傷矣요 以旅與下하니 其義喪⁸也라

〈象傳〉에 말하였다. "나그네가 머무는 곳을 불태우니 또한 상하고, 나그네로서 아랫사람과 함께 하는 道가 이와 같으니, 그 의리상 아랫사람의 마음을 잃을 것이다."

【傳】旅焚失其次舍하니 亦以困傷矣요 以旅之時而與下之道如此하니 義當喪也라 在旅而以過剛自高로 待下면 必喪其忠貞이니 謂失其心也라 在旅而失其童僕之心이면 爲可危也라

나그네가 머무는 집을 불태워 잃었으니 또한 곤궁하며 상하고, 나그네의 때에 아랫사람과 함께 하는 道가 이와 같으니, 의리상 마땅히 아랫사람의 마음을 잃을 것이다. 나그네로 있으면서 지나치게 剛하여 스스로를 높이는 것으로 아랫사람을 대하면 반드시 그 충성과 바름을 잃을 것이니, 그 마음을 잃음을 말한다. 나그네로 있으면서 童僕의 마음을 잃으면 위태하게 된다.

【本義】以旅之時而與下之道如此하니 義當喪也라

나그네의 때에 아랫사람과 함께 하는 道가 이와 같으니, 의리상 마땅히 상실하는 것이다.

九四는 旅于處하고 得其資斧하나 我心은 不快로다

九四는 나그네로 거처하고 물자와 도끼를 얻으나 내 마음은 유쾌하지 않다.

【傳】四는 陽剛이니 雖不居中이나 而處柔하고 在上體之下하여 有用柔能下之象하니 得旅之宜也라 以剛明之才로 爲五所與하고 爲初所應하니 在旅之善者也라 然四非正位라 故雖得其處止나 不若二之就次舍也라 有剛明之才하여 爲上下所與하니 乃旅而得貨財之資, 器用之利也하여 雖在旅爲善이나 然上无剛陽之與하고 下唯陰柔之應이라 故不能伸其才, 行其志하여 其心不快也라 云我者는 據四而言이라

九四는 강건한 陽이니, 비록 中을 얻지 못했으나 부드러운 자리에 있고 上體의 맨 아래에

---

8 其義喪 : 金相岳(朝鮮)은 《山天易說》에서 "'傷'은 곤궁해서 상처받은 것이다. 나그네의 때인데 지나치게 강하여 아랫사람과 함께 하는 도리를 상실한다는 뜻이다."

있어 유순함을 써서 몸을 낮추는 象이 있으니, 나그네의 마땅함을 얻었다. 강건하고 밝은 재질로 六五의 함께 하는 바가 되고 初六의 호응하는 바가 되니, 나그네로 잘 처신하는 자이다. 그러나 九四는 바른 자리가 아니므로 비록 거처하고 머물 곳을 얻었으나, 머무는 집으로 나아간 六二보다는 못하다. 강건하고 밝은 재질이 있어 위와 아래에서 함께 하는 바가 되니 나그네로서 財貨의 물자와 器用의 이로움을 얻어 비록 나그네에 있어서는 좋은 것이 되나 위로 강건한 陽이 함께 함이 없고 아래로 유약한 陰만이 호응하기 때문에 그 재주를 펴고 그 뜻을 행할 수 없어서 그 마음이 불쾌하다. '我'라고 말한 것은 九四에 근거하여 말한 것이다.

【本義】以陽居陰하고 處上之下하여 用柔能下라 故其象占如此라 然非其正位요 又上无剛陽之與하고 下唯陰柔之應이라 故其心이 有所不快也라

九四는 陽으로 陰의 자리에 있고 上卦의 맨 아래에 처하여 유순함을 써서 몸을 낮출 수 있으므로 그 象과 占이 이와 같다. 그러나 바른 자리가 아니고, 또 위로 강건한 陽이 함께 하지 않고 아래로 오직 유약한 陰이 호응하기 때문에 그 마음이 유쾌하지 않은 바가 있다.

象曰 旅于處는 未得位[9]也니 得其資斧하나 心未快也라

〈象傳〉에 말하였다. "'나그네로 거처함'은 지위를 얻지 못함이니, 물자와 도끼를 얻으나 마음이 유쾌하지 않다."

【傳】四以近君爲當位로되 在旅엔 五不取君義라 故四爲未得位也라 曰 然則以九居四는 不正이니 爲有咎矣라하니 曰 以剛居柔는 旅之宜也라 九以剛明之才로 欲得時而行其志라 故雖得資斧하여 於旅爲善이나 其心志未快也라

九四는 임금에 가까우므로 지위를 맡음이 되지만 旅卦에 있어서는 五爻가 임금의 뜻을 취하지 않기 때문에 九四가 지위를 얻지 못함이 된다. 어떤 이가 묻기를 "그렇다면 陽으로서 四爻 자리에 있음은 바르지 못하니, 허물이 있는 것입니까?" 대답하기를, "강건한 陽으로 부드러운 자리에 있음은 나그네의 마땅함입니다. 九四가 강건하고 밝은 재질로 때를 얻어 그 뜻을 행하고자 하므로 비록 물자와 도끼를 얻어 나그네의 처지에는 좋음이 되나, 그 心志는 유

---

9 未得位 : 吳致箕(朝鮮)는 《周易經傳增解》에서 "굳세고 밝은 재주를 가지고 나그네로 있어서 그 자리를 얻지 못하였기 때문에 물자와 도끼를 얻었더라도 마음에 유쾌하지 않음이 있다." 하였다.

쾌하지 않은 것입니다." 하였다.

字義 資 : 물자 자   斧 : 도끼 부

六五는 射(석)雉一矢亡[10]이라 終以譽命이리라

【本義】射雉니 一矢亡이라도 終以譽命이리라

六五는 꿩을 쏘아 맞혀 화살 한 방에 잡는 것이다. 끝내 명성과 복록을 이룰 것이다.

【본의】꿩을 쏘아 맞히니, 화살 하나를 잃어도 끝내 명성과 복록이 있을 것이다.

【傳】六五有文明柔順之德하고 處得中道而上下與之하니 處旅之至善者也라 人之處旅에 能合文明之道면 可謂善矣라 羇旅之人은 動而或失이면 則困辱隨之하나니 動而无失然後에 爲善이라 離爲雉하니 文明之物이니 射雉는 謂取則(칙)於文明之道而必合이라 如射雉에 一矢而亡之하여 發无不中이면 則終能致譽命也니 譽는 令聞也요 命은 福祿也라 五居文明之位하여 有文明之德이라 故動必中文明之道也라 五는 君位나 人君은 无旅하니 旅則失位라 故不取君義하니라

六五는 文明하고 柔順한 德이 있으며 처신함에 中道를 얻어 위아래가 함께 하니, 나그네로 처신하기를 지극히 잘하는 자이다. 사람이 나그네의 처지가 되어 文明의 道에 합할 수 있으면 善하다고 말할 만하다. 나그네로 떠도는 사람은 움직임에 혹 잘못하면 곤욕이 뒤따르니, 움직임에 잘못이 없은 뒤에야 善함이 된다. 離卦☲는 '꿩'이 되니, 文明한 물건이니 '꿩을 쏜다'는 것은 文明한 道에서 法을 취하여 반드시 합함을 말한다. 마치 꿩을 쏘아 화살 한 방에 잡듯이 발사하여 맞히지 않음이 없으면 마침내 명성과 복록을 이룰 수 있다. '譽'는 훌륭한 名聲이고 '命'은 福祿이다. 六五는 文明한 자리에 있어 文明한 德이 있으므로 움직임이 반드시 文明한 道에 맞는다. 五爻는 임금의 자리이지만 임금은 나그네가 됨이 없으니 나그네가

---

10 射(석)雉一矢亡 : 李恒老(朝鮮)는 《周易傳義同異釋義》에서 '화살 한 방에 잡듯이 발사하여 맞히지 않음이 없다.'고 해석한 《정전》과 '화살을 잃어버림이 없지 않으나 상실하는 바가 많지 않다.'고 해석한 《본의》를 비교하면서 "주자가 亡자는 바로 진나라가 화살과 화살촉을 잃지 않았다고 할 때의 잃는다는 亡과 같으니, 이천의 설명과 같지 않다. 《주역》에서 '끝내 길하다'고 말하는 것은 모두 애초에 매우 좋아한 것도 아니고 이제는 단지 이와 같이 소소한 뜻이어서, 또한 그것을 해석하는 사람도 없다고 하였으니, 이것을 보면 변론함이 이미 지극하다." 하였다.

되면 지위를 잃는 것이므로 임금의 뜻을 취하지 않았다.

【本義】雉는 文明之物이니 離之象也라 六五柔順文明이요 又得中道하여 爲離之主라 故
得此爻者 爲射雉之象이니 雖不无亡矢之費나 而所喪不多하여 終有譽命也라

'꿩'은 文明한 동물이니, 離卦☲의 象이다. 六五는 柔順하고 文明하며, 또 中道를 얻어 離
卦의 주체가 된다. 그러므로 이 爻를 얻은 자는 꿩을 쏘는 象이 되니, 비록 화살을 잃는 비용
이 없지 않으나 잃는 바가 많지 않아 끝내 명성과 복록이 있다.

字義 射 : 쏠 석 雉 : 꿩 치 譽 : 명성 예 命 : 복록 명

象曰 終以譽命은 上逮也일새라

〈象傳〉에 말하였다. "'끝내 명성과 복록을 이룸'은 위와 더불기 때문이다."
【본의】위에 미치기 때문이다.

【傳】有文明柔順之德이면 則上下與之라 逮는 與也니 能順承於上而上與之는 爲上所
逮也요 在上而得乎下는 爲下所(上)[11]逮也라 在旅而上下與之하니 所以致譽命也라 旅
者는 困而未得所安之時也니 終以譽命은 終當致譽命也니 已譽命則非旅也라 困而親
寡則爲旅니 不必在外也라

文明하고 柔順한 德이 있으면 위와 아래가 함께 한다. '逮'는 함께 함이니 윗사람에게 순종
하고 받들어 윗사람이 함께 함은 윗사람과 더부는 바가 되는 것이고, 위에 있으면서 아랫사
람을 얻음은 아랫사람과 더부는 바가 되는 것이다. 나그네이면서 위와 아래가 함께 하니, 이
때문에 명성과 복록을 이루는 것이다. 나그네는 곤궁하고 아직 편안함을 얻지 못한 때인데,
'끝내 명성과 복록으로써 한다.'는 것은 끝내 명성과 복록을 이루는 것이다. 이미 명성과 복
록이 있으면 나그네가 아니다. 곤궁하고 친한 사람이 적으면 나그네가 되니, 나그네가 반드
시 밖에 있는 것만은 아니다.

【本義】上逮는 言其譽命聞於上也라

---

11 (上) :《大全》의 간주에 "어떤 판본에는 上자가 없다."라고 한 것에 근거하여 上자를 삭제하였다.

'위로 미침'은 그 명성과 복록이 윗사람에게 알려짐을 말한다.

字義　逮 : 미칠 체

上九는 鳥焚其巢니 旅人이 先笑後號咷라 喪牛于易[12][13]니 凶하니라

上九는 새가 둥지를 불태우니, 나그네가 먼저는 웃고 뒤에는 울부짖는다. 소홀히 하는 데에서 소를 잃으니, 흉하다.

【傳】鳥는 飛騰處高者也라 上九剛不中而處最高하고 又離體니 其亢可知라 故取鳥象하니라 在旅之時에 謙降柔和라야 乃可自保어늘 而過剛自高하니 失其所宜安矣라 巢는 鳥所安止니 焚其巢는 失其所安하여 无所止也니 在離上은 爲焚象이라 陽剛이 自處於至高하여 始快其意라 故先笑요 旣而失安莫與라 故號咷하니 輕易以喪其順德은 所以凶也라 牛는 順物이니 喪牛于易는 謂忽易以失其順也라 離火性上하니 爲躁易之象이라 上承鳥焚其巢라 故更加旅人字하니 不云旅人이면 則是鳥笑哭也라

새는 날아올라 높은 데 있는 것이다. 上九가 강건하지만 中을 얻지 못하여 가장 높은 데에 있고 또 離의 卦體이니, 그 지나치게 높음을 알 수 있다. 그러므로 새의 象을 취하였다. 나그네의 때에는 겸손하고 낮추며 부드럽고 온화하여야 자신을 보존할 수 있는데 지나치게 剛하여 자신을 높이니, 마땅하고 편안한 곳을 잃는다. '둥지'는 새가 편안히 머무는 곳인데 '둥지

---

12 鳥焚其巢·喪牛于易 : 林栗(송대)은 《大全》의 소주에서 "삼효와 상효가 호응하니, 모두 굳센 양으로 상괘와 하괘의 꼭대기에 있고 서로 함께하는 정이 없으므로 삼효에서는 그 머무는 곳을 불태우고 상효에서는 둥지를 불태운다. 삼효는 구사가 속한 리괘를 받드니, 다른 사람에게 불살라지게 되지만, 상효에서 '둥지를 불태움'은 자신이 불태우는 것이다. 삼효에서 '머무는 곳을 불태움'은 둥지가 오히려 있고, '동복을 잃음'은 소가 오히려 있는 것이다. 둥지가 있으면 돌아갈 수 있는 이치가 있고, 소가 있으면 갈 수 있는 물자가 있는 것이다. 이제는 둥지가 불태워지고 소도 잃어서, 돌아가고자 하더라도 그 돌아갈 곳이 없고 가고자 하더라도 갈수 있는 물자가 없으니, 흉함이 이에 이르게 된다." 하였다.

13 喪牛于易 : 朴齊家(朝鮮)는 《周易》에서 '易'을 경계[疆場]의 '易'으로 이해하였다. 이에 대해 "이것은 실수로 불을 낸 상이다. '소를 잃음'은 실수로 불을 냈기 때문이다. '경계[場]'는 산의 끝인 경계이다. 불은 산의 경계를 벗어날 수 없으므로 산 위에 불이 있게 된다. 산불은 또한 바람으로 나무가 서로 마찰해 저절로 나는 경우가 있으나, 대체로 모두 나무하는 아이들이 고의로 지른 것들은 바로 사람이 불을 낸 것이기 때문에 〈象傳〉에서 반드시 삼감을 말하였다. 실수로 불을 낸 사람은 처음에는 멍하니 깨닫지 못하기 때문에 '먼저는 웃고'라고 하였고, 끝내 또한 잘못을 돌릴 곳을 알지 못하기 때문에 '끝내 들어 알지 못하는 것이다'라고 하였다. 이미 어지러우니, 어찌 이 점을 쓰겠는가?" 하였다.

를 불태움'은 편안한 곳을 잃어서 머물 곳이 없는 것이다. 離卦의 맨 위에 있음은 불태우는 象이 된다. 剛한 陽이 스스로 지극히 높은 곳에 처하여 처음에는 그 뜻에 유쾌하므로 먼저는 웃고, 이미 편안함을 잃은 뒤에는 함께 함이 없으므로 울부짖는 것이니, 가볍고 소홀히 하여 유순한 德을 상실함은 흉하게 되는 이유이다. '소'는 순한 동물이니 '소홀히 하는 데에서 소를 잃는다.'는 것은 소홀히 하고 쉽게 하여 그 순함을 잃는 것을 말한다. 離卦인 불은 성질이 올라가니, 조급하고 쉽게 하는 象이 된다. 앞의 '새가 둥지를 불태운다.'는 말을 이었기 때문에 다시 '旅人'이란 글자를 더하였으니, '旅人'이라 말하지 않으면 이는 새가 웃고 우는 것이 된다.

【本義】上九過剛하여 處旅之上, 離之極하여 驕而不順하니 凶之道也라 故其象占如此하니라

上九는 지나치게 剛하고 旅卦의 맨 위와 離卦☲의 끝에 있어서 교만하고 유순하지 못하니, 흉한 道이다. 그러므로 그 象과 占이 이와 같다.

字義 巢 : 둥지 소　號 : 울부짖을 호　咷 : 울부짖을 도　騰 : 오를 등

象曰 以旅在上하니 其義焚也요 喪牛于易하니 終莫之聞也로다

〈象傳〉에 말하였다. "나그네로서 위에 있으니 의리상 불타게 되는 것이고, '쉽게 하는 데서 소를 잃음'은 끝내 들어서 알지 못하는 것이다."

【傳】以旅在上而以尊高自處하니 豈能保其居리오 其義當有焚巢之事라 方以極剛自高하여 爲得志而笑하고 不知喪其順德於躁易하니 是終莫之聞이니 謂終不自聞知也라 使自覺知면 則不至於極而號咷矣리라 陽剛不中而處極하니 固有高亢躁動之象이요 而火復炎上하니 則又甚焉이라

나그네가 위에 있으면서 존귀하고 높음으로 자처하니, 어찌 그 거처를 보존할 수 있겠는가. 의리상 마땅히 둥지를 불태우는 일이 있을 것이다. 바야흐로 지극히 剛하고 자신을 높이는 것을 가지고 뜻을 얻은 것으로 여겨 웃고, 조급하게 하고 소홀히 하는 데에서 유순한 德을 잃을 줄을 모르니, 이는 끝내 듣지 못하는 것이니 끝내 들어서 알지 못한다는 말이다. 스스로 깨달아 안다면 끝에 가서 울부짖는 데에까지는 이르지 않을 것이다. 剛한 陽으로 中에 있지 못하고 끝에 있으니, 진실로 지나치게 높아 조급하게 움직이는 象이 있고, 불이 더욱 타오르니 또한 심한 것이다.

周易傳義 卷第二十

57. 巽
☴ 巽下巽上

下卦는 巽卦☴이고 上卦는 巽卦☴이다.

【傳】巽은 序卦에 旅而无所容이라 故受之以巽하니 巽者는 入也라하니라 覊旅親寡에 非
巽順이면 何所取容이리오 苟能巽順이면 雖旅困之中이라도 何往而不能入이리오 巽所以次
旅也라 爲卦 一陰이 在二陽之下하여 巽順於陽하니 所以爲巽也라

　　巽卦는 〈序卦傳〉에 "나그네가 되어 용납될 곳이 없기 때문에 巽卦로 받았으니, 巽이란 들
어감이다." 하였다. 나그네가 되어 친한 사람이 적을 때에 공손하고 유순하지 않으면 어디에
서 받아들여질 수 있겠는가. 진실로 공손하고 유순할 수 있다면 비록 나그네로 곤궁할 때라
도 어디를 간들 들어갈 수 없겠는가? 이 때문에 巽卦가 旅卦의 다음이 되었다. 卦의 구성이
한 陰이 두 陽의 아래에 있어서 陽에게 공손하고 유순하니, 이 때문에 巽卦가 된다.

巽[1]은 小亨하니 利有攸往하며 利見大人하니라

　　巽은 조금 형통하니, 가는 것이 이로우며 大人을 보는 것이 이롭다.

　　【傳】卦之才可以小亨하니 利有攸往이요 利見大人也라 巽與兌는 皆剛中正이요 巽說이

---

1 巽 : 빌헬름 영문판 주역인 《The I Ching》에서는 巽卦를 Sun / The Gentle (The Penetrating, Wind)
　이라고 하였다. 손괘는 바람이나 나무의 상을 취하는데, 바람은 부드럽고 잘 파고들고 나무의 뿌
　리 또한 땅속을 파고들기 때문에 파고드는 성질이 있다. 바람이 하늘의 구름을 뚫고 들어가 흩어
　버리기 때문에 맑은 하늘을 볼 수 있는 것처럼 이 사회의 부조리를 흩어버리는 것 또한 풍속이니
　인격을 간춘 사람의 덕이 사회에 큰 영향을 미치는 것과 같다. 사회에 미치는 위대한 영향력은 물
　리적인 힘으로 되는 것이 아니고 사람의 위대한 덕에 의해 가능함을 말해준다고 하였다.

義亦相類로되 而兌則亨이어늘 巽乃小亨者는 兌는 陽之爲也요 巽은 陰之爲也며 兌는 柔
在外하니 用柔也요 巽은 柔在內하니 性柔也니 巽之亨이 所以小也라

卦의 재질이 조금 형통할 수 있으니, 가는 것이 이롭고 大人을 보는 것이 이롭다. 巽卦☴와
兌卦☱는 모두 剛이 中正하고, 공손하고 기뻐하는 뜻이 또한 서로 비슷한데, 兌卦는 형통하
고 巽卦는 조금 형통한 것은, 兌卦는 陽이 하는 것이고 巽卦는 陰이 하는 것이며, 兌卦는 柔
가 밖에 있으므로 유순함을 쓰는 것이고 巽卦는 柔가 안에 있으므로 성질이 유순하니, 이 때
문에 巽卦의 형통함이 작다.

【本義】巽은 入也라 一陰이 伏於二陽之下하니 其性이 能巽以入也요 其象이 爲風하니 亦
取入義라 陰爲主라 故其占爲小亨이요 以陰從陽이라 故又利有所往이라 然必知所從이라야
乃得其正이라 故又曰 利見大人也라하니라

巽卦☴는 들어감이다. 하나의 陰이 두 陽의 아래에 엎드려 있으니 그 성질이 공손하여서
들어가는 것이고, 그 象은 '바람'이 되니 또한 들어가는 뜻을 취한 것이다. 陰이 주체가 되기
때문에 그 占이 조금 형통함이 되고, 陰으로 陽을 따르기 때문에 또 가는 것이 이롭다. 그러
나 반드시 따를 바를 알아야 바름을 얻기 때문에 또 '大人을 보는 것이 이롭다.' 하였다.

象曰 重巽으로 以申命하나니

〈象傳〉에 말하였다. "거듭된 巽으로 명령을 거듭하니,

【傳】重巽者는 上下皆巽也라 上順道以出命하고 下奉命而順從하여 上下皆順하니 重巽
之象也요 又重爲重複之義라 君子體重巽之義하여 以申復其命令하나니 申은 重復也니
丁寧之謂也라

'거듭된 巽'이란 上體와 下體가 모두 巽卦☴인 것이다. 위는 道를 따르면서 명령을 내고 아
래는 명령을 받들어 순종하여 위아래가 모두 유순하니 거듭 공손한 象이고, 또 '重'은 중복의
뜻이 된다. 君子는 '거듭된 巽'의 뜻을 체득하여 명령을 거듭 반복하니, '申'은 거듭 반복함이
니 간곡히 당부한다는 말이다.

【本義】釋卦義也라 巽順而入하여 必究乎下는 命令之象이라 重巽故로 爲申命也라

卦의 뜻을 해석하였다. 공손하고 유순하여 들어가서 반드시 아래에까지 이름은 命令의 象이다. '거듭된 巽'이기 때문에 거듭 명령함이 된다.

剛이 巽乎中正而志行하며 柔皆順乎剛이라 是以小亨하니

剛이 中正에 공손하여 뜻이 행해지며, 柔가 모두 剛에게 순종한다. 이 때문에 조금 형통하니,

【傳】以卦才言也라 陽剛居巽而得中正하니 巽順於中正之道也요 陽性上하니 其志在以中正之道上行也라 又上下之柔 皆巽順於剛하니 其才如是라 雖內柔나 可以小亨也라

卦의 재질로 말하였다. 강건한 陽이 공손한 데에 있으면서 中正을 얻었으니 中正한 道에 공순한 것이고, 陽의 성질이 위로 올라가니 그 뜻이 中正한 道로써 위로 가는 데에 있다. 또 위와 아래의 부드러운 柔가 모두 剛에게 공순하니 그 재질이 이와 같으므로 비록 안이 유순하나 조금 형통할 수 있다.

利有攸往하며 利見大人하니라

가는 것이 이로우며, 大人을 보는 것이 이롭다."

【傳】巽順之道는 无往不能入이라 故利有攸往이라 巽順이 雖善道나 必知所從이니 能巽順於陽剛中正之大人이면 則爲利라 故利見大人也라 如五二之陽剛中正은 大人也니 巽順을 不於大人이면 未必不爲過也라

공순한 道는 가는 곳마다 들어가지 못함이 없기 때문에 '가는 것이 이롭다.'고 하였다. 공순함이 비록 좋은 道이지만, 반드시 따라갈 바를 알아야 하니 강건한 陽이면서 中正한 大人에게 공순할 수 있으면 이롭게 되기 때문에 '대인을 보는 것이 이롭다.'고 하였다. 九五와 九二 같이 강건한 陽이면서 中正한 자는 大人이니, 공순함을 大人에게 하지 않는다면 반드시 허물이 되지 않는 것은 아니다.

【本義】以卦體로 釋卦辭라 剛巽乎中正而志行은 指九五요 柔는 謂初四라

卦體로 卦辭를 해석하였다. "剛이 中正한 데에서 공손하여 뜻이 행해진다"란 九五를 가리키고, '柔'는 初六과 六四를 말한다.

字義 重 : 거듭할 중　申 : 거듭할 신　複 : 중복할 복

象曰 隨風이 巽이니 君子以하여 申命行事[2]하나니라

〈象傳〉에 말하였다. "따르는 바람이 巽이니, 군자가 이것을 본받아 명령을 거듭 내려 政事를 행한다."

【傳】兩風相重은 隨風也니 隨는 相繼之義라 君子觀重巽相繼以順之象하여 而以申命令하여 行政事하나니라 隨與重은 上下皆順也라 上順下而出之하고 下順上而從之하여 上下皆順은 重巽之義也라 命令政事順理면 則合民心而民順從矣리라

두 바람이 서로 거듭함은 '따르는 바람'이니, '隨'는 서로 잇는다는 뜻이다. 君子는 '거듭된 巽'이 서로 이어서 따르는 象을 보고서 거듭 명령을 내려 政事를 행한다. '따름'과 '거듭함'은 위와 아래가 모두 따르는 것이다. 위는 아래를 따라 명령을 내고 아래는 위를 따라 명령을 좇아서, 위와 아래가 모두 따름은 '거듭된 巽'의 뜻이다. 命令과 政事가 이치를 따르면 民心이 합하고 백성들이 순종할 것이다.

【本義】隨는 相繼之義라

'隨'는 서로 잇는다는 뜻이다.

2　隨風……申命行事 : 項安世(宋)는 《大全》의 소주에서 "巽卦는 명령을 위주로 하고 '거듭된 巽'이기 때문에 거듭 명령을 내림으로써 일을 행한다. 일반적으로 괘 중에서 巽卦☴가 있는 괘에는 풍속을 문명화시키고 교화시키는 일을 말한 경우가 많으니, 小畜卦에서는 '文德을 아름답게 한다.'고 하였으며, 蠱卦에서는 '백성들을 구제하며 덕을 기른다.'라고 하였고, 觀卦에서는 '백성을 관찰하여 가르침을 베푼다.'고 하였으며, 姤卦에서는 '명령을 베풀어 사방에 알린다.'고 하였고, 漸卦에서는 '현명한 덕에 머물러 풍속을 선하게 했다.'고 하였으며, 鼎卦에서는 '자리를 바르게 하여 중후하게 명한다.'고 한 것이 모두 이러한 뜻이다." 하였다. 金相岳(朝鮮)은 《山天易說》에서 "隨는 서로 잇는다는 뜻이다. 명령은 손괘의 상이다. 위와 아래가 모두 손괘이기 때문에 '명령을 거듭 내려 정사를 행한다'고 했다." 하였다. 李震相(朝鮮)은 《易學管窺》에서 "손괘는 건괘 다음이니 건괘의 명령은 천명이고 손괘의 명령은 임금의 명령이다. '명령을 거듭 내리다'는 거듭된 손괘의 상이다. '정사를 행한다.'는 바람의 상이다." 하였다.

初六은 進退[3]니 利武人之貞[4]이니라

初六은 나아가고 물러나니, 武人의 바름이 이롭다.

【傳】六以陰柔로 居卑巽而不中하고 處最下而承剛하니 過於卑巽者也라 陰柔之人이 卑巽太過하면 則志意恐畏而不安하여 或進或退하여 不知所從하나니 其所利在武人之貞이라 若能用武人剛貞之志하면 則爲宜也니 勉爲剛貞이면 則无過卑恐畏之失矣리라

初六이 유순한 陰으로 낮고 겸손한 데에 있으면서 中하지 않고, 가장 낮은 곳에 있으면서 剛을 받드니, 지나치게 낮고 겸손한 자이다. 陰으로 유순한 사람이 낮추고 겸손함이 너무 지나치면 마음이 두려워 편하지 못하여, 혹 나아가기도 하고 혹 물러나기도 하여 따라야 할 바를 알지 못하니, 이로운 바가 武人의 바름에 있다. 만약 武人의 강건하고 바른 뜻을 쓸 수 있다면 마땅하게 되니, 그러므로 강건하고 바르게 되기를 힘쓴다면 지나치게 낮추고 두려워하는 잘못이 없을 것이다.

【本義】初以陰居下하여 爲巽之主하니 卑巽之過라 故爲進退不果之象이라 若以武人之貞處之면 則有以濟其所不及而得所宜矣리라

初六이 陰으로 아래에 있으면서 巽卦의 주체가 되니, 낮추고 겸손함이 지나치기 때문에 나아가고 물러나기를 과감하게 하지 못하는 象이 된다. 만약 武人의 바름으로써 처한다면 미치지 못하는 바를 구제하여 마땅한 바를 얻을 것이다.

象曰 進退는 志疑也요 利武人之貞은 志治[5]也라

---

3 進退 : 沈潮(朝鮮)는 《易象箚論》에서 "양은 나아가고 음은 물러나니, 나아가는 것은 초효의 상이고 물러나는 것은 六의 상이다. 무인은 음이 주살하고 정벌함을 위주로 하는 것으로, 履卦의 삼효와 동일하다." 하였고, 金箕澧(朝鮮)는 《易要選義綱目》에서 "손괘는 나아가고 물러남이 되니, 부드러워 결단하지 못한다는 뜻이다." 하였다.

4 利武人之貞 : 李震相(朝鮮)은 《易學管窺》에서 "초육이 변하면 순전히 양으로만 된 건괘가 된다. 음이 굳센 양으로 변화하는 것은 무인의 상이다. 履卦의 육삼은 건괘로 변하기 때문에 또한 무인이라고 했다." 하였다.

5 進退……志治 : 吳致箕(朝鮮)는 《周易經傳增解》에서 "아래에 있으면서 進退를 확정하지 않은 것이 뜻이 의심스러운 것이다. 재질이 유약하지만 굳셈과 과감함을 사용할 수 있는 것이 뜻이 다스려진 것이다." 하였다.

〈象傳〉에 말하였다. "'나아가고 물러남'은 뜻이 의심스럽기 때문이고, '武人의 바름이 이로움'은 뜻이 다스려짐이다."

【傳】進退不知所安者는 其志疑懼也니 利用武人之剛貞以立其志하면 則其志治也라 治는 謂修立也라

나아가고 물러나서 편안한 바를 알지 못하는 것은 뜻에 의심스럽고 두려워하기 때문이니, 武人의 강건함과 바름을 써서 그 뜻을 세우면 그 뜻이 다스려진다. '다스려진다'란 닦아서 세움을 말한다.

九二는 巽在牀下니 用史巫[6]紛若하면 吉하고 无咎리라

九二는 겸손함이 상 아래에 있으니, 史와 巫를 쓰기를 많이 하면 길하고 허물이 없을 것이다.

【傳】二居巽時하여 以陽處陰而在下하니 過於巽者也라 牀은 人之所安이니 巽在牀下하면 是過於巽이니 過所安矣라 人之過於卑巽은 非恐怯則諂說(열)이니 皆非正也라 二實剛中이니 雖巽體而居柔하여 爲過於巽이나 非有邪心也라 恭巽之過는 雖非正禮나 可以遠恥辱, 絶怨咎니 亦吉道也라 史巫者는 通誠意於神明者也요 紛若은 多也라 苟至誠安於謙巽하여 能使通其誠意者多하면 則吉而无咎하리니 謂其誠足以動人也라 人不察其誠意면 則以過巽爲諂矣리라

九二가 巽의 때에 있으면서 陽으로 陰의 자리에 있고 아래에 있으니, 지나치게 겸손한 자이다. '牀'은 사람이 편안히 여기는 곳이니, 공손함이 상 아래에 있다면 이는 겸손함에 지나친 것이니 편안한 바를 넘은 것이다. 사람이 낮추고 겸손함에 지나침은 두려워하거나 무서워하는 것이 아니라면 아첨하거나 기쁘게 하려는 것이니, 모두 바르지 않다. 九二는 실제로 剛

---

6 史巫 : 金長生(朝鮮)은 《經書辨疑·周易》에서 "眞氏가 말한 《예기》의 史는 역사를 기록하는 사관이다. 馮椅가 말한 거북점과 시초점을 담당하는 史는 시초점을 담당하는 관리로 《사기》에서 '태사가 점을 쳐서 말했다'고 했을 때의 부류이다. 두 史는 동일하지 않다. 史는 거북점과 시초점을 담당하고 巫는 악귀를 쫓는 일을 담당한다. 眞氏는 史가 삼황과 오대 때의 역사 기록을 담당한다고 했고, 《예기》에서 말한 史는 임금의 말과 행동 등을 기록한다." 하였다.

中하니 비록 巽의 卦體로 부드러운 자리에 거하여 겸손함에 지나치지만 사사로운 마음을 가진 것은 아니다. 공손함이 지나침은 비록 바른 禮는 아니지만 치욕을 멀리하고 원망과 허물을 끊어낼 수 있으니, 또한 吉한 道이다. 史巫는 誠意를 神明에게 통하는 자이고 '紛若'은 많음이다. 만약 지극한 정성으로 겸손함에 편안하여 그 誠意를 통하는 자들이 많아지게 한다면 길하고 허물이 없을 것이니, 그 誠意가 사람들을 움직일 수 있다는 말이다. 사람들이 그 誠意를 살피지 못한다면 지나치게 겸손함을 아첨한다고 여길 것이다.

【本義】二以陽處陰而居下하여 有不安之意나 然當巽之時하여 不厭其卑하고 而二又居中하니 不至已甚이라 故其占이 爲能過於巽而丁寧煩悉其辭하여 以自道達이면 則可以吉而无咎요 亦竭誠意以祭祀之吉占也라

九二가 陽으로 陰의 자리에 있고 아래에 있기 때문에 편안하지 못한 뜻이 있지만, 巽의 때를 맞아서 낮춤을 싫어하지 않고 九二가 또 가운데 자리에 거하였으니 너무 심한 데에 이르지 않는다. 그러므로 그 占이 지나치게 겸손해서 그 말을 간곡하게 당부하고 번거롭게 다하여 스스로 道達(설명)할 수 있다면 길하고 허물이 없을 수 있게 되고, 또한 성의를 다하여 제사를 지내는 吉한 占이다.

字義 牀 : 평상 상 紛 : 많을 분 恐 : 두려울 공 怯 : 무서워할 겁 諂 : 아첨할 첨 已 : 너무 이 道 : 말할 도

象曰 紛若之吉은 得中也일새라

〈象傳〉에 말하였다. "'많이 하면 길함'은 中을 얻었기 때문이다."

【傳】二以居柔在下하여 爲過巽之象이로되 而能使通其誠意者衆多紛然은 由得中也라 陽居中은 爲中實之象이니 中旣誠實이면 則人自當信之라 以誠意則非諂畏也니 所以吉而无咎라

九二가 부드러운 자리에 있으면서 아래에 있으므로 지나치게 겸손한 象이 되지만, 그 誠意를 통하는 자들을 분분하게 많도록 할 수 있음은 中을 얻었기 때문이다. 陽이 中에 있음은 가운데가 꽉 찬 象이 되니, 가운데가 이미 성실하면 사람들은 스스로 마땅히 믿게 된다. 誠意로써 하면 아첨하거나 두려워함이 아니니, 길하고 허물이 없는 까닭이다.

九三은 頻巽[7]이니 吝하니라

九三은 자주 겸손하니 부끄럽다.

【傳】三以陽處剛하여 不得其中하고 又在下體之上하니 以剛亢之質而居巽順之時하여 非能巽者로되 勉而爲之라 故屢失也라 居巽之時하여 處下而上臨之以巽하고 又四以柔巽相親하며 所乘者剛이로되 而上復有重剛하니 雖欲不巽이나 得乎아 故頻失而頻巽하니 是可吝也라

九三이 陽으로 剛한 자리에 있으면서 그 中을 얻지 못하고 또 下體의 맨 위에 있으니, 강하고 높은 재질로 겸손하며 따르는 때에 있어서, 겸손할 수 있는 자가 아닌데 억지로 겸손하기 때문에 자주 잃는다. 巽의 때에 있으면서 아래에 있고 위에서 겸손함으로써 임하며, 또 六四가 유순하고 겸손함으로써 서로 친하되, 타고 있는 바가 剛이고 위에 다시 거듭된 剛이 있으니, 비록 겸손하지 않고자 하나 그럴 수가 있겠는가? 그러므로 자주 잃고 자주 겸손하니 부끄러울 만하다.

【本義】過剛不中하여 居下之上하니 非能巽者요 勉爲屢失하니 吝之道也라 故其象占如此하니라

지나치게 강하고 中하지 않으면서 下體의 맨 위에 있으니 겸손할 수 있는 자가 아니고, 억지로 해서 자주 잃으니 부끄러운 道이다. 그러므로 그 象과 占이 이와 같다.

字義 頻 : 자주 빈   屢 : 자주 루

象曰 頻巽之吝은 志窮[8]也라

〈象傳〉에 말하였다. "'자주 겸손하니 부끄러움'은 뜻이 궁한 것이다."

---

7   頻巽 : 李瀷(朝鮮)은 《易經疾書》에서 "자주 겸손한다면 때에 따라 겸손하지 않은 것도 끼어드는 것이니, 초효의 나아가고 물러남과 유사하다. 兌卦의 '기뻐함을 헤아리다'라는 말 또한 이와 같다. 명령을 거듭하면 자주 겸손할 수 있으니 마땅히 부끄럽게 된다. 대체로 이 괘의 뜻은 태괘와 서로 유사하다." 하였다.

8   志窮 : 金相岳(朝鮮)은 《山天易說》에서 "삼효는 지나친 굳셈으로 하괘의 맨 위에 있어 순종할 수 없는 자이며, 억지로 하여 자주 실수를 저질러 뜻이 궁하여 부끄럽게 된다." 하였다.

【傳】三之才質이 本非能巽이로되 而上臨之以巽하고 承重剛而履剛하여 勢不得行其志라 故頻失而頻巽하니 是其志窮困이니 可吝之甚也라

九三의 재질이 본래 겸손할 수가 있는 것이 아니지만, 위에서 겸손함으로 임하고 거듭된 剛을 받들고 剛을 밟고 있어 형세가 그 뜻을 행할 수 없기 때문에 자주 잃고 자주 겸손하니, 이는 그 뜻이 곤궁한 것이니 부끄러워할 만함이 심하다.

六四는 悔亡하니 田獲三品[9]이로다

六四는 후회가 없어지니, 사냥하여 三品의 짐승을 얻는다.

【傳】陰柔无援하고 而承乘皆剛하니 宜有悔也로되 而四以陰居陰하여 得巽之正하고 在上體之下하니 居上而能下也라 居上之下는 巽於上也요 以巽臨下는 巽於下也니 善處如此라 故得悔亡이라 所以得悔亡은 以如田之獲三品也니 田獲三品이면 及於上下也라 田獵之獲을 分三品하여 一爲乾豆하고 一供賓客與充庖하고 一頒徒御하니 四能巽於上下之陽하여 如田之獲三品이니 謂遍及上下也라 四之地本有悔로되 以處之至善이라 故悔亡而復有功이라 天下之事苟善處면 則悔或可以爲功也라

유약한 陰으로 응원하는 바가 없고 받든 것과 탄 것이 모두 剛하니 마땅히 후회가 있지만, 六四가 陰으로 陰의 자리에 있어서 겸손의 바름을 얻었고 上體의 맨 아래에 있으니, 위에 있으면서도 낮출 수 있다. 上卦의 맨 아래에 있음은 위에서 겸손한 것이고, 겸손함으로써 아래에 임함은 아래에게 겸손한 것이다. 처신을 잘함이 이와 같기 때문에 후회가 없어진다. '후회가 없어짐'을 얻은 까닭은 사냥나가 三品을 얻은 것과 같기 때문이니 사냥하여 三品의 짐승

---

9 田獲三品 : 金相岳(朝鮮)은 《山天易說》에서 "田자는 사냥한다는 뜻이니, 감괘와 리괘의 상으로 解卦䷧ 九二에 나온다. 리괘의 꿩, 감괘의 돼지, 손괘의 닭은 삼품의 상이다. 괘에는 모두 네 개의 양이 있지만 오효인 군주의 자리를 제외하면 세 개가 되며, 三은 손괘인 나무의 생수이다. 위와 아래가 모두 손괘이기 때문에 오효에서 '삼을 먼저 하고 삼을 뒤에 한다'고 했다. 乾豆는 마른 육포로 제사 지낼 때 豆에 담아내는 음식이다. 손괘의 음양이 바뀐 괘는 진괘이고, 진괘의 맏아들은 제사를 주관하기 때문에 乾豆의 상을 취했다. 사효가 변하면 姤卦䷫가 되고, 구괘의 이효에서는 '손님에게 이롭지 않다.'고 했지만, 손괘에 이르게 되면 괘의 효들이 이미 변하기 때문에 빈객에게 대접하는 상을 취했다. 가운데 효는 리괘이고 호괘는 鼎卦䷱의 몸체가 되는데, 솥으로 고기를 삶기 때문에 푸줏간을 채우는 상을 취했다. '사냥을 하여 삼품의 짐승을 얻는다.'는 해괘와 상이 같다." 하였다.

을 얻으면 위와 아래에 미친다. 사냥하여 얻은 것을 세 등급으로 나누어서 하나는 乾豆를 만들고, 하나는 손님에게 주거나 푸줏간을 채우며, 하나는 몰이꾼에게 나누어 하사하니, 六四는 위와 아래의 陽에게 겸손하여 사냥에서 三品을 얻은 것과 같으니 위와 아래에 두루 미친다는 말이다. 六四의 자리는 본래 후회가 있지만, 처신하기를 지극히 잘하기 때문에 후회가 없어지고 다시 功이 있는 것이다. 세상의 일을 잘 처리하면 후회가 혹 功이 될 수 있다.

【本義】陰柔无應하고 承乘皆剛하니 宜有悔也로되 而以陰居陰하고 處上之下라 故得悔亡而又爲卜田之吉占也라 三品者는 一爲乾豆하고 一爲賓客하고 一以充庖라

유약한 陰으로 호응함이 없고 받들고 탄 것이 모두 剛하니 마땅히 후회가 있지만 陰으로 陰의 자리에 있고 上卦의 맨 아래에 있다. 그러므로 후회가 없어질 수 있고 또 사냥에 대해 占을 칠 때의 길한 점이 된다. '三品'이란 하나는 乾豆를 만들고, 다른 하나는 손님을 접대하며, 다른 하나는 푸줏간을 채우는 것이다.

字義 田 : 사냥할 전 獲 : 얻을 획 獵 : 사냥할 렵 庖 : 푸줏간 포 頒 : 나눌 반 御 : 마부 어

象曰 田獲三品은 有功[10]也라

〈象傳〉에 말하였다. "'사냥하여 三品의 짐승을 얻음'은 功이 있는 것이다."

【傳】巽於上下하여 如田之獲三品而遍及上下하면 成巽之功也라

위와 아래에 겸손하여 사냥해서 三品을 얻어 위와 아래에 두루 미침과 같이 하면 겸손의 功이 이루어진다.

九五는 貞이면 吉하여 悔亡하여 无不利니 无初有終이라 先庚三日하며 後庚三日[11]이면 吉하리라

---

10 有功 : 金相岳(朝鮮)은 《山天易說》에서 "功은 사냥을 통해 얻은 공이다. 초효와 사효는 위와 아래에서 손괘의 주인이 되는데, 초효는 낮추고 겸손함이 지나치기 때문에 무인의 곧음이 이로울 따름이다. 반면 사효는 겸손함의 바름을 얻었기 때문에 무력을 사용하여 공이 있을 수 있다." 하였다.

11 先庚三日 後庚三日 : 胡炳文(南宋)은 《大全》의 소주에서 "문왕은 〈단전〉에서 先天을 드러냈기 때

【本義】貞하여 吉하니

九五는 바르게 하면 길하여 후회가 없어서 이롭지 않음이 없으니, 처음은 없고 끝은 있다. 庚에서 삼일을 먼저 하고, 庚에서 삼일을 뒤에 하면 길할 것이다.

【본의】바르게 하여 길하니

【傳】五居尊位하여 爲巽之主하니 命令之所出也라 處得中正하여 盡巽之善이나 然巽者는 柔順之道니 所利在貞하니 非五之不足이요 在巽에 當戒也라 旣貞則吉而悔亡하여 无所不利하리니 貞은 正中也니 處巽出令이 皆以中正爲吉이라 柔巽而不貞이면 則有悔니 安能无所不利也리오 命令之出은 有所變更也니 无初는 始未善也요 有終은 更之使善也니 若已善이면 則何用命也며 何用更也리오 先庚三日, 後庚三日吉은 出命更改之道當如是也라 甲者는 事之端也요 庚者는 變更之始也라 十干에 戊己爲中하니 過中則變이라 故謂之庚이라 事之改更에 當原始要終하여 如先甲後甲之義니 如是則吉也라 解在蠱卦[12]하니라

九五가 존귀한 자리에 있어서 巽卦의 주체가 되니, 명령이 나오는 곳이다. 거처함에 中正을 얻어서 겸손함의 善을 다하지만, 겸손함이란 柔順한 道니 이로운 바가 바름에 있으니, 九五가 부족한 것이 아니고 巽卦에 있어서 당연한 경계이다. 이미 바르면 길하고 후회가 없어져 이롭지 않은 바가 없을 것이니 '貞'은 中正한 것이니 巽卦에 있으면서 명령을 내는 것은 모두 中正을 길하게 여긴다. 유순하고 겸손한데도 바르지 않으면 후회가 있으니, 어찌 이롭

문에 선천팔괘도에서 艮卦☶와 巽卦☴의 앞뒤에 있는 세 괘의 방위가 甲이 되는 것을 취하였다. 주공은 효에서 後天을 드러냈기 때문에 후천팔괘도에서 艮卦☶와 巽卦☴의 앞뒤에 있는 세 괘의 방위가 庚이 되는 것을 취하였다. 巽卦의 몸체에는 본래 艮卦가 없지만, 구오가 변하면 巽卦☴가 아래에 있고 艮卦☶가 위에 있는 蠱卦가 되기 때문에, 다만 이 효에서 경에서 먼저하고 경에서 나중에 함을 드러내어 명령을 거듭하여서 蠱를 막은 것이니, 갑에서 먼저하고 갑에서 나중에 함과 또한 저절로 서로가 통한다." 하였다. 李瀷(朝鮮)은 《易經疾書》에서 "庚에서 삼일을 먼저 하고 庚에서 삼일을 뒤에 한다는 말에 대한 자세한 설명은 蠱卦의 〈단전〉에 나온다. 점은 '처음은 없고 끝은 있다.'는 것을 위주로 하여, 을에서 시작을 하고 계에서 끝이 나니, 갑은 없고 계는 있어서 끝이 있어 길함이 된다는 뜻이다." 하였다.

12 解在蠱卦:《程傳》의 풀이에 성인은 마치고 시작하는 도리를 알기 때문에 시작의 근원을 찾아 일이 그렇게 되는 까닭을 연구하고, 마침을 알아 장차 그렇게 될 것에 대비하여 甲보다 앞으로 삼일 동안 하고 갑보다 뒤로 삼일 동안 하여(先甲後甲) 생각하니, 이 때문에 蠱를 다스려 크게 선하여 형통하게 될 수 있다고 하였다.

지 않은 바가 없을 수 있겠는가. 命令을 냄은 변경할 바가 있는 것이니, '처음은 없다.'란 처음에는 아직 善하지 않음이고, '끝은 있다.'란 고쳐서 善하게 한다는 것이니, 만약 이미 善하다면 어찌 명령을 하겠으며 어찌 고치겠는가. '庚에서 삼일을 먼저 하고 庚에서 삼일을 뒤에 하면 길하다.'는 명령을 내고 고치는 道가 마땅히 이와 같아야 한다는 것이다. '甲'은 일의 시작이며, '庚'은 變更의 시작이다. 十干은 戊와 己가 중간이 되니, 중간을 지나면 변하기 때문에 '庚'이라고 하였다. 일을 고칠 때에는 마땅히 처음을 연구하고 끝을 잘 살펴서 '甲에서 먼저하고 甲에서 뒤에 한다.'는 뜻과 같이 하여야 하니, 이와 같이 하면 길하다. 풀이가 蠱卦䷑에 있다.

【本義】九五剛健中正而居巽體라 故有悔나 以有貞而吉也라 故得亡其悔而无不利하니 有悔는 是无初也요 亡之는 是有終也라 庚은 更也니 事之變也라 先庚三日은 丁也요 後庚三日은 癸也니 丁은 所以丁寧於其變之前이요 癸는 所以揆度於其變之後니 有所變更而得此占者는 如是則吉也라

九五는 剛健하고 中正하면서 巽의 卦體에 있기 때문에 후회가 있지만 바름이 있어서 길하다. 그러므로 후회는 없어지고 이롭지 않음이 없으니, 후회가 있음은 '처음이 없다.'는 것이고, 후회가 없어짐은 '끝이 있다.'는 것이다. '庚'은 고침이니 일을 변경하는 것이다. '庚에서 삼일을 먼저 함'은 '丁'이고 '庚에서 삼일을 뒤에 함'은 '癸'이니, '丁'은 변하기 전에 간곡하게 당부하는 것이고 '癸'는 변한 후에 헤아리는 것이니, 변경할 바가 있으면서 이 占을 얻은 자는 이와 같이 하면 길하다.

字義 更 : 고칠 경   蠱 : 어지러울 고   揆 : 헤아릴 규

象曰 九五之吉은 位正中也일새라

〈象傳〉에 말하였다. "'九五의 길함'은 자리가 바르고 알맞기 때문이다."

【傳】九五之吉은 以處正中也니 得正中之道면 則吉而其悔亡也라 正中은 謂不過, 无不及하여 正得其中也라 處柔巽與出命令은 唯得中爲善이니 失中則悔也라

'九五의 길함'은 바르고 알맞은 자리에 있기 때문이니, 바르고 알맞은 道를 얻는다면 길하여 후회가 없어진다. '바르고 알맞음'은 지나치지도 않고 미치지 못함도 없어서 바르게 그 알

맞음을 얻는다는 말이다. 유순하고 겸손한 데에 있음과 명령을 냄은 오직 中을 얻음이 善이
되니, 알맞음을 잃으면 후회하게 된다.

上九는 巽在牀下하여 喪其資斧니 貞에 凶하니라

【本義】貞이라도 凶하니라

上九는 겸손함이 상 아래에 있어서 물자와 도끼를 잃으니, 고집함에 흉하다.

【본의】바르더라도 흉하다

【傳】牀은 人所安也니 在牀下는 過所安之義也라 九居巽之極하니 過於巽者也라 資는
所有也요 斧는 以斷也라 陽剛은 本有斷이로되 以過巽而失其剛斷하여 失其所有하니 喪
資斧也라 居上而過巽하여 至於自失이면 在正道에 爲凶也라

'牀'은 사람이 편안하게 여기는 곳이니, '상 아래에 있음'은 편안하게 여기는 곳을 지나쳤다
는 뜻이다. 上九가 巽卦의 끝에 있으니, 지나치게 겸손한 자이다. '資'는 가지고 있는 바이고,
'斧'는 결단하는 것이다. 剛한 陽은 본래 결단함이 있지만, 지나치게 겸손하여 굳센 결단력을
잃어 가지고 있는 바를 잃으니 물자와 도끼를 잃는 것이다. 위에 있으면서 지나치게 겸손하
여 스스로를 잃는 데에 이르면, 바른 道에 있어서 흉함이 된다.

【本義】巽在牀下는 過於巽者也요 喪其資斧는 失所以斷也니 如是則雖貞亦凶矣라 居
巽之極하여 失其陽剛之德이라 故其象占如此하니라

'겸손함이 상 아래에 있음'은 지나치게 겸손한 것이고, '물자와 도끼를 잃음'은 결단력을 잃
은 것이니, 이와 같다면 비록 바르더라도 또한 흉하다. 巽卦의 끝에 있어서 강건한 陽의 德을
잃었기 때문에 그 象과 占이 이와 같다.

象曰 巽在牀下는 上窮也요 喪其資斧는 正乎아 凶也라

【本義】正乎凶也라

〈象傳〉에 말하였다. "'겸손함이 상 아래에 있음'은 위의 끝이기 때문이고, '물자와 도

끼를 잃음'은 바르겠는가? 흉하다."

【본의】바로 흉한 것이다.

【傳】巽在牀下는 過於巽也요 處卦之上은 巽至於窮極也라 居上而過極於巽하여 至於自失이면 得爲正乎아 乃凶道也라 巽은 本善行이라 故疑之曰 得爲正乎아하고 復斷之曰 乃凶也라하니라

'겸손함이 상 아래에 있음'은 지나치게 겸손한 것이고, 卦의 맨 위에 있음은 겸손함이 궁극에 이른 것이다. 위에 있으면서 겸손함에 지나치게 지극하여 스스로를 잃는 데에 이른다면 바르다고 할 수 있겠는가? 이는 흉한 道이다. 겸손함은 본래 善한 행동이다. 그러므로 의심하여 '바르다고 할 수 있겠는가?' 하고, 다시 결단하여 '이는 흉하다.' 하였다.

【本義】正乎凶은 言必凶이라

'正乎凶'은 반드시 흉하게 됨을 말한다.

58. 兌

䷹ 兌下兌上

下卦는 兌卦☱이고 上卦는 兌卦☱이다.

【傳】兌는 序卦에 巽者는 入也니 入而後說(열)之라 故受之以兌하니 兌者는 說也라하니라
物相入則相說이요 相說則相入이니 兌所以次巽也라

　　兌卦는 〈序卦傳〉에 "巽卦는 들어감이니, 들어간 뒤에 기뻐하기 때문에 兌卦로 받았으니 兌
란 기뻐함이다." 하였다. 물건이 서로 들어가면 서로 기뻐하고, 서로 기뻐하면 서로 들어가
니, 이 때문에 兌卦가 巽卦의 다음이 되었다.

兌[1][2]는 亨하니 利貞[3]하니라

---

1 兌 : 빌헬름 영문판 주역인 《The I Ching》에서는 兌卦를 Tui / The Joyous, Lake이라고 하였다. 태
괘는 물상으로는 미소짓는 못에 해당하고 인사로는 소녀에 해당한다. 태괘의 상효는 밖으로 표현
된 기쁨이고, 아래에 있는 두 양효 가운데 중을 얻은 효는 내부의 기쁨을 상징한다. 양효는 중도
를 통한 기쁨을 상징하니 진정한 기쁨이다. 또한 진정한 기쁨은 정고함과 강인함이 내적으로 갖추
어져 있어야만 밖으로 유순하게 표현될 수 있다고 하였다.

2 兌 : 李震相(朝鮮)은 《易學管窺》에서 "괘의 몸체는 巽卦☴가 거꾸로 된 것이다. 聖人은 양을 높이
고 음을 억제하기 때문에 64괘 중에서 순수한 팔괘의 순서는 乾卦☰가 坤卦☷ 앞에 있고, 坎卦☵
는 離卦☲ 위에 있으며, 震卦☳와 艮卦☶가 앞에 있고 巽卦☴와 兌卦☱가 뒤에 있다. 兌卦☱의
경우는 음이 양 위에 있어서 바르지 못함이 심하기 때문에 순서가 가장 뒤에 있다." 하였다.

3 利貞 : 丘富國(宋代)은 《大全》의 소주에서 "일찍이 막내딸(☱)이 들어간 괘들을 살펴보니, 聖人은
대체로 '곧음(貞)'으로써 경계하였다. 離卦☲에서는 '곧음이 이로우니 형통하다.'고 하였고, 巽卦☴
에서는 '곧게 함이 이롭다.'고 하였으며, 兌卦☱에서는 '곧게 함이 이롭다.'고 하였으니, 모두 바름
으로써 말하였다. 막내아들인 괘를 살펴보면, '곧음(貞)'을 말하지 않았다. 震卦☳에서는 '형통하
다.'고 하였고, 坎卦☵에서는 '마음 때문에 형통하다.'라고 하였으며, 艮卦☶에서는 '등에 그친다.'
고 하였을 뿐이다. 음의 부드러운 자질은 대체로 바르지 않은 데에 병통이 있고, 양의 굳센 몸체

兌는 형통하니, 바르게 함이 이롭다.

【傳】兌는 說也니 說은 致亨之道也라 能說於物하여 物莫不說而與之면 足以致亨이라 然이나 爲說之道는 利於貞正이니 非道求說이면 則爲邪諂而有悔咎라 故戒利貞也라

'兌'는 기뻐함이니, 기뻐함은 형통함을 이루는 道이다. 남을 기쁘게 하여 남이 기뻐해서 함께하지 않는 이가 없으면 충분히 형통함을 이룰 수 있다. 그러나 기뻐하는 道는 곧고 바르게 함이 이로우니, 道가 아닌데도 기뻐함을 구한다면 사특하고 아첨함이 되어 후회와 허물이 있게 된다. 그러므로 '바르게 함이 이롭다.'고 경계하였다.

【本義】兌는 說也니 一陰이 進乎二陽之上하니 喜之見(현)乎外也라 其象이 爲澤이니 取其說萬物이요 又取坎水而塞其下流之象이라 卦體剛中而柔外하니 剛中故로 說而亨이요 柔外故로 利於貞이라 蓋說有亨道而其妄說을 不可以不戒라 故其占如此라 又柔外故로 爲說亨하고 剛中故로 利於貞하니 亦一義也라

'兌'는 기뻐함이니 하나의 陰이 두 陽 위로 나아가니, 기쁨이 밖으로 드러나는 것이다. 그 象은 못이 되니 만물을 기쁘게 함을 취하였고, 또 坎卦☵의 물이 아래로 흐르는 것을 막는 象을 취하였다. 卦體는 剛이 가운데에 있고 柔가 밖에 있으니, 강건한 陽이 가운데에 있기 때문에 기뻐하여 형통하고, 유순한 陰이 밖에 있기 때문에 바르게 함이 이롭다. 기뻐함에는 형통한 道가 있으나, 망령되게 기뻐함은 경계하지 않을 수 없다. 그러므로 그 占이 이와 같다. 또 유순한 陰이 밖에 있기 때문에 기뻐하여 형통하고, 강건한 陽이 가운데에 있기 때문에 바르게 함이 이로우니, 또한 한(같은) 뜻이다.

字義　兌 : 기쁠 태

彖曰 兌는 說(열)也니

〈彖傳〉에 말하였다. "兌는 기뻐함이니,

【本義】釋卦名義라

卦名의 뜻을 해석하였다.

는 지위를 가질 수 있게 되기 때문인 듯하다." 하였다.

剛中而柔外하여 說(열)以利貞이라 是以順乎天而應乎人하여 說以先民하면 民忘
其勞하고 說以犯難하면 民忘其死하나니 說之大 民勸矣哉라

　剛이 가운데에 있고 柔가 밖에 있어서, 기뻐하여 바르게 함이 이롭다. 이 때문에 하
늘에 순하고 사람에게 응하여 기뻐함으로써 백성들보다 수고로운 일을 먼저 하면 백성
들은 수고로움을 잊고, 기뻐함으로써 어려움을 무릅쓰면 백성들은 죽음을 잊으니, 기
뻐함이 커서 백성들이 권면하게 된다."

【傳】兌之義는 說也라 一陰이 居二陽之上하니 陰說於陽而爲陽所說也라 陽剛居中하니
中心誠實之象이요 柔爻在外하니 接物和柔之象이라 故爲說而能貞也라 利貞은 說之道
宜正也라 卦有剛中之德하니 能貞者也라 說而能貞하니 是以로 上順天理하고 下應人
心하니 說道之至正至善者也라 若夫違道以干百姓之譽者는 苟說之道라 違道는 不順
天이요 干譽는 非應人이니 苟取一時之說耳니 非君子之正道라 君子之道는 其說於民이 如
天地之施하여 感於其心而說服无斁이라 故以之先民이면 則民心說隨而忘其勞하고 率
之以犯難이면 則民心說服於義而不恤其死라 說道之大하여 民莫不知勸하니 勸은 謂信
之而勉力順從이라 人君之道는 以人心說服爲本이라 故聖人이 贊其大하시니라

　'兌'의 뜻은 기뻐함이다. 한 陰이 두 陽의 위에 있으니, 陰이 陽을 기쁘게 하여 陽이 기뻐하
는 바가 된다. 강건한 陽이 가운데에 있으니 中心이 誠實한 象이고, 유순한 爻가 밖에 있으
니 다른 사람을 대하기를 온화하고 부드럽게 하는 象이다. 그러므로 기뻐하면서 바르게 함이
된다. '바르게 함이 이롭다.'란 기뻐하는 道는 마땅히 바르게 해야 한다는 것이다. 卦는 剛中
의 德이 있으니 바르게 할 수 있는 자이다. 기뻐하면서도 바르게 할 수 있으니, 이 때문에 위
로는 天理에 순응하고 아래로는 人心에 호응하니, 기뻐하는 道가 지극히 바르고 지극히 善한
것이다. 만약 道를 위반하면서 백성들의 칭찬을 구함은 구차하게 기뻐하는 道이다. 道를 위
반함은 하늘에 순응하지 않는 것이며, 칭찬을 구함은 다른 사람들에게 호응함이 아니니, 구
차하게 한 때의 기쁨을 취할 뿐이지 君子의 바른 道가 아니다. 君子의 道는 백성들을 기쁘게
함이 天地의 베풂과 같아서, 백성들이 마음에 감동하여 기뻐하면서 복종하고 싫어함이 없다.
그러므로 이로써 백성들보다 먼저 하면 백성들의 마음은 기뻐하면서 따라 그 수고로움을 잊
고, 백성들을 이끌다가 어려움을 만나면 백성들의 마음은 기뻐하면서 義에 복종하여 자신의
죽음을 돌보지 않는다. 기뻐하는 道가 커서 백성들은 권면할 줄 모르는 이가 없으니, 권면함
이란 믿고서 힘써 순종함을 말한다. 임금의 道는 사람들의 마음이 기뻐하면서 복종함을 근본
으로 삼기 때문에 聖人이 그 큼을 찬미하였다.

【本義】以卦體로 釋卦辭而極言之라

卦體로 卦辭를 해석하면서 극언한 것이다.

字義 干 : 구할 간   斁 : 싫어할 역

象曰 麗(리)澤이 兌니 君子以하여 朋友講習[4]하나니라

〈象傳〉에 말하였다. "붙어 있는 못이 兌이니, 군자가 이것을 본받아 벗들과 강습한다."

【傳】麗澤은 二澤이 相附麗也라 兩澤相麗하여 交相浸潤하니 互有滋益之象이라 故君子觀其象而以朋友講習하나니 朋友講習은 互相益也라 先儒謂天下之可說이 莫若朋友講習이라하니 朋友講習은 固可說之大者나 然當明相益之象이라

'麗澤'은 두 못이 서로 붙어 걸려 있는 것이다. 두 못이 서로 붙어서 번갈아 서로 점점 적시니, 서로 불어나고 유익하게 하는 象이 있다. 그러므로 君子가 그 象을 보고 벗들과 강습하니, '벗들과 강습함'은 서로에게 유익하다. 이전의 학자들은 "천하의 기뻐할 만한 것 중에 벗들과 강습하는 것 만한 것이 없다." 하였으니, 벗들과 강습함은 진실로 기뻐할 만한 것 중에 큰 것이지만, 마땅히 서로에게 유익한 象임을 밝혀야 한다.

【本義】兩澤相麗하여 互相滋益하니 朋友講習이 其象如此하니라

두 못이 서로 붙어 있어서 서로 불어나고 유익하게 하니, '벗들과 강습함'은 그 象이 이와 같다.

字義 麗 : 붙을 리   澤 : 못 택   浸 : 점점 침   潤 : 젖을 윤   滋 : 불어날 자

---

4 朋友講習 : 金相岳(朝鮮)은 《山天易說》에서 벗들〔朋〕과 강론함〔講〕은 하괘인 兌卦☱에서 취하였고, 벗들〔友〕과 익힘〔習〕은 상괘인 兌卦☱에서 취하였다. 兌의 성질은 사람을 기쁘게 할 수 있고 이효로부터 사효까지의 호괘인 離卦☲의 몸체에 붙어 있기 때문에 '붙어 있다〔麗〕'라고 하였다. 同門은 '벗들〔朋〕'이 되고 同志는 '벗들〔友〕'이 된다. 초효와 이효 및 사효와 오효는 굳센 양이 서로 가까이 있으니 '벗들〔朋友〕'의 상이고, 두 입이 서로 상대하니 '강론함〔講〕'의 상이며, 상괘와 하괘가 모두 兌卦☱이니 '익힘〔習〕'의 상이다. 兌卦☱는 흐르지 않고 고여 있는 물이 되고 坎卦☵는 흐르는 물이 되는데, 물이 흐르는 것은 양의 움직임이기 때문에 가르침을 익히는 일이고, 물이 흐르지 않고 고여 있는 것은 음의 고요함이기 때문에 강하고 익힌다. 공자가 말하기를 '배우고 때때로 이것을 익히면 기쁘지 않겠는가. 벗이 먼 곳으로부터 찾아온다면 또한 즐겁지 않겠는가.'라고 하였으니, 사람이 기뻐하고 즐거워하는 것 중에서 벗들과 강습하는 것보다 큰 것이 없기 때문인 듯하다." 하였다.

初九는 和兌[5]니 吉하니라

初九는 화합하여 기뻐함이니, 길하다.

【傳】初雖陽爻나 居說體而在最下하고 无所係應하니 是能卑下和順以爲說하여 而无所
偏私者也라 以和爲說而无所偏私는 說之正也라 陽剛則不卑요 居下則能巽이며 處說
則能和요 无應則不偏이니 處說如是라 所以吉也라

初九가 비록 陽爻이나 기뻐하는 卦體에 있으면서 가장 아래에 있고 매여서 호응하는 바가
없으니, 이는 자신을 낮추고 화순하면서 기뻐하여 편협하고 사사로운 바가 없는 자이다. 화
합함으로써 기뻐하여 편협하고 사사로운 바가 없음은 기뻐함의 바른 도이다. 강건한 陽이니
비굴하지 않고, 가장 아래에 있으니 공손할 수 있으며, 기쁨에 처해 있으니 화합할 수 있고,
호응이 없어 편협하지 않으니, 기뻐함에 처함이 이와 같기 때문에 길하다.

【本義】以陽爻로 居說體而處最下하고 又无係應이라 故로 其象占如此하니라

陽爻로 기뻐하는 卦體에 있으면서 가장 아래에 있고, 또 매여서 호응하는 바가 없다. 그러
므로 그 象과 占이 이와 같다.

象曰 和兌之吉은 行未疑[6]也일새라

〈象傳〉에 말하였다. "'화합하여 기뻐함의 길함'은 행함에 의심스러운 데가 없기 때문
이다."

【傳】有求而和면 則涉於邪諂이어늘 初隨時順處하여 心无所係하니 无所爲也요 以和而
已라 是以吉也라 象에 又以其處說在下而非中正이라 故云行未疑也라하니 其行未有可

---

5 和兌 : 金相岳(朝鮮)은 《山天易說》에서 "'화합[和]'이란 '화합하면서도 휩쓸리지 않는다[和而不流]'
고 할 때의 '화합'이다. 초효가 兌卦☱의 몸체에 있으면서 강건하고 바름을 얻고, 사사롭게 가까이
하거나 호응함이 없기 때문에 화합하여 길할 수 있다." 하였다.
6 行未疑 : 徐幾(宋代)는 《大全》의 소주에서 "'의심스럽다[疑]'란 음에 대해 의심스러워함을 말한다.
괘의 네 양 중에 오직 초효만이 음과 관계가 없기 때문에 의심스럽지 않다. 이효인 경우에는 삼효
를 대함에 의심스럽고, 오효인 경우에는 상효를 대함에 의심스럽다." 하였다.

疑는 謂未見其有失也니 若得中正이면 則无是言也리라 說은 以中正爲本이니 爻는 直陳
其義하고 象則推而盡之하니라

　구하는 것이 있어서 화합하면 사특하고 아첨하는 데에 이르는데, 初九는 때에 따라 순리대
로 처신하여 마음에 매인 것이 없으니, 의도적으로 하려는 바가 없고 화합함으로써 할 뿐이
다. 이 때문에 길하다. 〈象傳〉에 다시 기뻐하는 데에 처하면서 가장 아래에 있고 中正이 아니
기 때문에 '행함에 의심스러울 데가 없다.' 하였으니, 그 행함에 의심스러울 만한 것이 없다
는 것은 잘못한 것을 보지 못했다는 말이니, 만약 中正을 얻었다면 이러한 말이 없을 것이다.
기뻐함은 中正을 근본으로 삼으니, 爻辭에서는 다만 그 뜻만 진술하였고, 〈象傳〉에서는 미루
어 다 말한 것이다.

【本義】居卦之初하여 其說也正하니 未有所疑也라

　괘의 첫 번째 자리에 있어서 그 기뻐함이 바르니, 의심할 바가 없다.

字義　直 : 다만 직　陳 : 진술할 진

九二는 孚兌[7]니 吉하고 悔亡하니라

　九二는 믿어서 기뻐함이니, 길하고 후회가 없어진다.

【傳】二承比陰柔하니 陰柔는 小人也니 說之則當有悔라 二는 剛中之德으로 孚信內充하니
雖比小人이나 自守不失이라 君子和而不同[8]하여 說而不失剛中이라 故吉而悔亡이라 非
二之剛中이면 則有悔矣니 以自守而亡也라

　九二는 유약한 陰을 받들고 가까우니, 유약한 陰은 小人이니 그를 기뻐하면 마땅히 후회가
있다. 九二는 剛中한 德으로 믿음이 안에 충만하니, 비록 小人과 가깝더라도 스스로 지켜서
잘못을 하지 않는다. 君子는 화합하지만 구차하게 함께 하지 않아서 기뻐하더라도 剛中한 德
을 잃지 않기 때문에 길하고 후회가 없어진다. 九二의 剛中한 德이 아니라면 후회가 있겠지

만, 스스로 지켜서 후회가 없어진다.

【本義】剛中爲孚요 居陰爲悔라 占者以孚而說이면 則吉而悔亡矣리라

剛中함은 믿음이 되고 陰의 자리에 있음은 후회가 된다. 점치는 자가 믿고서 기뻐함으로 한다면 길하여 후회가 없어질 것이다.

象曰 孚兌之吉은 信志[9]也일새라

〈象傳〉에 말하였다. "'믿어서 기뻐함'의 길함은 뜻이 믿음을 주기 때문이다."

【傳】心之所存이 爲志라 二는 剛實居中하니 孚信이 存於中也라 志存誠信하니 豈至說小人而自失乎아 是以吉也라

마음에 보존하고 있는 바가 뜻이 된다. 九二는 강건하고 성실하며 가운데 자리에 있으니 믿음이 마음에 보존되어 있다. 뜻이 성실함과 믿음에 있으니, 어찌 小人을 기뻐하여 스스로를 잃는 데에 이르겠는가. 이 때문에 길하다.

六三은 來兌[10]니 凶하니라

六三은 와서 기뻐하니, 흉하다.

【傳】六三은 陰柔不中正之人이니 說不以道者也라 來兌는 就之以求說也라 比於在下之陽하여 枉己非道하여 就以求說하니 所以凶也라 之內爲來라 上下俱陽이로되 而獨之內

---

9 信志 : 沈大允(朝鮮)은 《周易象義占法》에서 "'화합하여 기뻐함'은 마음을 같이하는 사람들이 자연히 서로 기뻐하는 것이다. '믿어서 기뻐함'은 남이 믿어주어 그 기쁨을 얻는 것이다. 기뻐하는 도리는 오직 이 두 가지만이 길하다." 하였다.

10 來兌 : 金相岳(朝鮮)은 《山天易說》에서 "안으로 가는 것이 '옴[來]'이 된다. 음의 성질은 아래로 내려가고 사효 및 이효와 比의 관계에 있는데, 이효는 서로 교류하기 때문에 와서 기뻐하는 상이 있다. 바르지 못한 음으로 두 양에게 오거나 나아가 기쁨을 구하니 흉한 도이다. 굳센 양이면서 바른 초효와 굳센 양이면서 알맞은 이효가 모두 군자를 기쁘게 하기가 어렵기 때문에 친하기를 구하지만 도리어 소원해진다." 하였다.

者는 以同體而陰性下也일새니 失道下行也라

六三은 유약한 陰으로 中正하지 못한 사람이니, 기뻐하기를 道로서 하지 못하는 자이다. '와서 기뻐함'은 나아가 기쁨을 구하는 것이다. 아래에 있는 陽과 가까워서 道가 아닌데도 자신을 굽혀서 나아가 기쁨을 구하니 이 때문에 흉하다. 안으로 가는 것을 '來'라고 한다. 위와 아래가 모두 陽인데도 유독 안으로 가는 것은 같은 卦體이고 陰의 성질은 아래로 가기 때문이니, 道를 잃고 아래로 내려가는 것이다.

【本義】陰柔不中正으로 爲兌之主하여 上无所應而反來就二陽하여 以求說하니 凶之道也라

유약한 陰이 中正하지 못함으로 兌卦≡의 주체가 되어 위로는 호응하는 바가 없고 도리어 陽인 九二에게 다가와서 기쁨을 구하니, 흉한 道이다.

字義 枉 : 굽힐 왕

象曰 來兌之凶은 位不當也일새라

〈象傳〉에 말하였다. "'와서 기뻐함'의 흉함은 자리가 마땅하지 않기 때문이다."

【傳】自處不中正하고 无與而妄求說하니 所以凶也라

스스로 中正하지 못한 데에 있고, 함께 하는 자가 없는데도 망령되게 기쁨을 구하니, 이 때문에 흉하다.

九四는 商兌[11]未寧이니 介疾이면 有喜리라

【本義】商兌라 未寧이나 介疾이니

九四는 기뻐할 바를 헤아려 편안하지 못하니, 절개를 지켜 사악함을 미워하면 기쁨

---

11 商兌 : 柳正源(朝鮮)은 《易解參攷》에서 후재풍씨의 말을 인용하여 "兌卦≡는 仲秋이니, 가운데 두 효는 8월의 氣에 해당하기 때문에 인하여 '가을〔商〕'의 상을 취하였다." 하였다.

이 있을 것이다.

【본의】기뻐할 바를 헤아려 편안하지 못하지만, 절개를 지켜 사악함을 미워하니,

【傳】四上承中正之五하고 而下比柔邪之三하며 雖剛陽而處非正이라 三은 陰柔니 陽所
說也라 故不能決而商度(탁)未寧이니 謂擬議所從而未決하여 未能有定也라 兩間을 謂之
介니 分限也라 地之界則加田하니 義乃同也라 故人有節守를 謂之介하니 若介然守正而
疾遠邪惡이면 則有喜也라 從五는 正也요 說三은 邪也라 四는 近君之位니 若剛介守正하여
疾遠邪惡이면 將得君以行道하여 福慶及物하리니 爲有喜也라 若四者는 得失이 未有定이요
繫所從耳니라

九四는 위로 中正한 九五를 받들고 아래로 유약하고 사특한 六三과 가까이 있으며, 비록
강건한 陽이지만 있는 자리가 바르지 않다. 六三은 유약한 陰이니 陽이 기뻐하는 바이기 때
문에 결단하지 못하고 헤아려서 편안하지 못하니, 따라갈 바를 헤아리고 의논하지만 결정하
지 못하여 정함이 있을 수 없음을 말한다. 둘 사이를 '介'라 하니, 한계이다. 땅의 경계는 '田'
자를 더하였으니, 뜻이 같다. 그러므로 사람이 절개와 지킴을 가지고 있는 것을 '介'라 하니,
만약 굳게 바름을 지켜 사특하고 악함을 미워하고 멀리하면 기쁨이 있게 된다. 九五를 따름
은 바름이고, 六三을 기뻐함은 사특함이다. 九四는 임금의 자리와 가까우니, 만약 강건하고
절개 있게 바름을 지켜 사특하고 악함을 미워하고 멀리 한다면 장차 임금의 신임을 얻어 道
를 행하여 복과 경사가 만물에 미칠 것이니 기쁨이 있게 된다. 九四와 같은 자는 얻고 잃음에
정해진 것이 없고, 자신이 따르는 바에 매어 있을 뿐이다.

【本義】四上承九五之中正하고 而下比六三之柔邪라 故不能決而商度所說하여 未能
有定이라 然質本陽剛이라 故能介然守正而疾惡(오)柔邪也니 如此則有喜矣라 象占如
此하니 爲戒深矣로다

九四는 위로 中正한 九五를 받들고 아래로 유약하고 사악한 六三과 가깝기 때문에 결단하
지 못하고 기뻐할 바를 헤아려서 정하지 못한다. 하지만 재질이 본래 강건한 陽이기 때문에
굳게 바름을 지키고 유약하고 사악함을 미워하니, 이와 같이 하면 기쁨이 있다. 象과 占이 이
와 같으니, 경계함이 깊다.

字義 商 : 헤아릴 상 介 : 절개 개 疾 : 미워할 질 度 : 헤아릴 탁

象曰 九四之喜는 有慶[12]也라

〈象傳〉에 말하였다. "九四의 기쁨은 경사가 있기 때문이다."

【傳】所謂喜者는 若守正而君說之면 則得行其剛陽之道而福慶及物也라

이른바 '기쁘다'란 것은 만약 바름을 지켜 임금이 기뻐하면 강건한 陽의 道를 행하여 복과 경사가 만물에 미칠 수 있다는 것이다.

九五는 孚于剝이면 有厲[13]리라

九五는 陽을 사그라지게 하는 자를 믿으면, 위태로움이 있을 것이다.

【傳】九五得尊位而處中正하니 盡說道之善矣로되 而聖人이 復設有厲之戒하시니 蓋堯舜之盛으로도 未嘗无戒也하니 戒所當戒而已라 雖聖賢在上이라도 天下에 未嘗无小人이라 然不敢肆其惡也하니 聖人亦說其能勉而革面也라 彼小人者 未嘗不知聖賢之可說也하니 如四凶[14]處堯朝에 隱惡而順命이 是也라 聖人이 非不知其終惡也로되 取其畏罪而强仁耳니 五若誠心信小人之假善爲實善하여 而不知其包藏이면 則危道也라 小人者는 備之不至면 則害於善이니 聖人爲戒之意深矣로다 剝者는 消陽之名이라 陰은 消陽者也니 蓋指上六이라 故孚于剝則危也니 以五在說之時하여 而密比於上六이라 故爲之戒라 雖舜之聖이라도 且畏巧言令色하시니 安得不戒也리오 說之惑人이 易入而可懼也如此니라

---

12 有慶 : 柳正源(朝鮮)은 《易解參攷》에서 "악을 미워하고 바름을 좇음은 人情이 좋아하는 바이고, 바름을 지키고 도를 행함은 군자가 즐거워하는 바이다. 또한 하물며 임금과 신하가 서로 기뻐하여 이로움과 은택이 다른 사람에게 미친다면 어찌 다만 자기 한 사람만의 사사로운 기쁨이겠는가. 천하의 복과 경사이다." 하였다.

13 九五……有厲 : 丘富國(宋代)은 《大全》의 소주에서 "구오는 剛中하고 자리에 마땅하지만, 기뻐함이 장차 지극해지고 밀접하게 상효와 가까워지는데, 양은 곧 음을 기뻐하는 뜻을 가지고 있는데다가 상효가 또 다시 그를 끌어당겨 기쁨으로 삼는다. 오효가 만약 상효가 자신을 해롭게 함을 헤아리지 않고 망령되게 그를 믿는다면 장차 음에게 사그라지게 될 것이기 때문에 '陽을 사그라지게 하는 것을 믿는다.'라고 하였다. 부드러운 음이 굳센 양을 사그라지게 하면 굳센 양은 위험하게 되기 때문에 위태로움이 있으니, 오효가 자리는 비록 바르지만 기뻐하는 바가 바르지 않기 때문이다." 하였다.

14 四凶 : 堯임금의 시대에 있었다고 전해지는 사악한 네 개의 씨족으로 共工·驩兜·三苗·鯀이다. 《春秋左氏傳》文公 18년 조에 보인다.

九五는 존귀한 자리를 얻고 中正에 있으니 기뻐하는 道를 지극히 잘 하는 자인데도 聖人이 다시 '위태로움이 있다.'는 경계를 세웠으니, 堯임금과 舜임금의 德이 융성한 때에도 일찍이 경계가 없지 않았으니, 마땅히 경계할 바를 경계했을 뿐이다. 비록 聖賢이 위에 있더라도 세상에 일찍이 小人이 없지 않았다. 그러나 감히 그 惡을 방자하게 할 수 없었으니, 聖人이 또한 小人이 억지로 힘써 얼굴(표면적인 것)을 고치는 것을 기뻐하였기 때문이다. 저 小人도 일찍이 聖賢이 기뻐할 만한 것을 알지 못한 것은 아니니, 예를 들어 四凶이 堯임금의 조정에 있으면서 惡을 숨기고 명령에 순종했던 것이 이것이다. 聖人이 그들이 끝내 악할 것임을 모른 것은 아니지만, 그들이 죄를 두려워하여 억지로라도 仁을 행하려는 것을 취하였을 뿐이니, 九五가 만약 진심으로 小人의 거짓된 善을 진실한 善이라고 믿어서 그 악함을 숨기고 있음을 모른다면 위태로운 道이다. 小人은 대비하기를 지극하게 하지 않으면 善에 해를 끼치니, 聖人이 경계로 삼은 뜻이 깊다. '剝'이란 陽을 사라지게 하는 것을 이르는 명칭이다. 陰은 陽을 사라지게 하는 것이니 上六을 가리킨다. 그러므로 陽을 사라지게 하는 것을 믿으면 위태로우니, 九五가 기뻐하는 때에 있으면서 上六과 밀접하게 가깝기 때문에 경계를 하였다. 비록 舜임금과 같은 성인이라도 또한 상대방을 위해 듣기 좋은 말을 하고 얼굴빛을 좋게 하는 자를 두려워하였으니, 어찌 경계하지 않을 수 있겠는가? 기쁘게 하여 사람들을 현혹함은 먹혀들기가 쉬워 두려워할 만함이 이와 같다.

【本義】剝은 謂陰이니 能剝陽者也라 九五는 陽剛中正이나 然當說之時而居尊位하여 密近上六하고 上六은 陰柔로 爲說之主하고 處說之極하니 能妄說以剝陽者也라 故其占이 但戒以信于上六則有危也라

'剝'은 陰을 이르니 陽을 사라지게 할 수 있는 자이다. 九五는 강건한 陽으로 中正하지만 기뻐하는 때를 맞아 존귀한 자리에 있어 上六과 밀접하게 가깝고, 上六은 유약한 陰으로 기쁨의 주체가 되고 기쁨의 끝에 있으니, 망령되게 기뻐하여 陽을 사라지게 할 수 있는 자이다. 그러므로 그 占이 단지 上六을 믿으면 위태로움이 있다고 경계하였다.

字義 剝 : 깎을 박   厲 : 위태로울 려   包 : 쌀 포   令 : 좋을 령

象曰 孚于剝은 位正當也일새라

〈象傳〉에 말하였다. "陽을 사그라지게 하는 자를 믿음'은 자리가 바로 그런 자리에 해당되기 때문이다."

【傳】戒孚于剝者는 以五所處之位 正當戒也일새라 密比陰柔하여 有相說之道라 故戒在
信之也라

‘陽을 사라지게 하는 자를 믿음’을 경계한 것은 九五가 있는 자리가 바로 마땅히 경계해야
할 자리이기 때문이다. 유약한 陰과 밀접하게 가까워 서로 기뻐하는 道가 있기 때문에 경계
함이 믿음에 있다.

【本義】與履九五同[15]이라

履卦☰☱의 九五에 “夬履貞厲 位正當也”라고 한 것과 같다.

上六은 引兌[16]라

上六은 이끌어서 기뻐함이다.

【傳】他卦는 至極則變이로되 兌爲說하니 極則愈說이라 上六은 成說之主요 居說之極하여
說不知已者也라 故說旣極矣로되 又引而長之라 然而不至悔咎는 何也오 曰 方言其說
不知已요 未見其所說善惡也며 又下乘九五之中正하여 无所施其邪說일새라 六三則承
乘皆非正이라 是以有凶이라

다른 卦는 끝에 이르면 변하지만 兌卦는 기뻐함이 되니, 지극하면 더욱 기뻐한다. 上六은
기쁨을 이루는 주체이고 기쁨의 지극한 곳에 있어서, 기뻐함을 그칠 줄 모르는 자이다. 그러
므로 기뻐함이 이미 지극한데도 또 이끌어서 길게 한다. 〈어떤 이가 묻기를〉 “그런데도 후회

---

15 與履九五同 : 康儼(朝鮮)은 《周易》에서 “聖人이 兌卦☱ 구오에서 곧바로 상육이 ‘陽을 사그라지게 하
는 것(剝)’이 됨을 가리켰다. 다른 괘에도 구오가 상육과 比의 관계에 있는 경우가 많은데 여기서만
유독 이와 같이 말한 것은 상육이 兌卦☱의 주인이 되면서 거듭된 兌卦☱의 끝에 있으니, 이는 곧
소인이 아첨하여 기쁘게 하되 못하는 짓이 없는 것이기 때문이다. 임금이 된 자는 소인이 아첨하여
기쁘게 하는 것이 나를 사랑해서가 아니라 장차 나를 사라지게 하고자 하는 것임을 알아, 반드시 나
쁜 냄새를 싫어하는 것처럼 싫어하여 털끝만큼이라도 그대로 믿는 마음이 있지 않게 한 후에야 굳
센 양이면서 중정한 덕을 보존하여 위태로운 데에 이르지 않을 수 있기 때문에 곧바로 ‘사그라지게
한다(剝)’라는 글자로 경계하였다. 그 뜻이 매우 간절하니 蘇軾이 이른바 ‘잘 다스려지는 세상을 걱
정하고 현명한 군주를 위태롭게 여긴다.’라고 한 것이 또한 이러한 경우를 말한 것이다.” 하였다.

16 引兌 : 金相岳(朝鮮)은 《山天易說》에서 “부드러운 음으로 기쁨의 주인이 되고 오효와 比의 관계에
있어서 사귀니, 이끌어서 기뻐하는 상이 된다. 그러나 중정한 오효는 반드시 서로 따르지는 않기
때문에 다만 위태롭다는 경계만 있고 여기 상육에서는 ‘흉하다’고 말하지 않았다.” 하였다.

와 허물에 이르지 않는 것은 어째서입니까?" 하니, 대답하기를 "막 기뻐함을 그칠 줄 모른다고 말했을 뿐이고, 아직 그 기뻐하는 바가 선한지 악한지를 알지 못하며, 또 아래로 中正한 九五를 타고 있어서 사특한 기쁨을 베풀 곳이 없기 때문입니다." 하였다. 六三은 받든 것과 탄 것이 모두 바르지 않으니, 이 때문에 흉함이 있다.

【本義】上六은 成說之主요 以陰居說之極하여 引下二陽하여 相與爲說이나 而不能必其從也라 故九五當戒요 而此爻엔 不言其吉凶하니라

上六은 기쁨을 이루는 주체이고 陰으로 기쁨의 끝에 있어서 아래의 두 陽을 이끌어 서로 기쁨이 되려고 하지만 자신을 반드시 따르게 할 수는 없다. 그러므로 九五에서는 마땅히 경계하였고, 이 爻에서는 길함과 흉함을 말하지 않았다.

字義 愈 : 더욱 유   已 : 그칠 이

象曰 上六引兌 未光[17]也라

〈象傳〉에 말하였다. "'上六은 이끌어서 기뻐함'은 아직 빛나지 못한다."

【傳】說旣極矣어늘 又引而長之면 雖說之之心不已하나 而事理已過하여 實无所說이라 事之盛이면 則有光輝로되 旣極而强引之長이면 其无意味甚矣니 豈有光也리오 未는 非必之辭니 象中多用하니 非必能有光輝는 謂不能光也라

기뻐함이 이미 지극한데도 또 이끌어서 기쁨을 길게 하면, 비록 기쁘게 하는 마음이 그치지 않지만 事理가 이미 지나쳐서 실제로 기뻐할 바가 없다. 일이 성대하면 빛남이 있지만, 이미 지극한데도 억지로 이끌어서 길게 하면 의미가 없음이 심하니, 어찌 빛남이 있겠는가. '未'는 반드시 그렇지는 않다는 말이니, 爻의 〈象傳〉에 많이 사용하였다. 반드시 빛남이 있지 못하다는 것은 빛날 수 없음을 말한다.

---

17 未光 : 金相岳(朝鮮)은 《山天易說》에서 "'이끌어서 기뻐한다'란 양을 이끌어서 기쁨으로 삼는다는 것이다. 臨卦䷒ 육삼에서 말한 '달콤함으로 임하다.'와 咸卦䷞ 상육에서 말한 '입과 말로만 올려주는 것이다.'는 모두 '이끌다[引]'라는 글자의 뜻이다. 달콤한 말로 유혹하는 자취는 은근하여 보이지 않으니, 다른 사람이 자기에게 친근하게 다가오더라도 스스로 알지 못하게 되는 까닭이다. 상육의 '이끌어서 기뻐함'은 임금을 이끌어서 도에 합당하게 하는 뜻이 아니니, 어찌 빛남이 있을 수 있겠는가." 하였다.

59. 渙

䷺ 坎下巽上

下卦는 坎卦☵이고 上卦는 巽卦☴이다.

【傳】渙은 序卦에 兌者는 說也니 說而後散之라 故受之以渙이라하니라 說則舒散也니 人之氣, 憂則結聚하고 說則舒散이라 故說有散義하니 渙所以繼兌也라 爲卦 巽上坎下하니 風行於水上하여 水遇風則渙散이니 所以爲渙也라

渙卦는 〈序卦傳〉에 "兌는 기뻐함이니, 기뻐한 뒤에는 흩어지므로 渙卦로 받았다." 하였다. 기뻐하면 펴져서 흩어지니 사람의 기운은 근심하면 맺혀서 모이고, 기뻐하면 펴져서 흩어진다. 그러므로 기뻐함에 흩어지는 뜻이 있으니, 이 때문에 渙卦가 兌卦를 이었다. 卦의 구성이 上卦는 巽卦☴이고 下卦는 坎卦☵이니, 바람이 물 위에 붙어서 물이 바람을 만나면 흩어지기 때문에 渙卦가 된다.

字義 渙 : 풀릴 환　舒 : 펼 서　散 : 흩을 산

渙[1]은 亨하니 王假(격)有廟며 利涉大川하니 利貞하니라

渙은 형통하니, 왕이 사당을 둠에 지극하며 큰 내를 건넘이 이로우니, 바르게 함이 이롭다.

1　渙 : 빌헬름 영문판 주역인 《The I Ching》에서는 渙卦를 Huan / Dispersion〔Dissolution〕이라고 하였다. 물 위에 부는 바람이 파랑을 일으키며 물방울을 분산시킨다. 이와 반대 괘인 취괘는 못에 물이 모여드는 상이다. 환괘는 분리나 분산을 의미한다. 그런데 분산이나 분리를 하는 방식은 분열을 초래하는 자기중심적 생각을 분산시키는 것이다. 그러기 위해 서로 모이는데 이런 차원에서는 췌괘의 모인다는 의미와 유사성을 지닌다. 겨울철에 언 물이 따스한 봄날에 융해되듯이 인간사회의 자기중심적인 굳은 마음을 종교적 감성에 의해 융해시킬 수 있다고 하였다.

【본의】 사당에 이르며

【傳】 渙은 離散也라 人之離散은 由乎中하니 人心離則散矣요 治乎散도 亦本於中하니 能收合人心이면 則散可聚也라 故卦之義皆主於中하니라 利貞은 合渙散之道 在乎正固也라

'渙'은 떠나고 흩어짐이다. 사람이 떠나고 흩어짐은 마음에서 말미암으니 人心이 이반하면 흩어지고, 흩어짐을 다스리는 것 또한 마음에 근본을 두니 人心을 收合하면 흩어진 것을 모을 수 있다. 그러므로 卦의 뜻이 모두 마음을 주로 삼았다. '바르게 함이 이로움'은 흩어짐을 합하는 道가 바르고 곧음에 있다는 것이다.

【本義】 渙은 散也라 爲卦下坎上巽하니 風行水上하여 離披解散之象이라 故爲渙이라 其變則本自漸卦하니 九來居二而得中하고 六往居三하여 得九之位而上同於四[2]라 故其占可亨이요 又以祖考之精神旣散이라 故王者當至於廟以聚之라 又以巽木坎水는 舟楫之象이라 故利涉大川이라 其曰利貞은 則占者之深戒也라

'渙'은 흩어짐이다. 괘의 구성이 下卦는 坎卦☵이고 上卦는 巽卦☴이니, 바람이 물 위에 불어 떨어져 흩어지는 象이기 때문에 渙卦가 된다. 卦變은 본래 漸卦☶로부터 왔으니, 九三이 와서 二爻 자리에 있어 中을 얻고 六二가 가서 三爻 자리에 있어 陽의 자리를 얻어 위로 四爻와 함께 하므로 그 占이 형통할 수 있고, 또 조상의 정신이 이미 흩어졌기 때문에 왕이 마땅히 사당에 이르러 모으는 것이다. 또 巽卦인 木과 坎卦인 水는 배와 노의 象이므로 큰 내를 건넘이 이로운 것이다. '바르게 함이 이롭다.'고 말한 것은 점치는 자에게 깊이 경계한 것이다.

---

2 六往居三 得九之位而上同於四 : 康儼(朝鮮)은 《周易》에서 "六이 가서 삼효자리에 거처한다는 설명은 주자 자신이 온당치 않다고 여겼다. 호운봉도 '주자가 비록 이러한 의심을 하였으나 미처 개정하지는 못했다.'고 했으니, 다른 괘로 살펴본다면 음이 삼효자리에 있는 것을 일찍이 '자리를 얻었다.'고 말하지 않았고, 음이 사효자리에 있으면 혹 '자리를 얻었다.'고 말했으니, 小畜卦 〈단전〉이 음으로 사효자리에 있는 것을 '부드러운 음이 자리를 얻었다.'고 하고, 家人卦 육사의 〈상전〉에서 '순종함으로 바른 자리에 있다.'고 한 것이 이것이다. 다만 《본의》에서 괘가 변화하는 예는 比의 관계에 있는 두 효로써 변화의 예를 삼았다. 比의 관계에 있는 두 효로써 변화를 삼았기 때문에 일찍이 그 사이에 한 효만 변한 경우는 없다. 그러므로 이 괘에서도 마찬가지로 점괘의 九가 와서 이효 자리에 있고 六이 가서 삼효자리에 있음을 이른 것이다. 그러나 삼효는 본래 양의 자리인데 陰으로 삼효자리에 있으니, '자리를 얻었다.'고 말할 수 없기 때문에 《본의》에서 온당하지 않게 여긴 것이다. 그러나 만약 주자가 개정한다면 마땅히 어떠해야 하겠는가? 내 생각에 '굳센 양이 와서 다하지 않는다.'는 한 구절은 마땅히 괘의 변화로 말해야 하지만, '부드러운 음이 밖에서 자리를 얻어 위와 함께 한다.'는 한 구절은 괘의 변화로 처리할 수 없으니, 다만 육사가 위로 구오와 함께 하는 것으로 말한다면 어떻겠는가." 하였다.

字義 假 : 이를 격　披 : 헤칠 피　楫 : 노 집

象曰 渙亨은 剛來而不窮[3]하고 柔得位乎外而上同할새라

〈象傳〉에 말하였다. "'渙이 형통함'은 剛이 와서 끝까지 다하지 않고, 柔가 밖에서 자리를 얻어 위와 함께 하기 때문이다."

【傳】渙之能亨者는 以卦才如是也라 渙之成渙은 由九來居二하고 六上居四也라 剛陽之來에 則不窮極於下而處得其中하고 柔之往에 則得正位於外而上同於五之中하니 巽順於五는 乃上同也라 四五는 君臣之位니 當渙而比면 其義相通이니 同五는 乃從中也라 當渙之時而守其中이면 則不至於離散이라 故能亨也라

渙이 형통할 수 있는 것은 卦의 재질이 이와 같기 때문이다. 渙卦가 渙卦가 된 까닭은 陽이 와서 二爻 자리에 있고, 陰이 올라가 四爻 자리에 있기 때문이다. 강건한 陽이 와서 아래에서 끝까지 다하지 않아 거처함이 中을 얻었고, 柔가 가서 밖에서 바른 자리를 얻어 위로 五爻의 中과 함께 하니, 九五에게 巽順함이 바로 위와 함께 하는 것이다. 四爻와 五爻는 임금과 신하의 자리이니, 흩어지는 때를 당하여 가까이 하면 그 뜻이 서로 통하니, 九五와 함께 함은 바로 中道를 따르는 것이다. 흩어지는 때라도 그 中道를 지키면 이반하여 흩어지는 데 이르지 않으므로 형통할 수 있다.

【本義】以卦變으로 釋卦辭라

卦變으로 卦辭를 해석하였다.

王假有廟는 王乃在中[4]也요

---

3 剛來而不窮 : 李震相(朝鮮)은 《易學管窺》에서 "환괘는 否卦☷로부터 왔다. 九가 와서 이효의 자리에 있고 六이 가서 사효의 자리에 있는 것은 둘이 괘의 가운데 있는 것이기 때문에 다하지 않는다. 사효는 임금자리에 가깝기 때문에 위와 함께 한다. 《본의》에서는 漸卦☶로부터 왔다고 했는데, 육이 가서 삼효의 자리에 있는 것을 부드러운 음이 자리를 얻었다고 말할 수 없다. 대체로 《본의》에서의 괘의 변화는 자리를 건너뛰어서 왕래함을 사용하지 않기 때문에 이와 같다." 하였다.

4 王乃在中 : 李恒老(朝鮮)는 《周易傳義同異釋義》에서 "'가운데'를 마음이라고 하고 '있음'을 얻는다

'왕이 사당을 둠에 지극함'은 왕이 中에 있는 것이요,

【傳】王假有廟之義는 在萃卦詳矣라 天下離散之時에 王者收合人心하여 至於有廟면
乃是在其中也라 在中은 謂求得其中이니 攝其心之謂也니 中者는 心之象이라 剛來而
不窮하고 柔得位而上同하니 卦才之義 皆主於中也라 王者拯渙之道는 在得其中而已니
孟子曰 得其民有道하니 得其心이면 斯得民矣[5]라하시니라 享帝, 立廟는 民心所歸從也니
歸人心之道가 无大於此라 故云至于有廟라하니 拯渙之道 極於此也라

　'王假有廟'의 뜻은 萃卦에 상세하다. 천하가 이반하여 흩어지는 때에 왕이 人心을 收合하
여 사당을 둠에 이르니, 이것이 바로 中에 있는 것이다. 中에 있다는 것은 中을 구하여 얻음
을 이르니, 그 마음을 잡는 것을 말하니, '中'은 마음의 象이다. 剛이 와서 끝까지 다하지 않
고 柔가 지위를 얻어 위로 함께 하니, 卦才의 뜻이 모두 中(九二와 九五)을 위주로 한다. 왕이
흩어짐을 구제하는 道는 中을 얻음에 있을 뿐이니, 孟子는 "백성을 얻는 것에 방법이 있으니,
마음을 얻으면 이에 백성을 얻는다." 하였다. 상제에게 제향하고 사당을 세움은 民心이 돌아
오고 따르는 바이니, 人心을 돌아오게 하는 방도가 이것보다 큰 것이 없다. 그러므로 '사당을
둠에 이른다.' 하였으니, 흩어짐을 구제하는 방도가 여기에서 다하였다.

【本義】中은 謂廟中이라

　'中'은 사당의 가운데를 이른다.

利涉大川은 乘木하여 有功[6]也라

'큰 내를 건넘이 이로움'은 나무를 타서 功이 있는 것이다."

【傳】治渙之道는 當濟於險難이니 而卦有乘木濟川之象이라 上巽은 木也요 下坎은 水,

　고 하면 글자의 뜻이 옳지 않다. 또 '王在廟中'과 '乘木有功'은 모두 상으로 말했는데, 만약 사람의
　마음을 얻는 것으로 환괘의 상을 해석한다면 아마도 딱 맞지는 않을 듯하다. 설명이 萃卦☱☷에 보
　인다." 하였다.
5　孟子曰……斯得民矣 : 이 내용은《孟子》〈離婁 上〉에 보인다.
6　乘木 有功 : 金箕澧(朝鮮)는《易要選義綱目》에서 "역에서 배와 노가 되는 괘가 열 셋인데,〈계사전〉
　에서 유독 환괘만 취한 것은 나무가 물 위에 있어서 건넘이 이로우니, 흩어짐을 구제하는 공이 있
　음을 말한다." 하였다.

大川也니 利涉險以濟渙也라 木在水上은 乘木之象이요 乘木은 所以涉川也라 涉則有
濟渙之功이니 卦有是義하고 有是象也라

흩어짐을 다스리는 방도는 마땅히 험난함을 구제하여야 하니, 卦에 나무를 타고 내를 건너
는 象이 있다. 위의 巽卦☴는 나무이고, 아래의 坎卦☵는 물이며 大川이니, 험한 것을 건너
흩어짐을 구제함이 이로운 것이다. 나무가 물 위에 있음은 나무를 타는 象이고, 나무를 탐은
내를 건너는 것이다. 건너면 흩어짐을 구제하는 功이 있으니, 卦에 이런 뜻이 있고 이런 象이
있다.

字義 攝 : 잡을 섭   拯 : 건질 증

象曰 風行水上이 渙이니 先王이 以하여 享于帝하며 立廟[7]하니라

〈象傳〉에 말하였다. "바람이 물 위에 부는 것이 渙이니, 先王이 이것을 본받아 上帝
에게 제향하고 사당을 세운다."

【傳】風行水上은 有渙散之象이니 先王이 觀是象하여 救天下之渙散하여 至于享帝立廟
也하니 收合人心은 无如宗廟라 祭祀之報는 出於其心이라 故享帝立廟는 人心之所歸
也니 係人心, 合離散之道 无大於此라

바람이 물 위에 부는 것은 흩어지는 象이 있으니, 先王이 이러한 象을 보고서 세상의 흩어
짐을 구원하여 상제에게 제향하고 사당을 세움에 이르렀으니, 人心을 거두어 모으는 것은 종
묘만한 것이 없다. 제사의 보답은 마음에서 나오기 때문에 상제에게 제향하고 종묘를 세움은
人心이 돌아오는 바이니, 人心을 붙들고 이반하여 흩어짐을 합치는 방도가 이것보다 큰 것이
없다.

【本義】皆所以合其散이라

모두 그 흩어짐을 합치는 것이다.

---

7 立廟 : 徐幾(宋代)는 《大全》의 소주에서 "바람이 물 위에 부는 것은 흩어져 이반하는 상이다. 선왕
이 상제에게 제향하고 사당을 세움은 흩어진 것을 취합하기 위함이다. 이것은 정성·공경·사랑·
효심의 지극함이니 귀신이 이르지 않음이 없고, 흩어짐이 모이지 않음이 없기 때문에 〈단전〉과
〈상전〉에서 언급하였다." 하였다.

初六은 用拯호되 馬壯⁸하니 吉하니라

初六은 구원하되 말이 건장하니, 길하다.

【傳】六居卦之初하니 渙之始也라 始渙而拯之하고 又得馬壯하니 所以吉也라 六爻에 獨初不云渙者는 離散之勢를 辨之宜早하여 方始而拯之면 則不至於渙也니 爲敎深矣라 馬는 人之所託也니 託於壯馬라 故能拯渙이니 馬는 謂二也라 二有剛中之才하고 初陰柔順하며 兩皆无應하니 无應則親比相求라 初之柔順而託於剛中之才하여 以拯其渙하니 如得壯馬以致遠하여 必有濟矣라 故吉也라 渙拯於始면 爲力則易하니 時之順也라

六이 卦의 처음에 있으니, 흩어지는 초기이다. 흩어지는 초기에 구원하고, 또 건장한 말을 얻었기 때문에 길하다. 여섯 爻 가운데 初六에서만 '渙'을 말하지 않은 것은 이반되어 흩어지는 형세를 일찍 분별하여 막 시작할 때에 구원하면 흩어지는 데까지 이르지 않으니, 가르침이 깊다. '말'은 사람이 의탁하는 것이니, 건장한 말에 의탁하기 때문에 흩어짐을 구원할 수 있으니, '말'은 九二를 가리킨다. 九二는 剛中한 재질이 있고 初六의 陰은 柔順한데 둘 모두 호응이 없으니, 호응이 없으면 친하고 가까워 서로 구한다. 初六은 柔順해서 剛中의 재질에게 의탁하여 흩어짐을 구원하니, 이는 건장한 말을 얻어 먼 길을 가는 것과 같아서 반드시 구제함이 있으므로 길한 것이다. 흩어짐을 초기에 구원하면 힘쓰기가 쉬우니, 때에 순종함이다.

【本義】居卦之初하니 渙之始也라 始渙而拯之면 爲力旣易요 又有壯馬하니 其吉可知라 初六은 非有濟渙之才요 但能順乎九二라 故其象占如此하니라

卦의 첫 번째 자리에 있으니, 흩어짐의 초기이다. 흩어지는 초기에 구원하면 힘쓰기가 이미 쉽고 또 건장한 말이 있으니, 그 길함을 알 수 있다. 初六은 흩어짐을 구제하는 재질을 소유한 것이 아니고, 다만 九二에게 순종하기 때문에 그 象과 占이 이와 같다.

字義 託 : 의탁할 탁   比 : 가까울 비

---

8 馬壯 : 胡炳文(南宋)은 《大全》의 소주에서 "말이 건장함은 구이의 강한 상이다. 다섯 효에 모두 '흩어짐'을 말했지만 초효에만 '흩어짐'을 말하지 않은 것은, 구제함이 오히려 초기이어서 흩어짐에 이르지 않을 수 있어서이다. 초육은 하나의 유가 아래에 있어서 흩어짐을 구제하는 재질이 없지만 초기에 구제하는 것은 오히려 쉽다. 단지 구이에 순종하여 나갈 수 있으면 길하다. 구이는 강중의 재질이 있고 감괘는 등줄기가 아름다운 말이 된다." 하였다.

象曰 初六之吉은 順⁹也일새라

〈象傳〉에 말하였다. "初六의 길함은 순종하기 때문이다."

【傳】初之所以吉者는 以其能順從剛中之才也라 始渙而用拯하니 能順乎時也라

初六이 길한 까닭은 剛中의 재질에게 순종하기 때문이다. 흩어지는 초기에 구원하니, 이것은 때에 순응하는 것이다.

九二는 渙에 奔其机면 悔亡¹⁰하리라

【本義】渙에 奔其机니

九二는 흩어짐에 궤(안석)로 달려가면 후회가 없어질 것이다.

【본의】흩어짐에 궤로 달려가니,

【傳】諸爻에 皆云渙하니 謂渙之時也라 在渙離之時하여 而處險中하니 其有悔를 可知나 若能奔就所安이면 則得悔亡也라 机者는 俯憑以爲安者也니 俯는 就下也요 奔은 急往也라 二與初雖非正應이나 而當渙離之時하여 兩皆无與하여 以陰陽親比相求하니 則相賴者也라 故二目初爲机하고 初謂二爲馬라 二急就於初以爲安이면 則能亡其悔矣니 初雖坎體나 而不在險中也일새라 或疑初之柔微를 何足賴리오하니 蓋渙之時는 合力爲勝이라 先儒皆以五爲机하니 非也라 方渙離之時하여 二陽이 豈能同也리오 若能同이면 則成濟渙之功이 當大하리니 豈止悔亡而已리오 机는 謂俯就也라

여러 爻에서 다 '渙'을 말한 것은 흩어지는 때임을 이른 것이다. 흩어지는 때에 있어서 험한 가운데에 있으니, 후회가 있음을 알 만하나 만약 편안한 데로 달려 나가면 후회가 없어지게

---

9 順 : 徐有臣(朝鮮)은 《易義擬言》에서 "효사에서 '건장하다'고 한 것은 功이 민첩한 것이고, 〈상전〉에서 '순종한다'고 한 것은 시기가 평이한 것이다." 하였다.

10 悔亡 : 蔡鍾植(朝鮮)은 《周易傳義同歸解》에서 《정전》에서는 "'이효가 험한 가운데 있으니, 그 후회를 알 만하다.'고 했으니, 이것은 괘의 덕으로 후회의 뜻을 푼 것이며, 《본의》에서는 '九가 이효 자리에 있으니, 마땅히 후회가 있을 것이나'라고 했으니, 이것은 효의 자리로 후회의 뜻을 푼 것이다. 그러나 후회가 되는 이치는 같다." 하였다.

될 것이다. '机'는 구부려 의지하여 편안하게 하는 것이니 '구부림'은 아래로 나아감이요, '달려감'은 급히 감이다. 九二와 初六이 비록 正應은 아니지만 흩어지는 때를 당하여 둘이 모두 함께 하는 상대가 없어서 陰과 陽으로 친하고 가까워 서로 구하니, 서로 의지하는 자이다. 그러므로 九二는 初六을 지목하여 '机'라 하고, 初六은 九二를 '말'이라 하였다. 九二가 급히 初六에게 나아가 편안하게 여기면 후회를 없앨 수 있으니, 初六이 비록 坎의 卦體이지만 험한 가운데에 있지 않기 때문이다.

어떤 이가 의심하길 "유약하고 미미한 初六을 어찌 의지할 수 있겠습니까?" 하니, 대답하기를 "흩어지는 때에는 힘을 합하는 것이 가장 좋은데 이전의 학자들은 모두 九五를 '机'로 여겼으니, 잘못입니다. 막 흩어지는 때를 당하여 두 陽이 어찌 함께 할 수 있겠습니까? 만약 함께 할 수 있다면 흩어짐을 구제하는 功을 이룸이 마땅히 클 것이니, 어찌 다만 후회가 없어질 뿐이겠습니까?" 하였다. '机'는 아래로 나아감을 말한 것이다.

【本義】九而居二하니 宜有悔也나 然當渙之時하여 來而不窮하니 能亡其悔者也라 故其象占如此하니 蓋九奔而二机也라

陽으로 두 번째 자리에 있으니, 마땅히 후회가 있다. 그러나 흩어지는 때를 당하여 와서 끝까지 다하지 않으니, 그 후회를 없앨 수 있는 자이다. 그러므로 그 象과 占이 이와 같으니, 九의 陽은 '달려가는 것'이고 二爻의 陰 자리는 '机'이다.

字義 机 : 안석 궤   就 : 나아갈 취   俯 : 구부릴 부   憑 : 기댈 빙

象曰 渙奔其机는 得願也라

〈象傳〉에 말하였다. "'흩어짐에 궤로 달려감'은 소원을 얻은 것이다."

【傳】渙散之時엔 以合爲安하나니 二居險中하여 急就於初는 求安也라 賴之如机而亡其悔하니 乃得所願也라

흩어지는 때에는 합하는 것을 편안하게 여기니, 九二가 험한 가운데에 있어서, 급히 初六에게 나아감은 편안함을 구해서이다. 九二가 初六을 机처럼 의지하여 후회를 없애니, 이에 소원을 얻은 것이다.

六三은 渙에 其躬이 无悔[11]니라

【本義】渙其躬이니 无悔리라

六三은 흩어짐에 그 몸만 후회가 없다.

【본의】몸의 사사로움을 흩어버리니, 후회가 없을 것이다.

【傳】三在渙時하여 獨有應與하니 无渙散之悔也나 然以陰柔之質로 不中正之才요 上居无位之地하니 豈能拯時之渙而及人也리오 止於其身이 可以无悔而已라 上加渙字는 在渙之時에 躬无渙之悔也라

六三은 흩어지는 때에 있어 홀로 호응하여 더부는 상대가 있으니, 흩어지는 후회가 없다. 그러나 유약한 陰의 재질로 中正하지 못한 재주이고, 上九는 지위가 없는 자리에 있으니, 어찌 천하의 흩어짐을 구원하여 남에게까지 미치겠는가. 그 몸이 뉘우침이 없는데 그칠 뿐이다. 앞에 '渙'자를 더한 것은 흩어지는 때에 있어서 자기는 흩어지는 후회가 없기 때문이다.

【本義】陰柔而不中正하니 有私於己之象也나 然居得陽位하여 志在濟時하니 能散其私하여 以得无悔라 故其占如此라 大率此上四爻는 皆因渙以濟渙者也라

유약한 陰으로 中正하지 못하니, 자기에게 사사로움이 있는 象이나, 거처함이 陽의 자리를 얻어 뜻이 때를 구제함에 있으니, 사사로움을 흩어 후회가 없을 수 있다. 그러므로 그 占이 이와 같다. 대체로 이 위의 네 爻는 흩어버림으로 인하여 흩어짐을 구원하는 자이다.

象曰 渙其躬은 志在外[12]也일새라

〈象傳〉에 말하였다. "'흩어짐에 그 몸만'은 뜻이 밖에 있기 때문이다."

---

11 无悔 : 李恒老(朝鮮)는 《周易傳義同異釋義》에서 "'몸의 사사로움을 흩는 것이다〔渙其躬〕', '붕당의 무리를 흩는 것이다〔渙其群〕', '피를 흩는다〔渙其血〕'고 할 때의 세 '其'자를 끊어 아랫구절에 붙이면 문세가 순조롭지 않은데, 구이와 구오의 '흩어짐〔渙〕'이라는 구절로 예를 삼았기 때문에 이와 같다. 그러나 문장의 뜻은 자연 다르니, 억지로 끌어다 다음의 세 효와 같게 할 수 없을 듯하다." 하였다.

12 志在外 : 吳致箕(朝鮮)는 《周易經傳增解》에서 "상효의 굳센 양이 밖에 있고 삼효가 함께 서로 호응하므로 뜻이 밖에 있어 자기의 사사로움을 버리고 그를 좇아 흩어짐을 구제한다." 하였다.

【傳】志應於上은 在外也니 與上相應이라 故其身이 得免於渙而无悔라 悔亡者는 本有而得亡이요 无悔者는 本无也라

　뜻이 上九와 호응함은 밖에 있는 것이니, 上九와 서로 호응하기 때문에 그 몸이 흩어짐을 면하여 후회가 없다. '悔亡'은 본래 있다가 없어지는 것이고, '无悔'는 본래 없는 것이다.

六四는 渙에 其群이라 元吉이니 渙에 有丘는 匪夷所思[13]리라

【本義】渙其群이라

　六四는 흩어짐에 무리를 이루기 때문에 크게 선하여 길하니, 흩어짐에 언덕처럼 많이 모임은 보통사람이 생각할 바가 아니다.

　【본의】붕당의 무리를 흩어버리는 것이다.

【傳】渙四五二爻義相須라 故通言之하니 象에 故曰上同也라하니라 四는 巽順而正하여 居大臣之位하고 五는 剛中而正하여 居君位하니 君臣合力하고 剛柔相濟하여 以拯天下之渙者也라 方渙散之時하여 用剛則不能使之懷附하고 用柔則不足爲之依歸어늘 四以巽順之正道로 輔剛中正之君하여 君臣同功하니 所以能濟渙也라 天下渙散而能使之群聚면 可謂大善之吉也라 渙有丘匪夷所思는 贊美之辭也라 丘는 聚之大也니 方渙散而能致其大聚면 其功甚大요 其事甚難이요 其用至妙라 夷는 平常也니 非平常之見所能思及也라 非大賢智면 孰能如是리오

　渙卦의 六四와 九五는 뜻이 서로 따르기 때문에 통틀어 말하였으니, 〈象傳〉에서 이 때문에 '위와 함께 한다.'고 하였다. 六四는 巽順하고 바르면서 大臣의 자리에 있고, 九五는 剛中하

---

13 匪夷所思 : 康儼(朝鮮)은 《周易》에서 "渙其群에 대해 《정전》에서는 '천하가 흩어지는 때에 떼지어 모이게 한다'는 것으로 풀었고, 《본의》에서는 '붕당의 무리를 흩는다.'는 것으로 풀었는데, 〈상전〉의 '광대하다'는 글자를 살펴보면 《본의》가 더 정밀함을 볼 수 있다. 咸卦☱ 구사에서 '벗만 네 생각을 따른다.'고 했는데 〈상전〉에서는 '빛나고 크지 못하다.'고 했고, 泰卦☰ 구이에서 '멀리 있는 사람을 버리지 않으면서도 붕당을 없앤다.'고 했는데 〈상전〉에서는 '빛나고 크기 때문이다.'라고 했다. 이제 환괘의 육사에서도 '광대하다'고 했으니 '渙其群'이 붕당의 무리를 흩는다는 뜻이 됨을 알 수 있다. 그러므로 《본의》에서 '붕당의 무리를 흩는다.'는 것으로 풀었다. 이전의 학자들이 이른바 '역이 있으면 《본의》가 없어서는 안 된다.'고 한 것을 여기에서도 볼 수 있다." 하였다.

고 바르면서 임금의 자리에 있으니, 임금과 신하가 힘을 합치고 강건함과 유순함이 서로 구제하여 천하의 흩어짐을 구원하는 자이다. 흩어지는 때를 맞아 강건함을 쓰면 귀의하여 따르게 할 수 없고, 유순함을 쓰면 의지하여 돌아오게 하지 못하는데, 六四는 巽順한 바른 道로써 강건하고 中正한 임금을 보필하여 임금과 신하가 功을 함께 하니, 이 때문에 흩어짐을 구제할 수 있다. 천하가 흩어지는데 떼지어 모이게 한다면 크게 善한 길함이라고 할 수 있다. '흩어짐에 언덕처럼 많이 모임은 보통사람이 생각할 바가 아니다.'는 찬미한 말이다. '언덕'은 모임이 큰 것이니, 막 흩어지는데 크게 모이게 할 수 있으면, 그 功이 매우 크고 그 일이 매우 어렵고 그 쓰임이 지극히 오묘하다. '夷'는 보통이니, 보통 사람의 소견으로는 생각하여 미칠 수 있는 바가 아니다. 크게 어질고 지혜로운 자가 아니면 누가 이와 같이 하겠는가.

【本義】居陰得正하고 上承九五하니 當濟渙之任者也요 下无應與하니 爲能散其朋黨之象이라 占者如是면 則大善而吉이라 又言能散其小群하여 以成大群하여 使所散者聚而若丘는 則非常人思慮之所及也라하니라

陰의 자리에 있어 바름을 얻고 위로 九五를 받드니, 흩어짐을 구제할 책임을 맡은 자이고, 아래에 호응하여 더부는 자가 없으니 그 朋黨의 무리를 흩어버리는 象이 된다. 점치는 자가 이와 같이 하면 크게 善하여 길하다. 또 작은 무리를 흩어서 큰 무리를 이루어서, 흩어지는 자들로 하여금 모여 언덕처럼 많게 함은 평범한 사람들의 생각이 미칠 바가 아니라는 말이다.

字義 匪 : 아닐 비 夷 : 보통 이

象曰 渙其群元吉은 光大也라

〈象傳〉에 말하였다. "'흩어짐에 무리를 이루기 때문에 크게 선하여 길함'은 빛나고 큰 것이다."

【傳】稱元吉者는 謂其功德光大也라 元吉光大가 不在五而在四者는 二爻之義를 通言也일새라 於四에 言其施用하고 於五에 言其成功하니 君臣之分也라

'元吉'이라고 말한 것은 그 功德이 빛나고 큼을 말한다. '元吉光大'가 五爻에 있지 않고 四爻에 있는 것은 두 爻의 뜻을 통틀어 말하였기 때문이다. 六四에서는 베풀어 씀을 말하고, 九五에서는 功을 이룬 것을 말하였으니, 이는 임금과 신하의 분별이다.

九五는 渙에 汗其大號[14]면 渙에 王居니 无咎리라

【本義】汗其大號하며 渙王居면

　九五는 흩어지는 때에 큰 호령을 내되 땀이 나듯 하면 흩어짐에 대처함에 왕의 거처에 걸맞으니 허물이 없을 것이다.

　【본의】큰 호령을 내되 땀이 나듯 하며 왕의 재화를 흩어주면

　【傳】五與四君臣合德하여 以剛中正巽順之道로 治渙하니 得其道矣라 唯在浹洽於人心이니 則順從也라 當使號令洽於民心하여 如人身之汗이 浹於四體면 則信服而從矣니 如是면 則可以濟天下之渙하여 居王位 爲稱而无咎라 大號는 大政令也니 謂新民之大命과 救渙之大政이라 再云渙者는 上은 謂渙之時요 下는 謂處渙이 如是則无咎也라 在四에 已言元吉하니 五엔 唯言稱其位也라 渙之四五通言者는 渙은 以離散爲害라 拯之使合也니 非君臣同功合力이면 其能濟乎아 爻義相須하니 時之宜也라

　九五와 六四는 임금과 신하가 德을 합하여 강건하고 中正하며 巽順한 道로 흩어짐을 다스리니, 그 道를 얻은 것이다. 오직 人心에 무젖어 합하게 함에 있으니 그러면 곧 순종한다. 마땅히 호령이 民心에 무젖게 함을 사람 몸의 땀이 온 몸에 젖어드는 것처럼 하면 믿고 복종하여 따를 것이니, 이와 같이 하면 세상의 흩어짐을 구제하여 왕의 지위에 걸맞아 허물이 없을 것이다. '큰 호령'은 큰 정치 명령이니, 백성을 새롭게 하는 큰 명령과 흩어짐을 구제하는 큰 政事를 말한다. 두 번 '渙'을 말한 것은, 앞의 것은 흩어지는 때를 말하고, 다음 것은 흩어짐에 대처함이 이와 같으면 허물이 없음을 말한다. 六四에서 이미 '元吉'을 말했으니, 九五에서는 그 지위에 걸맞음만을 말하였다. 渙卦의 六四와 九五를 통틀어 말한 것은 渙卦는 흩어짐

---

14 汗其大號 : 柳正源(朝鮮)은 《易解參攷》에서 "사람이 위험과 재난을 만나면 놀라고 두려워하여 노심초사하면 땀이 몸으로부터 나오므로 '땀'으로 위험과 재난을 비유하였다."고 한 《주역정의》의 말을 인용하였다. 柳正源(朝鮮)은 《易解參攷》에서 鄭東卿(송대)의 말을 인용하여 "사람의 한 몸에 있어 양은 기운을 위주로 하고 음은 형기를 위주로 하니, 元氣는 타서 땀이 되고 흘러 피가 된다. 두 양이 밖에서 흩어지므로 '땀'이라고 말하고 '피'라고 말했으며, 두 음이 안에서 나뉘므로 '몸'이라고 말하고 '무리'라고 말했다." 하였다. 이어서 "살펴보니 사람의 한 몸은 혈기가 관통한 연후에 온갖 털과 구멍에서 땀이 두루 나오는데, 임금의 政令이 안으로부터 밖으로 나와 한 물건이라도 그 혜택을 입지 않는 것이 없어 이러한 상이 있다." 하였다. 李容九(朝鮮)는 《易註解選》에서 "안팎과 멀고 가까움에 혜택을 입지 않음이 없는 것이 사람의 몸에 땀이 안에서 나와 사지에 두루 미치는 것과 같다." 하였다.

을 해로운 것으로 여기므로 구제하여 합하게 하는 것이니, 임금과 신하가 功을 함께 하고 힘을 합치는 것이 아니라면 구제할 수 있겠는가. 爻의 뜻이 서로 따르니, 때의 마땅함이다.

【本義】陽剛中正으로 以居尊位하니 當渙之時하여 能散其號令與其居積(자)하면 則可以濟渙而无咎矣라 故其象占如此라 九五는 異體니 有號令之象이라 汗은 謂如汗之出而不反也라 渙王居는 如陸贄所謂散小儲而成大儲之意라

강건한 陽의 中正함으로 존귀한 지위에 있으니, 흩어지는 때를 만나서 호령과 재화를 흩을 수 있으면 흩어짐을 구제하여 허물이 없을 수 있다. 그러므로 그 象과 占이 이와 같다. 九五는 異의 卦體이니, 호령하는 象이 있다. '汗'은 땀이 나오면 다시 들어가지 않는 것과 같다는 말이다. '왕의 재화를 흩는다.'는 것은 陸贄의 이른바 '작은 이로움을 흩어서 큰 이로움을 이룬다.'는 뜻과 같다.

字義 汗 : 땀 한 浹 : 무젖을 협 洽 : 무젖을 흡

象曰 王居无咎는 正位也라

〈象傳〉에 말하였다. "'왕의 거처에 걸맞으니 허물이 없음'은 바른 자리이기 때문이다."

【傳】王居는 謂正位니 人君之尊位也라 能如五之爲하면 則居尊位爲稱而无咎也라

'왕의 거처에 걸맞음'은 바른 자리를 말하니, 임금의 높은 지위이다. 九五 같이 할 수 있으면 존귀한 자리에 있음이 걸맞아서 허물이 없다.

上九는 渙에 其血이 去하며 逖(惕)에 出[15]하면 无咎리라

【本義】渙其血去하며 逖出이니

上九는 흩어짐에 그 피가 제거되며 두려움에서 벗어나게 하면 허물이 없을 것이다.

---

15 逖(惕) 出 : 金箕澧(朝鮮)는 《易要選義綱目》에서 "'逖'은 마땅히 '惕'이 되어야 하니, 소축괘 육사효와 같다."는 것은 감괘인 험함 밖으로 멀리 벗어나 끝에 있으니, 해로움이 제거되고 근심이 흩어짐을 말한다." 하였다.

【본의】피를 흩어서 제거하며 두려움에서 벗어남이니

【傳】渙之諸爻 皆无係應하니 亦渙離之象이라 唯上應於三이나 三居險陷之極하니 上若下從於彼면 則不能出於渙也라 險有傷害畏懼之象이라 故云血惕이라 然九以陽剛으로 處渙之外하여 有出渙之象하고 又居巽之極하여 爲能巽順於事理라 故云若能使其血去하며 其惕出하면 則无咎也라하니 其者는 所有也라 渙之時엔 以能合爲功이로되 獨九居渙之極하여 有係而臨險이라 故以能出渙遠害로 爲善也라

　　渙卦의 여러 爻가 모두 매여 호응함이 없으니, 또한 흩어지는 象이다. 오직 上九가 六三과 호응하나 六三은 험함의 끝에 있으니, 上九가 만약 아래로 저 六三을 따르면 흩어짐에서 벗어날 수 없다. 험함은 傷害와 두려움의 象이 있으므로 '피'와 '두려움'이라고 했다. 그러나 上九도 강건한 陽으로 渙卦의 밖에 처하여 흩어짐에서 벗어나는 象이 있고, 또 巽卦☴의 끝에 있어 事理에 巽順할 수 있다. 그러므로 만약 그 피가 제거되고 두려움에서 벗어나게 하면 허물이 없다고 한 것이다. '其'는 가지고 있는 것이다. 흩어짐의 때에는 합하는 것을 功으로 삼으나, 오직 上九는 흩어짐의 끝에 있어 매여 호응함이 있고 험함에 임하였기 때문에 흩어짐에서 벗어나고 해로움을 멀리 함을 善으로 삼았다.

【本義】上九以陽居渙極하여 能出乎渙이라 故其象占如此라 血은 謂傷害라 逖은 當作惕이니 與小畜六四同하니 言渙其血則去요 渙其惕則出也라

　　上九가 陽으로 흩어짐의 끝에 있어 흩어짐에서 벗어날 수 있기 때문에 그 象과 占이 이와 같다. '血'은 傷害를 말한다. '逖'은 마땅히 '惕'이 되어야 하니, 小畜卦 六四와 같으니 피를 흩으면 피가 제거되고 두려움을 흩으면 두려움에서 벗어남을 말한다.

字義　逖 : 두려울 척(惕)

象曰 渙其血은 遠害[16]也라

〈象傳〉에 말하였다. "'흩어짐에 그 피'는 해로움을 멀리하는 것이다."

---

16 遠害 : 李舜臣(南宋)은 《大全》의 소주에서 "감괘는 피를 상징하는 괘가 된다. 피는 육삼을 가리킨다. '逖'은 멀리함이다. 〈象傳〉에서 '해로움을 멀리함'은 바로 멀리함으로 '逖'자를 해석한 것이다." 하였다.

【傳】若如象文爲渙其血이면 乃與屯其膏同也나 義則不然이라 蓋血字下에 脫去字하니 血去惕出은 謂能遠害則无咎也라

만약 〈象傳〉의 글과 같이 '渙其血'이라고 하면 바로 〈屯卦 九五의〉 '屯其膏(은택을 베풀기 어려움)'와 문장구조가 같으나 뜻은 그렇지 않다. '血' 다음에 '去'가 빠졌으니, '피가 제거되며 두려움에서 벗어남'은 해로움을 멀리할 수 있으면 허물이 없음을 말한다.

字義 屯 : 어려울 둔 膏 : 기름 고

60. 節

䷻ 兌下坎上

下卦는 兌卦☱이고 上卦는 坎卦☵이다.

【傳】節은 序卦에 渙者는 離也니 物不可以終離라 故受之以節이라하니라 物旣離散이면 則當節止之니 節所以次渙也라 爲卦 澤上有水하니 澤之容은 有限이라 澤上置水에 滿則不容이니 爲有節之象이라 故爲節이라

節卦는 〈序卦傳〉에 "渙은 흩어지는 것이니, 사물은 끝까지 흩어져서는 안 되기 때문에 節卦로 받았다." 하였다. 사물이 흩어지고 나면 절제하여 멈추어야 하니, 이 때문에 節卦가 渙卦의 다음이 되었다. 卦의 구성이 못 위에 물이 있으니, 못의 용량은 한계가 있다. 못 위에 물이 가득하면 받아들이지 못하니, 절제가 있는 象이기 때문에 節卦가 된다.

節[1]은 亨하니 苦節은 不可貞이니라

節은 형통하니, 지나치게 절제함은 바르게 할 수 없다.

【傳】事旣有節이면 則能致亨通이라 故節有亨義하니라 節貴適中하니 過則苦矣니 節至於苦면 豈能常也리오 不可固守以爲常이니 不可貞也라

---

1 節 : 빌헬름 영문판 주역인 《The I Ching》에서는 節卦를 Chieh / Limitation이라고 하였다. 절괘는 호수의 물이다. 호수는 자기 용량이 있기 때문에 그 용량에 의해 저수가 제한되므로 제한의 의미이다. 이 괘는 대나무와 연관하여 이해되어 왔다. 대나무의 마디는 절제를 의미하므로 군자는 자기를 절제할 수 있다. 절제는 힘들지만 효과적이니 경제적으로 절약을 하면 향후 경제상황에 대비할 여유를 가질 수 있는 것과 같다. 절제를 하면 굴욕이나 창피당할 일로부터 벗어날 수 있다고 하였다.

일에 이미 절제가 있으면 형통할 수 있기 때문에 節卦에 형통하다는 의미가 있다. 절제는 딱 알맞음을 귀하게 여기니, 지나치면 괴롭다. 괴롭도록 절제한다면 어찌 항상할 수 있겠는가. 굳게 지켜서 항상함으로 삼을 수 없으니, 바르게 할 수 없는 것이다.

【本義】節은 有限而止也라 爲卦下兌上坎하니 澤上有水하여 其容有限이라 故爲節이니 節固自有亨道矣라 又其體陰陽各半而二五皆陽이라 故其占得亨이라 然至於太甚이면 則苦矣라 故又戒以不可守以爲貞也하니라

절제는 한계를 두어 멈추는 것이다. 卦의 구성이 下卦는 兌卦☱이고 上卦는 坎卦☵이니, 못 위에 물이 있어서 그 용량에 한계가 있기 때문에 절제함이 되니, 절제에는 본래 형통한 道가 있다. 또 그 卦體가 陰과 陽이 각기 반씩이고, 九二와 九五가 모두 陽이기 때문에 그 占이 형통하다. 그러나 너무 심하게 절제하면 괴롭기 때문에 지켜서 바르게 할 수 없다고 경계하였다.

象曰 節亨은 剛柔分[2]而剛得中할새요

〈象傳〉에 말하였다. "'節이 형통함'은 剛과 柔가 나눠지고 剛이 中道를 얻었기 때문이고,

【傳】節之道 自有亨義하니 事有節則能亨也라 又卦之才 剛柔分處하고 剛得中而不過하니 亦所以爲節이니 所以能亨也라

절제하는 道에는 본래 형통한 의미가 있으니, 일에 절제가 있으면 형통할 수 있다. 卦의 재질이 剛과 柔가 나눠지고 剛이 中道를 얻어 지나치지 않으니, 또한 그 때문에 절제하니 형통할 수 있는 것이다.

【本義】以卦體로 釋卦辭라

卦體로 卦辭를 해석하였다.

---

2 剛柔分 : 李恒老(朝鮮)는 《周易傳義同異釋義》에서 《정전》과 《본의》의 설을 비교하면서 "《禮記》〈月令〉에서 춘분과 추분이 나뉨을 '낮과 밤이 같아진다'고 했으니, 낮과 밤이 서로 반씩임을 말한다. 噬嗑卦☲와 賁卦☲ 및 절괘는 음과 양이 서로 반씩 나뉘어 퍼져 있으므로 말했으니, 두 해석을 참고하여 살펴보면 그 뜻이 이에 지극하게 된다." 하였다.

苦節不可貞은 其道窮也일새라

'괴롭도록 절제해서는 바를 수 없음'은 그 道가 다했기 때문이다.

【傳】節이 至於極而苦면 則不可堅固常守니 其道已窮極也라

절제를 끝까지 하여 괴롭도록 하면 견고하게 언제나 지킬 수 없으니, 그 道가 이미 다했기 때문이다.

【本義】又以理言이라

또 이치로 말하였다.

說(열)以行險하고 當位以節하고 中正以通하니라

기뻐하여 험함을 행하고, 지위를 담당하여 절제하며, 中正으로 통한다.

【傳】以卦才言也라 內兌外坎은 說以行險也라 人於所說則不知已하고 遇艱險則思止하나니 方說而止는 爲節之義라 當位以節은 五居尊은 當位也요 在澤上은 有節也니 當位而以節은 主節者也라 處得中正은 節而能通也니 中正則通이요 過則苦矣라

卦의 재질로 말하였다. 內卦가 兌☱이고 外卦가 坎☵이니, 기뻐하여 험함을 행한다. 사람들이 기뻐하는 것에서는 그칠 줄 모르고, 어려움과 험함을 만나서는 멈출 것을 생각하니, 한창 기쁠 때에 멈추는 것이 절제의 의미이다. 지위를 담당하여 절제하는 것은 九五가 높은 자리에 있음은 지위를 담당한 것이고, 못 위에 있음은 절제가 있는 것이니, 지위를 담당하여 절제하는 것은 절제를 주관하는 자이다. 있는 곳이 中正함은 절제하면서도 통할 수 있으니, 中正하면 통하고 지나치면 괴롭다.

【本義】又以卦德卦體言之라 當位中正은 指五요 又坎爲通이라

또 卦德과 卦體로 말하였다. '지위를 담당함'과 '中正함'은 九五를 가리키고, 또 坎卦☵는 통한다는 것이다.

天地節而四時成³하나니 節以制度하여 不傷財하며 不害民하나니라

　천지가 절제해서 四時가 이루어지니, 제도로 절제하여 재물을 손상하지 않고 백성을 해치지 않는다.”

【傳】推言節之道하니라 天地有節이라 故能成四時하나니 无節則失序也라 聖人이 立制度以爲節이라 故能不傷財害民이라 人欲之无窮也하니 苟非節以制度면 則侈肆하여 至於傷財害民矣라

　절제하는 道를 미루어 말하였다. 天地가 절제하기 때문에 四時를 이룰 수 있으니, 절제가 없으면 질서가 없어진다. 聖人이 제도를 세워 절제하기 때문에 재물을 손상하지 않고 백성을 해치지 않을 수 있다. 사람의 욕심은 끝이 없으니 제도로 절제하지 않으면 사치하고 마음대로 하여 재물을 손상하고 백성을 해친다.

【本義】極言節道하니라

　절제의 道를 극단적으로 말하였다.

字義　侈 : 사치할 치　肆 : 사치할 사

象曰 澤上有水 節⁴이니 君子以하여 制數度하며 議德行하나니라

　〈象傳〉에 말하였다. “못 위에 물이 있는 것이 節이니, 군자가 이것을 본받아 數와 法度를 제정하고 德行을 의논한다.”

【傳】澤之容水有限하여 過則盈溢하나니 是有節이라 故爲節也라 君子觀節之象하여 以制

3　天地節而四時成 : 張淸子(元)는 《大全》의 소주에서 “천지가 절제하는 것은 강이 유를 절제하고 유가 강을 절제하는 것이다. 강이 유를 절제한 것은 겨울이 가고 봄이 오는 것과 같고, 유가 강을 절제하는 것은 여름이 가고 가을이 오는 것과 같다. 그렇게 하지 않으면 긴 겨울만 있고 긴 여름만 있을 뿐이니, 어떻게 사시를 이루겠는가?” 하였다.

4　澤上有水 節 : 沈潮(朝鮮)는 《易象箚論》에서 “호괘에 간괘☶가 있으니, 곧 한정하여 그치는 상이 있다. 물건에 절제가 있는 것이 대나무만한 것이 없으므로 ‘竹’을 부수로 했다. 호괘가 아래는 진괘이고 위는 간괘인 것도 대나무의 상이다.” 하였다.

立數度하니 凡物之大小, 輕重, 高下, 文質이 皆有數度하니 所以爲節也라 數는 多寡요 度는 法制라 議德行者는 存諸中爲德이요 發於外爲行이니 人之德行이 當義則中節이라 議는 謂商度(탁)求中節也라

못이 물을 담을 수 있는 용량에 한계가 있어 지나치면 넘치니, 이것은 절제가 있는 것이므로 節卦가 된다. 君子가 節卦의 象을 보고 數와 法度를 제정하여 세우니, 모든 물건의 대소, 경중, 고하, 문질에는 모두 수와 법도가 있기 때문에 절제하는 것이다. '數'는 많고 적음이고 '度'는 법제이다. '德行을 의논함'은 마음에 보존하는 것이 德이고 밖으로 드러내는 것이 행위이니, 사람의 德行이 義에 합당하면 절제에 맞는 것이다. '議'는 헤아려서 절도에 맞음을 구하는 것을 말한다.

字義 溢 : 넘칠 일   商 : 헤아릴 상

初九는 不出戶庭[5]이면 无咎리라

【本義】不出戶庭이니 无咎니라

初九는 방문 밖의 뜰을 벗어나지 않으면 허물이 없다.
【본의】방문 밖의 뜰을 벗어나지 않으니, 허물이 없다.

【傳】戶庭은 戶外之庭이요 門庭은 門內之庭이라 初以陽在下하고 上復有應하니 非能節者也요 又當節之初라 故戒之謹守하여 至於不出戶庭이면 則无咎也라 初能固守로되 終或渝之하니 不謹於初면 安能有卒이리오 故於節之初에 爲戒甚嚴也라

戶庭은 방문 밖의 뜰이고, 門庭은 대문 안의 뜰이다. 初九가 陽으로 아래에 있고 위로 다시 호응이 있으니 절제할 수 있는 자가 아니고, 또 절제의 처음이기 때문에 삼가 지켜서 방문 밖의 뜰을 벗어나지 않으면 허물이 없다고 경계하였다. 처음에는 굳게 지킬 수 있지만 끝에는

---

5 不出戶庭 : 金相岳(朝鮮)은 《山天易說》에서 "초구는 양으로 태괘에 있고 사효와 호응이 되는데, 사효는 호괘인 간괘의 몸체이면서 구이에게 저지되므로 방문 밖의 뜰을 벗어나지 못하는 상이 있다. 절괘의 처음에 있어 그치고 행하지 않으니, 허물이 없는 도이다." 하였다. 이어서 "'벗어나지 않음'은 간괘의 그침이다. 초효는 앞의 구이를 만나는데, 九인 양의 홀수(—)는 외짝문의 상이다. 이효는 앞의 육삼을 만나는데, 六인 음의 짝수(--)는 두짝문의 상이다. 또 간괘는 문이 되는데, 문은 밖에 있고 호는 안에 있으므로 초효에서는 '외짝문(戶)'을 말했고 이효에서는 '두짝문(門)'을 말했다." 하였다.

변할 수 있으니, 초기에 삼가지 않으면 어찌 마침이 있겠는가? 그러므로 절제의 처음에 경계함이 아주 엄하다.

【本義】戶庭은 戶外之庭也라 陽剛得正하고 居節之初하여 未可以行하니 能節而止者也라 故其象占如此하니라

　‘외짝문의 뜰’은 방문 밖의 뜰이다. 강건한 陽이 바름을 얻었으나 절제의 초기에 있어 행할 수 없으니, 절제하여 그칠 수 있는 것이다. 그러므로 그 象과 占이 이와 같다.

字義　渝 : 변할 투

象曰 不出戶庭이나 知通塞(색)也니라

　〈象傳〉에 말하였다. “‘방문 밖의 뜰을 벗어나지 않더라도’ 통함과 막힘을 알아야 한다.”

【傳】爻辭는 於節之初에 戒之謹守라 故云不出戶庭則无咎也라하고 象은 恐人之泥於言也라 故復明之云 雖當謹守하여 不出戶庭이나 又必知時之通塞也라하니라 通則行이요 塞則止니 義當出則出矣라 尾生之信[6]은 水至不去하니 不知通塞也라 故君子貞而不諒이라 繫辭所解에 獨以言者는 在人所節은 唯言與行이니 節於言則行可知니 言當在先也라

　爻辭에서는 절제의 초기에 삼가 지킬 것을 경계했기 때문에 “방문 밖의 뜰을 벗어나지 않으니 허물이 없다.” 하였다. 爻의 〈象傳〉에서는 사람들이 말에 빠질까 염려했기 때문에 그것을 다시 밝혀서 “당연히 삼가 지키고 방문 밖의 뜰을 벗어나지 않더라도 또 반드시 때의 통함과 막힘을 알아야 한다.”고 하였다. 통하면 가고 막히면 멈추니 의리상 나가야 하는 것이라면 나가야 한다. 尾生의 믿음은 물이 차오름에도 피하지 않았으니, 통함과 막힘을 몰랐던 것이다. 그러므로 君子는 貞固함을 지키고 작은 신의를 고집하지 않는다. 〈繫辭傳〉의 해석에서 유독 말에 대해서만 해석한 것은 사람이 절제할 것은 말과 행실뿐이니, 말을 절제한다면 행실을 알 수 있으니 당연히 말을 먼저 절제해야 하는 것이다.

字義　泥 : 빠질 니　諒 : 성실할 량

6　尾生之信 : 尾生은 《莊子》에 나오는 고지식한 선비이다. 다리 밑에서 만나기로 한 여자와의 약속을 지키기 위해 갑자기 쏟아진 폭우로 홍수가 밀어닥치는데도 피하지 않고 그곳에서 다리 기둥을 껴안고 기다리다가 물에 빠져 죽었다.

九二는 不出門庭이라 凶[7]하니라

九二는 대문 안의 뜰을 벗어나지 않으니 흉하다.

【傳】二雖剛中之質이나 然處陰居說而承柔하니 處陰은 不正也요 居說은 失剛也요 承柔는 近邪也라 節之道는 當以剛中正이어늘 二失其剛中之德하니 與九五剛中正으로 異矣라 不出門庭은 不之於外也니 謂不從於五也라 二五非陰陽正應이라 故不相從이라 若以剛中之道相合이면 則可以成節之功이어늘 唯其失德失時라 是以凶也니 不合於五는 乃不正之節也라 以剛中正爲節은 如懲忿窒慾, 損過抑有餘가 是也요 不正之節은 如嗇節於用, 懦節於行이 是也라

九二가 剛中한 재질이지만 陰의 자리에 있고 기뻐함에 있으면서 유약함을 받들고 있으니, 음의 자리에 있는 것은 바르지 못한 것이고, 기뻐함에 있는 것은 강건함을 잃은 것이고, 유약함을 받듦은 사악함을 가까이 하는 것이다. 절제의 道는 강건하고 中正한 것으로 해야 하는데, 九二는 剛中의 德을 잃었으니, 九五가 강건하고 中正한 것과는 다르다. '대문 안의 뜰을 벗어나지 않음'은 밖으로 나가지 않는 것이니, 九五를 따르지 않는 것을 말한다. 九二와 九五는 陰과 陽이 바르게 호응하는 것이 아니기 때문에 서로 따르지 않는다. 剛中의 道로 서로 합한다면 절제의 功을 이룰 수 있는데, 단지 德을 잃고 때를 잃었기 때문에 흉하니, 九五와 합하지 않은 것이야말로 바르지 못한 절제이다. 강건하고 中正함으로 절제하는 것은 이를테면 〈損卦의〉 분한 마음을 경계하고 욕심을 막으며, 지나침을 덜어내고 많음을 억제하는 것이 여기에 해당하고, 바르지 못한 절제는 이를테면 인색하면서 비용을 절제하고 나약하면서 행동을 절제하는 것이 여기에 해당한다.

【本義】門庭은 門內之庭也라 九二當可行之時而失剛不正하고 上无應與하여 知節而不知通이라 故其象占如此하니라

---

7 不出門庭 凶 : 丘富國(宋代)은 《大全》의 소주에서 "통함과 막힘은 때에 달렸고, 출사하거나 집에 있거나 하는 것은 자신에게 달렸다. 때가 통하면 출사하는 것이 옳으니, 출사하지 않는 것은 틀렸다. 때가 막히면 출사하지 않는 것이 옳으니, 출사하는 것은 틀렸다. 초효가 외짝문 밖의 뜰을 벗어나지 않은 것이라면, 여전히 아직 지위를 얻지 못했고 앞이 굳셈에 가로막혀서 출사하지 않아도 되기 때문에 출사하지 않으면 허물이 없는 것이다. 이효의 두짝문 안의 뜰을 벗어나지 않은 것이라면, 이미 가운데 자리를 얻었고 또 가로막는 것도 없어 출사하지 않아서는 안 되는데도 출사할 줄 모르니, 이것은 흉한 까닭이다." 하였다.

'대문 안의 뜰'은 문 안의 뜰이다. 九二는 행할 수 있는 때인데도 강건함을 잃어 바르지 못하고 위에 호응하여 함께 하는 것이 없어서, 절제할 줄만 알고 통할 줄은 모른다. 그러므로 그 象과 占이 이와 같다.

字義 懲 : 징계할 징　忿 : 성낼 분　窒 : 막을 질　嗇 : 인색할 색　懦 : 나약할 나

象曰 不出門庭凶은 失時가 極也일새라

〈象傳〉에 말하였다. "'대문 안의 뜰을 벗어나지 않으니 흉함'은 때를 잃음이 심하기 때문이다."

【傳】不能上從九五剛中正之道하여 成節之功하고 乃係於私暱之陰柔하니 是失時之至極이니 所以凶也라 失時는 失其所宜也라

위로 九五의 강건하고 中正한 道를 따라 절제의 功을 이루지 못하고, 사사로이 친한 陰柔에 매여 있으니, 때를 잃은 것이 아주 심하기 때문에 흉하다. 때를 잃음은 그때의 마땅함을 잃은 것이다.

字義 暱 : 사사로울 닐

六三은 不節若이면 則嗟若[8]하리니 无咎니라

【本義】不節若이라 則嗟若이니

六三은 절제하지 못하면 한탄할 것이니, 허물할 데가 없다.

【본의】절제하지 못하여 한탄하는 것이니

【傳】六三은 不中正하고 乘剛而臨險하니 固宜有咎나 然柔順而和說하니 若能自節而順

8　不節若 則嗟若 : 權近(朝鮮)은 《周易淺見錄》에서 "六은 음으로 양의 자리에 있고 기뻐함이 극에 이르니, 앞에 험난함이 있지만 절제할 줄 몰라 즐거움이 극에 이르면 슬픔이 와서 반드시 탄식하기에 이른다. 체모가 없기 때문에 식견이 어둡고 양에 거처하기 때문에 뜻이 강하다. 기뻐함이 지극한 때에 처하여 험난함이 이르는지 알지 못하고 즐거움에 빠져 자기 뜻대로 하는 자이다. 그 끝에 반드시 한탄함에 이르니 누구를 허물하겠는가?" 하였다.

於義하면 則可以无過요 不然則凶咎必至하리니 可傷嗟也라 故不節若이면 則嗟若이니 己所自致라 无所歸咎也니라

六三은 中正하지 않고 剛을 올라타고 험한 데에 있으니, 진실로 허물이 있는 것이 당연하다. 그러나 柔順하고 상냥하니, 스스로 절제해서 의리를 따른다면 허물이 없을 것이고, 그렇게 하지 않으면 반드시 재앙이 닥칠 것이니, 한탄할 만하다. 그러므로 절제하지 못하면 한탄할 것이니, 자신이 스스로 불러들인 것이어서 허물을 돌릴 데가 없다.

【本義】陰柔而不中正하여 以當節時하니 非能節者라 故其象占如此하니라

陰으로 유약하고 中正하지 못하면서 절제의 때를 만났으니, 절제할 수 있는 자가 아니기 때문에 그 象과 占이 이와 같다.

字義 嗟 : 탄식할 차

象曰 不節之嗟를 又誰咎也리오

〈象傳〉에 말하였다. "'절제하지 못한 한탄함'이니, 또 누구를 허물하겠는가?"

【傳】節則可以免過어늘 而不能自節하여 以致可嗟하니 將誰咎乎아

절제하면 잘못을 면할 수 있는데 스스로 절제하지 못하여 한탄하게 되었으니 누구를 허물하겠는가.

【本義】此无咎는 與諸爻異하니 言无所歸咎也라

여기에서 '无咎'는 여러 爻와 뜻이 다르니, 허물을 돌릴 데가 없다는 말이다.

六四는 安節이니 亨[9]하니라

---

9 亨 : 沈大允(朝鮮)은 《周易象義占法》에서 "절괘가 兌卦☱로 바뀌었다. 육사는 부드러운 음으로 부드러운 음의 자리에 있어 위로는 오효를 따라서 그 절제를 받으며 아래로는 초효에게 호응하는데, 초효는 태괘의 몸체에 있어 육사의 뜻은 백성에게 혜택을 주어 아랫사람을 편안하게 하는 데 매여 있다. 초구는 위에 뜻을 두고 있어 못이 절제하여 물을 비축하는 것과 같으며, 육사는

六四는 절제에 편안함이니, 형통하다.

【본의】편안히 행하는 절제이니

【傳】四順承九五剛中正之道하니 是는 以中正爲節也니 以陰居陰은 安於正也요 當位는 爲有節之象이라 下應於初하니 四는 坎體로 水也니 水上溢은 爲无節이요 就下는 有節也라 如四之義는 非强節之요 安於節者也라 故能致亨이니 節은 以安爲善이라 强守而不安이면 則不能常이니 豈能亨也리오

六四가 九五의 강건하고 中正한 道를 순히 받드니, 이것은 中正함으로 절제하는 것이니, 陰으로 陰의 자리에 있음은 바름에 편안한 것이고, 자리에 합당함은 절제가 있는 象이다. 아래로 初九와 호응하니, 六四는 坎의 卦體인 물이니, 물이 위로 넘치면 절제가 없는 것이고, 아래로 흐르면 절제가 있는 것이다. 이를테면 六四의 뜻은 억지로 절제하는 것이 아니고 절제에 편안한 것이다. 그러므로 형통할 수 있으니, 절제는 편안함을 善으로 여긴다. 억지로 지켜서 편안하지 못하면 일정할 수 없으니 어찌 형통할 수 있겠는가.

【本義】柔順得正하고 上承九五하니 自然有節者也라 故其象占如此하니라

柔順하고 바름을 얻어 위로 九五를 받드니, 자연스럽게 절제가 있는 자이다. 그러므로 그 象과 占이 이와 같다.

象曰 安節之亨은 承上道也라

〈象傳〉에 말하였다. "'절제에 편안한 형통함'은 위의 道를 받들기 때문이다."

【傳】四能安節之義非一이어늘 象에 獨擧其重者는 上承九五剛中正之道하여 以爲節하니 足以亨矣요 餘善이 亦不出於中正也일새라

아래에 뜻을 두고 있어 못이 물을 흘려내려 윤택하게 하는 것과 같다. 비록 이효에게 막혀 오효를 따르기 때문에 베풀어 쓰는 공효가 있음을 드러낼 수는 없으나 충분히 자신을 윤택하게 하고 백성에게 혜택을 줄 수 있으니, 이전의 艱苦함은 여기에 이르러 안락하게 된다. 그러므로 '편안하게 절제하니, 형통하다'고 했다. 간괘는 편안함이 되니 편안하여 그 원하는 바를 얻기 때문에 형통한 것이 바로 괘사의 '형통함'이다. 절괘는 사효에 이르러 형통하고 오효에 이르러 길하다." 하였다.

六四가 절제에 편안할 수 있는 의리가 한둘이 아니지만 爻의 〈象傳〉에서 유독 그 중요한 것을 든 것은, 위로 九五의 강건하고 中正한 道를 받들어 절제하니 충분히 형통할 수 있고, 나머지 善도 中正을 벗어나지 않기 때문이다.

九五는 甘節[10]이라 吉하니 往하면 有尙하리라

【本義】往有尙하리라

九五는 감미로운 절제이므로 길하니, 가면 嘉尙한 일이 있을 것이다.
【본의】감에 嘉尙한 일이 있을 것이다.

【傳】九五는 剛中正으로 居尊位하여 爲節之主하니 所謂當位以節, 中正以通者也라 在己則安行이요 天下則說從이니 節之甘美者也니 其吉可知라 以此而行이면 其功大矣라 故往則有可嘉尙也라

九五가 강건하고 中正함으로 존귀한 자리에 있어 절제의 주체가 되었으니, 이른바 지위를 담당하여 절제하고, 中正하여 통하는 자이다. 자신에게 있어서는 편안하게 행하고 천하는 기뻐하며 따르니, 절제함이 감미로운 것이니, 그 길함을 알 만하다. 이런식으로 행하면 그 功이 크기 때문에 가면 嘉尙한 일이 있는 것이다.

【本義】所謂當位以節, 中正以通者也라 故其象占如此하니라

이른바 지위를 담당하여 절제하고, 中正하여 통하는 자이다. 그러므로 그 象과 占이 이와 같다.

象曰 甘節之吉은 居位中也일새라

〈象傳〉에 말하였다. "'감미로운 절제의 길함'은 있는 자리가 中이기 때문이다."

---

10 甘節 : 沈潮(朝鮮)는 《易象箚論》에서 "오효는 하도와 낙서에서 중앙인 토의 자리가 되는데, 토는 맛으로는 단 것이므로 '달콤하게 절제한다'고 했고, 또 곤괘의 가운데에 섞여있다. 대체로 이 효가 절괘의 주인이 되는 것은 이효가 호괘인 간괘의 맨 위의 효가 되기 때문인데, 간☶은 그침이다. 《본의》에서 이른바 '한정하여 그치는 바가 있다.'는 것이 이 간괘가 아니겠는가?" 하였다.

【傳】旣居尊位하고 又得中道하니 所以吉而有功이라 節은 以中爲貴하니 得中則正矣로되 正不能盡中也라

이미 존귀한 자리에 있고, 또 中道를 얻었으니 이 때문에 길하고 功이 있다. 절제는 中道를 귀하게 여기니, 中道를 얻으면 正이 되지만 正이 다 中일 수는 없다.

上六은 苦節이니 貞이면 凶하고 悔면 亡하리라

【本義】貞이라도 凶하나 悔亡[11]하리라

上六은 괴로운 절제이니, 고집하면 흉하고, 뉘우치면 흉함이 없을 것이다.
【본의】바르더라도 흉하나 뉘우침이 없을 것이다.

【傳】上六은 居節之極하니 節之苦者也요 居險之極하니 亦爲苦義라 固守則凶이요 悔則凶亡이니 悔는 損過從中之謂也라 節之悔亡은 與他卦之悔亡으로 辭同而義異也라

上六은 절제의 끝에 있으니 절제함이 괴로운 것이고, 험한 것의 끝에 있으니 또한 괴로운 의미이다. 굳게 지키면 흉하고 뉘우치면 흉함이 사라지니, 뉘우침은 지나침을 덜어 中道를 따름을 말한다. 節卦의 悔亡은 다른 卦의 悔亡과 말은 같지만 의미는 다르다.

【本義】居節之極이라 故爲苦節이요 旣處過極이라 故雖得正而不免於凶이라 然禮奢寧儉이라 故雖有悔而終得亡之也라

절제의 끝에 있기 때문에 괴로운 절제가 되고, 이미 지나친 極에 있기 때문에 비록 바름을 얻었으나 흉함을 면하지 못한다. 그러나 禮는 사치하기보다는 차라리 검소한 것이 낫기 때문에 뉘우침이 있으나 마침내 없게 할 수 있는 것이다.

字義 奢 : 사치할 사   寧 : 차라리 녕

---

11 悔亡 : 李恒老(朝鮮)는 《周易傳義同異釋義》에서 《정전》과 《본의》의 설을 비교하면서 '괴롭도록 절제함'에는 이미 굳게 지키는 뜻이 있는데도 '굳게 지킨다'는 것으로 '곧음'을 설명하면 뜻이 중첩된다. '悔亡'을 만약 뉘우치면 흉함(凶)이 없는 것으로 해석한다면 '凶'자가 다른 괘의 예에서 순하게 되는 것보다는 조금 못하다." 하였다.

象曰 苦節貞凶은 其道窮也일새라

〈象傳〉에 말하였다. "'괴로운 절제이니 고집하면 흉함'은 그 道가 궁극에 이르렀기 때문이다."

【傳】節旣苦而貞固守之則凶이니 蓋節之道至於窮極矣라

절제하는 것이 이미 괴로운데 고집하여 견고하게 지키면 흉하니, 절제하는 道가 궁극에 이르렀기 때문이다.

周易傳義 卷第二十一

61. 中孚

䷼ 兌下巽上

下卦는 兌卦☱이고 上卦는 巽卦☴이다.

【傳】中孚는 序卦에 節而信之라 故受之以中孚라하니라 節者는 爲之制節하여 使不得過越也라 信而後能行이니 上能信守之면 下則信從之는 節而信之也니 中孚所以次節也라 爲卦 澤上有風하니 風行澤上而感于水中은 爲中孚之象이니 感은 謂感而動也라 內外皆實而中虛하니 爲中孚之象이요 又二五皆陽中實하니 亦爲孚義라 在二體則中實이요 在全體則中虛니 中虛는 信之本이요 中實은 信之質이라

中孚卦는 〈序卦傳〉에 "절제하여 믿게 하므로 中孚卦로 받았다." 하였다. '節'이란 절제하여 넘치지 않도록 하는 것이다. 믿은 뒤에 행할 수 있으니, 윗사람이 믿고서 지킬 수 있으면 아랫사람이 믿고서 따르는 것은 절제하여 믿게 하는 것이니, 中孚卦가 이 때문에 節卦의 다음이 되었다. 卦의 구성이 연못 위에 바람이 있으니, 바람이 연못 위로 불어 물속을 감동하게 하는 것이 中孚의 象이다. '감동'은 느껴서 움직이는 것이다. 안팎이 모두 충실하고 가운데가 비었으니 '속이 미더운' 象이 되고, 또한 九二와 九五가 모두 陽이어서 가운데가 충실하니 역시 믿음의 뜻이 된다. 두 卦體로 보면 가운데가 충실하고 全體로 보면 가운데가 비었으니, 속이 빈 것은 믿음의 근본이고, 속이 충실한 것은 믿음의 실질이다.

中孚[1][2]는 豚魚[3]면 吉하니 利涉大川하고 利貞하니라

---

1 中孚 : 빌헬름 영문판 주역인 《The I Ching》에서는 中孚卦를 Chung Fu / Inner Truth이라고 하였다. 바람이 못 위에 불어 물의 표면을 움직인다. 괘의 구성이 안에 두 음효가 있고 나머지는 밖으로 양효가 있다. 안에 있는 두 음효는 편견없는 마음과 미덥고 열린 마음을 상징한다. 밖에서 中을 얻은 두 양효는 내적인 진실한 믿음을 상징한다. 中孚에서 孚란 글자는 어미새의 발과 새끼를 상

中孚는 돼지와 물고기까지 하면 길하니, 큰 내를 건너는 것이 이롭고 바르게 함이 이롭다.

【傳】豚躁魚冥하니 物之難感者也라 孚信이 能感於豚魚면 則无不至矣니 所以吉也라 忠信은 可以蹈水火하니 況涉川乎아 守信之道는 在乎堅正이라 故利於貞也라

돼지는 조급하고 물고기는 어리석으니 사물 가운데 감동시키기 어려운 것이다. 믿음이 돼지와 물고기를 감동시킬 수 있으면 이르지 못하는 데가 없기 때문에 길하다. 진실되고 미더우면 물과 불을 밟을 수 있으니, 하물며 내를 건너는 일쯤이랴. 믿음을 지키는 道는 견고하고 바르게 하는 데 있으므로 바르게 함이 이롭다.

【本義】孚는 信也라 爲卦 二陰在內하고 四陽在外하며 而二五之陽이 皆得其中하니 以一卦言之하면 爲中虛요 以二體言之하면 爲中實이니 皆孚信之象也라 又下說以應上하고 上巽以順下하니 亦爲孚義라 豚魚는 无知之物이라 又木在澤上하고 外實內虛하니 皆舟楫之象이라 至信은 可感豚魚라 涉險難而不可以失其貞이라 故占者能致豚魚之應이면 則吉而利涉大川이요 又必利於貞也라

'孚'는 믿음이다. 卦는 두 陰이 안쪽에 있고 네 陽이 바깥쪽에 있으며, 九二와 九五의 陽이 모두 그 中을 얻었다. 한 卦로 말하면 가운데가 비었고, 두 卦體로 말하면 가운데가 충실하니, 모두 미더움의 象이다. 또 아랫사람은 기쁨으로 위와 호응하고, 윗사람은 공손하게 아래를 따르니, 역시 믿음의 뜻이 된다. 돼지와 물고기는 무지한 동물이다. 또 나무가 연못 위에 있고 밖으로 충실하고 안으로 빈 것은 모두 배의 象이다. 지극한 믿음은 돼지와 물고기를 감

징하니 부화되어 나오는 과정이라 할 수 있다. 처음에 알 속은 비어 있지만 어미가 알을 품는 과정에서 생명이 부화되는 현상과 연관된다고 하였다.

2 中孚 : 陳埴(南宋)은 《大全》의 소주에서 "속이 충실하여 미더운 것은 실리가 그 안에 가득 차서 밖에서 그릇된 것이 들어갈 수 없음을 말하니, 이것이 '중부'의 體이다. 속이 비어서 미더운 것은 밖의 삿됨이 이미 들어갈 수 없기 때문에 가운데가 비어서 밝은 도리만 있는 것을 말하니, 이는 중부의 用이다." 하였다. 金相岳(朝鮮)은 《山天易說》에서 "孚는 믿음이다. 괘의 모양은 두 음이 안에 있고 네 양이 밖에 있는데, 이효와 오효의 양이 모두 알맞음을 얻은 것이다. 하나의 괘로 말하면 속이 빈 것이고, 두 몸체로 말하면 속이 충실한 것으로 모두 미더움의 상이다. 易은 모두 알맞음에서 나오므로 焦延壽는 卦氣說에서 중부를 동지로 여겼고, 揚雄은 《태현경》에서 알맞은 머리를 중부에 비교했으며, 소강절은 천지의 마음을 보는 것으로 여겼다." 하였다.

3 豚魚 : 徐有臣(朝鮮)은 《易義擬言》에서 "괘 가운데가 비어 울과 못의 상이 있으니, 울 속의 돼지와 못 속의 물고기이다." 하였다.

동시킬 수 있다. 험난함을 건너면서 그 바름을 잃어서는 안 된다. 그러므로 점치는 자가 돼지와 물고기의 감응을 이룰 수 있다면 길하고 큰 내를 건넘이 이로우며, 또 반드시 바르게 함에 이로운 것이다.

字義 孚 : 믿을 부, 성실할 부 豚 : 돼지 돈 冥 : 어리석을 명 蹈 : 밟을 도 楫 : 노 집

彖曰 中孚는 柔在內而剛得中[4]할새니

〈彖傳〉에 말하였다. "中孚는 柔가 안쪽에 있고 剛이 中을 얻었기 때문이니,

【傳】 二柔在內하여 中虛는 爲誠之象이요 二剛得上下體之中하여 中實은 爲孚之象이니 卦所以爲中孚也라

유순한 두 陰이 안쪽에 있어서 가운데가 비었음은 '정성'의 象이 되고, 강건한 두 陽이 上體와 下體의 中을 얻어 속이 충실함은 '미더움'의 象이 되니, 卦가 中孚가 된다.

說(열)而巽할새 孚乃化邦也니라

기뻐하고 공손하기 때문에 미더움이 이에 나라를 교화한다.

【傳】 以二體로 言卦之用也라 上巽下說은 爲上至誠以順巽於下요 下有孚以說從其上이니 如是면 其孚乃能化於邦國也라 若人不說從하고 或違拂事理면 豈能化天下乎아

두 卦體로 卦의 쓰임을 말하였다. 위는 공손하고 아래는 기뻐함은, 윗사람은 지극한 정성으로 아랫사람에게 공손하고, 아랫사람은 믿음을 가지고 기쁨으로 윗사람을 따름이 되니, 이와 같으면 그 미더움이 이에 나라를 교화할 수 있다. 만약 사람들이 기쁘게 따르지 않고 혹 사리에 어긋난다면 어떻게 천하를 교화할 수 있겠는가.

【本義】 以卦體卦德으로 釋卦名義라

---

4 柔在內而剛得中 : 金箕澧(朝鮮)는 《易要選義綱目》에서 "이 구절로 괘의 몸체에서 가운데가 비고 가운데가 충실한 의미를 밝혔으니, 삼효와 사효는 비어 있고 이효와 오효는 차 있는 것이다." 하였다.

卦體와 卦德으로 卦名의 뜻을 해석하였다.

豚魚吉은 信及豚魚也요

'돼지와 물고기까지 하면 길함'은 믿음이 돼지와 물고기에게까지 미친 것이다.

【傳】信能及於豚魚면 信道至矣니 所以吉也라

　미더움이 돼지와 물고기에까지 미칠 수 있으면 미더운 도리가 지극한 것이니, 이 때문에 길한 것이다.

利涉大川은 乘木하고 舟虛也요

'큰 내를 건너는 것이 이로움'은 나무배를 타고 배가 비었기 때문이며,

【傳】以中孚涉險難이면 其利如乘木濟川而以虛舟也라 舟虛則无沈覆之患하니 卦虛中이 爲虛舟之象이라

　마음속이 미더움으로 험난함을 건너면 그 이로움이 나무배를 타고 내를 건너는데 빈 배를 쓰는 것과 같다. 배가 비면 가라앉거나 뒤집힐 염려가 없으니, 卦가 가운데가 빈 것이 빈 배의 象이 된다.

【本義】以卦象言이라

　卦象으로 말한 것이다.

中孚하고 以利貞이면 乃應乎天⁵也리라

5 　應乎天 : 金相岳(朝鮮)은 《山天易說》에서 "괘사를 해석함에 '믿음이 돼지와 물고기까지 미친 것이다.'라 한 것은 미덥지 않은 동물이 없다는 것이고, '나무배를 타고 배가 비었기 때문이다.'라 한 것은 뒤집혀서 빠지는 우환이 없다는 것이다. 하늘의 도는 미덥고 곧을 뿐이기 때문에 이에 하늘에 응할 수 있다는 것이다." 하였고, 괘상과 연관하여 "대유괘☲☰의 〈象傳〉과 대축괘☶☰ 〈象傳〉에서

마음속이 미덥고, 바르게 함이 이로움으로 하면 이에 하늘에 응할 것이다.”

【傳】中孚而貞이면 則應乎天矣니 天之道는 孚貞而已니라

　마음속이 미덥고 바르면 하늘과 호응할 것이니, 하늘의 道는 믿음과 바름일 뿐이다.

【本義】信而正이면 則應乎天矣라

　미덥고 바르면 하늘과 호응할 것이다.

字義　拂 : 어길 불　沈 : 빠질 침　覆 : 뒤집힐 복

象曰 澤上有風이 中孚니 君子以하여 議獄하며 緩死[6]하나니라

　〈象傳〉에 말하였다. “못 위에 바람이 있는 것이 中孚이니, 군자가 이것을 본받아 獄事를 의논하며 사형을 늦추어 준다.”

【傳】澤上有風이면 感于澤中이니 水體虛故로 風能入之하고 人心虛故로 物能感之니 風之動乎澤은 猶物之感于中이라 故爲中孚之象이라 君子觀其象하여 以議獄與緩死하나니 君子之於議獄에 盡其忠而已이요 於決死에 極於惻而已라 故誠意常求於緩하나니 緩은 寬也라 於天下之事에 无所不盡其忠이로되 而議獄緩死 最其大者也라

　못 위에 바람이 있으면 못 속을 감동시키니, 물의 몸체는 비었으므로 바람이 들어갈 수 있고, 사람의 마음은 비어있으므로 만물이 감응할 수 있다. 바람이 못을 움직이는 것은 만물이 속에서 감응하는 것과 같으므로 中孚의 象이 된다. 君子가 그 象을 보고서 獄事를 논의하고 死刑을 늦추니, 君子가 옥사를 의논함에 그 진심을 다할 뿐이고, 사형을 결단함에 측은함을 극진히 할 뿐이다. 그러므로 성심으로 항상 늦추어 주기를 구하니, 늦추어 줌은 너그럽게 하

　모두 ‘하늘에 응하리라’를 말한 것은 건괘의 몸체를 가리켰는데, 중부괘에서는 양이 음을 싸고 있고 하늘이 땅의 바깥을 싸고 있기 때문에 말이 같다.” 하였다.

6　議獄 緩死 : 項安世(南宋)는 《大全》의 소주에서 “옥사를 결정하려 할 때는 논의하고, 이미 결정하였으면 또한 늦추니, 그런 뒤에야 인정을 다한 것이다. 임금이 듣고, 사구가 듣고, 삼공이 들어서, 옥사를 논의함에 열흘 동안 직무에 따라 논의하고, 이십일 동안 직무에 따라 처리하며, 삼 개월 만에 올려서 죽음을 늦추는 것이다. 그러므로 옥사가 이루어짐에 미더움을 다하였기에 미더운 것이다. 내가 할 수 있는 것을 다하므로 남들도 유감이 없다.” 하였다.

는 것이다. 천하의 일에 그 진심을 다하지 않는 바가 없지만 옥사를 의논하고 사형을 늦추어 주는 것은 가장 큰 것이다.

【本義】風感水受는 中孚之象이요 議獄緩死는 中孚之意라

바람은 감동시키고 물은 받아들이는 것은 中孚의 象이고, 옥사를 의논하고 사형을 늦추어 줌은 中孚의 뜻이다.

字義　緩 : 늦출 완

初九는 虞하면 吉하니 有他[7]면 不燕하리라

初九는 헤아리면 길하니, 다른 마음이 있으면 편안하지 못할 것이다.

【傳】九當中孚之初라 故戒在審其所信이라 虞는 度(탁)也니 度其可信而後從也라 雖有至信이나 若不得其所면 則有悔咎라 故虞度而後信則吉也라 旣得所信이면 則當誠一이니 若有他면 則不得其燕安矣라 燕은 安裕也요 有他는 志不定也니 人志不定이면 則惑而不安이라 初與四爲正應이니 四巽體而居正하여 无不善也로되 爻以謀始之義大라 故不取相應之義하니 若用應이면 則非虞也라

陽이 中孚卦의 처음을 만났기 때문에 그 믿을 것을 잘 살피라고 경계했다. '虞'는 헤아림이니, 그 믿을 만한가 헤아린 뒤에 따른다. 비록 지극한 믿음이 있더라도 그 자리를 얻지 못하면 후회와 허물이 있으므로 헤아린 후에 믿으면 길하다. 이미 믿을 것을 얻었으면 마땅히 정성스럽고 한결같이 해야 하니, 만약 다른 마음이 있으면 그 편안함을 얻지 못할 것이다. '燕'은 편안하고 여유로운 것이고, '다른 마음이 있음'은 뜻이 정해지지 못한 것이니, 사람이 뜻이 정해지지 못하면 미혹되어 편안하지 못하다. 初九는 六四와 바른 호응이 되니, 六四는 巽의 卦體이면서 바른 자리에 있어서 善하지 않음이 없으나, 爻가 시작을 도모하는 뜻이 크기 때문에 서로 호응하는 뜻을 취하지 않았으니, 만약 호응함을 쓴다면 헤아리는 것이 아니다.

7　有他 : 金相岳(朝鮮)은 《山天易說》에서 "虞는 헤아림이다. 괘에는 두 음뿐인데 초효의 양이 믿을 만한지 헤아려서 믿는다. 그러므로 사효를 따라서 호응하면 길하다. 만약 다른 마음이 있으면 편안한 바를 얻지 못하니, 다른 마음은 삼효를 가리킨다. 삼효는 그 호응이 아니기 때문에 '다른 마음이 있다'고 말한 것이다." 하였다.

【本義】當中孚之初하여 上應六四하니 能度其可信而信之면 則吉이요 復有他焉이면 則失其所以度之之正而不得其所安矣니 戒占者之辭也라

中孚卦의 처음을 만나서 위로 六四와 호응하니, 그 믿을 만한가를 헤아려서 믿을 수 있으면 길하고, 다시 다른 마음이 있으면 그 헤아리는 바름을 잃어 그 편안한 바를 얻지 못할 것이니, 점치는 자를 경계한 말이다.

字義 虞 : 헤아릴 우   燕 : 편안할 연   裕 : 넉넉할 유

象曰 初九虞吉은 志未變[8]也일새라

〈象傳〉에 말하였다. "'初九는 헤아리면 길함'은 뜻이 변하지 않아서이다."

【傳】當信之始하여 志未有所存而虞度所信이면 則得其正이라 是以吉也니 蓋其志未有變動이라 志有所從이면 則是變動이니 虞之不得其正矣라 在初라 言求所信之道也니라

믿음의 시작을 당하여 아직 뜻을 둔 바가 없어서 믿을 만한 것을 헤아리면 그 바름을 얻으므로 길하니, 그 뜻이 아직 변동이 없기 때문이다. 뜻이 따르는 바가 있다면 이는 변동하는 것이니 헤아림에 그 바름을 얻지 못할 것이다. 믿음의 초기에 있기 때문에 믿을 바를 구하는 도리를 말하였다.

九二는 鳴鶴이 在陰이어늘 其子和之로다 我有好爵[9]하여 吾與爾靡之하노라

九二는 우는 학이 그늘에 있거늘 그 새끼가 화답한다. 내게 좋은 벼슬이 있어서 나와 네가 함께 매어 있다.

【傳】二剛實於中하니 孚之至者也니 孚至則能感通이라 鶴鳴於幽隱之處면 不聞也로되

---

8 志未變 : 吳致箕(朝鮮)는 《周易經傳增解》에서 "뜻이 육사를 따라 그 처음을 변치 않으니, 믿는 것이 전일할 수 있어 길하다." 하였다.

9 我有好爵 : 蔡鍾植(朝鮮)은 《周易傳義同歸解》에서 "《정전》에서는 작록을 말하였고, 《본의》에서는 아름다운 덕을 말하였다. 작록은 사람의 벼슬이고 아름다운 덕은 하늘의 벼슬이다. 하늘의 벼슬을 닦으면 사람의 벼슬은 저절로 오기 때문에 두 해석이 서로 방해되지 않는다." 하였다.

而其子相應和하나니 中心之願이 相通也라 好爵我有而彼亦係慕는 說好爵之意同也요
有孚於中에 物无不應은 誠同故也라 至誠은 无遠近幽深之間이라 故繫辭云 善則千
里之外應之요 不善則千里違之라하니 言誠通也라 至誠感通之理는 知道者라야 爲能
識之니라

九二는 中에서 강건하고 충실하니 믿음이 지극한 자이니, 미더움이 지극하면 감동시켜 통
할 수 있다. 학이 그윽한 곳에서 울면 들리지 않지만 그 새끼가 서로 화답하니, 속마음으로
바라는 것이 서로 통해서이다. 좋은 벼슬을 내가 가지고 있는데, 저 사람 역시 매여 흠모함은
좋은 벼슬을 기뻐하는 마음은 같기 때문이고, 속에 믿음이 있으면 만물이 호응하지 않음이
없는 것은 정성이 같기 때문이다. 지극한 정성은 거리와 깊이의 간격이 없으므로, 〈繫辭傳〉
에 "善하면 천리의 밖에서도 호응하고, 선하지 못하면 천리 밖에서도 어긴다." 하였으니, 정
성이 통함을 말한 것이다. 지극한 정성으로 감통하는 이치는 道를 아는 자라야 알 수 있다.

【本義】九二는 中孚之實이어늘 而九五亦以中孚之實應之라 故有鶴鳴子和, 我爵爾靡
之象이라 鶴在陰은 謂九居二요 好爵은 謂得中이요 靡는 與縻同이라 言懿德은 人之所好라
故好爵이 雖我之所獨有나 而彼亦繫戀之也라

九二는 中孚에서 충실함인데, 九五 역시 中孚의 충실함으로 호응한다. 그러므로 학이 울
자 새끼가 화답하고 내 벼슬에 네가 얽히는 象이 있다. '학이 그늘에 있음'은 陽이 二爻 자리
에 있음을 말하고, '좋은 벼슬'은 中을 얻음을 말하고, '靡'는 縻와 같다. 아름다운 德은 사람
들이 좋아하는 것이므로, 좋은 벼슬을 비록 내가 홀로 가지고 있지만 저 사람도 연모한다는
말이다.

字義 好 : 좋을 호 爵 : 벼슬 작 靡 : 얽어맬 미 縻 : 맬 미 懿 : 아름다울 의

象曰 其子和之는 中心願也라

〈象傳〉에 말하였다. "'그 새끼가 화답함'은 속마음에서 원해서이다."

【傳】中心願은 謂誠意所願也라 故通而相應이라

'속마음에서 원함'은 성심으로 원하는 것임을 말한다. 그러므로 통해서 서로 호응한다.

六三은 得敵[10]하여 或鼓, 或罷, 或泣, 或歌[11]로다

六三은 적을 만나서 북을 울렸다가 그만두었다가 울었다가 노래했다가 한다.

【傳】敵은 對敵也니 謂所交孚者니 正應上九是也라 三四皆以虛中爲成孚之主나 然所處則異라 四는 得位居正이라 故亡匹以從上하고 三은 不中失正이라 故得敵以累志라 以柔說之質로 旣有所係하니 唯所信是從하여 或鼓張, 或罷廢, 或悲泣, 或歌樂하니 動息憂樂이 皆係乎所信也라 唯係所信이라 故未知吉凶이라 然非明達君子之所爲也니라

'敵'은 상대이니 믿음으로 사귀는 자를 말하니, 正應인 上九가 여기에 해당한다. 六三과 六四가 모두 가운데가 비어 미더움을 이루는 주체가 되나 있는 곳이 다르다. 六四는 제자리를 얻어 바른 데 있으므로 짝을 버리고 위를 따르고, 六三은 中도 아니고 바름도 잃었으므로 적을 만나 뜻을 얽어맨다. 유약하고 기뻐하는 재질로 이미 매인 바가 있으니, 오직 믿는 것만을 따라서 북을 울려 펼쳤다가 그만두어 버렸다가 슬퍼서 울었다가 노래하며 즐기니, 움직이고 그치며 근심하고 즐기는 것이 모두 자기가 믿는 바에 달려있다. 오직 믿는 바에 달려있기 때문에 吉凶을 알 수 없다. 그러나 밝게 통달한 君子가 하는 바는 아니다.

【本義】敵은 謂上九니 信之窮者라 六三은 陰柔不中正하여 以居說極而與之爲應이라 故不能自主而其象如此하니라

'敵'은 上九를 말하니, 믿음이 다한(끝난) 자이다. 六三은 유약한 陰으로 中正하지 못하면서 기쁨의 끝에 있어 上九와 호응하기 때문에 스스로 주관하지 못하니, 그 象이 이와 같다.

---

10 得敵 : 李炳憲(朝鮮)은 《易經今文考通論》에서 荀爽은 '삼효와 사효는 모두 음이기 때문에 적을 만났다.'라고 하였고, 姚信은 '호응이 있기 때문에 북을 울리면서 노래하고, 바름이 잃었기 때문에 그만두고 운다.'라고 하였으며, 王弼은 '사효가 음의 자리에 있어 서로 가까이 하지 않음을 적이라고 말하였다.'라고 하였으며, 《정전》에서는 '적은 상구이다.'라고 하였다."고 비교하였다.

11 或鼓……或歌 : 柳正源(朝鮮)은 《易解參攷》에서 朱震(송대)의 견해를 인용하면서 "적은 세력이 같아 서로 깔볼 수 없는 것이다. 삼효와 사효는 적이어서 가까이 있지만 서로 함께 할 수 없다. 육삼은 바르지 못한 소인이고 육사는 바른 군자이다. 삼효가 사효에게 믿음이 없어 마음으로 사효와 함께 하고자 하나 끝내 그럴 수 없다. 혹 북을 울리며 나아가 베풀어도 사효가 호응하지 않고, 혹 그만두고 물러나 유혹해도 사효가 오지 않으며, 혹 울며 감동시켜도 사효가 근심하지 않고, 혹 노래 부르며 즐거워해도 사효가 기뻐하지 않는다. 소인이 사정을 극진하게 해도 끝내 군자에게 믿음을 얻지 못한다." 하였다. 그리고 자신의 견해를 밝히면서 "북을 울렸다가 노래했다가 하는 것은 양의 자리이기 때문이고, 그만두었다가 울었다가 하는 것은 음효이기 때문이다." 하였다.

字義 鼓 : 북칠 고 罷 : 그만둘 파 累 : 얽어맬 루 張 : 펼칠 장 廢 : 폐할 폐

象曰 或鼓, 或罷는 位不當也일새라

〈象傳〉에 말하였다. "'북을 울렸다가 그만두었다가 함'은 자리가 마땅하지 않아서이다."

【傳】居不當位라 故无所主하고 唯所信是從하니 所處得正이면 則所信有方矣리라

거한 곳이 자리에 마땅하지 않으므로 중심 삼는 것이 없고 오직 믿는 바를 따르니, 처신함이 바름을 얻으면 믿는 것이 방도가 있을 것이다.

六四는 月幾望[12]이니 馬匹이 亡하면 无咎리라

【本義】月幾望이요 馬匹이 亡이니

六四는 달이 거의 보름이니, 말의 짝이 없어지면 허물이 없을 것이다.

【본의】달이 거의 보름이고 말의 짝이 없어짐이니,

【傳】四爲成孚之主하고 居近君之位하여 處得其正而上信之至니 當孚之任者也라 如月之幾望은 盛之至也라 已望則敵矣니 臣而敵君이면 禍敗必至라 故以幾望爲至盛이라 馬匹亡은 四與初爲正應하니 匹也라 古者에 駕車用四馬하니 不能備純色이면 則兩服兩驂이 各一色이요 又小大必相稱[13]이라 故兩馬爲匹이니 謂對也라 馬者는 行物也니 初上應四而四亦進從五하여 皆上行이라 故以馬爲象이라 孚道在一하니 四旣從五하고 若復下係於

---

12 月幾望 : 沈潮(朝鮮)는 《易象箚論》에서 "달이 거의 보름인 것에 대해 《본의》에서는 임금에 가까운 상으로 여겼는데, 이 상은 아주 묘하다. 달은 음이고 해는 양인데 이것이 구오와 상하로 서로 짝하니 거의 보름이 아니겠는가. 歸妹卦☳의 오효도 그렇다. 小畜卦☰의 상효라면, 양으로 음의 자리에 있고 끝에서 미묘함을 더욱 다하였으니, 도를 아는 자가 아니라면 누가 알겠는가." 하였다.

13 古者……又小大必相稱 : 일반적으로 수레에 말을 맬 때에는 네 마리의 말을 걸게 되니, 가운데 두 마리의 말을 服馬라고 하며, 양곁에 있는 각각의 한 마리 말들을 驂馬라고 한다. 참마는 '곁에서 예비로 몰고 오는 말(騑馬)'을 뜻한다. 《설문해자》에서는 "'騑'는 측면에 있는 말이다."라고 했으니, 이 말은 곧 服馬의 측면에 있다는 뜻이다. 《시경》에서는 "騏와 騮라는 말은 중앙에서 수레를 끄는 말이고, 騧와 驪라는 말은 驂이다."라고 했으니, '驂'은 곧 바깥쪽에 있는 말을 뜻한다.

初면 則不一而害於孚니 爲有咎矣라 故馬匹亡則无咎也니 上從五而不係於初는 是亡
其匹也라 係初則不進하여 不能成孚之功也라

六四는 믿음을 이루는 주체가 되고 임금과 가까운 자리에 있어서, 거처함이 바름을 얻어
윗사람의 신뢰가 지극하니, 미더운 소임을 맡은 자이다. 달이 거의 보름과 같음은 지극히 왕
성한 것이다. 이미 보름이면 대적하게 되니, 신하로서 임금을 대적하면 재앙과 실패가 반드
시 이를 것이므로 '거의 보름'으로 지극히 왕성함을 삼았다. '말의 짝이 없어짐'은 六四와 初九
가 正應이 되니 '짝'이다. 옛날에 수레를 맬 때 네 마리 말을 썼으니, 다 같은 색으로 갖출 수
없으면 가운데 두 마리와 양 끝의 두 마리를 각기 같은 색으로 하고, 또 크기를 반드시 서로
맞추었다. 그러므로 두 마리 말이 짝이 되니 상대가 됨을 말한다. 말은 앞으로 가는 동물이
니, 初九가 위로 六四와 호응하고 六四는 또한 나아가 九五를 따라서 모두 위로 가는 것이다.
그러므로 말로써 象을 삼았다. 믿음의 도리는 한결같음에 있는데, 六四가 이미 九五를 따르
고, 만약 다시 아래로 初九에게 매인다면 한결같지 못하여 미더움을 손상하니, 허물이 있게
된다. 그러므로 말의 짝이 없어지면 허물이 없을 것이니, 위로 九五를 따르고 初九에게 매이
지 않음은 그 짝을 잃는 것이다. 初九에 매이면 나아갈 수 없어서 미더운 功을 이룰 수 없다.

【本義】六四居陰得正하고 位近於君하여 爲月幾望之象이라 馬匹은 謂初與己爲匹이니
四乃絶之而上하여 以信於五라 故爲馬匹亡之象이니 占者如是면 則无咎也라

六四는 陰의 자리에 있어 바름을 얻고, 자리가 임금에 가까워서 달이 거의 보름인 象이다.
'말의 짝'은 初九가 자기와 짝이 된 것을 말하니, 六四가 끊고서 올라가 九五를 믿는다. 그러
므로 말의 짝이 없어지는 象이 되니, 점치는 이가 이렇게 하면 허물이 없을 것이다.

字義 駕 : 멍에할 가 服 : 수레 끄는 말 복 驂 : 수레 끄는 말 참

象曰 馬匹亡은 絶類하여 上[14][15]也라

---

14 絶類 上 : 朴齊家(朝鮮)는 《周易》에서 "말은 타는 것이고, 짝은 무리이다. 무리는 음이다. 사효의
무리는 당연히 삼효인데, 미친 삼효를 짝할 수 없어 버리고 위로 가니 미덥다." 하였다.

15 絶類 上 : 金相岳(朝鮮)은 《山天易說》에서 "무리는 같은 무리로 삼효를 가리킨다. 巽卦☴와 兌卦
☱는 모두 음이나 곧음과 허물로 몸체를 달리한다. 태괘는 위가 비어 있고 손괘는 아래가 끊겨
있어 이어지며 거주하는 의미가 없기 때문에 '무리를 끊고 올라가는 것이다.'라고 한 것이다." 하
였다.

〈象傳〉에 말하였다. "'말의 짝이 없어짐'은 무리를 끊고 올라가는 것이다."

【傳】絶其類而上從五也니 類는 謂應也라

　그 무리를 끊고 올라가 九五를 따르는 것이니, 무리는 호응하는 九五를 말한다.

九五는 有孚攣如[16]면 无咎리라

【本義】有孚攣如니 无咎니라

九五는 믿음이 있는 것을 잡아당기듯이 하면, 허물이 없을 것이다.

【본의】믿음이 있는 것을 잡아당기듯이 하니, 허물이 없다.

【傳】五居君位하니 人君之道는 當以至誠感通天下하여 使天下之心信之하여 固結이 如拘攣然이면 則爲无咎也라 人君之孚 不能使天下固結如是면 則億兆之心이 安能保其不離乎아

　九五는 임금의 자리에 있으니, 임금의 도리는 지극한 정성으로 세상을 감통하여 세상의 마음이 믿도록 하여, 굳게 맺어 붙들기를 당기듯이 하면 허물이 없을 것이다. 임금의 미더움이 천하 사람들을 이와 같이 굳게 맺을 수 없다면 모든 백성들의 마음이 떠나지 않음을 어찌 보장할 수 있겠는가.

【本義】九五剛健中正하니 中孚之實而居尊位하여 爲孚之主者也요 下應九二하여 與之同德이라 故其象占如此하니라

　九五는 剛健하고 中正하니 속의 미더움이 충실하고 존귀한 자리에 있어 미더움의 주체가 되는 자이고, 아래로 九二와 호응하여 그와 德을 함께 하므로 그 象과 占이 이와 같다.

字義　攣 : 당길 련　拘 : 잡을 구

---

16 有孚攣如 : 金箕澧(朝鮮)는《易要選義綱目》에서 "剛中으로 중부괘의 주인이 되어 이효의 같은 덕에 호응하여 굳게 매었기 때문에 허물이 없다. 괘에서는 오효가 주인이기 때문에 특별히 중부를 말하였다." 하였다.

象曰 有孚攣如는 位正當也일새라

〈象傳〉에 말하였다. "'믿음이 있는 것을 잡아당기듯 함'은 자리가 정당해서이다."

【傳】五居君位之尊하고 由中正之道하여 能使天下信之를 如拘攣之固라야 乃稱其位니 人君之道 當如是也라

九五는 임금의 높은 자리에 있으면서 中正한 道로 말미암아 세상이 믿게 하기를 잡아당기는 것처럼 견고하게 할 수 있어야 그 지위에 걸맞다. 임금의 도리는 이와 같아야 한다.

上九는 翰音이 登于天[17]이니 貞하여 凶하도다

【本義】貞이라도 凶하니라

上九는 날아오르는 소리가 하늘로 올라가니, 고집하여 흉하다.

【본의】바르더라도 흉하다.

【傳】翰音者는 音飛而實不從이라 處信之終하니 信終則衰하여 忠篤內喪하고 華美外颺이라 故云翰音登天하니 正亦滅矣라 陽性上進하고 風體飛颺이라 九居中孚之時하여 處於最上하니 孚於上進而不知止者也라 其極이 至於羽翰之音이 登聞于天하니 貞固於此而不知變이면 凶可知矣라 夫子曰 好信不好學이면 其蔽也賊[18]이라하시니 固守而不通之謂也라

'날아오르는 소리'는 소리는 날아오르지만 실제는 그에 따르지 못하는 것이다. 믿음의 마지막에 있으니 믿음이 끝나면 쇠약해져서 진실함과 독실함을 안에서 잃고 화려함과 아름다움

---

17 翰音 登于天 : 柳正源(朝鮮)은《易解參攷》에서 馮椅(송대)의 견해를 인용하여 "주역에는 호응함에도 호응할 수 없는 것이 있으니, 반드시 울음으로 그 호응함을 구한다. 이를테면 謙卦의 '겸손함을 드러낸다'는 것과 豫卦의 '즐거움을 소리낸다'는 것이 여기에 해당한다. 이제 괘에서 새의 미더운 알을 취하였기 때문에 날아가는 소리로 상을 삼았다. 효가 육삼과 호응하지만 구오가 그것을 막고 있고, 상구가 오효의 위로 올라가서 우니, 날아가는 소리와 하늘로 올라가는 상이 있다. 괘의 가운데가 비어 있기 때문에 대부분 소리의 상을 취하였다." 하였다.

18 好信不好學 其蔽也賊 : 이 내용은《論語》〈陽貨〉에 보인다.

을 밖으로 드날리기 때문에, '날아오르는 소리가 하늘로 올라간다.' 하였으니, 바름도 없어진
것이다. 陽의 성질은 위로 올라가고, 바람의 몸체는 날리는 것이다. 上九가 中孚의 때에 있어
제일 꼭대기에 처했으니, 위로 올라감에 충실하여 그칠 줄 모르는 자이다. 그 끝은 날아오르
는 소리가 올라가 하늘에 들리는 데까지 이르렀으니, 이를 고집하여 변할 줄 모르면 흉함을
알 수 있다. 孔子가 "믿기만 좋아하고 배우기를 좋아하지 않으면 그 폐단이 해침이다." 하였
으니, 굳게 지켜 통하지 못함을 말한 것이다.

【本義】居信之極而不知變하니 雖得其貞이나 亦凶道也라 故其象占如此하니라 鷄曰翰
音¹⁹이니 乃巽之象이요 居巽之極하니 爲登于天이라 鷄非登天之物而欲登天하니 信非所
信而不知變이 亦猶是也라

　믿음의 끝에 있어서 변할 줄 모르니, 비록 그 바름을 얻더라도 흉한 도리이다. 그러므로 그
象과 占이 이와 같다. 닭을 翰音이라고 하니 巽卦☴의 상이고, 巽卦의 끝에 있으니 하늘에
오른 것이 된다. 닭은 하늘에 오르는 사물이 아닌데 하늘에 오르고자 하니, 믿을 것이 아닌
것을 믿으면서 변할 줄을 모르는 것이 또한 이와 같다.

字義　翰 : 날 한　颺 : 날릴 양　賊 : 해칠 적

象曰 翰音登于天이니 何可長也리오

〈象傳〉에 말하였다. "'날아오르는 소리가 하늘로 올라감'이니, 어찌 오래갈 수 있겠
는가."

【傳】守孚하여 至於窮極而不知變하니 豈可長久也리오 固守而不通하니 如是則凶也라

　믿음을 지켜 궁극에까지 이르렀는데 변할 줄을 모르니, 어찌 오래갈 수 있겠는가. 굳게 지
켜 변통하지 못하니, 이와 같이 한다면 흉하다.

---

19 鷄曰翰音 : 翰音은 닭의 異稱으로 《禮記》〈曲禮〉에 보인다. 宗廟 祭禮에 사용되는 희생물 중 닭의
　경우에는 '翰音'이라고 부른다. 본래 '翰'자는 '길다'는 뜻이다. 닭이 살찌게 되면, 그 울음소리가 길
　게 울려 퍼진다.

62. 小過
☳ 艮下震上

下卦는 艮卦☶이고 上卦는 震卦☳이다.

【傳】小過는 序卦에 有其信者는 必行之라 故受之以小過라하니라 人之所信則必行이요 行則過也니 小過所以繼中孚也라 爲卦 山上有雷하니 雷震於高면 其聲過常이라 故爲 小過라 又陰居尊位하고 陽失位而不中하니 小者過其常也라 蓋爲小者過요 又爲小事過요 又爲過之小라

小過卦는 〈序卦傳〉에 "믿음이 있는 자는 반드시 행하기 때문에 小過卦로 받았다." 하였다. 사람이 믿는 바는 반드시 행하고, 행하면 넘치게 되니, 이 때문에 小過卦가 中孚卦를 이었다. 卦의 구성이 산 위에 우레가 있으니, 우레가 높은 곳에서 진동하면 그 소리가 보통을 넘기 때문에 小過卦가 된다. 또 陰은 존귀한 자리에 있고, 陽은 지위를 잃고 中하지 못하니, 작은 것이 보통을 넘은 것이다. 작은 것이 지나침이 되고, 또 작은 일이 지나침이 되며, 또 지나침이 작은 것이 된다.

小過[1][2]는 亨하니 利貞하니

小過는 형통하니, 바르게 함이 이로우니,

---

1 小過 : 빌헬름 영문판 주역인 《The I Ching》에서는 小過卦를 Hsiao Kuo / Preponderance of the Small이라고 하였다. 소과는 '작은 것을 상징하는 음의 우위'이다. 대과괘가 '큰 것을 상징하는 양의 우위'인 것과 반대이다. 괘의 상하에서 이효와 오효가 모두 음이기 때문에 중의 위치를 얻게 된다. 중의 위치를 모두 음이 점유하게 되는 변화가 찾아오지만 너무 지나쳐서는 안 된다는 의미이기도 하다고 보았다.

2 小過 : 丘富國(宋代)은 《大全》의 소주에서 "양은 크고 음은 작은 것인데, 이 괘는 음이 많고 양이 적으므로 '작은 일이 지나치다.'고 한 것이다." 하였다.

【傳】過者는 過其常也라 若矯枉而過正하니 過는 所以就正也라 事有時而當然하여 有待過而後能亨者라 故小過自有亨義라 利貞者는 過之道利於貞也니 不失時宜之謂正이라

'過'는 보통을 넘는 것이다. 굽은 것을 바로잡음에 바름을 지나치게 하는 것과 같으니, 지나치게 함은 바름으로 나아가는 것이다. 일은 때에 따라 마땅히 지나치게 해야 할 경우가 있어 지나치기를 기다린 뒤에 형통할 수 있는 것이 있다. 그러므로 小過는 스스로 형통한 뜻을 가지고 있다. "바르게 함이 이롭다."는 지나치게 하는 道는 바르게 함이 이로운 것이니, 때에 마땅함을 잃지 않음을 바름이라고 한다.

可小事요 不可大事니 飛鳥遺之音에 不宜上이요 宜下[3]면 大吉하리라

작은 일은 할 수 있고 큰일은 할 수 없으니, 나는 새가 소리를 남김에 올라감은 마땅하지 않고 내려옴이 마땅하듯이 하면 크게 길할 것이다.

【傳】過는 所以求就中也라 所過者小事也니 事之大者豈可過也리오 於大過에 論之詳矣라 飛鳥遺之音은 謂過之不遠也요 不宜上, 宜下는 謂宜順也니 順則大吉이라 過以就之는 蓋順理也니 過而順理면 其吉必大라

'지나침'은 中道로 나아가기를 구하기 위함이다. 지나치게 하는 것은 작은 일이니, 큰일을 어찌 지나치게 할 수 있겠는가. 大過卦에서 상세히 논하였다. '나는 새가 소리를 남김'은 지나친 것이 멀지 않음을 말하고, "올라감은 마땅하지 않고 내려옴이 마땅하듯이 한다."는 것은 마땅히 순해야 함을 말하니, 순하면 크게 길하다. 지나치게 하여 中으로 나아감은 이치에 순함이니, 지나치게 하여 이치에 순하면 길함이 반드시 크게 된다.

【本義】小는 謂陰也라 爲卦四陰在外하고 二陽在內하여 陰多於陽하니 小者過也라 旣過於陽이면 可以亨矣나 然必利於守貞하니 則又不可以不戒也라 卦之二五 皆以柔而得

---

3 不宜上 宜下 : 李震相(朝鮮)은 《易學管窺》에서 "이효와 오효는 진실로 모두 부드러운 음으로 알맞음을 얻었는데 오효의 바르지 못함은 이효가 바름을 얻은 것만 못하고, 삼효와 사효는 진실로 모두 굳센 양으로 알맞음을 잃었는데 사효의 바르지 못함은 삼효가 바름이 되는 것만 못하기 때문에, '올라감은 마땅하지 않고 내려옴이 마땅하듯이 하다.'라고 한 것이다." 하였다.

中이라 故可小事요 三四皆以剛失位而不中이라 故不可大事라 卦體內實外虛하니 如鳥之飛에 其聲下而不上이라 故能致飛鳥遺音之應이면 則宜下而大吉이나 亦不可大事之類也라

　'작은 것'은 陰을 말한다. 卦가 네 陰이 바깥쪽에 있고 두 陽이 안쪽에 있어서 陰이 陽보다 많으니, 작은 것이 지나친 것이다. 이미 陽보다 지나치면 형통할 수 있으나, 반드시 바름을 지킴이 이로우니, 또 경계하지 않을 수 없다. 卦의 六二와 六五가 모두 유순함으로서 中을 얻었기 때문에 작은 일은 할 수 있고, 九三과 九四는 모두 剛함으로 자리를 잃고 中하지도 못하기 때문에 큰일은 할 수 없다. 卦體가 안은 꽉 차고 밖은 비었으니, 새가 날아감에 그 소리가 아래로 내려오고 위로 올라가지 못하는 것과 같다. 그러므로 나는 새가 소리를 남기는 應을 이룰 수 있다면 내려옴이 마땅하여 크게 길하나, 또한 큰일은 할 수 없는 부류이다.

字義　矯 : 바로잡을 교　枉 : 굽을 왕　遺 : 남길 유

彖曰 小過는 小者過而亨也니

〈彖傳〉에 말하였다. "小過는 작은 일이 지나쳐서 형통한 것이니,

【傳】陽大陰小어늘 陰得位하고 剛失位而不中하니 是小者過也라 故爲小事過하니 過之小라 小者與小事는 有時而當過하니 過之亦小라 故爲小過라 事固有待過而後能亨者하니 過之所以能亨也라

　陽은 크고 陰은 작은데, 陰은 자리를 얻었고 剛은 자리를 잃었으며 中하지 못하니, 이것은 작은 것이 지나친 것이다. 그러므로 작은 일이 지나침이 되니, 지나침이 작은 것이다. 작은 것과 작은 일은 때에 따라 마땅히 지나치게 하여야 할 경우가 있으니, 지나치게 함이 또한 작으므로 '小過'가 된다. 일에는 진실로 지나치게 한 뒤에 형통할 수 있는 것이 있으니, 지나치게 하기 때문에 형통할 수 있는 것이다.

【本義】以卦體로 釋卦名義與其辭라

　卦體로 卦名의 뜻과 卦辭를 해석하였다.

過以利貞은 與時行⁴也니라

지나치게 하되 바름이 이로움은 때에 따라 행하는 것이다.

【傳】過而利於貞은 謂與時行也라 時當過而過는 乃非過也요 時之宜也니 乃所謂正也라

지나치게 하되 바름이 이롭다는 것은 때에 따라 행함을 말한다. 때가 마땅히 지나치게 해야 할 경우에 지나치게 함은 지나친 것이 아니고 때에 마땅함이니, 이른바 '바르다'는 것이다.

柔得中이라 是以小事吉也요

柔가 中을 얻었기 때문에 작은 일이 길한 것이고,

【本義】以二五言이라

六二와 六五로써 말하였다.

剛失位而不中이라 是以不可大事⁵也니라

剛이 지위를 잃고 中을 얻지 못하기 때문에 '큰일은 할 수 없는 것이다.'

【本義】以三四言이라

九三과 九四로써 말하였다.

(有飛鳥之象焉⁶하니라)

---

4 與時行 : 丘富國(宋代)은 《大全》의 소주에서 "지나치게 하지만 이로움이 곧고 바름에 있으니, 바로 때의 마땅함에 부합하고 때에 맞게 때와 함께 행한다." 하였다.

5 是以不可大事 : 丘富國(宋代)은 《大全》의 소주에서 "구삼과 구사는 굳센 양이지만 알맞지 못하니, 이 때문에 큰일은 할 수 없는 것이다. 큰일은 굳센 양으로 지위를 얻은 재질이 아니라면 할 수 없다." 하였다.

6 (有飛鳥之象焉) : 陸希聲은 《大全》의 소주에서 "中孚卦☲는 부드러운 음이 안에 있고 굳센 양이 밖

(나는 새의 象이 있다.)

【傳】小過之道는 於小事에 有過則吉者어늘 而象以卦才言吉義라 柔得中은 二五居中
也라 陰柔得位는 能致小事吉耳요 不能濟大事也라 剛失位而不中이라 是以不可大事니
大事는 非剛陽之才면 不能濟라 三은 不中이요 四는 失位하니 是以不可大事라 小過之
時엔 自不可大事요 而卦才又不堪大事하니 與時合也라 有飛鳥之象焉此一句는 不類
象體하니 蓋解者之辭가 誤入象中이라 中剛外柔는 飛鳥之象이니 卦有此象이라 故就飛
鳥爲義하니라

小過의 道는 작은 일에 지나치게 함이 있으면 길한데, 〈象傳〉에서는 卦의 재질로 길한
뜻을 말하였다. '柔가 中을 얻음'은 六二와 六五가 中에 있는 것이다. 유순한 陰이 제자리
를 얻음은 작은 일이 길함을 이룰 수 있을 뿐이고, 큰일을 이루지는 못한다. 剛이 지위를
잃고 中을 얻지 못하기 때문에 큰일은 할 수 없는 것이니, 큰일은 강건한 陽의 재질이 아
니면 이룰 수 없다. 九三은 中을 얻지 못했고 九四는 제자리를 잃었으니, 이 때문에 큰일
을 할 수 없다. 小過의 때에는 스스로 큰일을 할 수 없고, 卦의 재질이 또 큰일을 감당하지
못하니, 때와 합한다. '有飛鳥之象焉' 한 구절은 〈象傳〉의 문체와 유사하지 않으니, 아마도
〈象傳〉을 해석하는 자의 말이 〈象傳〉의 내용 안에 잘못 들어간 듯하다. 안은 강건하고 밖
은 유순한 것은 나는 새의 象이니, 卦에 이러한 상이 있으므로 나는 새를 가지고 뜻을 삼
았다.

飛鳥遺之音不宜上宜下大吉은 上逆而下順也일새라

'나는 새가 소리를 남김에 올라감은 마땅하지 않고 내려옴이 마땅하듯이 하면 크게
길함'은 올라감은 거스르는 것이고 내려옴은 순하기 때문이다."

【傳】事有時而當過하니 所以從宜라 然豈可甚過也리오 如過恭, 過哀, 過儉이니 大過
則不可라 所以在小過也니 所過當如飛鳥之遺音이라 鳥飛迅疾하여 聲出而身已過라
然豈能相遠也리오 事之當過者亦如是라 身不能甚遠於聲이요 事不可遠過其常이니 在

에 있어서 새의 알이 튼실한 상이 있다. 이제 小過卦☳☶로 변했다면 굳센 양이 안에 있고 부드러운
음이 밖에 있어서 나는 새의 상이 있다." 하였다.

得宜耳라 不宜上, 宜下는 更就鳥音하여 取宜順之義하니 過之道 當如飛鳥之遺音이라 夫聲은 逆而上則難이요 順而下則易라 故在高則大하니 山上有雷 所以爲過也라 過之道는 順行則吉이니 如飛鳥之遺音宜順也라 所以過者는 爲順乎宜也니 能順乎宜라 所以大吉이니라

일은 때에 따라 마땅히 지나치게 해야 할 경우가 있으니 마땅함을 따르기 위해서이다. 그러니 어찌 너무 지나치게 해서야 되겠는가. 공손함을 지나치게 하고 슬픔을 지나치게 하며 검소함을 지나치게 하듯이 하여야 하니, 너무 지나치게 하면 안 된다. 이 때문에 '작게 지나침'에 있으니, 지나치게 하기를 마땅히 나는 새가 소리를 남기듯이 하여야 한다. 새의 날아감이 빨라서 소리가 나면 몸은 이미 지나간다. 그러나 어찌 서로 멀 수 있겠는가. 일을 지나치게 하여야 하는 것도 이와 같다. 몸은 소리와 너무 멀리 떨어질 수 없고, 일은 보통을 멀리 지나쳐서는 안 되니, 마땅함을 얻음에 달려 있을 뿐이다. '올라감은 마땅하지 않고 내려옴이 마땅하듯이 한다.'는 것은 다시 새소리를 가지고 마땅히 순해야 하는 뜻을 취하였으니, 지나치게 하는 道는 마땅히 나는 새가 소리를 남기는 것과 같이 하여야 한다. '소리'는 거슬러 올라가면 어렵고 순해서 내려오면 쉽다. 그러므로 높은 데에 있으면 크니, 산 위에 우레가 있는 것이 이 때문에 지나침이 된다. 지나치게 하는 道는 순하게 행하면 길하니, 나는 새가 소리를 남김에 마땅히 순하게 해야 하는 것과 같다. 이 때문에 지나치게 함은 마땅함에 순하기 위한 것이니, 마땅함에 순할 수 있기 때문에 크게 길한 것이다.

【本義】以卦體言이라

卦體로 말하였다.

字義 堪 : 감당할 감   類 : 비슷할 류   迅 : 빠를 신   疾 : 빠를 질

象曰 山上有雷 小過니 君子以하여 行過乎恭하며 喪過乎哀하며 用過乎儉[7]하나니라

〈象傳〉에 말하였다. "산 위에 우레가 있는 것이 小過이니, 군자가 이것을 본받아 행

---

7 行過乎恭……用過乎儉 : 項安世(南宋)는 《大全》의 소주에서 "'행동'이라고 하고 '상사'라고 하며 '씀'이라고 한 것은 모두 움직임에서 드러나니, 이로써 震卦☳를 상징하였다. '공손함'이라고 하고 '슬픔'이라고 하며 '검소함'이라고 한 것은 모두 마땅히 멈추어야 할 절도이니, 이로써 艮卦☶를 상징하였다." 하였다.

동에는 공손함을 지나치게 하며, 喪事에는 슬픔을 지나치게 하며, 씀에는 검소함을 지나치게 한다.”

【傳】雷震於山上이면 其聲過常이라 故爲小過라 天下之事 有時當過로되 而不可過甚이라 故爲小過라 君子觀小過之象하여 事之宜過者則勉之하나니 行過乎恭, 喪過乎哀, 用過乎儉이 是也라 當過而過는 乃其宜也요 不當過而過則過矣라

우레가 산 위에서 진동하면 그 소리가 보통보다 지나치므로 小過가 된다. 천하의 일이 때에 따라 지나치게 하여야 할 경우가 있으나 너무 지나쳐서는 안 되므로 小過가 된다. 君子가 小過의 象을 보고서 일중에 마땅히 지나치게 하여야 할 것을 힘쓰니, 행동에는 공손함을 지나치게 하고, 喪事에는 슬픔을 지나치게 하고, 씀에는 검소함을 지나치게 하는 것이 이것이다. 마땅히 지나치게 하여야 할 경우에 지나치게 함은 바로 마땅한 것이고, 지나치게 해서는 안 되는데 지나치게 하면 지나침이 된다.

【本義】山上有雷면 其聲小過하니 三者之過는 皆小者之過니 可過於小而不可過於大라 可以小過而不可甚過하니 象所謂可小事而宜下者也라

산 위에 우레가 있으면 그 소리가 조금 지나치니, 세 가지의 지나침은 모두 작은 일의 지나침이니, 작은 일에는 지나치게 할 수 있으나 큰일에는 지나치게 해서는 안 된다. 조금 지나치게 할 수는 있으나 심하게 지나치게 해서는 안 되니, 〈象傳〉에 이른바 ‘작은 일은 할 수 있다.’는 것과 ‘내려옴이 마땅하듯이 한다.’는 것이다.

初六은 飛鳥라 以凶[8]이니라

初六은 나는 새처럼 빠르니 흉하다.

【傳】初六은 陰柔在下하니 小人之象이요 又上應於四하니 四復動體라 小人이 躁易而上

8　飛鳥 以凶 : 項安世(南宋)는 《大全》의 소주에서 “두 효가 모두 새 날개의 끝에 해당한다. 초육은 艮卦☶의 맨 아래에 있어서 마땅히 멈추어야 하는데도 반대로 날아가니, 날아서 흉함에 이르기 때문에 ‘나는 새처럼 빠르니, 흉하다.’고 하였다. 상육은 震卦☳의 끝에 있어서 그 날아감이 이미 높은데 상육이 움직여서 離卦☲가 되면 그물에 걸리므로 ‘나는 새가 멀리 떠나가는지라 흉하다.’고 한 것이다.” 하였다.

有應助하니 於所當過에 必至過甚이라 況不當過而過乎아 其過如飛鳥之迅疾하니 所以
凶也라 躁疾如是라 所以過之速且遠하여 救止莫及也라

初六은 유약한 陰이 아래에 있으니 小人의 象이고, 또 위로 九四와 호응하니 九四는 더욱
이 움직이는 卦體이다. 小人이 조급하고 함부로 하며 위에 호응하여 도와주는 자가 있으니,
지나치게 해야 할 경우에 지나치게 하는 것도 반드시 심하게 지나친 데에 이르는데, 하물며
지나치게 해서는 안 될 경우에 지나치게 함에 있어서랴. 그 지나침이 나는 새의 빠름과 같으
니, 이 때문에 흉하다. 조급하고 빠름이 이와 같으니, 이 때문에 지나침이 신속하고 또 멀어
서 구원하여 멈추게 하려 해도 어쩔 수가 없다.

【本義】初六은 陰柔로 上應九四하고 又居過時하여 上而不下者也라 飛鳥遺音은 不宜
上이요 宜下라 故其象占如此하니라 郭璞洞林에 占得此者는 或致羽蟲之孼이라하니라

初六은 유약한 陰으로 위로 九四와 호응하고, 또 지나치는 때에 있어 올라가고 내려오지
않는 자이다. 나는 새가 소리를 남김은, 올라감은 마땅하지 않고 내려옴이 마땅하므로 그 象
과 占이 이와 같다. 郭璞의 《洞林》에 "점을 쳐서 이 爻를 얻은 자는 혹 새와 벌레의 재앙이 이
른다." 하였다.

字義 躁 : 성급할 조 易 : 함부로할 이 璞 : 옥돌 박 孼 : 재앙 얼

象曰 飛鳥以凶은 不可如何[9]也라

〈象傳〉에 말하였다. "'나는 새처럼 빠르니 흉함'은 어쩔 수 없는 것이다."

【傳】其過之疾이 如飛鳥之迅하니 豈容救止也리오 凶其宜矣라 不可如何는 无所用其
力也라

그 지나감의 빠름이 나는 새의 신속함과 같으니, 어떻게 구원하여 멈추게 할 수 있겠는가?
흉함이 마땅하다. '어쩔 수 없다'는 것은 힘을 쓸 곳이 없다는 것이다.

---

9 不可如何 : 宋時烈(朝鮮)은 《易說》에서 "〈소상전〉에서 말한 '어쩔 수 없는 것이다.'란 어떻게 할 수
  가 없음이다." 하였다.

六二는 過其祖하여 遇其妣니 不及其君이요 遇其臣[10][11]이면 无咎리라

【本義】遇其臣이라 无咎니라

六二는 할아버지를 지나가 할머니를 만나니, 임금에게 미치지 않고 신하의 도에 맞게 하면 허물이 없을 것이다.

【본의】신하를 만나니, 허물이 없다.

【傳】陽之在上者는 父之象이요 尊於父者는 祖之象이니 四在三上이라 故爲祖라 二與五居相應之地하여 同有柔中之德하니 志不從於三四라 故過四而遇五하니 是過其祖也라 五陰而尊하니 祖妣之象이라 與二同德相應하니 在它卦則陰陽相求로되 過之時엔 必過其常이라 故異也니 无所不過라 故二從五에도 亦戒其過하니라 不及其君, 遇其臣은 謂上進而不陵及於君하고 適當臣道면 則无咎也니 遇는 當也라 過臣之分이면 則其咎可知라

陽이 위에 있는 것은 아버지의 象이고, 아버지보다 높은 것은 할아버지의 象이니, 九四가 九三의 위에 있기 때문에 할아버지가 된다. 六二는 六五와 서로 호응하는 자리에 있어 함께 유순한 陰으로 中의 德이 있으니, 뜻이 九三과 九四를 따르지 않는다. 그러므로 九四를 지나 六五를 만나니, 이것이 할아버지를 지나간 것이다. 六五는 陰으로 높으니 할머니의 象이고, 六二와 德이 같아 서로 호응하니, 다른 卦에 있으면 陰陽이 서로 구하나 지나치는 때에는 반드시 그 보통을 넘기 때문에 다른 것이다. 지나치지 않은 바가 없으므로 六二가 六五를 따름에도 그 지나침을 경계하였다. '임금에게 미치지 않고 신하의 도에 맞도록 함'은 위로 나아가되 능멸함이 임금에게 미치지 않고 신하의 道에 맞도록 하면 허물이 없다는 것이다. '遇'는

---

10 過其祖……遇其臣 : 張淸子(元)는 《大全》의 소주에서 "할아버지를 지나 할머니를 만남은 올라감은 거스른다는 것이다. 임금에게 미치지 못하고 신하를 만남은 내려옴은 순하다는 것이니, 순하면 허물이 없다." 하였다.

11 過其祖……遇其臣 : 金箕澧(朝鮮)는 《易要選義綱目》에서 "이효는 中正으로서 소과의 때를 맞아 덕을 함께하여 서로를 구하는 마음으로 아버지와 할아버지인 두 자리를 지나치니, 두 자리는 삼효와 사효를 가리킨다. 음은 양을 아버지라고 한다. 위로 오효의 호응을 만났지만 오효는 사효에 붙기 때문에 오효를 가리켜 할머니라고 하였으니, 비록 임금과 신하가 만날 수는 있지만 양을 지나가 음을 만나 '올라감이 거스름'이 되는 데에 관계될까 두려워한다. 그러므로 돌이켜 스스로를 지켜 임금의 자리를 따르지 않고 스스로 신하의 자리로 가서 '내려옴이 순함'을 얻었기 때문에 허물이 없다." 하였다.

마땅함이다. 신하의 분수를 지나치면 허물이 됨을 알 수 있다.

【本義】六二柔順中正으로 進則過三四而遇六五하니 是過陽而反遇陰也라 如此則不及六五而自得其分이니 是不及君而適遇其臣也라 皆過而不過守正得中之意니 无咎之道也라 故其象占如此하니라

六二가 柔順함과 中正함으로 나아가면 九三과 九四를 지나 六五를 만나니, 이는 陽을 지나쳐 도리어 陰을 만나는 것이다. 이와 같이 하면 六五에 미치지 못하고 스스로 그 분수를 얻는 것이니, 이는 임금에게 미치지 못하고 그 신하를 적합하게 만나는 것이다. 모두 지나치지만 지나치지 않아서 바름을 지키고 알맞음을 얻는다는 뜻이니, 허물이 없는 道이므로 그 象과 占이 이와 같다.

字義 妣 : 할머니 비   它 : 다를 타

象曰 不及其君은 臣不可過[12]也라

〈象傳〉에 말하였다. "'임금에게 미치지 않음'은 신하는 지나치게 해서는 안 되는 것이다."

【傳】過之時엔 事无不過其常이라 故於上進에 則戒及其君하니 臣不可過臣之分也라

지나치는 때에는 일이 보통을 넘지 않음이 없으므로 위로 나아감에는 임금에게 미침을 경계하였으니, 신하는 신하의 분수를 넘어서는 안 된다.

【本義】所以不及君而還遇臣者는 以臣不可過故也라

임금에게 미치지 못하고 도리어 신하를 만나는 까닭은 신하는 지나치게 해서는 안 되기 때문이다.

字義 還 : 도리어 환

---

12 臣不可過 : 張清子(元)는 《大全》의 소주에서 "임금은 높고 신하는 낮으니, 신하가 된 자는 임금에게 미쳐서 능멸해서는 안 된다. 〈상전〉에서 '신하는 지나치게 해서는 안 된다.'고 말한 것은 또한 신하의 분수이다." 하였다.

九三은 弗過防之면 從或戕之¹³라 凶하리라

【本義】弗過防之라 從或戕之니 凶하니라

九三은 지나치게 방비하지 않으면 따라서 혹 해친다. 그리하여 흉할 것이다.

【본의】지나치게 방비하지 아니하여 따라서 혹 해치니, 흉하다.

【傳】小過는 陰過, 陽失位之時니 三獨居正이나 然在下하여 无所能爲而爲陰所忌惡(오)라 故有當過者하니 在過防於小人이라 若弗過防之면 則或從而戕害之矣리니 如是則凶也라 三於陰過之時에 以陽居剛하니 過於剛也니 旣戒之過防이면 則過剛亦在所戒矣라 防小人之道는 正己爲先이니 三不失正이라 故无必凶之義하니 能過防則免矣라 三居下之上하니 居上爲下 皆如是也라

小過는 陰이 지나치고 陽이 지위를 잃은 때이니, 九三이 홀로 바른 자리에 있으나 아래에 있어 할 수 있는 바가 없고, 陰에게 시기와 미움을 받는다. 그러므로 마땅히 지나치게 해야 할 것이 있으니, 小人을 지나치게 방비함에 있다. 만약 小人을 지나치게 방비하지 않으면 혹 따라서 해칠 것이니, 이렇게 하면 흉하다. 九三은 陰이 지나칠 때에 陽으로서 剛한 자리에 있으니 강함에 지나침이니, 이미 지나치게 방비할 것을 경계하였으면 지나치게 강한 것도 경계해야 한다. 小人을 방비하는 道는 자신을 바르게 함이 우선이다. 九三은 바름을 잃지 않았기 때문에 반드시 흉하게 되는 뜻은 없으니, 지나치게 방비할 수 있으면 면할 것이다. 九三은 下卦의 맨 위에 있으니, 위에 거하여 아래를 다스리는 것은 모두 이와 같다.

【本義】小過之時엔 事每當過니 然後得中이라 九三은 以剛居正하여 衆陰所欲害者也로되 而自恃其剛하여 不肯過爲之備라 故其象占如此하니 若占者能過防之면 則可以免矣리라

---

13 弗過防之 從或戕之 : 胡炳文(南宋)은 《大全》의 소주에서 "'弗過防之'를 한 句로 읽음은 경계하는 말이다. 구사의 용례에 따라 두 구로 만들어 읽더라도 또한 경계하는 말이니, 삼효가 그 강함을 믿어 기꺼이 지나치게 방비하지 않는다고 해도 옳고, 삼효의 양이 비록 지나치지 못해서 마땅히 음이 지나치는 것을 막아야 한다고 말해도 옳다. 음은 양을 해치려 하니, 양은 마땅히 방비하여야 하는데 도리어 따르게 되면 혹 죽임을 당하여 흉하다. '혹'이라는 것은 반드시 그러하지는 않다는 말이다. 성인이 이것으로 삼효를 경계한 것은 음은 지나친 것이기 때문에 방비하는 것이 마땅하고, 음과 比의 관계이기 때문에 친압하는 것은 마땅하지 않음을 말한다." 하였다.

小過의 때에는 일을 언제나 지나치게 해야 하니, 그런 뒤에야 中道를 얻는다. 九三은 강건함으로 바른 자리에 있어 여러 陰이 해치고자 하는 대상이나 스스로 강건함을 믿어서 지나치게 방비하려고 하지 않기 때문에 그 象과 占이 이와 같다. 점치는 자가 지나치게 방비할 수 있으면 화를 면할 수 있을 것이다.

字義 戕 : 해칠 장　忌 : 시기할 기　恃 : 믿을 시

象曰 從或戕之 凶如何也오

〈象傳〉에 말하였다. "'따라서 혹 해침'은 흉함이 어떠한가?"

【傳】陰過之時엔 必害於陽이요 小人道盛이면 必害君子하니 當過爲之防이니 防之不至면 則爲其所戕矣라 故曰 凶如何也오하니 言其甚也라

　陰이 지나칠 때에는 반드시 陽을 해치고, 小人의 道가 왕성하면 반드시 君子를 해치니, 마땅히 지나치게 방비하여야 하니 방비하기를 지극히 하지 않으면 해침을 당하게 된다. 그러므로 '흉함이 어떠한가?'라고 하였으니, 심하다는 말이다.

九四는 无咎하니 弗過하여 遇之니 往이면 厲라 必戒며 勿用永貞[14]이니라

　九四는 허물이 없으니 지나치지 아니하여 맞도록 하니, 가면 위태로우므로 반드시 경계하여야 하며, 오래하고 고집함을 쓰지 말아야 한다.

【傳】四當小過之時하여 以剛處柔하여 剛不過也니 是以无咎라 旣弗過면 則合其宜矣라 故云遇之라하니 謂得其道也라 若往則有危니 必當戒懼也니 往은 去柔而以剛進也라 勿用永貞은 陽性堅剛이라 故戒以隨宜요 不可固守也라 方陰過之時하여 陽剛失位면 則君

---

14 弗過……勿用永貞 : 胡炳文(南宋)은 《大全》의 소주에서 "구사의 '지나치지 않는다'는 구삼과 뜻이 같다. '遇之'는 음을 앞에서 만나는 것이다. 위로 가면 위태로워서 반드시 경계하고 조심해야 한다. 그러나 양의 성질은 본래 위로 가려 하기 때문에 또 그 곧게 함을 쓰지 말라고 경계하였으니, 반드시 오래하고 곧고 굳게 하여 스스로를 지킬 필요는 없음을 말한다. 다만 경계하고 조심하면 위태로움을 면할 수 있다. 두 음이 위에 있어 그와 만나는 형세가 있으므로 경계해야 한다." 하였다.

子當隨時順處요 不可固守其常也라 四居高位하여 而无上下之交하고 雖比五應初나 方
陰過之時하니 彼豈肯從陽也리오 故往則有厲라

九四는 小過의 때에 剛함으로 부드러운 자리에 처하여 강함이 지나치지 않으니, 이 때문에
허물이 없다. 이미 지나치지 않으면 마땅함에 부합하기 때문에 '맞도록 한다.' 하였으니, 그
道를 얻었다는 말이다. 만약 가면 위태로움이 있으므로 반드시 경계하고 두려워해야 하니,
'往'은 유순함을 떠나 강함으로 나아가는 것이다. '오래하고 고집함을 쓰지 말아야 함'은 陽의
성질은 견고하고 강하므로 마땅함을 따르라고 경계한 것이니, 고집하여 지켜서는 안
된다. 이제 막 陰이 지나칠 때에 강한 陽으로 자리를 잃었으면 君子는 마땅히 때에 따라 순리대로
대처하고, 그 떳떳함을 고집하여 지켜서는 안 된다. 九四는 높은 자리에 있으면서 위와 아래
의 사귐이 없고, 비록 六五와 가까이 있고 初六과 호응하나 이제 막 陰이 지나친 때이니, 저
陰들이 어찌 기꺼이 陽을 따르겠는가. 그러므로 가면 위태로움이 있다.

【本義】當過之時하여 以剛處柔하니 過乎恭矣니 无咎之道也라 弗過遇之는 言弗過於剛
而適合其宜也니 往則過矣라 故有厲而當戒라 陽性堅剛이라 故又戒以勿用永貞하니 言
當隨時之宜요 不可固守也라 或曰 弗過遇之는 若以六二爻例則當如此說이어니와 若依
九三爻例則過遇는 當如過防之義라하니 未詳孰是라 當闕以俟知者니라

지나친 때를 맞아 剛함으로 柔한 자리에 있으니, 공손함을 지나치게 함이니 허물이 없는
道이다. '지나치지 않아 맞도록 함'은 지나치게 剛하지 않고 그 마땅함에 적합하게 함을 말하
니, 가면 지나치다. 그러므로 위태로움이 있어 마땅히 경계해야 한다. 陽의 성질은 견고하고
강하므로 또 '오래하고 곧게 함을 쓰지 말라.'고 경계하였으니, 때의 마땅함을 따라야 하고
고집하여 지켜서는 안 됨을 말한다. 어떤 이가 "弗過遇之'는 六二爻의 예로 보면 마땅히 이
렇게 설명해야겠지만, 九三爻의 예에 따른다면 '過遇'는 마땅히 '過防'의 뜻과 같아야 한다."
하니, 누가 옳은지 모르겠다. 마땅히 놔두고 아는 자를 기다려야 할 것이다.

字義 厲 : 위태로울 려 肯 : 기꺼워할 긍 俟 : 기다릴 사

象曰 弗過遇之는 位不當也요 往厲必戒는 終不可長也일새라

〈象傳〉에 말하였다. "'지나치지 아니하여 맞도록 함'은 자리가 마땅하지 않기 때문이
고, '가면 위태로우므로 반드시 경계하여야 함'은 끝내 자랄 수 없어서이다."

【傳】位不當은 謂處柔라 九四當過之時하여 不過剛而反居柔하니 乃得其宜라 故曰遇之라하니 遇其宜也라 以九居四는 位不當也로되 居柔는 乃遇其宜也라 當陰過之時하여 陽退縮自保足矣니 終豈能長而盛也리오 故往則有危니 必當戒也라 長은 上聲이니 作平聲이면 則大失易意하니 以夬與剝觀之하면 可見[15]이라 與夬之象으로 文同而音異也라

'자리가 마땅하지 않음'은 부드러운 자리에 있는 것을 말한다. 九四가 지나친 때를 당하여 지나치게 剛하지 않고 도리어 부드러운 자리에 있으니, 그 마땅함을 얻었다. 그러므로 '만난다.'고 말했으니, 그 마땅함을 만나는 것이다. 陽으로서 四爻 자리에 있음은 자리는 마땅하지 않으나, 부드러운 자리에 있음은 바로 마땅함을 만난 것이다. 陰이 지나친 때를 당하여 陽이 물러나 움츠려 자신만 보존해도 족하니, 끝내 어찌 자라고 왕성할 수 있겠는가? 그러므로 가면 위태로움이 있으니, 반드시 경계해야 한다. '長'은 上聲이니, 平聲으로 보면 《周易》의 뜻을 크게 잃는다. 夬卦☱와 剝卦☶로 보면 알 수 있다. 夬卦 上六爻의 〈象傳〉과 비교해 보면 글자는 같으나 音은 다르다.

【本義】爻義未明하니 此亦當闕이라

爻의 뜻이 분명치 않으니, 이 또한 빼놓아야 한다.

字義　縮 : 움츠릴 축　夬 : 결단할 쾌

六五는 密雲不雨는 自我西郊니 公이 弋取彼在穴[16]이로다

六五는 구름이 빽빽하나 비가 오지 않음은 우리 서쪽 들로부터 하기 때문이니, 公이

---

15 長上聲……可見 : 夬卦의 上六에 '象曰 无號之凶 終不可長也'의 長은 평성으로 '길다'는 뜻이고 剝卦의 '彖曰 剝剝也 柔變剛也 不利有攸往 小人長也'의 長은 상성으로 '자라다'는 뜻이다.

16 密雲不雨……弋取彼在穴 : 胡炳文(南宋)은 《大全》의 소주에서 "'구름이 빽빽하나 비가 오지 않음은 우리 서쪽 들로부터 하기 때문이다.'에 대하여 문왕은 소축괘☴ 육사의 말로 여겨서 말하였고, 주공은 이로써 소과괘☳ 육오를 말하였다. 대체로 모두 '小'라고 말한 것은 크게 훌륭한 일을 할 수 없고, 모두 호괘가 태괘☱여서 모두 구름과 비가 서쪽으로부터 오는 상이 있다. 坎卦는 활이 되는데, 무릇 호괘인 감괘가 혹 두터운 감괘여서 모두 주살로 사냥하는 상을 취하였다. 그러나 저기서는 새를 쏘고 꿩을 쏘며, 여기서는 겨우 저 구멍에 있는 것을 취하였으니, 음이 작아 크게 훌륭한 일을 하기에 부족함을 심하게 말하였다. 초효와 상효에는 나는 새의 상이 있으나, 구멍에 있으니 날지 못하는 것이다. 역에서 상을 취함은 큰 것은 밭으로 상을 삼고, 가장 큰 것은 사냥으로 상을 삼으며, 작은 것은 주살[弋]로 상을 삼는다." 하였다.

저 구멍에 있는 것을 쏘아서 잡도다.

【傳】五以陰柔居尊位하니 雖欲過爲나 豈能成功이리오 如密雲而不能成雨라 所以不能成雨는 自西郊故也니 陰不能成雨는 小畜卦中에 已解하니라 公弋取彼在穴은 弋은 射取之也니 射는 止是射요 弋有取義라 穴은 山中之空이니 中虛乃空也니 在穴은 指六二也라 五與二本非相應이니 乃弋而取之라 五當位라 故云公하니 謂公上也라 同類相取하여 雖得之나 兩陰이 豈能濟大事乎아 猶密雲之不能成雨也라

六五가 유약한 陰으로 존귀한 자리에 있으니, 비록 지나치게 하려 하나 어찌 功을 이룰 수 있겠는가. 구름이 빽빽이 끼었으나 비를 이룰 수 없는 것과 같으니, 비를 이루지 못하는 것은 서쪽들로부터 하기 때문이니, 陰이 비를 이루지 못함은 小畜卦☴에서 이미 해석하였다. '公이 저 구멍에 있는 것을 쏘아서 잡도다.'에서 '弋'은 쏘아서 취하는 것이니, '射'는 다만 쏘는 것이고, 弋은 '취한다'는 뜻이 있다. '穴'은 산 가운데에 있는 구멍이니, 가운데가 빈 것이 구멍이니, '구멍에 있다'는 것은 六二를 가리킨다. 六五는 六二와 본래 서로 호응하는 것이 아니어서 쏘아서 취한 것이다. 六五가 지위를 맡았기 때문에 '公'이라고 말했으니, 公上(임금)을 말한다. 같은 무리로 서로 취하여, 비록 얻었으나 두 陰이 어찌 큰일을 해낼 수 있겠는가. 빽빽이 낀 구름이 비를 이루지 못하는 것과 같다.

【本義】以陰居尊하고 又當陰過之時하여 不能有爲하고 而弋取六二以爲助라 故有此象이라 在穴은 陰物也니 兩陰相得이나 其不能濟大事를 可知라

陰으로 존귀한 자리에 있고, 또 陰이 지나친 때에 해당하여 훌륭한 일을 할 수가 없고, 六二를 쏘아 취하는 것으로 도움을 삼기 때문에 이러한 象이 있다. '구멍에 있는 것'은 陰에 속한 물건이니, 두 陰이 서로 얻더라도 큰일을 해 낼 수 없음을 알 수 있다.

字義 密 : 빽빽할 밀 弋 : 쏠 익 穴 : 구멍 혈 止 : 다만 지

象曰 密雲不雨는 已上[17]也일새라

---

17 密雲不雨 已上 : 張淸子(元)는 《大全》의 소주에서 "소축괘☴와 소과괘☵에서 모두 '구름이 빽빽하나 비가 오지 않음은 우리 서쪽들로부터 하기 때문이다.'라고 한 것은 어째서인가? 음과 양의 두 기운은 조화가 고르고 평평함이 알맞은 뒤에 비가 내린다. 음이 많고 양이 적거나 양이 많고 음이

〈象傳〉에 말하였다. "구름이 빽빽하나 비가 오지 않음'은 이미 올라갔기 때문이다."

【본의】 너무 올라갔기 때문이다.

【傳】陽降陰升하여 合則和而成雨하나니 陰已在上이면 雲雖密이나 豈能成雨乎아 陰過하여 不能成大之義也라

陽은 내려오고 陰은 올라가서 음과 양이 합하면 화합하여 비를 이루는데, 陰이 이미 위에 있으면 구름이 비록 빽빽하나 어찌 비를 이룰 수 있겠는가. 陰이 지나쳐서 큰 것을 이룰 수 없다는 뜻이다.

【本義】已上은 太高也라

'已上'은 너무 높은 것이다.

字義 已 : 너무 이

上六은 弗遇하여 過之니 飛鳥離之라 凶하니 是謂災眚[18]이라

上六은 도리와 맞지 못하여 지나치니, 나는 새가 멀리 떠나가는지라 흉하니, 이를 災 眚이라 이른다.

【傳】六은 陰而動體로 處過之極하여 不與理遇하고 動皆過之하니 其違理過常이 如飛鳥之 迅速이니 所以凶也라 離는 過之遠也라 是謂災眚은 是當有災眚也라 災者는 天殃이요 眚 者는 人爲라 既過之極이면 豈唯人眚이리오 天災亦至리니 其凶可知니 天理人事皆然也라

上六은 陰이면서 움직이는 卦體로 小過의 끝에 있어 도리와 맞지 않고 움직임이 모두 지나

───────────────

적으면 모두 비가 내리지 않는다. 소축괘는 음 하나로 다섯 양을 저지하여 음이 양보다 적어서, 곧 양보다 견고할 수 없으므로 '구름이 빽빽하나 비가 오지 않음은 위로 올라감이다.'라고 하였으니, 양이 위로 올라가면 음과 화합하지 못하여 비를 내릴 수 없음을 말한다. 소과괘는 네 음으로 두 양을 감싸 양이 음보다 적으니, 음을 제어할 수 없으므로 '구름이 빽빽하나 비가 오지 않음은 너무 높기 때문이다.'라고 하였으니, 음이 너무 높으면 양과 화합하지 못하여 비를 내릴 수 없음을 말한다." 하였다.

18 災眚 : 吳致箕(朝鮮)는 《周易經傳增解》에서 "지나침의 끝에 있어서 이미 지극하게 높기 때문에 걸려드는 재앙이 있다." 하였다.

치니, 이치를 어기고 보통을 넘음이 나는 새의 신속함과 같아 이 때문에 흉하다. '離'는 멀리 지나감이다. '이를 災眚이라 이른다'는 당연히 災眚이 있다는 것이니, '災'는 하늘의 재앙이고 '眚'은 사람이 만든 것이다. 이미 지나침이 극에 이르렀다면, 어찌 사람이 만든 재앙일 뿐이겠는가. 하늘의 재앙도 이를 것이니, 그 흉함을 알 수 있다. 하늘의 이치와 사람의 일이 모두 그러하다.

【本義】六이 以陰居動體之上하여 處陰過之極하니 過之已高而甚遠者也라 故其象占如此하니라 或曰 遇過는 恐亦只當作過遇니 義同九四라하니 未知是否로라

上六은 陰으로 움직이는 卦體의 맨 위에 있어서 陰이 지나친 괘의 끝에 처하니, 지나침이 이미 높고 매우 멀다. 그러므로 그 象과 占이 이와 같다. 어떤 이는 "遇過는 아마도 마땅히 '過遇'라 하여야 할 듯하니, 뜻이 九四와 같다" 하였는데, 옳고 그름은 알지 못하겠다.

字義 災 : 재앙 재　眚 : 재앙 생　殃 : 재앙 앙

象曰 弗遇過之는 已亢也라

〈象傳〉에 말하였다. "'맞지 못하여 지나침'은 이미 높은 것이다."
【본의】너무 높은 것이다.

【傳】居過之終하여 弗遇於理而過之하여 過已亢極하니 其凶宜也라

지나침의 끝에 있어 이치에 맞지 않고 지나쳐서 지나침이 이미 높아 지극하니, 그 흉함이 마땅하다.

字義 亢 : 높을 항

63. 旣濟
䷾ 離下坎上

下卦는 離卦☲이고 上卦는 坎卦☵이다.

【傳】旣濟는 序卦에 有過物者는 必濟라 故受之以旣濟라하니라 能過於物이면 必可以濟라 故小過之後에 受之以旣濟也라 爲卦 水在火上하니 水火相交면 則爲用矣라 各當其用이라 故爲旣濟하니 天下萬事已濟之時也라

旣濟卦는 〈序卦傳〉에 "남보다 뛰어남이 있는 자는 반드시 이루므로 旣濟卦로 받았다." 하였다. 이미 남보다 뛰어나면 반드시 이룰 수 있기 때문에 小過卦의 뒤에 旣濟卦로 받았다. 卦의 구성이 물이 불 위에 있으니, 물과 불이 서로 사귀면 쓰이게 된다. 각기 그 쓰임에 마땅하므로 旣濟라고 하였으니, 천하의 모든 일이 이미 이루어지는 때이다.

旣濟[1][2]는 亨이 小니 利貞하니 初吉하고 終亂하니라

【本義】(亨小)〔小亨〕하고

旣濟는 형통할 것이 작은 것이니 바름이 이롭고, 처음에는 길하고 끝에는 어지럽다.

---

1 旣濟 : 빌헬름 영문판 주역인 《The I Ching》에서는 旣濟卦를 Chi Chi / After Completion이라고 하였다. 기제는 왕성한 이후를 말한다. 기제는 지천태괘의 의미보다 진전된 것이다. 모든 것들이 있어야할 곳에 완전한 질서에 따라 있다는 의미이다. 양들은 모두 양의 자리에 있고 음들은 모두 음의 자리에 있어 완벽한 평형상태를 이루고 있다. 그러나 완벽한 평형상태에서 하나가 움직여 변화를 주기 시작하면 다시 질서가 깨지기 시작하는 의미가 있다. 기제괘는 절정의 시기에는 최고도의 주의를 기울여야 한다는 아이디어를 준다고 하였다.

2 旣濟 : 張淸子(元)는 《大全》의 소주에서 "내를 건너는 것을 '濟'라고 한다. 기제괘와 미제괘에는 모두 감괘의 몸체가 있는데, 감괘가 밖에 있으면 안에 험함이 없기 때문에 기제괘가 되고, 감괘가 안에 있으면 안에 험함이 있기 때문에 미제괘가 된다." 하였다.

【본의】조금 형통하고

【傳】既濟之時에 大者既已亨矣로되 小者尙有亨也라 雖既濟之時라도 不能无小未亨也니 小字在下가 語當然也라 若言小亨이면 則爲亨之小也라 利貞은 處既濟之時하여 利在貞固以守之也라 初吉은 方濟之時也요 終亂은 濟極則反也라

이미 이루어진 때에 큰 것은 이미 형통하였으나 작은 것은 아직 형통할 것이 있다. 이미 이루어진 때라도 조금 형통하지 못한 것이 없지 않으니 '小' 자가 '亨'자 뒤에 있는 것이 어순상 당연하다. 만약 '小亨'이라 말하였다면 '형통함이 작은 것'이 된다. '바름이 이로움'은 이미 이루어진 때에는 이로움이 바르고 굳세게 지킴에 있는 것이다. '처음에 길한 것'은 막 이룰 때이고, '끝에 혼란한 것'은 이룸이 지극하면 뒤집혀지는 것이다.

【本義】既濟는 事之既成也라 爲卦水火相交하여 各得其用하고 六爻之位 各得其正이라 故爲既濟라 亨小는 當爲小亨이라 大抵此卦及六爻占辭 皆有警戒之意하니 時當然也라

既濟는 일이 이미 이루어진 것이다. 卦의 구성이 물과 불이 서로 사귀어 각기 그 쓰임을 얻었고, 여섯 爻의 자리가 각기 그 바름을 얻었기 때문에 既濟라고 하였다. '亨小'는 '小亨'이 되어야 한다. 이 卦와 여섯 爻의 占辭에 모두 경계하는 뜻이 있으니, 그렇게 해야 할 때이기 때문이다.

字義 濟 : 이룰 제

彖曰 既濟亨은 小者亨[3]也니

〈彖傳〉에 말하였다. "'既濟가 형통함'은 작은 것이 형통함이니

【本義】濟下에 疑脫小字라

'濟' 아래에 '小'자가 빠진 듯하다.

---

3 小者亨 : 李恒老(朝鮮)는《周易傳義同異釋義》에서 "〈단전〉에서 '기제는 형통함은 작은 것이 형통함이다.'라고 하였다. 이것을 보면 작은 것이 형통함은 글자가 도치된 것임을 의심할 수 없다." 하였다.

利貞은 剛柔正而位當也일새라

'바름이 이로움'은 剛柔가 바르고 자리가 마땅하기 때문이다.

【傳】旣濟之時에 大者固已亨矣요 唯有小者亨也라 時旣濟矣면 固宜貞固以守之라 卦才剛柔正當其位하니 當位者는 其常也니 乃正固之義니 利於如是之貞也라 陰陽이 各得正位하니 所以爲旣濟也라

이미 이루어진 때에 큰 것은 이미 형통하였고, 오직 작은 것이 형통하여야 한다. 때가 이미 이루어졌으면 진실로 마땅히 貞固하게 지켜야 한다. 卦의 재질이 剛과 柔가 바로 그 자리에 마땅하니, 자리에 마땅함은 떳떳함으로 곧 바르고 견고하다는 뜻이니, 이처럼 바름이 이롭다. 陰과 陽이 각각 바른 자리를 얻었으니, 이 때문에 旣濟卦가 되었다.

【本義】以卦體言이라

卦體로 말하였다.

初吉은 柔得中[4]也요

'처음에 길함'은 柔가 中을 얻었기 때문이요,

【傳】二以柔順文明而得中이라 故能成旣濟之功이라 二居下體하니 方濟之初也而又善處라 是以吉也라

六二는 柔順함과 文明함으로 가운데 자리를 얻었기 때문에 旣濟卦의 功을 이룰 수 있다. 六二가 下體에 있으니, 막 이룰 초기이고 또 잘 대처하기 때문에 길한 것이다.

【本義】指六二라

六二를 가리킨 것이다.

---

4 柔得中 : 張淸子(元)는 《大全》의 소주에서 "처음에 길한 것은 육이의 부드러움으로 하체의 가운데를 얻었기 때문이다." 하였다.

終止則亂[5]은 其道窮也라

끝에서 멈추면 어지러운 것은 그 道가 궁하기 때문이다.”

【傳】天下之事 不進則退하여 无一定之理라 濟之終에 不進而止矣면 无常止也니 衰亂
至矣니 蓋其道已窮極也라 九五之才 非不善也로되 時極道窮하니 理當必變也라 聖人
至此면 奈何오 曰唯聖人은 爲能通其變於未窮하여 不使至於極也니 堯舜是也라 故有
終而无亂이라

천하의 일은 나아가지 않으면 물러나서 일정한 이치가 없다. 이루어짐이 끝남에 나아가지
않고 멈춤은 떳떳한 멈춤이 아니므로 쇠약하고 어지러움이 이르게 되니, 그 道가 이미 궁극
에 이른 것이다. 九五의 재질이 善하지 않은 것은 아니나 때가 다하고 道가 궁하니, 이치상
마땅히 반드시 변한다. 聖人이 이에 이르면 어찌 해야 하는가? 오직 성인은 궁하기 전에 변
통하여 끝에 이르지 않게 하니, 堯임금과 舜임금이 이에 해당된다. 그러므로 잘 마침이 있고
혼란함이 없었던 것이다.

象曰 水在火上이 旣濟니 君子以하여 思患而豫防之[6]하나니라

〈象傳〉에 말하였다. “물이 불 위에 있는 것이 旣濟이니, 군자가 이것을 본받아 환란

---

5 終止則亂 : 丘富國(宋代)은 《大全》의 소주에서 “옛날과 오늘날의 다스려짐과 어지러움의 변화가
어찌 다함이 있겠는가? 다스려짐이 극에 달하면 어지러움이 생기고 어지러움이 극에 달하면 다스
려짐이 생겨나니, 이것이 비록 天運이지만 실제로는 人事이다. 사람의 일상적인 감정은 일이 없는
때에 처하면 멈추려는 마음이 생기고, 멈추면 마음이 게을러져 더 이상 나아가지 않으니, 이것
이 어지러움이 일어나는 이유이다. 일이 많은 때에 처하면 경계하는 마음이 생기고, 경계하면
마음이 두려워 감히 함부로 하지 않으니, 이것이 다스려짐이 조짐을 나타내는 이유이다. 다스려지
고 어지러워지는 것은 하늘의 일이지만, 다스려지고 어지러워지는 것을 제어하는 것은 사람의 일
이다. 괘사에서는 ‘끝에는 어지러워진다’라고 하고, 〈단전〉에서는 ‘끝에서 멈추면 어지러운 것은’
이라고 했는데, 멈추면 어지러우니 멈추지 않는다면 어지러움이 어디에서 생겨나겠는가? ‘止’ 한
자를 음미하면 공자가 《주역》을 편찬한 것이 그 뜻이 심오함을 알 수 있다.” 하였다.

6 思患而豫防之 : 吳致箕(朝鮮)는 《周易經傳增解》에서 “물과 불이 이미 사귀어 기제의 상이 되었는
데, 천하의 우환은 기제의 다음에 매번 생기니, 군자가 그것을 본받아 우환과 해로움이 생기는 것
을 생각하여 미리 방비하였다. 坎卦의 험함이 우환의 상이고, 離卦의 밝음이 생각의 상이다. ‘미리
방비한다’는 것은 미리 도모하는 것을 말하니, 비가 오기 전에 뽕나무 뿌리로 둥지를 엮어 놓는 것
이고 불이 나기 전에 장작더미를 옮겨놓는 것들이다.” 하였다.

을 생각하여 미리 방비한다.”

【傳】水火旣交하여 各得其用이 爲旣濟라 時當旣濟면 唯慮患害之生이라 故思而豫防하여 使不至於患也라 自古로 天下旣濟而致禍亂者는 蓋不能思慮而豫防也일새라

　　물과 불이 이미 사귀어 각각 그 쓰임을 얻은 것이 旣濟卦이다. 旣濟의 때를 당하였으면 오직 환난과 해로움이 생길까 우려하여야 한다. 그러므로 생각하여 미리 방비해서 화에 이르지 않게 하는 것이다. 예로부터 세상이 이미 다스려졌는데도 재난과 어지러움이 생기는 것은 사려하여 미리 방비하지 못했기 때문이다.

字義　豫 : 미리 예

初九는 曳其輪하며 濡其尾[7]면 无咎리라

　　初九는 수레바퀴를 거꾸로 끌어당기며 꼬리를 적시면 허물이 없을 것이다.

【傳】初以陽居下하여 上應於四하고 又火體니 其進之志銳也라 然時旣濟矣어늘 進不已則及於悔咎라 故曳其輪, 濡其尾라야 乃得无咎라 輪은 所以行이어늘 倒曳之하여 使不進也요 獸之涉水에 必揭其尾어늘 濡其尾則不能濟라 方旣濟之初하여 能止其進이면 乃得无咎니 不知已則至於咎也라

　　初九는 陽으로 아래에 있으면서 위로 六四에 호응하고 또 불의 卦體이니, 그 나아가려는 뜻이 날카롭다. 그러나 때가 이미 다스려졌는데도 나아감을 그치지 않으면 후회와 허물에 미친다. 그러므로 수레바퀴를 거꾸로 끌어당기고 꼬리를 적셔야 허물이 없을 수 있다. ‘수레바퀴’는 굴러가는 것인데 거꾸로 끌어당겨서 앞으로 나아가지 못하게 하는 것이고, 짐승은 물을 건널 때에 반드시 꼬리를 드는데 꼬리를 적시면 건너가지 못한다. 旣濟의 초기에 그 나아감을 그치면 이에 허물이 없을 수 있으니, 그칠 줄 모르면 허물에 이른다.

【本義】輪은 在下하고 尾는 在後하니 初之象也라 曳輪則車不前이요 濡尾則狐不濟라 旣

7　曳其輪 濡其尾 : 宋時烈(朝鮮)은 《易說》에서 “감괘는 끄는 것이고 수레이며 물이기 때문에 ‘적신다’고 하였고, 여우이기 때문에 ‘꼬리’라고 하였다. 초효가 육사와 호응하여 호괘가 감괘가 되는 것은 수레바퀴를 끄는 것처럼 초효가 물인 감괘에 가까이 가는 것이라는 말이다. 꼬리는 뒤에 있어 초효가 뒤와 같기 때문에 ‘꼬리를 적신다’고 하였고, 그 뜻은 허물이 없는 것이니 점도 그와 같다.” 하였다.

濟之初에 謹戒如是면 无咎之道니 占者如是면 則无咎矣리라

수레바퀴는 아래에 있고 꼬리는 뒤에 있으니, 初爻의 象이다. 수레바퀴를 거꾸로 끌어당기면 수레가 앞으로 나아가지 못하고, 꼬리를 적시면 여우가 건너가지 못한다. 旣濟의 초기에 삼가고 경계하기를 이와 같이 하면 허물이 없는 道이니, 점치는 자가 이와 같이 하면 허물이 없을 것이다.

字義 曳 : 끌 예   濡 : 적실 유   銳 : 날카로울 예   倒 : 거꾸로 도   揭 : 들 게

象曰 曳其輪은 義无咎也니라

〈象傳〉에 말하였다. "'수레바퀴를 거꾸로 끌어당김'은 의리에 허물이 없는 것이다."

【傳】旣濟之初而能止其進이면 則不至於極이니 其義自无咎也라

旣濟의 초기에 나아감을 그칠 수 있으면 극한에 이르지 않으니, 그 의리에 스스로 허물이 없는 것이다.

六二는 婦喪其茀[8]이니 勿逐하면 七日에 得[9]하리라

【本義】勿逐이라도

六二는 부인이 그 가리개를 잃었으니, 쫓지 않으면 칠일 만에 얻을 것이다.

【본의】쫓지 않더라도

---

8 婦喪其茀 : 張清子(元)는 《大全》의 소주에서 "부인은 이효이다. 가리개는 수레를 가리는 것이니, 부인이 문을 나설 때에 반드시 가리개를 가지고 자신을 가리고 난 다음에 길을 간다. 《시경》〈碩人〉에 '꿩의 깃으로 가리개를 한 수레를 타고 조회하네.'라고 한 것이 그것이다. 이효의 호응은 오효인데, 오효가 부드러운 사효에게 빠져서 곧바로 자기에게 호응하지 않기 때문에 가리개를 잃은 상이 있다." 하였다.

9 七日 得 : 金相岳(朝鮮)은 《山天易說》에서 "육이가 리괘의 가운데 있으면서 오효와 호응하니 오효의 부인이다. 그러나 承과 乘이 모두 剛이고 호체가 감괘이기 때문에 부인이 가리개를 잃어 가지 못하는 것이다. 그러나 알맞음으로 자신을 지키니 쫓아가지 않더라도 끝내 바르게 호응하는 것과 서로 만난다. 그러므로 칠일을 지나 다시 얻는다." 하였다.

【傳】二以文明中正之德으로 上應九五剛陽中正之君하니 宜得行其志也라 然五旣得尊位하고 時已旣濟하여 无復進而有爲矣니 則於在下賢才에 豈有求用之意리오 故二不得遂其行也라 自古로 旣濟而能用人者鮮矣니 以唐太宗之用言으로도 尙怠於終이어든 況其下者乎아 於斯時也엔 則剛中反爲中滿이요 坎離乃爲相戾矣라 人能識時知變이면 則可以言易矣라 二는 陰也라 故以婦言이라 茀은 婦人出門以自蔽者也니 喪其茀이면 則不可行矣라 二不爲五之求用이면 則不得行이니 如婦之喪茀也라 然中正之道를 豈可廢也리오 時過則行矣라 逐者는 從物也니 從物則失其素守라 故戒勿逐하니 自守不失이면 則七日當復得也라 卦有六位하니 七則變矣니 七日得은 謂時變也라 雖不爲上所用이나 中正之道 无終廢之理하니 不得行於今이면 必行於異時也니 聖人之勸戒深矣로다

六二는 文明하고 中正한 德으로써 위로 강건한 陽이면서 中正한 임금인 九五와 호응하니, 그 뜻을 행할 수 있다. 그러나 九五가 이미 높은 자리를 얻고, 때가 이미 다스려져서 다시 나아가 할 일이 없으니, 아래에 있는 현명한 인재에 대하여 어찌 구하여 쓰려는 뜻이 있겠는가? 그러므로 六二가 그 행함을 이루지 못한다. 예로부터 이미 이룬 다음에는 사람을 등용한 자가 드물었으니, 唐나라 太宗처럼 간언을 받아들인 사람도 오히려 끝에는 게을러졌는데, 하물며 그보다 못한 자에 있어서랴. 이러한 때에는 剛中함이 도리어 마음속의 자만이 되고, 坎卦☵와 離卦☲가 서로 어그러진다. 사람이 때를 알고 변통할 줄을 알면 《周易》을 말할 수 있을 것이다.

六二는 陰이기 때문에 '부인'으로 말하였다. '茀'은 부인이 문을 나갈 때에 자신을 가리는 것이니, 가리개를 잃으면 갈 수가 없다. 六二가 九五에게 구하여 쓰이지 못하면 행할 수 없으니, 부인이 가리개를 상실한 것과 같다. 그러나 中正의 道를 어찌 폐할 수 있겠는가? 때가 지나면 행하게 된다. '逐'은 물건을 따르는 것이니, 물건을 따르면 평소의 지킴을 잃는다. 그러므로 "쫓지 말라"고 경계하였으니, 스스로 지키고 잃지 않으면 칠일 만에 당연히 다시 얻게 될 것이다. 卦에는 여섯 자리가 있어 일곱이면 변하니, 七日에 얻는다는 것은 때가 변함을 말한다. 비록 윗사람에게 쓰이지 못했으나 中正의 道가 끝내 폐해질 이유가 없으니, 지금에 행하지 못하면 반드시 다른 때에 행해질 것이니, 聖人이 권면하고 경계한 것이 깊다.

【本義】二以文明中正之德으로 上應九五剛陽中正之君하니 宜得行其志로되 而九五居旣濟之時하여 不能下賢以行其道라 故二有婦喪其茀之象이라 茀은 婦車之蔽니 言失其所以行也라 然中正之道 不可終廢니 時過則行矣라 故又有勿逐而自得之戒하니라

六二가 文明하고 中正한 德으로써 위로 강건한 陽이면서 中正한 임금인 九五와 호응하니 그 뜻을 행할 수 있어야 하나, 九五가 旣濟의 때에 있어 현명한 사람에게 몸을 낮추어 그 道를 행하지 못한다. 그러므로 六二는 부인이 가리개를 잃는 象이 있다. '茀'은 부인의 수레 가리개이니, 갈 수 있는 것을 잃음을 말한다. 그러나 中正의 道는 끝내 폐해질 수 없으니, 때가 지나면 행해지게 된다. 그러므로 또 좇지 않아도 저절로 얻는다는 경계가 있다.

字義 茀 : 가리개 불   戾 : 어그러질 려

象曰 七日得은 以中道也라

〈象傳〉에 말하였다. "'칠일 만에 얻음'은 中道를 쓰기 때문이다."

【傳】中正之道 雖不爲時所用이나 然无終不行之理라 故喪茀七日에 當復得이니 謂自守其中이면 異時必行也라 不失其中이면 則正矣라

中正의 道가 비록 당시에 쓰이지 않더라도 끝내 행해지지 않을 리가 없다. 그러므로 가리개를 잃은 지 칠일 만에 다시 얻으니, 스스로 中道를 지키면 다른 때에 반드시 행해짐을 말한 것이다. 中道를 잃지 않으면 바름이 된다.

九三은 高宗이 伐鬼方[10]하여 三年克之니 小人勿用이니라

九三은 고종이 鬼方을 정벌하여 삼년 만에 이겼으니, 소인을 쓰지 말아야 한다.

【傳】九三은 當旣濟之時하여 以剛居剛하니 用剛之至也라 旣濟而用剛如是는 乃高宗伐鬼方之事니 高宗은 必商之高宗이리라 天下之事旣濟而遠伐暴亂也라 威武可及而以救民爲心은 乃王者之事也니 唯聖賢之君則可요 若騁威武하여 忿不服, 貪土地면 則殘民肆欲也라 故戒不可用小人하니라 小人爲之는 則以貪忿私意니 非貪忿이면 則莫肯爲

---

10 伐鬼方 : 丘富國(宋代)은 《大全》의 소주에서 "귀방은 아득히 먼 작은 나라이다. 〈창힐편〉에 '鬼는 멀다는 뜻이다.'라고 하였다. 삼효는 감괘의 몸체에 가까우므로 귀방의 상이 있고, 리괘는 창이나 무기가 되므로 정벌하는 상이 있다." 하였다.

也라 三年克之는 見(현)其勞憊之甚이라 聖人이 因九三當旣濟而用剛하여 發此義以示人하여 爲法, 爲戒하니 豈淺見所能及也리오

九三은 이미 이루어진 때에 강건함으로 剛한 자리에 있으니, 강건함을 쓰는 것이 지극하다. 이미 이루어졌는데 강건함을 씀이 이와 같음은 바로 高宗이 鬼方을 정벌한 일이니, 고종은 반드시 商나라의 高宗일 것이다. 세상의 일이 이미 다스려짐에 포악한 자와 혼란한 자를 멀리 정벌하는 것이다. 위엄과 무력이 미칠 수 있어 백성을 구제함을 마음으로 삼는 것은 바로 왕의 일이니 오직 聖賢한 임금만이 가능하고, 만일 위엄과 무력을 뽐내며 복종하지 않음에 분노하고 영토를 탐낸다면 백성을 해치고 욕심을 부리는 것이다. 그러므로 小人을 쓰지 말라고 경계하였다. 小人이 행함은 탐하고 분노하는 사사로운 뜻으로 하는 것이니, 탐함과 분노가 아니면 즐겨하지 않는다. 삼년 만에 이겼다는 것은 수고롭고 피곤함이 심함을 나타낸 것이다. 聖人이 九三이 旣濟의 때에 강건함을 쓰는 것으로 인해 이런 뜻을 발하여 사람들에게 보여줌으로써 본보기를 삼고 경계를 삼았으니, 어찌 천박한 식견으로 미칠 수 있는 것이겠는가.

【本義】旣濟之時에 以剛居剛하니 高宗伐鬼方之象也라 三年克之는 言其久而後克이니 戒占者不可輕動之意라 小人勿用은 占法이 與師上六同하니라

旣濟의 때에 剛으로서 剛位에 거하였으니, 高宗이 鬼方을 정벌한 象이다. 3년만에 이겼다는 것은 오랜 뒤에 이겼음을 말한 것이니, 점치는 자에게 가벼이 동하지 말라는 뜻을 경계한 것이다. 小人을 쓰지 말라는 것은 점치는 법이 師卦의 上六爻와 같다.

字義 騁 : 제멋대로 할 빙   殘 : 해칠 잔   憊 : 지칠 비

象曰 三年克之는 憊也라

〈象傳〉에 말하였다. "'삼년 만에 이김'은 피곤한 것이다."

【傳】言憊하여 以見(현)其事之至難이라 在高宗爲之則可어니와 无高宗之心이면 則貪忿以殃民也라

피곤함을 말하여 그 일이 지극히 어려움을 나타냈다. 高宗이 하는 것은 괜찮지만, 고종의 마음이 없다면 탐함과 분노로 백성을 해치는 것이다.

六四는 (繻)〔濡〕에 有衣袽하고 終日戒[11]니라

【本義】有衣袽하여

六四는 물이 샘에 옷과 헌옷을 준비해 두고 종일 경계한다.

【본의】옷과 헌옷을 장만하여

【傳】四在濟卦而水體라 故取舟爲義하니라 四는 近君之位하니 當其任者也니 當旣濟之時하여 以防患慮變爲急이라 繻는 當作濡니 謂滲漏也라 舟有罅漏면 則塞(색)以衣袽하나니 有衣袽以備濡漏하고 又終日戒懼不怠하니 慮患을 當如是也라 不言吉은 方免於患也일새라 旣濟之時에 免患則足矣니 豈復有加也리오

六四는 건너는 卦에 있고 물의 卦體이므로 배를 취하여 뜻으로 삼았다. 六四는 임금과 가까운 자리로 그 임무를 담당한 자이니, 旣濟의 때에 환란을 방지하고 변고를 염려함을 급하게 여긴다. '繻'는 '濡'가 되어야 하니, 물이 새는 것을 말한다. 배가 틈이 있어 물이 새면 옷과 헌옷으로 막으니, 옷과 헌옷을 준비해 두어 새는 것에 대비하고, 또 종일토록 경계하고 두려워하며 태만히 하지 않으니, 환란을 염려하기를 이와 같이 하여야 한다. 길함을 말하지 않은 것은 이제 막 환란을 면했기 때문이다. 旣濟의 때에는 환란을 면하면 족하니, 여기에 무엇을 다시 보태겠는가?

【本義】旣濟之時에 以柔居柔하니 能預備而戒懼者也라 故其象如此하니라 程子曰 繻는 當作濡라하시니라 衣袽는 所以塞舟之罅漏라

旣濟의 때에 유약함으로 부드러운 자리에 있으니, 미리 대비하여 경계하고 두려워하는 자이므로 그 象이 이와 같다. 程子가 말하기를 "繻는 濡가 되어야 한다." 하였다. 옷과 헌옷은 배의 틈에 새는 곳을 막는 것이다.

字義 繻 : 비단 유 濡 : 젖을 유 袽 : 해진옷 녀 滲 : 샐 삼 漏 : 샐 루 罅 : 틈 하

---

11 終日戒 : 張淸子(元)는 《大全》의 소주에서 "육사는 리괘를 떠나 감괘로 들어가니, 이는 이루어진 도가 바뀌려는 시기이다. 이루어진 도가 바뀌려고 하면 여기에 틈이 반드시 생긴다. 사효는 감괘의 몸체에 있기 때문에 물이 새는 배를 취하여 경계로 삼았다. 종일 경계한다는 것은 아침부터 저녁까지 경계와 대비를 잊지 않는 것이니, 항상 부서진 배 안에 앉아서 물이 갑자기 들어올 것처럼 대비하면 배가 전복되어 물에 빠지는 환란을 면할 수 있다." 하였다.

象曰 終日戒는 有所疑也라

〈象傳〉에 말하였다. "'종일 경계함'은 의심스러운 것이 있어서이다."

【傳】終日戒懼는 常疑患之將至也라 處旣濟之時하여 當畏愼如是也라

　　종일토록 경계하고 두려워함은 항상 환란이 생길까 의심해서이다. 旣濟의 때에 있어서 두려워하고 삼가기를 이와 같이 하여야 한다.

九五는 東隣殺牛 不如西隣之禴祭 實受其福[12]이니라

　　九五는 동쪽 이웃의 소를 잡는 성대한 제사는 서쪽 이웃의 검소한 제사가 실제로 그 福을 받는 것만 못하다.

【傳】五中實하니 孚也요 二虛中하니 誠也라 故皆取祭祀爲義하니라 東隣은 陽也니 謂五요 西隣은 陰也니 謂二라 殺牛는 盛祭也요 禴은 薄祭也니 盛不如薄者는 時不同也일새라 二五皆有孚誠中正之德이로되 二在濟下하여 尙有進也라 故受福이요 五處濟極하여 无所進矣니 以至誠中正守之면 苟未至於反耳라 理无極而終不反者也니 已至於極이면 雖善處나 无如之何矣라 故爻象에 唯言其時也하니라

　　五爻는 가운데가 찼으니 믿음이고, 二爻는 가운데가 비었으니 정성이다. 그러므로 모두 제

---

12 東隣殺牛……實受其福 : 金相岳(朝鮮)은 《山天易說》에서 "동쪽은 양이고 서쪽은 음이다. 감괘가 리괘를 만났고 구오가 존귀한 자리에 있으나 때가 이미 지나가 육이가 아래에 있으면서 처음에 때를 얻은 것만 못하다. 그러므로 성대한 희생이 검소한 제사만 못하여 이효가 그 복을 받으니, 형통함이 육이에 있는 까닭이다." 하였다. 또한 "소는 곤괘의 상이다. 감괘의 한 양이 곤괘의 가운데로 와서 곤괘인 소를 없애 소를 잡는 피의 괘가 되었다. 약제사는 여름 제사이다. 리괘의 상이 소를 잡는 것은 바로 萃卦의 큰 제물을 쓰는 것이고, 약제사는 바로 損卦의 두 그릇으로도 제사 지낼 수 있다는 것이다. 여기 효의 의미는 바로 문왕과 紂의 일이다. 오효가 변하면 明夷卦䷣가 되니, 〈단전〉에서 '문왕이 그것을 사용하였다.'라고 하였으니, 이효를 말한다. 紂가 임금인 것은 동쪽 이웃이 소를 잡는 것이다. 문왕이 신하인 것은 서쪽 이웃이 약제사를 지내는 것이다. 岐周는 서쪽에 있기 때문에 서쪽 이웃이라고 하였다. 복을 받는 것은 〈내가〉 복을 구하려고 아무 것도 하지 않았는데 복이 도리어 와서 〈나를〉 구하는 것이니, 〈상전〉에서 '길함이 크게 오는 것이다.'라고 한 것이 여기에 해당한다. 공자가 말한 '나는 싸움을 하면 이기고 제사를 지내면 복을 받는다.'라는 것은 바로 삼효와 오효 두 효의 의미이다." 하였다.

사를 취하여 뜻으로 삼았다. '동쪽 이웃'은 陽이니 九五를 말하고, '서쪽 이웃'은 陰이니 六二를 말한다. '소를 잡는 것'은 성대한 제사이고 '禴'은 검소한 제사이니, 성대함이 검소함만 못한 것은 때가 같지 않기 때문이다. 六二와 九五는 모두 믿음과 中正의 德이 있으나, 六二는 旣濟卦의 아래에 있어서 아직 나아갈 곳이 있으므로 福을 받고, 九五는 旣濟卦의 極에 처하여 나아갈 곳이 없으니, 至誠과 中正으로 지키면 진실로 뒤집힘에 이르지 않을 뿐이다. 이치는 극에 이르고서 끝내 뒤집히지 않는 것이 없으니, 이미 극에 이르면 비록 잘 대처하더라도 어쩔 수가 없다. 그러므로 爻와 象에 오직 그 때를 말하였다.

【本義】東은 陽이요 西는 陰이니 言九五居尊而時已過하여 不如六二之在下而始得時也라 又當文王與紂之事라 故其象占如此하니라 象辭의 初吉終亂도 亦此意也라

동쪽은 陽이고 서쪽은 陰이니, 九五가 높은 자리에 있지만 때가 이미 지나버려서, 六二가 아래에 있어 처음으로 때를 얻은 것만 못하다는 말이다. 또 文王과 紂王의 일에 해당하므로 그 象과 占이 이와 같다. 〈象傳〉의 '처음은 길하고 끝은 혼란하다.'는 말도 이러한 뜻이다.

字義 禴 : 제사이름 약

象曰 東隣殺牛 不如西隣之時也니 實受其福은 吉大來[13]也라

〈象傳〉에 말하였다. "'동쪽 이웃의 소를 잡는 성대한 제사'는 서쪽 이웃의 때에 맞는 제사만 못하니, '실제로 복을 받음'은 길함이 크게 오는 것이다."

【傳】五之才德이 非不善이로되 不如二之時也라 二在下하여 有進之時라 故中正而孚면 則其吉大來니 所謂受福也라 吉大來者는 在旣濟之時하여 爲大來也니 亨小初吉이 是也라

九五의 재질과 德이 不善한 것은 아니지만, 六二의 때에 맞음만 못하다. 六二는 아래에 있어서 나아감이 있는 때이므로 中正하고 미더우면 길함이 크게 오니, 이른바 福을 받는다는

---

13 吉大來 : 金相岳(朝鮮)은 《山天易說》에서 "《주역》은 때와 지위로 말하는데, 지위는 때만 못하기 때문에 '서쪽 이웃의 때'라고 하였다. '길함이 크게 오는 것이다.'라는 것은 이효에게 오는 것을 말한다. 오효가 이효에게 오면 泰卦䷊가 되기 때문에 태괘에서 '작은 것이 가고 큰 것이 온다.'고 했다." 하였다.

것이다. '길함이 크게 온다.'는 것은 旣濟의 때에 있어서 크게 오는 것이니, "형통할 것이 작다."는 것과 "처음에는 길하다."는 것이 여기에 해당한다.

上六은 濡其首[14]라 厲하니라

上六은 그 머리를 적시니 위태롭다.

【傳】旣濟之極엔 固不安而危也요 又陰柔處之而在險體之上이라 坎爲水요 濟亦取水義라 故言其窮至於濡首하니 危可知也라 旣濟之終而小人處之하니 其敗壞를 可立而待也니라

旣濟卦의 끝에는 진실로 편안하지 못하여 위태롭고, 또 유약한 陰으로 이곳에 처해서 험한 卦體의 맨 위에 있다. 坎卦☵는 물이고 '濟(건넘)' 또한 물의 뜻을 취한 것이다. 그러므로 그 어려움이 머리를 적시는데 이른다고 말하였으니, 위태로움을 알 수 있다. 旣濟卦의 끝인데 小人이 있으니, 무너짐을 서서 기다릴 수 있다.

【本義】旣濟之極이요 險體之上而以陰柔處之하니 爲狐涉水而濡其首之象이라 占者不戒는 危之道也라

旣濟卦의 끝이고 험한 卦體의 위인데 유약한 陰이 이곳에 있으니, 여우가 물을 건너다가 머리를 적신 象이다. 점치는 자가 경계하지 않으면 위태로운 길이다.

象曰 濡其首厲[15] 何可久也리오

---

14 濡其首 : 楊萬里(宋)는 《大全》의 소주에서 "상육은 부드럽고 나약한 자질로 높이 자만하는 마음을 품고서 다스려지고 편안한 곳의 끝에 있으니, 마치 큰 내를 이미 건너고서 스스로 영원히 풍파의 염려가 없을 것이라고 말하는 것과 같다. 하나를 이룰 줄도 모르는데 또 하나를 만났고, 실어주기를 구하는데 머무르는 배가 없으며, 건너기를 구하는데 헤엄을 잘 치지 못하니, 치마를 걷고 황하를 건너는데 머리까지 적시면 몸이 빠짐을 알 수 있다." 하였다.

15 濡其首厲 : 李震相(朝鮮)은 《易學管窺》에서 "이곳이 기제의 끝에 있기 때문에 위험하고 어지러운 상이 있다. 선배 학자들은 대부분 외괘의 세 효는 모두 좋지 않다고 하였다. 그러나 감괘의 물이 밖에 있어 그 자리를 지나가지 않으면 이미 일을 이루었다고 말할 수 없으니, 오효의 '복을 받음'이 기제괘의 성대함이고, 상육의 '머리를 적심'이 마침내 어지러운 상이다. 젖은 머리의 조짐은 복

〈象傳〉에 말하였다. "'그 머리를 적셔서 위태로움'은 어찌 오래갈 수 있겠는가?"

【傳】旣濟之窮하여 危至於濡首하니 其能長久乎아

旣濟卦가 극에 이르러 위태로움이 머리를 적시는 지경에 이르렀으니, 어찌 오래갈 수 있겠는가.

을 받기 전에 나왔고, 젖은 머리의 재앙은 복을 받는 사이에 일어났으니, 재앙과 복이 서로 의지하는 것임을 또한 알 수 있다. '머무르는 배(宿舟)'는 일이 있기 전에 미리 경계하는 배를 말한다." 하였다.

64. 未濟

☵ 坎下離上

下卦는 坎卦☵이고 上卦는 離卦☲이다.

【傳】未濟는 序卦에 物不可窮也라 故受之以未濟하여 終焉이라하니라 旣濟矣면 物之窮也니 物窮而不變이면 則无不已之理하니 易者는 變易而不窮也라 故旣濟之後에 受之以未濟而終焉하니라 未濟則未窮也니 未窮則有生生之義라 爲卦 離上坎下하여 火在水上하니 不相爲用이라 故爲未濟라

　　未濟卦는 〈序卦傳〉에 "사물은 다할 수 없기 때문에 未濟卦로 받아 마쳤다." 하였다. 이루어지고 나면 사물은 다한 것이니, 사물이 다하였는데도 변하지 않으면 그치지 않는 이치가 없으니, 易이란 變易하여 다하지 않기 때문에 旣濟卦 다음에 未濟卦로 받아 마쳤다. 未濟는 아직 다하지 않은 것이니, 아직 다하지 않으면 낳고 낳는 뜻이 있다. 卦의 구성이 上卦는 離卦 ☲이고 下卦는 坎卦☵이니, 불이 물 위에 있어서 서로 쓰임이 되지 못하기 때문에 未濟卦가 된 것이다.

未濟[1]는 亨하니 小狐汔濟하여 濡其尾니 无攸利[2]하니라

---

1 未濟 : 빌헬름 영문판 주역인 《The I Ching》에서는 未濟卦를 Wei Chi / Before Completion이라고 하였다. 미제는 완성되기 이전을 말한다. 기제와 반대로 모든 효가 제자리에 있지 않다. 그러나 기제괘가 여름에서 가을로 변화하는 가을에 비유할 수 있다면 미제괘는 겨울의 부진과 침체에서 벗어나 여름으로 가는 봄철에 해당한다. 이런 희망적인 통찰이 있기 때문에 주역에서 미제괘로 끝을 맺었다.

2 未濟……无攸利 : 徐幾(南宋)는 《大全》의 소주에서 "미제괘에는 끝내 이루는 이치가 있기 때문에 형통하다. 여우는 물을 건널 수는 있지만 꼬리를 적신다면 건널 수가 없다. 六으로 초효에 있는 것이 '어린 여우'이다. '汔'은 '거의〔幾〕'라는 뜻이다. '꼬리'는 초효를 말한다. 거의 건너가서 그 꼬

未濟는 형통하니, 어린 여우가 용감하게 건너서 그 꼬리를 적시니, 이로운 바가 없다.

【본의】 거의 건너가

【傳】未濟之時엔 有亨之理요 而卦才復有致亨之道하니 唯在愼處라 狐能度(渡)水로되 濡尾則不能濟하나니 其老者多疑畏라 故로 履冰而聽하니 懼其陷也요 小者則未能畏愼이라 故勇於濟라 汔은 當爲仡이니 壯勇之狀이라 書曰 仡仡勇夫라하니라 小狐果於濟면 則濡其尾而不能濟也라 未濟之時에 求濟之道를 當至愼이면 則能亨이요 若如小狐之果면 則不能濟也니 旣不能濟면 无所利矣라

未濟의 때에는 형통할 수 있는 이치가 있고 卦의 재질이 다시 형통함을 이루는 道가 있으니, 오직 조심해서 처신하는 것에 달려 있을 뿐이다. 여우는 물을 건널 수 있지만 꼬리를 적시면 물을 건널 수 없으니, 늙은 여우는 의심과 두려움이 많다. 그러므로 얼음을 밟으면서도 소리를 들으니 빠질까 두려워하는 것이고, 어린 여우는 아직 두려워하고 조심할 줄 모르기 때문에 용감하게 물을 건넌다. '汔'은 마땅히 '仡'이 되어야 하니, 건장하고 용감한 모습이란 뜻으로, 《書經》〈秦誓〉에서 '씩씩하고 용감한 사나이〔仡仡勇夫〕'라고 하였다. 어린 여우가 건너는 데에 과감하면 꼬리를 적셔 건널 수 없다. 未濟의 때에 건너기를 구하는 道를 지극하게 삼가면 형통할 수 있을 것이고, 만약 어린 여우처럼 과감하게 한다면 건널 수 없을 것이니, 이미 건널 수가 없다면 이로울 바가 없을 것이다.

【本義】未濟는 事未成之時也라 水火不交하여 不相爲用이요 卦之六爻 皆失其位라 故爲未濟라 汔은 幾也니 幾濟而濡尾는 猶未濟也라 占者如此면 何所利哉리오

未濟는 일이 아직 이루어지지 않은 때이다. 물과 불이 서로 사귀지 않아서 서로 쓰임이 되지 못하고, 卦의 여섯 爻가 모두 제자리를 잃었기 때문에 未濟가 되었다. '汔'은 '幾'이니, 거의 건너가서 꼬리를 적심은 여전히 건너지 못한 것이다. 占을 치는 자가 이와 같이 하면 어찌 이로운 바가 있겠는가.

字義 汔 : 거의 흘, 용감할 흘　冰 : 얼음 빙　仡 : 날랠 흘

리를 적신다면 힘을 다하고도 이룰 수 없는 것이니, 이로운 바가 없다." 하였다.

象曰 未濟亨은 柔得中也요

〈象傳〉에 말하였다. "'未濟가 형통함'은 柔가 中을 얻었기 때문이고,

【傳】以卦才言也라 所以能亨者는 以柔得中也니 五以柔居尊位하고 居剛而應剛하여 得柔之中也라 剛柔得中하니 處未濟之時하여 可以亨也라

卦의 재질로 말하였다. 형통할 수 있는 것은 柔가 中을 얻었기 때문이니, 六五는 유순한 陰으로 존귀한 자리에 있고, 강한 자리에 있으면서 剛(九二)과 호응하여, 유순함의 中道를 얻었다. 剛과 柔가 中道를 얻었으니, 未濟卦의 때에 처해서 형통할 수 있다.

【本義】指六五言이라

六五를 가리켜 말하였다.

小狐汔濟는 未出中也요

'어린 여우가 용감하게 건넘'은 험한 가운데에서 벗어나지 못한 것이며,

【傳】據二而言也라 二以剛陽居險中하니 將濟者也요 又上應於五하니 險非可安之地요 五有當從之理라 故果於濟를 如小狐也라 旣果於濟라 故有濡尾之患하니 未能出於險中也라

九二에 의거하여 말하였다. 九二는 剛한 陽으로 험한 가운데에 있으니 건너려는 자이고, 또 위로 六五와 호응하니 험함은 편안할 수 있는 곳이 아니고, 六五에는 마땅히 따라야 하는 이치가 있다. 그러므로 과감하게 건너기를 어린 여우처럼 한다. 이미 과감하게 건넜기 때문에 꼬리를 적시는 걱정이 있으니, 험한 가운데에서 벗어나지 못하는 것이다.

濡其尾无攸利[3]는 不續終[4]也라

---

3 濡其尾无攸利 : 金相岳(朝鮮)은 《山天易說》에서 "때가 미제이나 육오가 위에서 中을 얻었기 때문에 형통할 수 있다. 여우는 감괘의 상이다. 거의 건넌 것은 이효를 가리킨다. 꼬리를 적신 것은 초효를 말한다. 무리지은 여우들이 거의 건넜는데 어린 것이 맨 뒤에 있어 꼬리를 적시니 미제에서 끝나고 이로운 바가 없다." 하였다.

4 不續終 : 丘富國(宋代)은 《大全》의 소주에서 "'계속하여 끝마치지 못함'은 초효를 가리킨다. 하괘인

'꼬리를 적시니, 이로운 바가 없음'은 계속하여 끝마치지 못하기 때문이다.

【傳】其進銳者는 其退速하니 始雖勇於濟나 不能繼續而終之하니 无所往而利也라

　　나아감이 재빠른 자는 물러남도 빠르니, 처음에는 비록 용감하게 건너지만 계속하여 끝마치지 못하였으니, 가는 곳마다 이로움이 없는 것이다.

雖不當位나 剛柔應[5]也니라

비록 자리에 합당하지 않지만, 剛과 柔가 호응한다."

【傳】雖陰陽不當位나 然剛柔皆相應하여 當未濟而有與하니 若能重愼이면 則有可濟之理나 二以汔濟故로 濡尾也라 卦之諸爻가 皆不得位라 故爲未濟라 雜卦云 未濟는 男之窮也라하니 謂三陽皆失位也라 斯義也를 聞之成都隱者로라

　　비록 陰과 陽이 자리에 합당하지 않지만 剛과 柔가 서로 호응하여 未濟를 맞아 함께 함이 있으니, 만약 신중하게 할 수 있으면 이룰 수 있는 이치가 있으나 九二가 용감하게 건너기 때문에 꼬리를 적셨다. 卦의 모든 爻가 모두 제자리를 얻지 못하였기 때문에 未濟가 되었다. 〈雜卦傳〉에 "未濟는 남자가 궁한 곳이다."라고 하였으니, 세 陽이 모두 제자리를 잃었음을 말한다. 이러한 뜻을 成都의 隱者에게서 들었다.

象曰 火在水上이 未濟니 君子以하여 愼辨物하여 居方[6]하나니라

〈象傳〉에 말하였다. "불이 물 위에 있는 것이 未濟이니, 군자가 이것을 본받아 신중

　　감괘☵는 여우를 상징하니, 초효는 그 꼬리이다. 이효가 험함에서 벗어나지 못하는 것은 유약한 초효가 힘이 미약하여 뒤를 이을 수 없기 때문이다. 이는 바로 여우가 거의 건넜으나 그 꼬리를 적신 경우와 같아서 머리는 건넜지만 꼬리는 건너지 못한 것이니, 무슨 이익이 있겠는가?" 하였다.

5 剛柔應 : 丘富國(宋代)은 《大全》의 소주에서 "여섯 효에서 굳센 양은 음의 자리에 있고 부드러운 음은 양의 자리에 있으니, 비록 자리에 합당하지 않을지라도 하나의 음과 하나의 양이 각기 서로 호응하여 위와 아래가 협력한다. 그러므로 마침내 험함에서 벗어나는 공이 있다." 하였다.

6 愼辨物 居方 : 胡炳文(南宋)은 《大全》의 소주에서 "물과 불은 다른 것이기 때문에 이로써 사물은 분별한다. 물과 불은 각각 제자리에 있기 때문에 이로써 제자리에 있게 한다." 하였다.

히 사물을 분별하여 제 자리에 있게 한다.”

【傳】水火不交하여 不相濟爲用이라 故爲未濟라 火在水上은 非其處也라 君子觀其處不當之象하여 以愼處於事物하여 辨其所當하여 各居其方하나니 謂止於其所也라

물과 불이 사귀지 못하여 서로 이루면서 쓰이지 못하기 때문에 未濟가 되었다. 불이 물 위에 있는 것은 제 자리가 아니다. 君子는 그 자리에 합당하지 못한 象을 보고 事物에 조심스럽게 대처하여 그 마땅한 바를 변별하여 각각 제 자리에 있도록 하니, 제 자리에 그침을 말한다.

【本義】水火異物이 各居其所라 故君子觀象而審辨之하나니라

다른 물건인 물과 불이 각각 제 자리에 있기 때문에 君子가 象을 보고 살펴서 변별한다.

初六은 濡其尾[7]니 吝[8]하니라

初六은 꼬리를 적셨으니, 부끄럽다.

【傳】六以陰柔在下하고 處險而應四하니 處險則不安其居요 有應則志行於上이라 然己旣陰柔요 而四非中正之才니 不能援之以濟也라 獸之濟水에 必揭其尾하나니 尾濡則不能濟니 濡其尾는 言不能濟也라 不度(탁)其才力而進하여 終不能濟니 可羞吝也라

初六이 유약한 陰으로 아래에 있고, 험한 곳에 있으면서 九四와 호응하니, 험한 곳에 있으면 있는 곳을 편안하게 여기지 못하고, 호응이 있으면 뜻이 위로 간다. 그러나 자신이 이미 유약한 陰이고 九四는 中正한 재질이 아니니, 구원하여 구제할 수가 없다. 짐승은 물을 건널 때에 반드시 꼬리를 든다. 꼬리가 젖으면 건널 수가 없으니, ‘꼬리를 적심’은 건널 수 없음을 말한다. 자신의 재주와 힘을 헤아리지 않고 나아가 끝내 건너가지 못하니, 부끄러울 만하다.

【本義】以陰居下하니 當未濟之初하여 未能自進이라 故其象占如此하니라

---

7 濡其尾 : 柳正源(朝鮮)은 《易解參攷》에서 왕필의 견해를 인용하여 “미제의 시작은 기제의 상육에서 시작하니, 그 머리를 적시는 것은 그 꼬리를 적시는 데에 되돌아 이르지 못한 것과 같다.” 하였다.

8 吝 : 金相岳(朝鮮)은 《山天易說》에서 “초육이 감괘의 아래에 있어 미제의 시작이다. 비록 위로 호응하여 잡아당길지라도 재주가 유약하여 건널 수 없는데 가볍게 나아가 그 꼬리를 적시니, 부끄럽게 되는 도이다.” 하였다.

陰으로 맨 아래에 있으니 未濟의 처음에 해당하여 스스로 나아갈 수가 없기 때문에 그 象과 占이 이와 같다.

字義 吝 : 부끄러울 린   揭 : 들 게

象曰 濡其尾는 亦^{9}不知極^{10}也라

〈象傳〉에 말하였다. "'꼬리를 적심'은 또한 알지 못함이 지극한 것이다."

【傳】不度其才力而進하여 至於濡尾는 是不知之極也라

자신의 재주와 힘을 헤아리지 않고 나아가 꼬리를 적시는 데에 이르렀으니, 이는 알지 못함이 지극한 것이다.

【本義】極字는 未詳이라 考上下韻컨대 亦不叶^{11}하니 或恐是敬字라 今且闕之로라

'極'자는 자세히 알 수가 없다. 앞과 뒤의 韻을 살펴봐도 또한 맞지 않으니, 아마도 '敬'자인 듯하다. 당장은 우선 빼놓는다.

字義 闕 : 빠질 궐

九二는 曳其輪^{12}이면 貞하여 吉하리라

---

9 亦 : 吳致箕(朝鮮)는 《周易經傳增解》에서 "재주와 힘을 헤아리지 못하고 꼬리를 적시는 데까지 갔으니 이것도 지극한 것을 모른 것이다. '또한'은 발어사이다." 하였다.

10 不知極 : 朴文鎬(朝鮮)는 《經說·周易》에서 "極자는 소주에서 주자가 건너는 것으로 해야 한다고 설명한 것이 옳은 것 같다. 건너는 것을 모르는 것은 건너는 방법을 모른다는 말이다." 하였다.

11 考上下韻 亦不叶 : 이에 대해 李震相은 《易學管窺》에서 "極자는 '拯'자가 되어야 한다. 소주에서도 그렇게 말했는데 또한 잘못하여 '極'으로 해 놨으니, 이 말은 건너는 의미를 몰랐다는 뜻이다." 하였다.

12 曳其輪 : 金相岳(朝鮮)은 《山天易說》에서 "미제의 때에 초효와 삼효를 가까이 하고 감괘 속에 있으며 오효와 호응하니 당연히 나아가야 되지만 수레바퀴를 거꾸로 끌어당기듯이 하여 느리게 가는 것이 아래가 되는 바름을 얻었기 때문에 길하다." 하였고, 초효와의 비교적 관점에서 "초효에서는 '꼬리를 적신다'고 하고, 이효에서는 '수레바퀴를 거꾸로 끌어당기듯이 하여 느리게 한다.'고 하였다. 초효는 부드럽고 이효는 굳세기 때문에 기제괘에서는 초효에서 합하여 말하였고, 미제괘에서는 초효와 이효에 나누어서 말하였다. 미제괘는 임금의 도리가 어렵고 위태로운 때이기 때문에 굳셈을 지나치게 사용하는 것을 경계하였다. 《정전》이 옳다.

【本義】曳其輪이니 貞이라 吉하리라

九二는 수레바퀴를 거꾸로 끌어당기듯이 하여 느리게 하면, 바르게 하여 길하다.

【본의】수레바퀴를 거꾸로 끌어당기듯이 하여 느리게 하니, 바르기 때문에 길하다.

【傳】在他卦엔 九居二 爲居柔得中하여 无過剛之義也로되 於未濟엔 聖人深取卦象以爲戒하여 明事上恭順之道하시나라 未濟者는 君道艱難之時也라 五以柔處君位하고 而二乃剛陽之才로 而居相應之地하니 當用者也라 剛有陵柔之義하고 水有勝火之象이라 方艱難之時하여 所賴者는 才臣耳니 尤當盡恭順之道라 故戒曳其輪則得正而吉也라 倒曳其輪하여 殺(쇄)其勢하고 緩其進이니 戒用剛之過也니 剛過則好犯上而順不足이라 唐之郭子儀, 李晟이 當艱危未濟之時[13]하여 能極其恭順하니 所以爲得正而能保其終吉也라 於六五則言其貞吉光輝하여 盡君道之善하고 於九二則戒其恭順하여 盡臣道之正하니 盡上下之道也라

다른 卦에서는 陽이 二爻 자리에 있으면 부드러운 자리에 있고 中을 얻음이 되어 지나치게 剛한 뜻이 없으나, 未濟卦에서는 聖人이 卦象을 깊이 취하여 경계해서 윗사람을 섬김에 공손하게 하는 道를 밝힌 것이다. 未濟는 임금의 道가 어렵고 곤란한 때이다. 六五는 유순함으로 임금의 자리에 있고, 九二는 강건한 陽의 재질로 서로 호응하는 자리에 있으니, 마땅히 쓰여야 할 자이다. 강함은 유약함을 능멸하는 뜻을 가지고 있고, 물은 불을 이기는 象을 가지고 있다. 이제 막 어렵고 곤란한 때에 의지할 바는 재주있는 신하일 뿐이니 더욱 공손하고 유순한 道를 다해야 한다. 그러므로 수레를 거꾸로 끌어당기듯이 하여 느리게 하면 바름을 얻어 길하게 된다고 경계하였다. 그 수레를 거꾸로 끌어당기듯이 하여 그 기세를 줄이고, 그 나아감을 느리게 함이니, 강함을 지나치게 쓰는 것을 경계한 것이다. 강함이 지나치면 윗사람을 범하기를 좋아하여 유순함이 부족하다. 唐나라의 郭子儀와 李晟은 어렵고 위태로운 未濟의 때에 그 공손하고 유순함을 지극히 하였기 때문에 바름을 얻어 끝내 길함을 보존할 수 있었다. 六五에서는 '貞吉'과 '光輝'를 말하여 임금의 道理의 선함을 다하였고, 九二에 대해서는 공손하고 유순하기를 경계하여 신하의 도리의 바름을 다하였으니, 위와 아래의 도리를 다한 것이다.

【本義】以九二應六五而居柔得中하여 爲能自止而不進하니 得爲下之正也라 故其象占如此하니라

---

13 唐之郭子儀李晟 當艱危未濟之時 : 어렵고 위태로운 未濟의 때는 郭子儀의 경우는 安祿山의 난을 말하고, 李晟의 경우는 朱泚의 난을 말한다.

九二가 六五와 호응하고 부드러운 자리에 있으면서 가운데 자리를 얻어 스스로 멈출 수 있어 나아가지 않으니, 아랫사람으로서의 바름을 얻었기 때문에 그 象과 占이 이와 같다.

字義　殺 : 줄일 쇄　晟 : 밝을 성

象曰 九二貞吉은 中以行正也일새라

〈象傳〉에 말하였다. "九二는 바르게 하여 길함'은 中道로써 바름을 행하기 때문이다."

【傳】九二得正而吉者는 以曳輪而得中道 乃正也라

九二가 바름을 얻어 길한 것은 수레바퀴를 거꾸로 끌어당기듯이 하여 中道를 얻음이 곧 바름이기 때문이다.

【本義】九居二는 本非正이로되 以中故로 得正也라

陽이 二爻 자리에 있음은 본래 바른 자리가 아니지만, 가운데 자리에 있기 때문에 바름을 얻은 것이다.

六三은 未濟에 征이면 凶[14]하나 利涉大川하나라

六三은 未濟에 가면 흉하지만, 큰 내를 건너는 것이 이롭다.

【傳】未濟征凶은 謂居險하여 无出險之用而行則凶也니 必出險而後可征이라 三以陰柔不中正之才而居險하여 不足以濟하니 未有可濟之道出險之用而征이면 所以凶也라 然未濟는 有可濟之道요 險終은 有出險之理라 上有剛陽之應하니 若能涉險而往從之면 則濟矣라 故利涉大川也라 然三之陰柔 豈能出險而往이리오 非時不可요 才不能也라

'未濟에 가면 흉함'은 험한 데 있어서 험함에서 벗어날 능력이 없으면서 가면 흉하다는 말

---

14 未濟 征 凶 : 徐有臣(朝鮮)은 《易義擬言》에서 "여기 효의 상이 미제가 되는 까닭이기 때문에 여섯 효 가운데에서 오직 미제라고 칭하였으니, 바로 거의 건넜으나 아직 건너지 못한 경우이다. 두 감괘의 효가 부드럽고 자리에 합당하지 않아 아직 나아갈 수 없기 때문에 '가면 흉하다'고 하였다. '건너는 것이 이롭다'는 구절의 의미는 해석하기 어렵다." 하였다.

이니, 반드시 험함을 벗어난 이후에야 갈 수 있다. 六三은 유약한 陰이고 中正하지 재질로서 험한 데에 있어 구제하기에 부족하니, 구제할 만한 道와 험함에서 벗어날 능력이 없으면서 가면 흉한 것이다. 그러나 '未濟'는 건너갈 수 있는 道가 있고, 험함이 끝남은 험함에서 벗어날 이치가 있다. 위로 호응하는 강건한 陽이 있으니, 험함을 건너가 그를 따를 수 있다면 구제되기 때문에 큰 내를 건너는 것이 이롭다. 그러나 유약한 陰인 六三이 어찌 험함에서 벗어나 갈 수 있겠는가. 때가 不可한 것이 아니라 재주가 할 수 없기 때문이다.

【本義】陰柔不中正으로 居未濟之時하니 以征則凶이라 然以柔乘剛하여 將出乎坎하니 有利涉之象이라 故其占如此라 蓋行者可以水浮요 而不可以陸走也라 或疑利字上에 當有不字라

유약한 陰이 中正하지 않음으로 '未濟'의 때에 있으니, 이로써 가면 흉하다. 그러나 유약한 陰으로 剛을 올라타고 있어 坎卦☵에서 벗어날 것이니, 건넘이 이로운 象이 있기 때문에 그 占이 이와 같다. 가는 사람은 물 위로 떠서 가야 되고 땅으로 달려가서는 안 된다. 어떤 이는 의심하기를, "'利'자 앞에 마땅히 '不'자가 있어야 한다." 하였다.

象曰 未濟征凶은 位不當也일새라

〈象傳〉에 말하였다. "'未濟에 가면 흉함'은 자리가 마땅하지 않기 때문이다."

【傳】三이 征則凶者는 以位不當也니 謂陰柔不中正하여 无濟險之才也라 若能涉險以從應이면 則利矣리라

六三이 가면 흉한 것은 자리가 합당하지 않기 때문이니, 유약한 陰이 中正하지 않아 험함을 구제할 재질이 없음을 말한다. 만약 험함을 건너 호응하는 바를 따라갈 수 있다면 이로울 것이다.

九四는 貞이면 吉하여 悔亡하리니 震用伐鬼方[15]하여 三年에야 有賞于大國[16]이로다

---

15 震用伐鬼方 : 李恒老(朝鮮)는 《周易傳義同異釋義》에서 "離卦는 갑주여서 정벌의 상이 있다. 坎卦는 북방에 있어 귀방의 상이기 때문에 기제괘의 삼효와 미제괘의 사효에서 모두 귀방을 정벌하는 것을 말하였다. 리괘와 감괘인 불과 물이 서로 만나는 곳에 있기 때문에 서로 극하고 쏘는 상이 있다." 하였다.

16 三年 有賞于大國 : 康儼(朝鮮)은 《周易》에서 "구사는 이미 감괘를 벗어나 환난을 구제해야 하는 책임이 있고, 위로 유약한 음인 임금이 있으나 함께 일하기에 부족하여 구제해야 하는 책임이 오로

九四는 바르면 길하여 후회가 없어지리니, 진동하여 鬼方을 정벌해서 삼년만에야 큰 나라에서 상이 있다.

【傳】九四는 陽剛으로 居大臣之位하고 上有虛中明順之主하며 又已出於險하고 未濟已過中矣니 有可濟之道也라 濟天下之艱難은 非剛健之才면 不能也라 九雖陽而居四라 故戒以貞固則吉而悔亡하니 不貞則不能濟니 有悔者也라 震은 動之極也라 古之人用力之甚者는 伐鬼方也라 故以爲義하니라 力勤而遠伐하여 至于三年然後에 成功而行大國之賞이니 必如是라야 乃能濟也라 濟天下之道는 當貞固如是니 四居柔라 故設此戒하니라

九四는 강건한 陽으로 大臣의 자리에 있고, 위로 마음을 비워 밝고 유순한 임금이 있으며, 또 이미 험한 데에서 벗어났고 未濟가 이미 가운데를 지났으니, 구제할 수 있는 道가 있다. 세상의 어려움과 곤란함을 구제함은 剛健한 재질이 아니면 할 수가 없다. 九四가 비록 陽이지만 四爻 자리에 있기 때문에 貞固하면 길하여 후회가 없어진다고 경계하였으니, 바르지 않으면 구제할 수 없으므로 후회가 있는 것이다. 震卦==는 움직임이 지극한 것이다. 옛사람들이 심하게 힘을 쓴 것은 鬼方을 정벌하는 것이므로 이것으로 뜻을 삼았다. 부지런히 힘쓰고 멀리 정벌하여 삼년에 이른 후에야 성공하여 큰 나라의 상을 행하니, 반드시 이와 같이 해야만 구제할 수 있다. 세상을 구제하는 道는 마땅히 貞固함이 이와 같아야 하니, 九四는 부드러운 자리에 있기 때문에 이러한 경계를 하였다.

【本義】以九居四하니 不正而有悔也로되 能勉而貞이면 則悔亡矣라 然以不貞之資로 欲勉而貞인댄 非極其陽剛, 用力之久면 不能也라 故爲伐鬼方三年而受賞之象이라

陽으로써 四爻 자리에 있으니 바르지 않아 후회가 있으나, 힘써 바르게 할 수 있다면 후회가 없어진다. 그러나 바르지 못한 자질로 힘써 바르게 하고자 하면, 陽의 강함을 지극히 하여 힘을 오랫동안 쓰지 않으면 할 수가 없다. 그러므로 鬼方을 정벌해서 삼년만에 상을 받는 象이 된다.

字義 震 : 진동할 진

___

지 사효에 있다. 그러니 구사는 담당한 것에 극도로 힘을 다한 다음에 구제할 수 있기 때문에 '진동하여 귀방을 정벌한다.'고 하였다. 진동한다는 말에는 바로 극도로 힘쓴다는 의미가 있으나 또한 일조일석에 기대할 수 없고, 반드시 오래도록 쌓기를 기다려야 성공할 수 있기 때문에 또 '삼년이어야 큰 나라에서 상이 있다.'고 한 것이다." 하였다.

象曰 貞吉悔亡은 志行也라

〈象傳〉에 말하였다. "'바르면 길하여 후회가 없어짐'은 뜻이 행하여진 것이다."

【傳】如四之才 與時合而加以貞固면 則能行其志하여 吉而悔亡이라 鬼方之伐은 貞之
至也라

九四와 같은 재주로 때와 부합하고 貞固함을 더한다면 그 뜻을 행할 수 있어 길하고 후회
가 없어질 것이다. 鬼方을 정벌함은 바름이 지극한 것이다.

六五는 貞이라 吉하여 无悔니 君子之光[17]이 有孚라 吉하니라

六五는 바르므로 길하여 후회가 없으니, 군자의 빛남은 믿음이 있어서 길하다.

【傳】五는 文明之主로 居剛而應剛하고 其處得中하여 虛其心而陽爲之輔하니 雖以柔居
尊이나 處之至正至善이니 无不足也라 旣得貞正이라 故吉而无悔라 貞은 其固有요 非戒
也니 以此而濟면 无不濟也라 五는 文明之主라 故稱其光이니 君子德輝之盛而功實稱
之요 有孚也라 上云吉은 以貞也니 柔而能貞은 德之吉也요 下云吉은 以功也니 旣光而
有孚면 時可濟也라

六五는 文明의 주체로 강한 자리에 있으면서 剛과 호응하고, 처함이 中을 얻어서 마음을
비워 陽이 보필하니, 비록 유순함으로 존귀한 자리에 있지만 처함이 지극히 바르고 지극히
善하므로 부족함이 없다. 이미 바름을 얻었기 때문에 길하여 후회가 없다. '貞'은 본래 있는 것

---

17 君子之光 : 李玄錫(朝鮮)은 《易義窺斑》에서 "문채로 밝은 임금이 알맞음에 있고 굳셈에 호응하면
서 마음을 비워 아래의 도움을 구하기 때문에 길함을 얻어 또 길하다. 역의 괘사와 효사에 이처럼
아름다운 경우가 드문 것은 밝은 임금이 어진 신하를 얻은 경사와 믿음이 빛남이 있는 것이다. 역
에서 임금의 도는 乾卦의 '대인을 보는 것이 이롭다.'에서 시작하여 여기 '군자의 빛남은 믿음이 있
어서'에서 끝나니, 성인이 마음을 다한 것이 임금과 신하의 만남에서 깊다고 할 수 있다. 또 여러
괘를 살펴보면 육오의 임금이 아래로 구이의 신하와 호응하는 경우는 여기 未濟卦 외에 또 蒙卦·
兌卦·大有卦·蠱卦·臨卦·暌卦·益卦·升卦·鼎卦·歸妹卦·豐卦로 합해서 열두 괘인데, 모두 부드
럽고 알맞은 것이 자신을 비워 아래로 굳세고 밝고 현명한 신하와 호응하는 상이다. 그런데 이를
테면 解卦☷☳에서 '군자가 풀어버림이 있음'도 구이가 호응하기 때문이다. 현명한 임금의 도는 사
람들에게 맡겨놓고 오직 스스로 힘쓰지 않고 사람들을 쓰며 자신을 공손히 하여 임금 자리에 앉아
있으면서 아래로 성공을 따지는데도 신하들이 훌륭하고 모든 일이 편안한 것일 뿐이다. 이것이 실
로 천하에 임금 노릇하는 중요한 도이다." 하였다.

이고 경계함이 아니니, 이로써 이루면 이루지 못할 것이 없다. 六五는 文明의 주체이기 때문에 '빛남'을 말하였으니, 君子의 德은 빛남이 성하고 功은 실제로 여기에 걸맞음은 믿음이 있는 것이다. 앞에서 말한 '吉'은 바르기 때문이니, 유약하면서 바르게 할 수 있음은 德이 길한 것이요, 뒤에서 말한 '吉'은 功 때문이니 이미 빛나고 믿음이 있으면 때는 이룰 수 있는 것이다.

【本義】以六居五는 亦非正也나 然文明之主 居中應剛하여 虛心以求下之助라 故得貞而吉且无悔하고 又有光輝之盛하여 信實而不妄하니 吉而又吉也라

陰으로 五爻 자리에 있음은 또한 바른 것은 아니지만, 文明의 주체로서 中에 있고 강건한 陽과 호응하여 마음을 비워 아랫사람의 도움을 구하기 때문에 바름을 얻어 길하고 또 후회가 없으며, 또 빛남이 성대하여 미덥고 진실하여 망령되지 않으니, 길하고 또 길하다.

字義　輔 : 보필할 보　輝 : 빛날 휘

象曰 君子之光은 其暉吉也라

〈象傳〉에 말하였다. "'군자의 빛남'은 그 빛남이 길한 것이다."

【傳】光盛則有暉니 暉는 光之散也라 君子積充而光盛하여 至於有暉는 善之至也라 故重云吉하니라

빛이 성하면 빛남이 있으니, '暉'는 빛이 발산하는 것이다. 君子가 쌓아 가득해서 빛이 성하여 빛이 발산하는 데까지 이르는 것은 善이 지극한 것이므로 거듭 길하다고 말하였다.

【本義】暉者는 光之散也라

'暉'는 빛이 발산하는 것이다.

字義　暉 : 빛날 휘

上九는 有孚于飮酒[18]면 无咎어니와 濡其首면 有孚에 失是하리라

─────────────

18 有孚于飮酒 : 任聖周(朝鮮)는 《周易》에서 "미제괘의 상구는 굳세고 밝은 궁극으로 미제의 끝에 있

【本義】有孚于飮酒니 无咎어니와 濡其首면 有孚하여

上九는 술을 마시는 데에 믿음을 두면 허물이 없지만, 그 머리를 적시면 믿음을 가지는 데에 옳음을 잃을 것이다.

【본의】술을 마시는 데에 믿음을 두니 허물이 없지만, 그 머리를 적시면 자신을 너무 믿어서 옳음을 잃을 것이다.

【傳】九以剛在上하니 剛之極也요 居明之上하니 明之極也라 剛極而能明이면 則不爲躁而爲決이니 明能燭理요 剛能斷義라 居未濟之極하여 非得濟之位면 无可濟之理니 則當樂天順命而已라 若否(비)終則有傾[19]은 時之變也요 未濟則无極而自濟之理라 故止爲未濟之極이니 至誠安於義命而自樂이면 則可无咎라 飮酒는 自樂也니 不樂其處면 則忿躁隕穫이니 入于凶咎矣요 若從樂而耽肆過禮하여 至濡其首면 亦非能安其處也라 有孚는 自信于中也요 失是는 失其宜也니 如是則於有孚爲失也라 人之處患難에 知其无可奈何而放意不反者는 豈安於義命者哉리오

上九는 剛으로서 맨 위에 있으니 강건함의 지극함이며, 밝음의 맨 위에 있으니 밝음의 지극함이다. 강건함이 지극하고 밝을 수 있으면 조급하지 않고 결단하니, 밝음은 이치를 밝힐 수 있고 강건함은 의로움을 결단할 수 있다. 未濟의 맨 끝에 있어 이룰 수 있는 지위를 얻지 못하면 이룰 수 있는 이치가 없으니, 하늘을 즐거워하고 命에 순종해야 할 따름이다. '비색함이 끝나면 기울어진다.'는 때가 변한 것이고, 未濟卦는 지극하다고 해서 저절로 이루어지는 이치가 없기 때문에 未濟의 끝이 될 뿐이니, 지성으로 의로움과 命에 편안히 하여 스스로 즐거워하면 허물이 없을 수 있다. '술을 마심'은 스스로 즐거워함이니, 자신의 처지를 즐거워하지 않으면 화내고 조급해 하며 마음대로 되지 않아 괴로워서 흉함과 허물에 빠진다. 만약 즐

─────────────

으니, 이미 갖출 것을 풍부하게 소유하여 어느 때라도 큰일을 할 수 있으나 이미 지위가 없는 곳이어서 힘을 쓸 수가 없고 단지 자신을 믿고 스스로 기르면서 천명을 기다릴 뿐이다. 그러므로 '술을 마시는 데에 믿음을 둔다.'고 하였으니, 이를테면 이윤이 有莘의 들에서 농사지으며 태연히 요순의 도를 즐긴 것이 여기에 해당한다. 만약 탕이 세 번 초빙한 뒤에도 여전히 그대로 마음을 바꿀 것을 생각하지 않았다면 자신을 너무 믿어 옳음을 잃은 것이다. 마음을 바꾸어 한 번 일어나 임금과 신하가 서로 만난 것은 상구에서 구이가 된 것이고, 미제로 말미암아 기제로 향한 것이며, 상하가 서로 호응하여 덕을 하나로 하여 함께 빛나는 것이고, 끝나면 시작이 있어 낳고 낳아 다하지 않는 것이다." 하였다.

19 否(비)終則有傾 : 否卦의 上九 〈象傳〉에 "비색함이 끝나면 기울어진다.〔否終則傾〕"라고 보인다.

거움을 쫓아 즐기는 것이 끝이 없어 禮를 지나쳐서 머리를 적시는 데까지 이르면, 이 또한 자신의 처지를 편안하게 여기는 것이 아니다. '믿음을 가짐'이란 스스로 마음에 믿는 것이다. '옳음을 잃음'이란 그 마땅함을 잃음이니, 이와 같이 되면 믿음이 있음에 있어서 잘못된다. 사람 중에 환난에 당했을 때에 어찌할 수 없음을 알고 마음대로 하며 돌아오지 않는 자가 어찌 의로움과 命에 대하여 편안하게 여기는 자이겠는가.

【本義】以剛明으로 居未濟之極하여 時將可以有爲而自信自養以俟命하니 无咎之道也라 若縱而不反하여 如狐之涉水而濡其首면 則過於自信而失其義矣라

강건하고 밝음으로 未濟의 맨 끝에 있어서 때가 훌륭한 일을 할 수 있고, 스스로를 믿고 스스로를 기르면서 命을 기다리니, 허물이 없는 道이다. 만약 방종하여 돌아오지 않기를 마치 여우가 물을 건너다가 그 머리를 적시는 것처럼 한다면, 스스로 믿음이 지나쳐서 그 의로움을 잃게 된다.

字義 否 : 막힐 비   隕 : 떨어질 운   穫 : 벼 벨 확   耽 : 즐길 탐

象曰 飮酒濡首[20] 亦不知節也라

〈象傳〉에 말하였다. "'술을 마셔 머리를 적심'은 또한 절제를 알지 못하는 것이다."

【傳】飮酒至於濡首는 不知節之甚也라 所以至如是는 不能安義命也니 能安則不失其常矣리라

술을 마셔 머리를 적시는 데 이르는 것은 절제할 줄 알지 못함이 심한 것이다. 이와 같은 데에 이른 것은 '義'와 '命'을 편안하게 여기질 못하기 때문이니, 편안하게 여긴다면 그 항상됨을 잃지 않을 것이다.

---

20 飮酒濡首 : 李恒老(朝鮮)는 《周易傳義同異釋義》에서 "坎卦가 여우이기 때문에 坎卦에서 여우의 상을 취하였다. 사는 곳에서 꼬리를 적시고 머리를 적시는 일이 많은 것이 모두 여우가 물을 건너는 상이다. 술을 지나치게 마신 것을 바로 머리를 적시는 것으로 여긴다면 말이 돋보이지 않기 때문에 《본의》에서 '여우가 물을 건넌다'는 말을 보충했던 것이다." 하였다.

周易傳義 卷第二十二

繫辭傳 上

【本義】繫辭[1]는 本謂文王周公所作之辭로 繫于卦爻之下者하니 卽今經文이요 此篇은 乃孔子所述繫辭之傳也라 以其通論一經之大體凡例라 故无經可附하여 而自分上下云이라

繫辭는 본래 文王과 周公이 지은 말씀으로 卦와 爻의 아래에 단 것을 이르니, 곧 지금의 經文이고, 이 편은 孔子가 지은 繫辭의 傳이다. 전체 經文의 대체와 범례를 통론하였기 때문에 經文에 붙일 만한 곳이 없어서 별도로 上篇과 下篇으로 나누었다.

字義 繫 : 맬 계

第一章

天尊地卑하니 乾坤定矣요 卑高以陳[2]하니 貴賤位矣요 動靜有常하니 剛柔斷矣요 方以類聚[3]하고 物以群分[4]하니 吉凶生矣요 在天成象하고 在地成形[5]하니 變化

---

1 繫辭 : 《大全》의 소주에서 程伊川(宋)은 "〈계사전〉은 본래 《주역》을 설명하려고 한 것이니, 먼저 괘의 의미를 탐구하지 않는다면 〈계사전〉을 알 수 없다." 하였다. 또 "〈계사전〉의 글은 후대의 사람이 결코 따라할 수 없다. 조물주가 만물을 내는 것으로 비유하자면 한 가지의 꽃을 만들어낼 경우 어떤 이는 다듬어 내고 어떤 이는 그림으로 그려낸다. 보기에는 서로 비슷하지만 끝내 조물주가 만든 것이 저절로 생의를 지니고 있는 것과는 같을 수 없다." 하였다.

2 卑高以陳 : 李震相(朝鮮)은 《易學管窺》에서 "모든 사물의 형상은 모두 낮은 곳에서 높아지기 때문에 괘의 효를 그릴 때도 반드시 아래로부터 올라간다. 이미 진열된 뒤에는 높은 것은 귀함이 되고, 낮은 것은 천함이 된다." 하였다.

3 方以類聚 : 李震相(朝鮮)은 《易學管窺》에서 "여기서의 方자는 방위로 보더라도 통한다. 乾卦 ☰·兌卦·離卦·震卦는 陽儀에서 나오기 때문에 부류가 동남에 모이고, 巽卦☴·坎卦 ☵·艮卦☶·坤卦☷는 陰儀에서 나오기 때문에 부류가 서북쪽에 모인다. 양이 나오면 군자의

見矣[6]라

하늘은 높고 땅은 낮으니 乾과 坤이 정해지고, 낮음과 높음으로 진열되니 귀함과 천함이 자리하고, 動과 靜에 떳떳함이 있으니 剛과 柔가 결단되고, 방향은 부류로써 모아지고 事物은 무리로써 나누어지니 吉과 凶이 생기고, 하늘에 있어서는 상이 이루어지고 땅에 있어서는 형체가 이루어지니 變과 化가 나타난다.

【本義】天地者는 陰陽形氣之實體요 乾坤者는 易中純陰純陽之卦名也라 卑高者는 天地萬物上下之位요 貴賤者는 易中卦爻上下之位也라 動者는 陽之常이요 靜者는 陰之常이며 剛柔者는 易中卦爻陰陽之稱也라 方은 謂事情所向이니 言事物善惡이 各以類分이요 而吉凶者는 易中卦爻占決之辭也라 象者는 日月星辰之屬이요 形者는 山川動植之屬이며 變化者는 易中蓍策卦爻가 陰變爲陽하고 陽化爲陰者也라 此는 言聖人作易에 因陰陽之實體하여 爲卦爻之法象하니 莊周所謂易以道陰陽이 此之謂也라

'하늘'과 '땅'은 陰陽과 形氣의 실체이고, '乾'과 '坤'은 易 가운데 純陽☰과 純陰☷의 卦名이다. '낮음'과 '높음'은 천지만물의 높고 낮은 자리이고, '귀함'과 '천함'은 易 가운데 卦爻의 위아래의 자리이다. '움직임'은 陽의 떳떳함이고 '고요함'은 陰의 떳떳함이며, '剛'과 '柔'는 易 가운데 卦爻의 陰陽의 명칭이다. '방향'은 일의 실정이 향하는 바를 이르니, 사물의 善惡이 각기 부류로써 나누어짐을 말한 것이고, '吉'과 '凶'은 易 가운데 卦爻의 占을 쳐서

도가 자라나고, 음이 나오면 소인의 도가 자라나서 선과 악의 나뉨이 각각 부류대로 호응할 것이다." 하였다.

4 方以類聚 物以群分 : 柳正源(朝鮮)은 《易解參攷》에서 楊萬里(南宋)의 설을 인용해 "남방의 사람은 楚나라 말을 듣기를 좋아하고, 북방의 사람은 燕나라 말을 듣기를 좋아함이 '방향은 부류로써 모아짐'이다. 까치의 둥지에는 까마귀 새끼가 없고, 말의 마구간에는 여우의 굴이 없음이 '사물은 무리로써 나누어짐'이다." 하였다.

5 在天成象 在地成形 : 《大全》의 소주에서 蘇軾(北宋)은 "방향은 본래 다른데 부류끼리 모이니 이것은 같음이 다름에서 나옴이다. 만물이 무리를 지으면 형세가 나뉘지 않을 수 없으니 이것은 다름이 같음에서 나옴이다. 천지는 하나의 물건이고 음양은 하나의 기운인데, 혹 형상이 되고 혹 형체가 됨은 있는 곳이 다르기 때문이다. 그래서 在라고 한 것이니, 그것이 하나임을 밝힌 것이다. 형상은 형체의 정화가 위에서 발현한 것이고, 형체는 형상의 몸체가 아래에 머문 것이다.

6 天尊地卑……變化見矣 : 《大全》의 소주에서 黃榦(南宋)은 "이 부분은 천지가 있으면 건곤·귀천·강유·길흉·변화의 이치를 분명히 볼 수 있다는 말이다. 그렇지만 반드시 건곤이 있은 뒤에 귀천·강유·길흉의 본체가 처음으로 갖추어지고, 귀천·강유·길흉이 있은 뒤에 변화의 작용이 처음으로 행해진다. 건곤에서 시작해서 변화에서 마치니, 이는 낳고 낳아서 끝이 없고 천지가 항구해서 그침이 없는 까닭이다." 하였다.

결단한 말이다. '象'은 해와 달과 별들의 종류이고, '形'은 산과 냇가와 동물과 식물의 종류이며, '變'과 '化'는 易 가운데 蓍策과 卦爻가 陰이 변하여 陽이 되고 陽이 화하여 陰이 되는 것이다.

이것은 성인이 易을 지을 적에 陰陽의 실체에 근거하여 卦爻의 법칙과 象을 만듦을 말한 것이니, 莊周가 이른바 "易으로써 陰陽을 말했다."는 것이 이것이다.

是故로 剛柔相摩하며 八卦相盪하여

이 때문에 剛과 柔가 서로 마찰하며 八卦가 서로 섞여서

【本義】此는 言易卦之變化也라 六十四卦之初는 剛柔兩畫而已니 兩相摩而爲四하고 四相摩而爲八하고 八相盪而爲六十四라

이것은 易에서 卦의 변화를 말한 것이다. 64卦의 처음은 剛과 柔의 두 획일 뿐이니, 둘이 서로 마찰하여 넷이 되고, 넷이 서로 마찰하여 여덟이 되고, 여덟이 서로 움직여서 육십사괘가 되었다.

字義 摩 : 마찰할 마　盪 : 움직일 탕

鼓之以雷霆하며 潤之以風雨하며 日月이 運行하며 一寒一暑[7]하여

우레와 번개로써 고동하며, 바람과 비로써 적셔주며, 해와 달이 운행하며, 한 번 춥고 한 번 더워,

【本義】此는 變化之成象者라

이것은 변화하여 象을 이룬 것이다.

字義 雷 : 우레 뢰　霆 : 우레 정

7　剛柔相摩……一寒一暑 : 《大全》의 소주에서 丘富國(南宋)은 "앞에서 건곤·귀천·강유·길흉·변화로 말한 것은 對待하는 음양이니 교역하는 본체이고, 여기에서 摩盪·鼓潤·運行으로 말한 것은 유행하는 음양이니 변역하는 작용이다. 아래 문장에 이르러서는 건곤의 덕행을 말하여 사람이 건곤을 체득하는 것으로 이어 마쳤다." 하였다.

乾道成男하고 坤道成女^{8 9}하니

乾의 道가 남성을 이루고, 坤의 道가 여성을 이루니,

【本義】此는 變化之成形者라 此兩節은 又明易之見於實體者하니 與上文相發明也라

이것은 변화하여 형체를 이룬 것이다. 이 두 구절은 또한 易이 실체에 나타남을 밝힌 것이
니, 윗글과 서로 보완관계에 있다.

乾知大始요 坤作成物¹⁰이라

乾은 큰 시작을 주관하고 坤은 물건을 이룬다.

【本義】知는 猶主也라 乾主始物而坤作成之하니 承上文男女而言乾坤之理라 蓋凡物
之屬乎陰陽者 莫不如此하니 大抵陽先陰後하고 陽施陰受하며 陽之輕淸은 未形하고 而
陰之重濁은 有跡也라

'知'는 주관함과 같은 뜻이다. 乾은 물건의 시작함을 주관하고 坤은 이것을 이루니, 윗글의
男女를 이어서 乾坤의 이치를 말한 것이다. 물건이 陰陽에 속한 것이 이와 같지 않음이 없으
니, 모두 陽이 먼저이고 陰이 뒤이며, 陽은 베풀고 陰은 받으며, 陽의 가볍고 맑음은 나타나지
않고 陰의 무겁고 탁함은 자취가 있다.

字義 知 : 맡을 지, 주관할 지

---

8   剛柔相摩……坤道成女 : 柳正源(朝鮮)은 《易解參攷》에서 楊萬里(南宋)의 설을 인용해 "剛과 柔가
서로 마찰하여'부터 '坤의 도가 여성을 이루니'까지는 건괘와 곤괘가 섞여서 여섯 자식을 낳는 미
묘함을 말하였다. 건괘의 강으로 곤괘의 유와 마찰하고, 곤괘의 유로 건괘의 강과 마찰하여 하나
의 강과 하나의 유가 서로 밀치고 서로 섞인다. '우레와 번개로써 고동함'은 震卦와 離卦가 되니
고동하는 것이 없이 고동하며, '바람과 비로써 적셔줌'은 巽卦와 坎卦가 되니 적셔주는 것이 없이
적셔주며, '해와 달이 운행하며 춥고 더움'은 坎卦와 離卦가 되니 운행하는 것이 없이 운행한다.
건괘의 강을 얻은 것은 장남과 중남과 소남이 되고, 곤괘의 유를 얻은 것은 장녀와 중녀와 소녀
가 되지만 또한 이루는 것이 없이 이룸이니, 易의 건과 곤은 신묘하다!" 하였다.

9   乾道成男 坤道成女 : 金相岳(朝鮮)은 《山天易說》에서 "남성과 여성은 사람과 사물을 통틀어 말한
것이다." 하였고, "乾의 도가 남성을 이루기 때문에 震卦☳·坎卦☵·艮卦☶는 모두 양에 속하고,
坤의 도가 여성을 이루기 때문에 巽卦☴·離卦☲·兌卦☱는 모두 음에 속한다." 하였다.

10 乾知大始 坤作成物 : 金相岳(朝鮮)은 《山天易說》에서 "乾이 사물을 시작함에는 지각의 뜻이 있고,
坤이 사물을 이룸에는 행위의 뜻이 있다." 하였다.

乾以易知요 坤以簡能[11]이니

乾은 평이함으로써 주관하고, 坤은 간략함으로써 능하니,

【本義】乾은 健而動하니 卽其所知가 便能始物而无所難이라 故爲以易而知大始요 坤은 順而靜하니 凡其所能이 皆從乎陽而不自作이라 故爲以簡而能成物이라

乾은 굳세고 움직이니, 주관하는 바가 물건을 시작하여 어려운 바가 없기 때문에 쉬움으로써 큰 시작을 주관함이 된다. 坤은 유순하고 고요하니 그 능한 바가 모두 陽을 따르고 스스로 짓지 않기 때문에 간략함으로써 물건을 이룸이 된다.

字義　簡 : 간략할 간

易則易知요 簡則易從이요 易知則有親이요 易從則有功이요 有親則可久요 有功則 可大요 可久則賢人之德이요 可大則賢人之業[12]이니

평이하면 알기 쉽고 간략하면 따르기 쉬우며, 알기 쉬우면 친함이 있고 따르기 쉬우면 功이 있으며, 친함이 있으면 오래할 수 있고 功이 있으면 크게 할 수 있으며, 오래할 수 있으면 賢人의 德이요 크게 할 수 있으면 賢人의 業이니,

---

11 乾以易知 坤以簡能 : 金相岳(朝鮮)은 《山天易說》에서 "'평이함으로써 주관함'과 '간략함으로써 능함'은 賢人에 있어서 良知와 良能이 되기 때문에 그 덕과 업이 또한 이와 같다." 하였다.

12 易則易知……可大則賢人之業 : 柳正源(朝鮮)은 《易解參攷》에서 "사람들이 乾의 평이함을 본받으면 그 마음이 평이하고 명백하며, 만약 험난하고 편벽됨이 있다면 사람들이 헤아릴 수 없으니, 이것이 이른바 '평이하면 알기 쉽다'이다. 만약 그 속을 헤아리기 어렵다면 사람들이 더불어 마음을 함께 할 수 없으니, 이것이 이른바 '알기 쉬우면 친함이 있다'이다. 만약 그 마음을 함께 하지 않는다면 어찌 더불어 오래 보존할 수 있겠는가? 이것이 이른바 '친함이 있으면 오래할 수 있다'이다. 만약 그것을 오래도록 보존하지 못한다면 어찌 실제로 자기에게 얻었다고 할 수 있겠는가? 이것이 이른바 '오래할 수 있으면 현인의 덕이다'이다. 坤의 간략함을 본받으면 그 일이 직절하고 간략하며, 만약 번거롭고 잗다면 사람들이 기꺼이 할 수 없으니, 이것이 이른바 '간략하면 따르기 쉽다'이다. 번거롭고 잗아 단서가 많으며 사람들이 기꺼이 따르지 않는다면 누가 더불어 힘을 합치겠는가? 이것이 이른바 '따르기 쉬우면 공이 있다'이다. 만약 여럿이 힘을 합치지 않는다면 어찌 더불어 크게 해낼 수 있겠는가? 이것이 이른바 '공이 있으면 크게 할 수 있다'이다. 이미 크게 할 수 없다면 어찌 일을 이룰 수 있겠는가? 이것이 이른바 '크게 할 수 있으면 현인의 업이다'이다. '할 수 있다〔可〕'는 '겨우 가하다'는 말이 아니라, 현인으로 말했기 때문에 '할 수 있다'고 한 것이다. 이는 사람들을 설득하여 덕에 들어가게 하는 문이며, 아래 구절은 성인의 일을 지극히 말한 것이다." 하였다.

【本義】人之所爲 如乾之易면 則其心明白而人易知하고 如坤之簡이면 則其事要約而人易從이니 易知則與之同心者多라 故有親이요 易從則與之協力者衆이라 故有功이라 有親則一於內라 故可久요 有功則兼於外라 故可大라 德은 謂得於己者요 業은 謂成於事者라 上言乾坤之德不同하고 此言人法乾坤之道하니 至此則可以爲賢矣라

사람의 하는 바가 乾의 쉬움과 같으면 그 마음이 명백하여 사람들이 알기 쉽고, 坤의 간략함과 같으면 그 일이 요약되어 사람들이 따르기 쉽다. 알기 쉬우면 더불어 마음을 함께 하는 자가 많아서 친함이 있고, 따르기 쉬우면 더불어 협력하는 자가 많아서 功이 있다. 친함이 있으면 안에서 한결같으므로 오래할 수 있고, 功이 있으면 밖에서 모아지니 크게 할 수 있다. 德은 나에게 얻어진 것을 말하고, 業은 일이 이루어진 것을 말한다. 위에서는 乾坤의 德이 같지 않음을 말하였고, 여기서는 사람이 乾坤의 道를 본받음을 말하였으니, 여기에 이르면 어진 사람이라고 할 수 있다.

易簡而天下之理得矣니 天下之理得而成位乎其中矣[13]니라

평이하고 간략함에 천하의 이치가 얻어지니, 천하의 이치가 얻어짐에 그 가운데에 자리를 이룬다.

【本義】成位는 謂成人之位요 其中은 謂天地之中이니 至此則體道之極功과 聖人之能事 可以與天地參矣라

'자리를 이룸'은 사람의 자리를 이룸이고, '그 가운데'는 하늘과 땅의 가운데이다. 이에 이르면 道를 체득하여 행하는 지극한 공부와 聖人의 능한 일이 天地와 더불어 참여할 수 있다.

字義 參 : 참여할 참

右는 第一章이라

이상은 제1장이다.

---

13 天下之理得而成位乎其中矣 : 李瀷(朝鮮)은 《易經疾書》에서 "'천하의 이치를 얻음'은 만물을 화육함이고, '그 가운데 자리를 이룸'은 천지가 자리함이다. 이것은 事理를 따라서 근원을 추론하였으므로 《중용》과는 같지 않다." 하였다.

【本義】此章은 以造化之實로 明作經之理하고 又言乾坤之理가 分見於天地而人兼體
之也라

이 장은 조화의 실체로 經文을 지은 이치를 밝히고, 乾坤의 이치가 天地에 나뉘어 나타나고
사람이 겸해서 그것을 체득함을 말한 것이다.

第二章

聖人이 設卦하여 觀象繫辭焉하여 而明吉凶하며

성인이 卦를 베풀어 象을 보고 말을 달아 吉凶을 밝히며,

【本義】象者는 物之似也라 此는 言聖人作易에 觀卦爻之象而繫以辭也라

象은 실물과 유사한 것이다. 이는 성인이 易을 지을 때 卦爻의 象을 보고서 말을 달았음을
말한 것이다.

剛柔相推하여 而生變化[14]하니

剛과 柔가 서로 밀어서 변화를 낳으니,

【本義】言卦爻陰陽이 迭相推盪하여 而陰或變陽하고 陽或化陰하니 聖人所以觀象而繫
辭요 衆人所以因蓍而求卦者也라

卦爻의 陰陽이 번갈아 서로 밀고 섞여서 陰이 陽으로 변하거나 陽이 陰으로 화함을 말한
것이니, 성인은 象을 보고 말을 달았고, 보통 사람들은 揲蓍하여 卦를 구하였다.

字義 推 : 밀 추   迭 : 번갈아들 질   蓍 : 시초 시

---

14 剛柔相推 而生變化 : 金相岳(朝鮮)은 《山天易說》에서 "음이 變하여 양이 되고, 양이 化하여 음이
되는 것이 서로 밀어서 낳는 것이다." 하였다.

是故로 吉凶者는 失得之象也요 悔吝者는 憂虞之象也[15]요

이 때문에 吉과 凶은 잃고 얻는 象이고, 悔와 吝은 근심하고 걱정하는 象이고,

【本義】吉凶悔吝者는 易之辭也요 得失憂虞者는 事之變也니 得則吉이요 失則凶이며 憂虞는 雖未至凶이나 然已足以致悔而取羞矣라 蓋吉凶相對而悔吝居其中間하니 悔는 自凶而趨吉이요 吝은 自吉而向凶也라 故聖人觀卦爻之中에 或有此象이면 則繫之以此辭也라

‘吉凶과 悔吝’은 易의 말이고 ‘얻고 잃음’과 ‘근심하고 걱정함’은 일의 변화이다. 얻으면 길하고 잃으면 흉하며, 근심하고 걱정함은 비록 흉함에는 이르지 않았지만 이미 뉘우침을 이루어 부끄러움을 취할 수 있다. 吉과 凶은 상대가 되고, 悔와 吝은 그 중간에 위치하니, 悔는 흉함에서 길함으로 나아가고, 吝은 길함에서 흉함으로 향한다. 그러므로 聖人이 卦爻의 가운데에 이러한 象이 있음을 보면 이러한 말씀을 달았다.

字義 憂 : 근심 우 虞 : 헤아릴 우 趨 : 향할 추

變化[16]者는 進退[17]之象也요 剛柔者는 晝夜之象也요 六爻之動은 三極之道[18]也니

---

15 吉凶者……憂虞之象也 : 李震相(朝鮮)은 《易學管窺》에서 “길흉회린을 四象에 짝지우면 길은 太陽과 같고, 린은 少陰과 같고, 회는 少陽과 같고, 흉은 太陰과 같다. 대체로 길이 지나치면 부끄러움이 나오는데 부끄러우면 반드시 흉하며, 흉이 지나치면 뉘우침이 싹트는데 뉘우치면 반드시 길하다. 부끄러움이 반드시 흉함은 소음이 쌓여서 태음이 됨과 같고, 뉘우침이 반드시 길함은 소양이 태양에 도달함과 같다.” 하였다.

16 變化 : 金謹行은 《周易箚疑·易學啓蒙箚疑·讀易凡例·周易疑目》에서 “變化라는 말에서 變에는 앞면이 있고, 化에는 흔적이 없다. 양으로부터 말하면, 음이 양으로 되었다면 양에는 앞면이 있으므로 變이라 하였고, 점점 사라져서 음이 되므로 化라고 하였다. 이러한 뜻으로 미룬다면 음양의 위에서 모두 변화를 말할 수 있으니, 변화를 일정하게 음양에 분속시켜 옮겨 바꾸지 못하게 할 필요는 없을 것이다.” 하였다.

17 進退 : 沈大允은 《周易象義占法》에서 “양이 늙으면 변하여 음이 되니 물러남이고, 음이 늙으면 변하여 양이 되니 나아감이다.” 하였다.

18 三極之道 : 金相岳은 《山天易說》에서 “육효는, 초효와 이효가 땅이 되고, 삼효와 사효가 사람이 되고, 오효와 상효가 하늘이 된다. 極은 지극함이다. 三極은 천지인의 지극한 이치이고, 삼재는 각각 하나의 태극을 갖추고 있는데, 하늘에는 음양이 있고 땅에는 강유가 있고 사람에게는 인의

'變과 化'는 나아가고 물러나는 象이고, '剛과 柔'는 낮과 밤의 象이고, '六爻의 동함'은 三極의 道이니,

【本義】柔變而趨於剛者는 退極而進也요 剛化而趨於柔者는 進極而退也니 旣變而 剛이면 則晝而陽矣요 旣化而柔면 則夜而陰矣라 六爻는 初二爲地요 三四爲人이요 五上 爲天이라 動은 卽變化也라 極은 至也라 三極은 天地人之至理니 三才各一太極也라 此는 明剛柔相推以生變化하고 而變化之極이 復爲剛柔하여 流行於一卦六爻之間하니 而占 者得因所値하여 以斷吉凶也라

柔가 변하여 剛으로 나아감은 물러남이 극에 달하여 나아가는 것이고, 剛이 화하여 柔에 나아감은 나아감이 극에 달하여 물러나는 것이다. 이미 변하여 剛하면 낮이어서 陽이고, 이미 化하여 柔하면 밤이어서 陰이다. '六爻' 중에 初爻와 二爻는 땅이 되고, 三爻와 四爻는 사람 이 되고, 五爻와 上爻는 하늘이 된다. '動'은 곧 변화이다. '極'은 지극함이니, 三極은 하늘과 땅과 사람의 지극한 이치이니, 三才가 각기 하나의 太極을 갖고 있다.

여기에서는 剛柔가 서로 밀어서 변화를 낳고, 변화의 지극함이 다시 剛柔가 되어서 한 卦의 여섯 爻 사이에 유행하니, 점치는 자가 만나는 바에 따라 吉凶을 결단함을 밝혔다.

是故로 君子所居而安者는 易之序也[19]요 所樂而玩者는 爻之辭也니

이 때문에 君子가 거처하여 편안히 여기는 것은 易의 차례이고, 즐거워하여 완미하는 것은 爻의 말이니,

【本義】易之序는 謂卦爻所著事理當然之次第라 玩者는 觀之詳이라

'易의 차례'는 卦爻에 드러난 事理의 당연한 차례를 이른다. '玩'은 상세히 보는 것이다.

字義 玩 : 완미할 완

가 있으므로 삼극의 도라고 하였다." 하였다.

19 易之序也 : 沈大允(朝鮮)은 《周易象義占法》에서 "차례는 때와 자리의 얕음과 깊음, 위와 아래이 다." 하였다.

是故로 君子居[20]則觀其象而玩其辭하고 動[21]則觀其變而玩其占[22]하나니 是以自天祐之하여 吉无不利[23][24]니라

이 때문에 君子는 거처할 때에는 〈卦와 爻의〉 象을 보고 그 말을 완미하며, 움직일 때에는 〈卦와 爻의〉 변화함을 보고 그 占을 완미한다. 이 때문에 하늘로부터 도와주어 吉하여 이롭지 않음이 없는 것이다.

【本義】象辭變은 已見上이라 凡單言變者는 化在其中이라 占은 謂其所值吉凶之決也라

'象'과 '辭'와 '變'은 이미 앞에 보인다. 일반적으로 變만을 말한 것은 化가 그 가운데 들어 있다. 占은 만난 일에 대한 吉凶의 결단을 이른다.

字義 祐 : 도울 우

右는 第二章이라

이상은 제2장이다.

---

20 居 : 《大全》의 소주에서 朱熹(南宋)는 어떤 이가 "'거처함에 편안히 여기는 것은 역의 차례'라고 할 때의 '居'와 '거할 때는 그 상을 본다'고 할 때의 '居'는 다릅니다. 앞의 '居'는 몸이 거처하는 곳을 통틀어 말하고, 뒤의 '居'는 움직임과 상대되는 고요함을 말한 것입니까?" 하고 묻자 "그렇습니다." 하였다.

21 動 : 《大全》의 소주에서 柴中行(宋)은 "居는 고요히 일에 관계하지 않을 때이고, 動은 일에 관계할 때이다. 거처할 때에는 괘의 상을 보고 그 말을 완미하여 숨은 도리를 찾아내고, 움직일 때에는 강유의 변화를 보고 말의 점을 완미하여 도리에 어긋나지 않기를 구한다. 한번 움직이고 한번 고요함에 천리를 어기지 않는다면 우러러보고 굽어봄에 부끄러움이 없어 마음이 편안해 날로 아름답고 덕을 증진하고 업을 확장하여 행함에 이롭지 않음이 없으니 도가 깃든 바를 사람이 체득해야 함을 말하였다." 하였다.

22 居則觀其象而玩其辭 動則觀其變而玩其占 : 李顯益은 《周易說》에서 "'거처한다〔居〕'는 것을 주자는 '고요함이니 움직임에 상대하여 말하였다.'고 하였다. 그러나 여기의 '動'은 단지 점치는 것을 말한 것 같으니, 거처한다는 것은 점치지 않았을 때가 된다. 그렇다면 이것을 動과 靜으로 간주하더라도, 단지 평소와 점치는 때의 구분일 뿐이지, 몸과 마음의 움직임과 고요함으로 말한 것은 아니다." 하였다.

23 自天祐之 吉无不利 : 《大全》의 소주에서 蔡淵(宋)은 "상을 보고 말을 완미함은 역을 배우는 것이고 변화를 보고 점을 완미함은 역을 쓰는 것이다. 역을 배우면 이치를 다 드러내고 역을 쓰면 오직 한 효의 때를 다 드러낸다. 거할 때 하늘의 이치를 다 드러내고 움직일 때 하늘의 도에 부합하기 때문에 하늘로부터 도와주어 이롭지 않음이 없다." 하였다.

24 吉无不利 : 沈大允(朝鮮)은 《周易象義占法》에서 "하늘과 도를 같이 하여 그 福利를 누림을 말하였다." 하였다.

【本義】此章은 言聖人作易, 君子學易之事라

이 장은 성인이 易을 짓고 군자가 易을 배우는 일을 말하였다.

第三章

象者는 言乎象者也요 爻者는 言乎變者也[25]요

象은 〈卦의〉象을 말한 것이고, 爻는 변화를 말한 것이고,

【本義】象은 謂卦辭니 文王所作者요 爻는 謂爻辭니 周公所作者라 象은 指全體而言이요 變은 指一節而言이라

'象'은 卦辭를 이르니 文王이 지은 것이고, '爻'는 爻辭를 이르니 周公이 지은 것이다. '象'은 卦 전체를 가리켜 말한 것이고, '變'은 한 부분(한 효)을 가리켜 말한 것이다.

吉凶者는 言乎其失得也요 悔吝[26]者는 言乎其小疵也요 无咎者는 善補過也라

吉凶은 얻음과 잃음을 말한 것이고, 悔吝(뉘우침과 부끄러움)은 작은 하자를 말한 것이고, 无咎는 과실을 잘 고치는 것이다.

【本義】此는 卦爻辭之通例라

이는 卦辭와 爻辭의 통례이다.

字義 吝 : 부끄러울 린   疵 : 하자 자

---

25 象者……言乎變者也 : 金相岳(朝鮮)은《山天易說》에서 "象辭는 문왕이 쓴 한 괘에 대한 말이고, 爻辭는 주공이 쓴 여섯 효에 대한 말이다. 문왕은 七과 八의 象을 보아 단사를 지었고, 주공은 九와 六의 변화를 보아 효사를 지었다." 하였다.

26 悔吝 : 金相岳(朝鮮)은《山天易說》에서 "悔吝은 비록 흉함에 이르지는 않았지만 여전히 조금의 과실이 있는 것이고, '허물이 없음'은 본래 허물이 있다가 그 과실을 고쳤기 때문에 없게 된 것이다." 하였다. 또 오행과 연관하여 "'길흉회린'과 '허물이 없음'을 오행에 분속시키면, 木은 낳고 기르니 吉을 주관하고, 金은 죽이고 베니 凶을 주관하며, 水는 안은 밝고 밖은 어두우니 悔를 주관하고, 火는 밖은 밝고 안은 어두우니 吝을 주관하며, 土는 가운데 자리하니 허물이 없음을 주관한다." 하였다.

是故로 列貴賤者는 存乎位하고 齊小大者는 存乎卦하고 辨吉凶者는 存乎辭하고

이 때문에 貴賤을 벌려놓음은 位에 있고, 小大를 정함은 卦에 있고, 吉凶을 분변함은 卦辭와 爻辭에 있고,

【本義】位는 謂六爻之位라 齊는 猶定也라 小는 謂陰이요 大는 謂陽이라

'位'는 여섯 爻의 자리를 이른다. '齊'는 정함과 같다. '小'는 陰을 이르고 '大'는 陽을 이른다.

字義 齊 : 정할 제   辨 : 분변할 변

憂悔吝者는 存乎介하고 震无咎者는 存乎悔[27]하니

悔吝을 근심함은 경계를 변별하는 데에 있고, 움직여 허물이 없게 함은 뉘우침에 있으니,

【本義】介는 謂辨別之端이니 蓋善惡已動而未形之時也니 於此憂之면 則不至於悔吝矣라 震은 動也니 知悔면 則有以動其補過之心而可以无咎矣라

'介'는 변별의 단서를 이르니, 善惡이 이미 움직였지만 아직 나타나지 않은 때이다. 이때에 근심하면 悔吝에 이르지 않는다. '震'은 움직임이니, 뉘우칠 줄을 알면 과실을 고치려는 마음을 움직여 허물이 없게 할 수 있다.

字義 介 : 분별할 개   震 : 진동할 진

是故로 卦有小大[28]하여 辭有險易[29]하니 辭也者는 各指其所之[30]니라

---

27 憂悔吝者……存乎悔:《大全》의 소주에서 張栻(宋)은 "역의 384효에서 '悔吝을 근심함은 경계에 있다.'는 경우가 많은데 오직 豫卦 '절개가 돌이라, 날을 마치지 않아 정고해서 길하다.'의 六二만이 변별하여 스스로를 지키는 자이다. '움직여 허물이 없음은 뉘우침에 있다.'는 경우가 많은데 오직 복괘의 '머지않아 회복한다, 뉘우침에 이르지 않으니 크게 길하다.'의 初九만이 회복하는 초기에 있어서 뉘우쳐 과실을 고치는 자이다." 하였다.

28 卦有小大:朴齊家(朝鮮)는《周易》에서 "小大는 괘의 가운데 있는 小大인 듯하니, 이른바 '서로 섞여있기 때문에 文이라 한다.'는 것과 같다. 아래 글의 '괘에 소대가 있다.'도 괘의 가운데 있는 소대를 말하지, 본괘의 소대를 말하는 것은 아니다. 본괘는 본래 陰이거나 본래 陽일 뿐이니, 어찌 정함이 있겠는가? 아래에서 '작은 것은 험하고 큰 것은 평이하다'고 한 것도 그렇지 않은 듯하다. 이

이 때문에 卦에 小大(陰과 陽)가 있어서, 말에 험하고 평이함이 있으니, 말은 각기 그 향하는 바를 가리킨 것이다.

【本義】小險大易가 各隨所向이라

　小의 험함과 大의 평이함이 각기 향하는 바를 따른다.

字義　易 : 평탄할 이

右는 第三章이라

이상은 제3장이다.

【本義】此章은 釋卦爻辭之通例라

　이 장은 卦辭와 爻辭의 통례를 해석하였다.

第四章

易이 與天地準이라 故로 能彌綸³¹天地之道³²하나니

────────────

를테면 泰卦䷋는 이른바 좋은 괘이고, 否卦䷋는 이른바 좋지 않은 괘인데, 비괘의 말이 반드시 태괘보다 험한 것은 아니다. 만약 坤卦가 음괘라면, 곤괘의 말이 어찌 일찍이 乾卦보다 험하단 말인가? 경전의 뜻은 대체로 육효 중에는 말이 험한 것도 있고, 평이한 것도 있다는 것이다." 하였다.

29　辭有險易 :《大全》의 소주에서 楊萬里(南宋)는 "겸괘와 복괘의 괘효사를 읽는 자는 평탄한 길을 걷는 것과 같고 따뜻한 봄을 맞이한 것과 같고 요순·주공과 공자를 대하는 것과 같으니 어쩌면 그렇게 기상이 화락할까! 그 말이 평이하여 사람에게 나갈 곳의 얻음과 길함을 가리켜주기 때문이다. 遯과 剝卦의 괘효사를 읽는 자는 풍랑 속을 건너는 것과 같고 상설을 밟는 것과 같고 걸주나 도척을 대하는 것과 같으니 어쩌면 그렇게 기상이 차갑고 두려울까! 그 말의 어렵고 험하여 사람에게 나갈 곳의 잃음과 흉함을 가리켜주기 때문이다." 하였다.

30　各指其所之 : 金相岳(朝鮮)은《山天易說》에서 "작은 것은 험난하고 큰 것은 평이하여 각각 향하는 바를 가리키기에 흉함을 피하고 길함으로 나아가는 것이다." 하였다.

31　彌綸 : 金相岳(朝鮮)은《山天易說》에서 "準은 가지런함이며, 彌는 합쳐 꿰맨다는 합침과 같고, 綸은 실타래의 갈래와 같다. 합치면 만 가지가 하나로 합쳐져 혼연히 결함이 없고, 가르면 하나가 만 가지로 나뉘어 찬연히 차례가 있다.《주역》이라는 책은 천지와 똑같기 때문에 천지의 도를 미륜할 수 있다." 하였다. 柳正源(朝鮮)은《易解參攷》에서 "彌는 그 전체를 합쳐 말한 것이니 만 가

易은 天地와 똑같다. 그러므로 천지의 道를 두루 다스릴 수 있다.

【本義】易書卦爻가 具有天地之道하여 與之齊準이라 彌는 如彌縫之彌니 有終竟聯合之
意요 綸은 有選擇條理之意라

《周易》의 卦爻는 하늘과 땅의 道를 갖추고 있어 천지와 똑같다. '彌'는 '彌縫'의 彌자와 같으
니 끝마치고 연결해 합하는 뜻이 있고, '綸'은 선택하고 조리하는 뜻이 있다.

字義 準 : 같을 준　彌 : 두루 미　綸 : 다스릴 륜

仰以觀於天文하고 俯以察於地理라 是故로 知幽明之故하며 原始反終이라 故로
知死生之說하며 精氣爲物이요 游魂爲變[33]이라 是故로 知鬼神[34]之情狀하나니라

위로 天文을 관찰하고 아래로 地理를 살핀다. 이 때문에 幽明의 원인(이치)을 알며,
일의 처음을 궁구하여 끝을 미루어 안다. 그러므로 死生의 설을 알며, 精氣가 물건이

지로 다른 것이 하나의 근본인 것이고, 綸은 그 조리를 자세히 나눈 것이니 하나의 근본이 만 가
지로 다른 것이다." 하였다.

32 易……能彌綸天地之道 : 柳正源(朝鮮)은 《易解參攷》에서 游酢(宋)의 말을 인용하여 "거두어서 그
몸체가 어그러지지 않게 한다면, 덮어 가린 것이 원기를 거느리고 지켜 싣는 것이 형체 없는 것
을 거느리니, 양기가 펼쳐져 태어나게 하고 음기가 거두어 이루게 한다. 다스려서 그 질서를 잃
음이 없게 한다면, 해와 달이 교대로 밝히고 추위와 더위가 번갈아 운행되니, 장차 올 것이 나아
가고 공을 이룬 것이 물러난다." 하였다.

33 精氣爲物 游魂爲變 : 《大全》의 소주에서 朱震(宋)은 "음양의 정과 오행의 기는 氣가 모여 精이 되
고 정이 모여 物이 되며, 흩어질 때에는 오행과 음양이 각기 그 근본으로 돌아가기 때문에 영혼
의 양은 하늘로 돌아가고 체백의 음은 땅으로 돌아간다." 하였다.

34 鬼神 : 沈大允(朝鮮)은 《周易象義占法》에서 "귀신은 음양의 屈伸이 서로 감응하여 나오는 것이므
로 귀신이라고 한다. 음양의 기운이 서로 감응하면 神이 나오고, 음양의 형체가 서로 접촉하면 精
이 나오니, 천지의 神과 精은 조화를 말한다. 이것으로 하늘의 禍福을 말하면 귀신이라 하니, 귀신
은 화복의 주체이다. 무릇 인간이 선하면 천지의 吉한 기운이 감응하여 福이 되고, 선하지 못하면
천지의 나쁜 기운이 감응하여 禍가 된다. 사람과 천지가 서로 감응하여 복과 화가 되는데, 이것을
천지의 귀신이라고 한다. 사람이 천지의 기운을 받아서 神과 精이 되는데, 마음이 사물과 접촉하
여 精氣가 나온 것을 魄이라 한다. 형체가 기운을 싸고서 흩어지지 않으면 밝아서 사람이 되고, 魄
이 魂을 싸고서 흩어지지 않으면 어두워 귀신이 되는데, 형체가 잔멸하면 죽고, 魄이 사라지면 흩
어진다. 기운을 받음이 실하면 魂이 성대하고, 사물에 씀이 많으면 魄이 강대하며, 혼이 성대하면
백도 강성하고, 백이 강하면 혼이 오래도록 흩어지지 않는다. 기운은 神이 되고 신은 魂이 되며,
형체는 精을 낳고 정은 魄을 낳는다. 혼은 받은 것을 따라서 달라지고, 백은 운행을 따라서 달라지
니, 밝은 神이 되기도 하고, 사나운 鬼가 되기도 하고, 괴기한 사물이 되기도 한다." 하였다.

되고, 魂이 돌아다녀 변하게 된다. 이 때문에 鬼神의 情狀을 안다.

【本義】此는 窮理之事라 以者는 聖人以易之書也라 易者는 陰陽而已니 幽明死生鬼神은 皆陰陽之變이요 天地之道也라 天文則有晝夜上下하고 地理則有南北高深이라 原者는 推之於前이요 反者는 要之於後라 陰精陽氣가 聚而成物은 神之伸也요 魂游魄降하여 散而爲變은 鬼之歸也라

이는 이치를 궁구하는 일이다. '以'는 성인이 《周易》을 사용하는 것이다. 易이란 陰과 陽일 뿐이니, '幽明'과 '死生'과 '鬼神'은 모두 陰陽의 변화이고 하늘과 땅의 道이다. '天文'에는 밤낮과 위아래가 있고, '地理'에는 남쪽과 북쪽, 높음과 깊음이 있다. '原'은 앞의 일을 미루어보는 것이고, '反'은 뒤의 일을 더듬어 찾는 것이다. 陰의 精과 陽의 氣가 모여서 물건을 이룸은 神이 펴짐이고, 魂이 돌아다니고 魄이 내려와서 흩어져 변함은 鬼가 돌아감이다.

字義 原 : 궁구할 원 反 : 돌이킬 반 游 : 놀 유 要 : 요구할 요

與天地相似라 故로 不違하나니 知周乎萬物而道濟天下라 故로 不過하며 旁行而不流하여 樂天知命이라 故로 不憂하며 安土하여 敦乎仁이라 故로 能愛하나니라

天地와 더불어 서로 같으므로 어긋나지 않으니, 지혜가 만물에 두루 미치고 道가 천하를 구제하기 때문에 지나치지 않으며, 사방으로 행하되 흐르지 않아서 天理를 즐거워하고 天命을 알기 때문에 근심하지 않으며, 자리에 편안하여 仁을 돈독히 하기 때문에 사랑할 수 있다.

【本義】此는 聖人盡性之事也라 天地之道는 知仁而已라 知周萬物者는 天也요 道濟天下者는 地也니 知且仁이면 則知而不過矣라 旁行者는 行權之知也요 不流者는 守正之仁也라 旣樂天理而又知天命이라 故能无憂而其知益深하고 隨處皆安而无一息之不仁이라 故能不忘其濟物之心而仁益篤하나니 蓋仁者는 愛之理요 愛者는 仁之用이라 故其相爲表裏 如此하나라

이는 聖人이 본성을 다하는 일이다. 天地의 道는 知와 仁일 뿐이니, '지혜가 만물에 두루 미침'은 하늘이고, '道가 천하를 구제함'은 땅이니, 지혜로우면서도 어질면 지혜롭되 지나치지 않은 것이다. '사방으로 행함'은 權道를 행하는 知이고, '흐르지 않음'은 바름을 지키는 仁

이다. 이미 天理를 즐거워하고 또 天命을 알기 때문에 근심이 없어 그 지혜가 더욱 깊고, 있는 곳에 따라 모두 편안하여 한 순간도 어질지 않음이 없기 때문에 물건을 구제하려는 마음을 잊지 않아 仁이 더욱 돈독하니, '仁'은 사랑의 이치이고 '사랑'은 仁의 쓰임이다. 그러므로 서로 表裏가 됨이 이와 같다.

字義   濟 : 구제할 제   旁 : 두루 방

範圍天地之化而不過하며 曲成萬物而不遺하며 通乎晝夜之道而知라 故로 神无方而易无體[35][36]하니라

천지의 조화를 본받고 테두리 쳐서 지나치지 않게 하며, 만물을 곡진히 이루어 빠뜨리지 않으며, 晝夜의 道를 겸하여 안다. 그러므로 神은 일정한 방소가 없고 易은 일정한 몸체가 없다.

【本義】 此는 聖人至命之事也라 範은 如鑄金之有模範이요 圍는 匡郭也라 天地之化无窮이어늘 而聖人爲之範圍하여 不使過於中道하니 所謂裁成[37]者也라 通은 猶兼也요 晝夜는 卽幽明生死鬼神之謂라 如此然後에 可見至神之妙无有方所하고 易之變化无有形體也라

이는 성인이 天命에 이르는 일이다. '範'은 쇠를 주조할 때에 거푸집(模範)이 있는 것과 같고, '圍'는 테두리이다. 하늘과 땅의 조화가 무궁한데 성인이 이것을 본받고 테두리 쳐서 中道에 지나치지 않게 하니, 이른바 "재단하여 이룬다."는 것이다. '通'은 아우른다는 것과 같고, '晝

---

35 神无方而易无體 : 《大全》의 소주에서 朱熹(宋)는 "신은 음에 있었는데 또 홀연히 양에 있고, 양에 있었는데 또 홀연히 음에 있는 것이다. 역은 양이 되기도 하고 음이 되기도 하는 것으로 마치 봄이 되고 여름이 되고 가을이 되고 겨울이 되어 서로 계속해서 바뀌어 형체로 구속할 수 없는 것과 같다." 하였다. 또 "'체가 없다.'와 '그 체를 역이라 한다.'는 같지 않으니 각자 하나의 도리가 있다. '그 체를 역이라 한다.'는 단지 음양·동정·합벽·강유·소장을 말한 것이니, 저 일고여덟 글자를 사용하지 않고는 말할 수 없다. 만약 '역'이라고 부른다면 다만 이 한 글자로 마친다." 하였다.

36 神无方而易无體 : 《大全》의 소주에서 楊時(北宋)는 "신은 만물을 묘하게 함을 이름이고 역은 낳고 낳음을 이름이다. 하늘은 높고 땅은 낮아 반드시 방소가 있지만 신은 방소가 없다. 하늘은 둥글고 땅은 모나서 반드시 형체가 있지만 역은 형체가 없다. 있지 않으면서 있지 않음이 없고, 함이 없으면서 하지 않음이 없다." 하였다.

37 裁成 : 財成과 같은 뜻으로 泰卦의 〈象傳〉에 '財成天地之道'라고 보인다.

夜'는 곧 幽明과 生死와 鬼神을 이른 것이다. 이와 같이 한 뒤에야 지극한 神의 묘함이 일정한 방소가 없고, 易의 변화가 형체가 없음을 볼 수 있다.

字義 範 : 거푸집 범　圍 : 둘레 위　鑄 : 주조할 주　模 : 모범 모　匡 : 테두리 광　郭 : 테두리 곽

右는 第四章이라

이상은 제4장이다.

【本義】此章은 言易道之大와 聖人用之如此라

이 장은 易의 道가 큼과 聖人이 사용하기를 이와 같이 함을 말하였다.

第五章

一陰一陽之謂道[38]니

한 번은 陰이 되고 한 번은 陽이 됨을 道라 하니,

【本義】陰陽迭運者는 氣也요 其理는 則所謂道라

陰과 陽이 번갈아 움직임은 氣이고, 그 이치는 이른바 道이다.

繼之者善也요 成之者性也[39]라

이은 것이 善이고, 이룬 것이 性이다.

---

38 一陰一陽之謂道 : 柳正源(朝鮮)은《易解參攷》에서 "음이 변하여 양이 되고 양이 화하여 음이 되니, 음의 이전에는 양이고 양의 이전에는 음이다. 그 신묘함이 다함이 없으니 누가 그렇게 시키는 것인가? 도이다." 하였다.

39 繼之者善也 成之者性也 : 朴致和(朝鮮)는《雪溪隨錄》에서 "'한 번은 음이 되고 한 번은 양이 됨을 도라 한다.'는 모두 집결하는 원두처에서 통설한 것이고, '이은 것이 선이다.'는 조화가 유행하는 곳에서 말한 것이고, '이룬 것이 성이다.'는 만물이 형체를 이룬 곳에서 말한 것이다. 道와 善과 性은 모두 이치만을 가리켜 말한 것이다." 하였다.

【本義】道具於陰而行乎陽하나니 繼는 言其發也요 善은 謂化育之功이니 陽之事也며 成은 言其具也요 性은 謂物之所受니 言物生則有性而各具是道也니 陰之事也라 周子程子 之書에 言之備矣니라

道는 陰에서 갖추어지고 陽에서 행해지니, '繼'는 그 발함을 말한 것이고, '善'은 化育하는 功을 이르니, 이는 陽의 일이다. '成'은 갖추고 있음을 말한 것이고, '性'은 물건이 하늘로부터 받은 것을 이르니, 물건이 나면 본성을 간직하고 있어 각기 이 道를 갖춤을 말한 것이니, 이는 陰의 일이다. 周子(周敦頤)와 程子의 책에 말씀한 것이 자세하다.

字義 繼 : 이을 계

仁者見之에 謂之仁하며 知者見之에 謂之知[40]요 百姓은 日用而不知라 故로 君子 之道鮮矣니라

어진 자는 이를 보고 仁이라 이르고, 지혜로운 자는 이를 보고 智라 이르며, 백성들은 날마다 쓰면서도 알지 못한다. 그러므로 君子의 道가 드문 것이다.

【本義】仁陽知陰은 各得是道之一隅라 故隨其所見而目爲全體也라 日用不知는 則莫不 飮食이언마는 鮮能知味者니 又其每下者也라 然亦莫不有是道焉이라 或曰 上章은 以知屬 乎天하고 仁屬乎地하여 與此不同은 何也오 曰 彼는 以淸濁言이요 此는 以動靜言이니라

仁의 陽과 知의 陰은 각각 이 道의 한 쪽만을 얻은 것이므로 그 보는 바에 따라 전체라고 지목하는 것이다. "날마다 쓰면서도 알지 못한다."는 것은 음식을 먹고 마시지 않는 이가 없으나 맛을 아는 자가 적으니, 또 늘 〈수준이〉 낮은 자이다. 그러나 또한 이 道가 있지 않음이 없다. 어떤 이가 묻기를 "윗장에서는 知를 하늘에 소속시키고 仁을 땅에 소속시켜서 여기와 같지 않음은 어째서입니까?" 하니, 대답하기를 "저기에서는 淸濁으로 말하였고 여기에서는 動靜으로 말한 것입니다." 하였다.

字義 鮮 : 드물 선 每 : 늘 매

---

40 仁者見之……謂之知 : 曺好益(朝鮮)은 《易象說》에서 "'인자는 이를 보고 인이라 이른다.'는 단지 발생하는 곳만을 본 것이고, '지자가 이를 보고 지라고 이른다.'는 단지 수렴하는 곳만을 본 것이다." 하였다.

顯諸仁하며 藏諸用[41]하여 鼓萬物而不與聖人同憂하나니 盛德大業이 至矣哉라

仁에 드러나며 用에 감춰져 만물을 고동시키되 성인과 함께 근심하지 않으니, 성대한 德과 큰 업적이 지극하다.

【本義】顯은 自內而外也요 仁은 謂造化之功이니 德之發也라 藏은 自外而內也요 用은 謂機緘[42]之妙니 業之本也라 程子曰 天地는 无心而成化하고 聖人은 有心而无爲니라

'顯'은 안으로부터 밖에 나옴이고, '仁'은 조화의 功을 이르니 德이 밖에 발현된 것이다. '藏'은 밖으로부터 안으로 들어감이고, '用'은 機緘의 묘리를 이르니, 業의 근본이다.

程子가 말하였다. "천지는 마음이 없으나 조화를 이루고, 성인은 마음이 있으나 작위함이 없다."

字義 顯 : 드러날 현   藏 : 감출 장   機 : 기틀 기   緘 : 봉할 함

富有之謂大業이요 日新之謂盛德[43]이요

풍부하게 소유함을 大業이라 하고, 날로 새로워짐을 盛德이라 하고,

【本義】張子曰 富有者는 大而无外요 日新者는 久而无窮이라

張子가 말하였다. "'풍부하게 소유함'은 커서 밖이 없는 것이요, '날로 새로워짐'은 오래하여 무궁한 것이다."

生生之謂易이요

---

41 顯諸仁 藏諸用 : 李震相(朝鮮)은 《易學管窺》에서 "仁에 있어서 드러남을 말했으므로 덕의 펼쳐짐이라 하고, 用에 있어서 감춰짐을 말했으므로 업의 근본이라 하지만, 실제로는 인은 본체이고, 용은 작용이다. 인에 드러남은 고요하면서 움직임이고, 용에 감춰짐은 움직이면서 고요함이다." 하였다.

42 機緘 : 《莊子》〈天運〉에 보인다. 만물의 발생과 변화가 天地의 기틀에 묶여 돌아가는 것을 이른 말로 운수나 기운을 뜻한다.

43 富有之謂大業 日新之謂盛德 : 《大全》의 소주에서 蔡淵(宋)은 "'풍부히 소유함'은 광대해서 막지 못함이고, '날로 새로워짐'은 유구해서 끝이 없음이니, 하늘은 높고 땅은 낮아 만물이 여러 가지로 흩어짐이 '풍부히 소유함'을 이르는 것이고, 음양이 오르내려 변화가 끝이 없음이 '날로 새로워짐'을 이르는 것이다." 하였다.

낳고 낳음을 易이라 하고,

【本義】陰生陽하고 陽生陰하여 其變无窮하니 理與書皆然也라

陰은 陽을 낳고 陽은 陰을 낳아 그 변화가 무궁하니, 이치와 《周易》 책이 모두 그러하다.

成象之謂乾이요 效法之謂坤[44]이요

象을 이룸을 乾이라 하고, 法을 드러냄을 坤이라 하고,

【本義】效는 呈也요 法은 謂造化之詳密而可見者라

'效'는 드러냄이고, '法'은 조화가 상세하고 치밀하여 볼 수 있음을 이른다.

字義   效 : 드러낼 효   呈 : 드러내 보일 정   詳 : 상세할 상   密 : 치밀할 밀

極數知來之謂占이요 通變[45]之謂事[46]요

數를 지극히 하여 미래를 앎을 占이라 하고, 變化의 이치에 통달함을 일이라 하고,

【本義】占은 筮也니 事之未定者는 屬乎陽也요 事는 行事也니 占之已決者는 屬乎陰也[47]라 極數知來는 所以通事之變이라 張忠定公이 言公事有陰陽이라하니 意蓋如此라

---

44 成象之謂乾 效法之謂坤 : 李瀷(朝鮮)은 《易經疾書》에서 "《주역》에서 '상을 이룸'이 있는 것은 모두 乾의 도이고, '법을 드러냄'이 있는 것은 모두 坤의 도이니, 아랫글에서는 '높음은 하늘을 본받고, 낮음은 땅을 본받은 것이다.'라고 했다." 하였다.

45 通變 : 《大全》의 소주에서 齊夢龍(元)은 "아랫글의 '한 번 닫고 한 번 여는 것을 변이라 하고, 오 가면서 다하지 않음을 통이라 한다.'는 스스로 통함을 말하였기 때문에 '變通'이라 하였고, 여기서는 성인이 통하게 함을 말하였기 때문에 '通變'이라 했다." 하였다.

46 極數知來謂之占 通變之謂事 : 《大全》의 소주에서 丘富國(南宋)은 "수는 시책의 수이고 변은 괘변이다. 사물은 수보다 먼저가 없으므로 지극히 한다. 점은 수로 올 것을 아는 것이고, 일은 일을 함이니 점쳐서 괘의 변화로 통함이다." 하였다. 沈就濟(朝鮮)는 《讀易疑義》에서 "과거를 미루어 미래를 안다고 하지 않고, 수를 지극히 하여 미래를 안다고 한 것은 어째서인가? 건곤은 책수를 말하니, 하나로부터 만에 이르는 수를 지극히 한다면 그 미래를 안다. 통은 통달을 말하고, 변은 변화를 말하니, '변을 통함'은 천만가지의 변화에 통달하는 일이다." 하였다.

47 事之未定者……屬乎陰也 : 미결은 陽, 기결은 陰이다.

占은 蓍草占이니 일이 아직 결정되지 않은 것은 陽에 속하며, 일은 행하는 일이니 占이 이미 결정된 것은 陰에 속한다. 數를 지극히 하여 미래를 앎은 일의 變化에 통달하는 것이다. 張忠定公(張詠)이 "公事에도 陰陽이 있다." 하였으니, 뜻이 이와 같은 것이다.

陰陽不測之謂神이라

陰陽을 헤아릴 수 없음을 神이라 한다.

【本義】張子曰 兩在라 故不測[48]이라

張子가 말하였다. "두 군데 있으므로 헤아릴 수 없는 것이다."

右는 第五章이라

이상은 제5장이다.

【本義】此章은 言道之體用이 不外乎陰陽이로되 而其所以然者는 則未嘗倚於陰陽也라

이 장은 道의 體와 用은 陰陽에서 벗어나지 않으나, 그렇게 되는 까닭은 일찍이 陰陽에 의지하지 않음을 말하였다.

第六章

夫易이 廣矣大矣라 以言乎遠則不禦하고 以言乎邇則靜而正하고 以言乎天地之間則備矣[49]라

---

48 張子曰 兩在 故不測：《正蒙》〈參兩篇〉에 보인다.

49 夫易……以言乎天地之間則備矣：李瀷(朝鮮)은 《易經疾書》에서 "乾의 도는 元亨을 주로 하고, 坤의 도는 利貞을 주로 한다. 넓음은 곤에 속하고 큰 건 속하는데, 먼저 넓다고 하고 뒤에 크다고 한 것은 음양이라 하는 것과 같다. 멂은 큼과 짝하고 가까움은 넓음과 짝하니, 밀고도 큰 것은 하늘이고 가까우며 넓은 것은 땅이다. 다함이 없음은 통함이니, 다함이 없고 고요하여 바르다는 것은 亨과 貞에 대한 각주일 뿐이다. 멀고도 커서 다함이 없음은 元亨의 뜻이고, 가깝

易이 넓고 크다. 멂을 말하면 다함이 없고, 가까움을 말하면 고요하여 바르고, 天地의 사이를 말하면 갖추어져 있다.

【本義】不禦는 言无盡이라 靜而正은 言卽物而理存이라 備는 言无所不有라

　'不禦'는 다함이 없음을 말한다. '靜而正'은 사물에 나아감에 이치가 있음을 말한 것이다. '備'는 있지 않은 바가 없음을 말한다.

字義 禦 : 막을 어　邇 : 가까울 이

夫乾은 其靜也專하고 其動也直이라 是以大生焉하며 夫坤은 其靜也翕하고 其動也闢이라 是以廣生焉하나니

　乾은 고요할 때는 전일하고 움직일 때는 곧기 때문에 큼이 생기며, 坤은 고요할 때는 닫히고 움직일 때는 열리기 때문에 넓음이 생기니,

【本義】乾坤이 各有動靜하니 於其四德에 見之면 靜體而動用이요 靜別而動交也라 乾은 一而實이라 故以質言而曰大요 坤은 二而虛라 故以量言而曰廣이라 蓋天之形이 雖包於地之外나 而其氣는 常行乎地之中也니 易之所以廣大者는 以此니라

　乾과 坤이 각기 움직임과 고요함이 있으니, 四德에서 보면 고요함은 體이고 움직임은 用이며, 고요하면 떨어져 있고 움직이면 서로 사귄다. 乾은 하나여서 實하기 때문에 질적으로 말하여 '크다' 하였고, 坤은 둘로 나뉘어 虛하기 때문에 양적으로 말하여 '넓다' 한 것이다. 하늘의 형상이 비록 땅의 밖을 포함하고 있으나 그 기운은 항상 땅의 가운데에서 행하니, 易이 넓고 큰 것은 이 때문이다.

字義 專 : 전일할 전　翕 : 닫을 흡　闢 : 열 벽

廣大는 配天地하고 變通은 配四時하고 陰陽之義는 配日月하고 易簡之善은 配

　고도 넓어서 고요하여 바름은 利貞의 뜻이다. 합쳐서 천지의 사이를 말하면 384효에 어떤 사물도 갖추지 않음이 없으며, 그 가까운 곳이 고요하여 바르다면, 그 먼 곳은 움직여서 통함을 알 수 있다." 하였다.

至德하니라

넓고 큼은 천지에 배합하고, 변하고 통함은 사시에 배합하고, 陰과 陽의 뜻은 해와 달에 배합하고, 쉽고 간략한 善은 지극한 德에 배합한다.

【本義】易之廣大變通과 與其所言陰陽之說, 易簡之德을 配之天道人事면 則如此라

易의 넓고 큼과 변하고 통함과 그 말한 바의 陰陽의 설과 쉽고 간략한 德을 天道와 人事에 배합하면 이와 같다.

右는 第六章이라

이상은 제6장이다.

第七章

子曰 易이 其至矣乎인저 夫易은 聖人所以崇德而廣業也라 知는 崇하고 禮는 卑하니 崇은 效天하고 卑는 法地하니라

孔子가 말하였다. "易은 지극하구나! 易은 성인이 德을 높이고 業을 넓히는 것이다. 智는 높고 禮는 낮으니, 높음은 하늘을 본받고 낮음은 땅을 본받은 것이다.

【本義】十翼은 皆夫子所作이니 不應自著(착)子曰字니 疑皆後人所加也라 窮理則知崇 如天而德崇이요 循理則禮卑如地而業廣이라 此其取類는 又以淸濁言也라

十翼은 모두 夫子(공자)가 지은 것이니, 스스로 '子曰'이라는 글자를 붙일 수는 없으니, 의심컨대 모두 後人이 덧붙인 것인 듯하다. 이치를 궁구하면 지혜의 높음이 하늘과 같아 德이 높아지고, 이치를 따르면 禮로 낮춤이 땅과 같아 業이 넓어진다. 여기에서 類를 취함은 또 淸濁으로 말한 것이다.

字義 崇 : 높을 숭 著 : 붙을 착 循 : 따를 순

天地設位어든 而易이 行乎其中矣니 成性存存이 道義之門[50]이니라

　하늘과 땅이 자리를 베풀면 易이 그 가운데 행해지니, 이루어진 性을 보존하고 보존함이 道義의 문이다.”

　【本義】天地設位而變化行은 猶知禮存性而道義出也라 成性은 本成之性也요 存存은 謂存而又存이니 不已之意也라

　　하늘과 땅이 자리를 베풀면 변화가 행해짐은 지혜와 禮가 본성에 보존되어 道義가 나오는 것과 같은 것이다. ‘成性’은 본래 이루어진 본성이고, ‘存存’은 보존하고 또 보존함이니, 그치지 않는 뜻이다.

右는 第七章이라

　이상은 제7장이다.

第八章

聖人이 有以見天下之賾하여 而擬諸其形容하며 象其物宜[51]라 是故謂之象[52]이요

50　天地設位……道義之門 : 李瀷(朝鮮)은 《易經疾書》에서 “‘천지가 자리를 베풂’은 우러르면 창창하고, 굽어보면 망망한 것이 이것이다. 역은 복희씨가 괘를 그음으로부터 천지의 사이에서 유행하니, 그 넓고 크며 평이하고 간략함이 천지와 더불어 참여한다. 이 기미가 사람에게 어둡다면 사람일 수 없다. 이 때문에 성인이 몇 해를 빌려서라도 배웠으면 하는 탄식이 있었던 것이니, 하물며 보통 사람이겠는가? ‘이은 것이 선이고 이룬 것이 성이다.’로부터 보존하고 보존하는 공부를 빠뜨린다면, 끝내는 도의에 들어가는 문이 아니니, ‘보존하고 보존함’은 지극히 강건하여 그치지 않음이다. 이것은 총괄적인 요점으로 공자가 역을 배우고 힘을 씀에 요점을 말한 것이니, 이 구절이 아니라면 뒷사람들이 역을 배우는 것이 어떤 일인지를 끝까지 알지 못했을 것이다. 공자가 乾道를 찬양하여 ‘건의 도가 변화하여 각각 성명을 바르게 하여 큰 조화를 보전하여 화합하니, 이에 바름이 이룬다.’고 하였는데, ‘각각 성명을 바르게 함’이 ‘이룬 성[成性]’이 아니겠으며, ‘큰 조화를 보전하여 화합함’이 ‘보존하고 보존함[存存]’이 아니겠는가? 그 ‘보존하고 보존한다’는 구절은 64괘의 〈대상전〉 및 〈계사상전〉 8장과 〈계사하전〉 5장을 헤아리면 그 대개를 알 것이다.” 하였다.

51　擬諸其形容 象其物宜 : 《大全》의 소주에서 楊時(北宋)는 “형용이란 건은 원이 되고 곤은 큰 수레가 된다는 종류가 이것이고, 물건의 마땅함이란 건을 용이라 부르고 곤을 암말이라 부르는 종류

성인이 천하의 잡란함을 보고서 그 형용에 견주며 그 물건의 마땅함을 형상하였다. 이 때문에 象이라 일렀고,

【本義】賾은 雜亂也라 象은 卦之象이니 如說卦所列者라

'賾'은 잡란함이다. '象'은 卦의 형상이니, 〈說卦傳〉에 나열한 것과 같은 것이다.

字義 賾 : 잡란할 색   擬 : 견줄 의

聖人이 有以見天下之動하여 而觀其會通하여 以行其典禮[53]하며 繫辭焉하여 以斷其吉凶이라 是故謂之爻니

성인이 천하의 동함을 보고서 그 會通함을 관찰하여 떳떳한 禮를 행하며, 말을 달아 길흉을 결단하였다. 이 때문에 爻라 이르니,

【本義】會는 謂理之所聚而不可遺處요 通은 謂理之可行而无所礙處니 如庖丁解牛에 會則其族而通則其虛也[54]라

'會'는 이치가 모여 있어 빠뜨릴 수 없는 부분을 이르고, '通'은 이치가 행해져 막힘이 없는 부분을 이르니, 庖丁이 소를 해체할 때에 '會'는 힘줄과 뼈가 모인 곳이고, '通'은 그 빈 곳인 것과 같다.

字義 聚 : 모일 취   遺 : 빠뜨릴 유   礙 : 막을 애   庖 : 부엌 포   族 : 모일 족

가 이것이다. 성인이 천하의 잡란함을 보지 않았다면 누가 비겨서 상징할 수 있을까?" 하였다.

52 聖人……是故謂之象 : 金相岳(朝鮮)은 《山天易說》에서 "賾은 잡란함이다. '견줌'은 象이 아직 이루어지지 않은 것이고, '형상함'은 견줌이 이미 정해진 것이니, 건·곤 두 괘로 말하면 획이 그어지지 않았을 때는 음양의 형용을 견주어서 奇와 偶의 상을 만드는 것이고, 획이 그어졌을 때는 건곤의 형용을 견주어서 천지의 상을 만드는 것이다." 하였다.

53 觀其會通 以行典禮 : 金相岳(朝鮮)은 《山天易說》에서 "이치가 모이는 것을 會라 하고 이치가 유행할 수 있음을 通이라 하는데, 모이지 않으면 이치는 모여 화합하는 바가 없고, 통하지 않으면 이치는 막혀 응결되는 바가 있다. 典은 떳떳한 법이고, 禮는 절차와 문채이다." 하였다.

54 庖丁解牛 會則其族而通則其虛也 : 《莊子》〈養生主〉에 庖丁이 소를 잡을 때 會는 뼈와 근육이 얽히고설킨 곳[族]에 해당하고, 通은 뼈마디 사이의 빈틈[虛]에 해당한다고 하여 族을 虛와 상대되는 것으로 보았다.

言天下之至賾하되 而不可惡(오)也며 言天下之至動하되 而不可亂也⁵⁵니

천하의 지극히 잡란함을 말하되 싫어할 수 없으며, 천하의 지극히 움직임을 말하되 어지럽힐 수 없으니,

【本義】惡는 猶厭也라

'惡'는 싫어함과 같다.

擬之而後言하고 議之而後動이니 擬議하여 以成其變化⁵⁶하나라

견준 뒤에 말하고 의논한 뒤에 움직이니, 견주고 의논하여 그 변화를 이룬다.

【本義】觀象玩辭, 觀變玩占而法行之니 此下七爻는 則其例也라

象을 보고 말을 완미하며 變을 보고 占을 완미해서 본받아 행하니, 이 아래의 일곱 爻는 바로 그 예이다.

鳴鶴이 在陰이어늘 其子和之로다 我有好爵하여 吾與爾靡之라하니 子曰 君子居其室하여 出其言善이면 則千里之外應之하나니 況其邇者乎아 居其室하여 出其言不善이면 則千里之外違之하나니 況其邇者乎아 言出乎身하여 加乎民하며 行發乎邇하여 見(현)乎遠하나니 言行은 君子之樞機⁵⁷니 樞機之發이 榮辱之主也라 言行은

---

55 言天下之至賾……而不可亂也 : 《大全》의 소주에서 馮椅(南宋)는 "상으로 말한 암말·암소·사람이 아님·여자가 씩씩함·기둥이 흔들림·병이 깨짐의 종류는 싫어할 만하다. 그렇지만 천하의 지극히 잡란함이 있는 것으로 싫어할 수 없다. 효에서 말한 '뜰에 나가지 않으면 허물이 없다.'와 '뜰을 나가지 않아 흉하다.'와 '지나치지 않아서 만난다.'와 '만나지 않고 지나친다.'와 '먼저는 울부짖다가 뒤에 웃는다.'와 '먼저는 웃다가 뒤에는 울부짖는다.' 등은 어지러운 것 같다. 그렇지만 천하의 지극한 움직임의 연관된 것으로 어지럽힐 수 없다." 하였다.

56 擬之而後言……以成其變化 : 《大全》의 소주에서 項安世(宋)는 "역을 배우는 자가 세워진 상을 견주어서 말을 하면 말의 깊고 얕음과 자세하고 간략함이 반드시 각각 그 도리에 합당하고, 부합된 효를 의논하여 행동을 절제하면 행동의 느리고 빠름과 벼슬하고 그만둠이 반드시 각각 때에 합당하여 역의 변화가 내 몸에서 이루어진다. 그러므로 '〈역을〉 써서 말을 하는 자는 그 말을 숭상하고 〈역을〉 써서 행동하려는 자는 그 변화를 숭상한다.'라고 했으니 이를 이름이다." 하였다.

君子之所以動天地也니 可不愼乎아

"우는 학이 그늘에 있거늘 그 새끼가 화답한다. 내게 좋은 벼슬이 있어 나와 네가 함께 매어 있다." 하니, 孔子가 말하였다. "君子가 집에 거하여 말을 냄이 善하면 천리 밖에서도 응하니, 하물며 가까운 자에 있어서랴! 집에 거하여 말을 냄이 善하지 못하면 천리 밖에서도 어기니, 하물며 가까운 자에 있어서랴! 말은 몸에서 나와 백성에게 가해지며, 행실은 가까운 곳에서 발하여 먼 곳에 나타나니, 말과 행실은 군자의 樞機이니, 추기의 발함이 영욕의 주체이다. 말과 행실은 군자가 천지를 움직이는 것이니, 삼가지 않을 수 있겠는가."

【本義】釋中孚九二爻義라

中孚卦䷼ 九二爻의 뜻을 해석한 것이다.

字義 靡 : 얽어맬 미 樞 : 지도리 추 機 : 기틀 기

同人이 先號咷而後笑라하니 子曰 君子之道 或出或處或默或語나 二人同心하니 其利斷金이로다 同心之言이 其臭如蘭[58]이로다

"남과 함께 하되 먼저는 울부짖고 뒤에는 웃는다." 하니, 공자가 말하였다. "군자

---

57 君子居其室……君子之樞機 : 徐有臣(朝鮮)은《易義擬言》에서 "이효는 내괘이기 때문에 '집에 거하여'라고 하였고, 오효는 외괘이기 때문에 '천리의 밖'이라고 하였다. 삼효는 이효에 가깝고, 사효는 오효에 가깝다. 말은 태괘☱의 상이다. 행실은 호괘인 진괘☳의 상이다. 진괘가 나무이면서 움직이니 樞機의 상이다." 하였다.

58 二人同心……其臭如蘭 :《大全》의 소주에서 楊時(北宋)는 "자취는 다른데 마음이 같으면 그 같음을 해치지 않고, 마음은 다른데 자취만 같으면 서로 바랄수록 더욱 멀어진다. 금이 지극히 견고하나 마음을 같이하는 자가 자를 수 있고, 난초가 지극히 향기로우나 마음을 같이 하는 말이 이와 같다." 하였다. 吳致箕(朝鮮)는《周易經傳增解》에서 "이것은 同人卦䷌ 구오효의 뜻을 해석하여 군자가 마음을 함께하며 서로 사귀는 것을 견주고 의논한 것이다. '금을 절단함'은 두 마음의 틈이 없음이 칼날과 같이 예리하여 비록 단단한 쇠라도 끊을 수 있음을 말하고, '난초와 같다'는 氣味가 부합하여 말이 서로 들어감이 난초의 향내와 같음을 말한다. 구오효가 변하면 乾卦가 離卦로 변하는데, 리괘는 마음이 되기 때문에 육이효의 리괘와 더불어 두 사람이 마음을 함께 하는 상이 된다. 건괘는 금이 되고 호괘인 兌卦는 결단함이 되기 때문에 '금을 절단한다.'고 하였고, 호괘인 태괘는 입과 말의 상이 되고 호괘인 巽卦는 냄새가 되고 풀이 되는데, 풀을 냄새 맡음에 바름을 얻는 것은 난초만한 것이 없다." 하였다.

의 道가 혹은 나아가고 혹은 처하며, 혹은 침묵하고 혹은 말하나, 두 사람이 마음을 함께 하니, 그 날카로움이 쇠를 절단한다. 마음을 함께 하는 말은 그 향기로움이 난초와 같다."

【本義】釋同人九五爻義라 言君子之道 初若不同이나 而後實无間이라 斷金, 如蘭은 言物莫能間而其言有味也라

同人卦䷌ 九五爻의 뜻을 해석한 것이다. 군자의 道가 처음에는 같지 않은 듯하나 뒤에는 실로 간격이 없음을 말한 것이다. '쇠를 절단함'과 '난초와 같다'는 것은 다른 물건이 끼지 못하여 그 말이 맛이 있음을 말한 것이다.

字義 呪 : 울 도 利 : 날카로울 리 臭 : 냄새 취 蘭 : 난초 란

初六은 藉用白茅니 无咎라하니 子曰 苟錯(조)諸地라도 而可矣어늘 藉之用茅하니 何咎之有리오 愼之至也[59]라 夫茅之爲物이 薄이나 而用은 可重也니 愼斯術也[60]하여 以往이면 其无所失矣라

"初六은 까는데 흰 띠풀을 사용하니 허물이 없다." 하니, 공자가 말하였다. "진실로 땅에 놓더라도 괜찮은데, 까는 데 띠풀을 사용하니 무슨 허물이 있겠는가. 삼감이 지극한 것이다. 띠풀이란 물건은 하찮으나 쓰임은 소중히 여길 만하니, 이 방법을 삼가서 가면 잘못되는 바가 없을 것이다."

【本義】釋大過初六爻義라

大過卦䷛ 初六爻의 뜻을 해석한 것이다.

字義 藉 : 깔 자 茅 : 띠풀 모 苟 : 진실로 구 錯 : 둘 조

---

59 藉之用茅……愼之至也 : 李瀷(朝鮮)은《易經疾書》에서 "고인이 자리에 반드시 띠풀을 쓰는 예는 근본을 잊지 않았기 때문이다. 근본을 잊지 않으면 신중함이 그 안에 있으니, 자세한 것은 본괘에 있다." 하였다.

60 愼斯術也 : 尹行恁(朝鮮)은《薪湖隨筆》의〈繫辭傳〉에서 "이미 땅에 놓고서도 다시 띠풀을 깔았으니, 그 방법을 삼가는 것이다. 사람이 삼가지 않으면 도가 위태로우니, '얽어매고 동여매어 서쪽 산에서 제사지냄'은 삼감의 홍복이다." 하였다.

勞謙이니 君子有終이니 吉이라하니 子曰 勞而不伐하며 有功而不德이 厚之至也니 語以其功下人者也라 德言盛이요 禮言恭이니 謙也者는 致恭하여 以存其位者也라

"공로가 있으면서도 겸손함이니 군자가 끝마침이 있으니 길하다." 하니, 공자가 말하였다. "수고하여도 자랑하지 않으며 功이 있어도 德으로 여기지 않음은 후함의 지극함이니, 功이 있으면서도 남에게 낮추는 자를 말한 것이다. 德으로 말하면 성대하고 禮로 말하면 공손하니, 謙은 공손함을 지극히 하여 그 지위를 보존하는 것이다."

【本義】釋謙九三爻義라 德言盛, 禮言恭은 言德欲其盛이요 禮欲其恭也라

謙卦䷎ 九三爻의 뜻을 해석한 것이다. "德으로 말하면 성대하고 禮로 말하면 공손하다."는 것은 德은 성대하게 하고자 하고 禮는 공손하게 하고자 함을 말한 것이다.

字義 勞 : 공로 로, 수고로울 로　伐 : 자랑할 벌　恭 : 공손할 공

亢龍이니 有悔라하니 子曰 貴而无位하며 高而无民하며 賢人이 在下位而无輔라 是以動而有悔也니라

"끝까지 올라간 용이니 후회가 있을 것이다." 하니, 공자가 말하였다. "귀하지만 지위가 없고 높지만 백성이 없으며, 賢人이 아랫자리에 있어도 도와주는 이가 없다. 이 때문에 움직이면 후회가 있는 것이다."

【本義】釋乾上九爻義라 當屬文言이니 此蓋重出이라

乾卦䷀ 上九爻의 뜻을 해석한 것이다. 이 내용은 마땅히 〈文言傳〉에 속해야 하니, 이는 아마도 거듭 나온 듯하다.

不出戶庭이면 无咎라하니 子曰 亂之所生也 則言語以爲階니 君不密則失臣하며 臣不密則失身하며 幾事不密則害成하나니 是以君子愼密而不出也[61]하나니라

61　亂之所生也……是以君子愼密而不出也 : 《大全》의 소주에서 丘富國(南宋)은 "효의 뜻은 출처의 절

"방문 밖의 뜰을 벗어나지 않으면 허물이 없다." 하니, 공자가 말하였다. "어지러움이
생기는 것은 언어가 계단이 되니, 군주가 삼가고 주밀하지 않으면 신하를 잃고, 신하가
삼가고 주밀하지 않으면 몸을 잃으며, 幾微의 일을 삼가고 주밀하게 하지 않으면 해로움
이 이루어지니, 이 때문에 군자는 삼가고 주밀해서 말을 함부로 내지 않는 것이다.

【本義】釋節初九爻義라

節卦䷻ 初九爻의 뜻을 해석한 것이다.

字義 階 : 계단 계 密 : 치밀할 밀

子曰 作易者其知盜乎인저 易曰 負且乘이라 致寇至라하니 負也者는 小人之事
也요 乘也者는 君子之器也니 小人而乘君子之器라 盜思奪之矣며 上을 慢하고 下를
暴라 盜思伐之矣니 慢藏이 誨盜며 冶容이 誨淫이니 易曰 負且乘致寇至라하니 盜
之招也[62]라

공자가 말하였다. "易을 지은 자는 도적이 생기는 이유를 알았을 것이다. 《周易》에
"짊어져야 하는데 또 올라탔기에 도적을 오게 한다." 하였으니, 짊어지는 것은 小人의
일이고 올라타는 것은 君子의 器物이니, 소인으로서 군자의 기물을 타고 있기 때문에
도적이 빼앗을 것을 생각하며, 윗사람을 거만히 대하고 아랫사람을 사납게 대하기 때
문에 도적이 칠 것을 생각하는 것이다. 보관을 허술하게 함이 도적을 부르는 것이며,
얼굴을 단장하여 모양을 냄이 음탕함을 부르는 것이니, 《周易》에 "짊어져야 하는데 또
올라탔기에 도적을 오게 한다." 하였으니, 도적을 불러들이는 것이다."

도를 위주로 말한 것인데 여기에서 언어의 절도를 겸하여 언급함은 節卦의 아래는 兌卦인데 태
괘는 구설이니 역시 그런 상이다. 구설은 사람의 한 몸의 문호이니 한 마디를 조심하지 않으면
사람을 잃고 몸을 잃고 재앙이 찾아온다. 이는 군자가 중요하게 여기는 것이기 때문에 공자가 인
하여 행실을 조심할 것을 밝혔고, 또 말을 조심하는 것까지 미루었다." 하였다.

62 盜之招也 : 《大全》의 소주에서 柴中行(宋)은 "육삼은 바르지 못해 소인이 그 자리가 아닌데 의탁
하였기 때문에 이런 상이 있다. 사람이 의리상 마땅히 소유할 것이 아닌데 의탁하면 이로움을 도
모하는 자의 빼앗으려는 마음을 열어준다. 역을 지은 자가 의로움과 이로움의 구분에 밝기 때문
에 육삼의 소인이 덕 있는 자리에 앉아있는 것에서 반드시 그 뒤를 도적이 타고 들어와 빼앗음이
있을 것임을 안다. 천하의 큰 도적들은 틈을 타서 움직이지 않음이 없다." 하였다.

【本義】釋解六三爻義라

解卦䷧ 六三爻의 뜻을 해석한 것이다.

字義 負 : 질 부 慢 : 업신여길 만, 소홀히할 만 藏 : 감출 장 誨 : 유인할 회 冶 : 치장할 야
淫 : 음란할 음

右는 第八章이라

이상은 제8장이다.

【本義】此章은 言卦爻之用이라

이 장은 卦爻의 쓰임을 말하였다.

第九章

天一地二天三地四天五地六天七地八天九地十[63]이니

天이 1이고 地가 2이며, 天이 3이고 地가 4이며, 天이 5이고 地가 6이며, 天이 7이고 地가 8이며, 天이 9이고 地가 10이니,

【本義】此簡은 本在第十章之首어늘 程子曰 宜在此라하시니 今從之하노라 此는 言天地 之數 陽奇陰偶니 即所謂河圖者也라 其位가 一六居下, 二七居上, 三八居左, 四九居 右, 五十居中하니 就此章而言之면 則中五爲衍母요 次十爲衍子며 次一二三四 爲四 象之位하고 次六七八九 爲四象之數라 二老는 位於西北하고 二少는 位於東南하며 其數 則各以其類로 交錯於外也라

이 부분은 본래 제10장의 처음에 있었는데, 程子가 "마땅히 여기에 있어야 한다." 하였으니, 이제 그 말을 따른다. 이는 天地의 數가 陽은 짝수이고 陰은 홀수임을 말한 것이니, 곧 이

---

63 天一……地十 : 沈大允(朝鮮)은 《周易象義占法》에서 "1·2·3·4·5는 생수이고 6·7·8·9·10은 성수
이다." 하였다.

른바 '河圖'라는 것이다. 그 위치가 1·6은 아래에 있고, 2·7은 위에 있고, 3·8은 왼쪽에 있고, 4·9는 오른쪽에 있고, 5·10은 가운데 있으니, 이 장을 가지고 말하면 중앙의 5는 大衍의 어머니가 되고 다음의 10은 大衍의 자식이 되며, 다음의 1, 2, 3, 4는 四象의 자리가 되고, 다음의 6, 7, 8, 9는 四象의 수가 된다. 老陽과 老陰은 서쪽과 북쪽에 위치하고, 少陽과 少陰은 동쪽과 남쪽에 위치하며, 그 數는 각기 그 類에 따라 밖에 교차한다.

天數五요 地數五니 五位相得하며 而各有合[64]하니 天數二十有五요 地數三十[65]이라 凡天地之數五十有五니 此所以成變化而行鬼神也[66]라

하늘 數가 다섯이고 땅의 數가 다섯이니, 다섯의 자리가 서로 얻으며 각기 합이 있으니, 하늘의 수가 25이고 땅의 수가 30이다. 무릇 天地의 數가 55이니, 이것이 變化를 이루고 鬼神을 행하는 것이다.

---

64 五位相得 而各有合 : 《大全》의 소주에서 蘇軾(宋)은 "수는 지극한 음물이니 반드시 天의 1이 더해진 뒤에 생하는 것이니, 음은 양을 얻지 못하면 끝내 완성하지 못한다. 화는 지극한 양물이니 반드시 地의 2가 더해진 뒤에 생하는데 양은 음을 얻지 못하면 끝내 나타나지 못한다. 오행이 다 그러하니 음양이 서로 더해져서 생하지 않음이 없다. 양이 음에 더해진 것은 수와 목과 토이고 음이 양에 더해진 것은 화와 금이다. 만약 서로 더해지지 않으면 비록 음양의 바탕이 있더라도 오행의 쓰임은 없다." 하였다. 李瀷(朝鮮)은 《易經疾書》에서 "천수가 5이고 지수가 5인 것은 천지의 수가 그와 같음을 말한 것일 뿐이다. 五位의 아래부터는 하도를 보고 말한 것이다. 相得은 생수인 1이 3을 얻어 동북에 위치하고, 성수인 7이 9를 얻어 서남에 위치하고, 5가 1,2,3,4를 얻어 안에 위치하고, 생수인 2가 4를 얻어 서남에 위치하고, 성수인 6이 8을 얻어 동북에 위치하고, 10이 6,7,8,9를 얻어 그 안에 위치함을 말한다. 차례로 이어져 있으면서 내외로 섞여있기 때문에 득이라 하였다. 有合은 1과 6이 수로 합하고 2와 7은 화로 합하고 3과 8은 목으로 합하고 4와 9는 금으로 합하고 5와 10은 토로 합함을 말한다." 하였다.

65 天數二十有五 地數三十 : 金相岳(朝鮮)은 《山天易說》에서 "이것은 하도의 수를 말한 것이다. 하늘은 양으로 그 수는 홀수이기 때문에 1,3,5,7,9는 하늘에 속한다. 땅은 음으로 그 수는 짝수에 속하기 때문에 2,4,6,8,10은 땅에 속한다." 하였다.

66 此所以成變化而行鬼神也 : 李瀷(朝鮮)은 《易經疾書》에서 "'변화를 이룬다'는 것은 1에서 變하고 6에서 化하면 수를 이루고, 2에서 변하고 7에서 화하면 화를 이루고, 3에서 변하고 8에서 화하면 목을 이루고, 4에서 변하고 9에서 화하면 금을 이루고, 5에서 변하고 10에서 화하면 토를 이룸을 말한다. '귀신을 행한다'는 것은 천수인 1,3,5,7,9는 북에서 시작해서 서에서 마치니 神이 행함이고, 지수인 2,4,6,8,10은 남에서 시작해서 가운데서 마치니 鬼의 행함을 말한다. 귀는 음의 靈이고 신은 양의 靈인데 귀는 2,4,6,8,10의 5위의 사이에서 행하고 신은 1,3,5,7,9의 5위의 사이에서 행하니, 行이라고 하였으니 변화가 그 가운데 있다." 하였다.

【本義】此簡은 本在大衍之後어늘 今按宜在此라 天數五者는 一三五七九皆奇也요 地數五者는 二四六八十이 皆偶也라 相得은 謂一與二, 三與四, 五與六, 七與八, 九與十이 各以奇偶爲類而自相得이요 有合은 謂一與六, 二與七, 三與八, 四與九, 五與十이 皆兩相合이라 二十有五者는 五奇之積也요 三十者는 五偶之積也라 變化는 謂一變生水而六化成之하고 二化生火而七變成之하고 三變生木而八化成之하고 四化生金而九變成之하고 五變生土而十化成之라 鬼神은 謂凡奇偶生成之屈伸往來者라

이 부분은 본래 '大衍'의 뒤에 있었는데 이제 살펴보건대 마땅히 여기에 있어야 한다. '하늘의 數가 다섯'이란 1·3·5·7·9가 모두 홀수인 것이고, '땅의 數가 다섯'이란 2·4·6·8·10이 모두 짝수인 것이다. '서로 얻음'은 1과 2, 3과 4, 5와 6, 7과 8, 9와 10이 각기 홀수와 짝수로써 동류가 되어 스스로 서로 얻음을 이르고, '합함이 있음'은 1과 6, 2와 7, 3과 8, 4와 9, 5와 10이 모두 서로 합함을 이른다. '25'는 다섯 홀수를 모은 것이고 '30'은 다섯 짝수를 모은 것이다. '變化'는 1이 變하여 水를 낳으면 6이 化하여 이루고, 2가 化하여 火를 낳으면 7이 變하여 이루고, 3이 변하여 木을 낳으면 8이 화하여 이루고, 4가 화하여 金을 낳으면 9가 변하여 이루고, 5가 변하여 土를 낳으면 10이 화하여 이룸을 이른다. '鬼神'은 모든 홀수와 짝수, 낳는 것과 이루는 것의 굴신과 왕래를 이른다.

大衍之數五十이니 其用은 四十有九라 分而爲二하여 以象兩하고 掛一하여 以象三하고 揲之以四하여 以象四時하고 歸奇於扐하여 以象閏하나니 五歲再閏이라 故로 再扐而後掛하나니라

大衍의 數가 50이니, 그 씀은 49이다. 이를 나누어 둘로 만들어 兩儀를 상징하고, 하나를 걸어서 三才를 상징하고, 넷으로 세어 四時를 상징하고, 남는 것을 扐에 돌려 윤달을 상징하니, 5년에 윤달이 두 번이므로 두 번 扐한 뒤에 거는 것이다.

【本義】大衍之數五十은 蓋以河圖中宮天五로 乘地十而得之요 至用以筮하여는 則又止用四十有九하니 蓋皆出於理勢之自然而非人之知力所能損益也라 兩은 謂天地也라 掛는 懸其一於左手小指之間也라 三은 三才也라 揲은 間而數之也라 奇는 所揲四數之餘也라 扐은 勒於左手中三指之兩間也라 閏은 積月之餘日而成月者也니 五歲之間에 再積日而再成月이라 故五歲之中에 凡有再閏然後別起積分하니 如一掛之後에 左右各

一揲而一扐이라 故五者之中에 凡有再扐然後別起一掛也라

大衍의 數가 50이라는 것은 河圖의 中宮에 있는 天數 5를 가지고 地數 10을 곱하여 얻은 것이다. 占을 치는 데 이르러는 또 다만 '49'를 쓰니, 이는 모두 이치와 형세의 자연스러움에서 나온 것이고, 사람이 지혜와 힘으로 덜거나 더할 수 있는 것이 아니다. '兩'은 하늘과 땅을 이른다. '掛'는 시초 하나를 왼손의 새끼손가락 사이에 거는 것이다. '三'은 三才이다. '揲'은 떼어내서 세는 것이다. '奇'는 넷으로 세고 남은 것이다. '扐'은 왼손의 중지와 셋째 손가락 사이에 끼는 것이다. '閏'은 달을 채우고 남은 날을 모아 한 달을 이룬 것이니, 5년 동안에 두 번 날을 모아서 두 번 달을 이룬다. 그러므로 5년 가운데 두 번 윤달이 있은 뒤에야 별도로 남는 날짜를 일으키니, 이는 마치 한 번 건 뒤에 왼손과 오른손의 시초를 각기 한 번씩 세고, 한 번 끼우는 것과 같다. 그러므로 다섯 번 가운데 두 번 끼운 뒤에 별도로 한 번 건 것을 일으키는 것이다.

字義 衍 : 넓힐 연　掛 : 걸 괘　揲 : 셀 설　扐 : 손가락 사이에 시초 낄 륵　懸 : 걸 현
　　　勒 : 손가락 사이에 시초 낄 륵

乾之策이 二百一十有六이요 坤之策이 百四十有四[67]라 凡三百有六十이니 當期之日하고

乾의 策數가 216이요 坤의 책수가 144이다. 그러므로 모두 360이니, 1년의 日數에 해당하고,

【本義】凡此策數는 生於四象하니 蓋河圖四面에 太陽居一而連九하고 少陰居二而連八하고 少陽居三而連七하고 太陰居四而連六이라 揲蓍之法은 則通計三變之餘하되 去其初掛之一하여 凡四爲奇요 凡八爲偶니 奇圓圍三이요 偶方圍四니 三用其全하고 四用其半하나니 積而數之면 則爲六七八九而第三變揲數策數 亦皆符會라 蓋餘三奇則九而其揲亦九요 策亦四九三十六이니 是爲居一之太陽이요 餘二奇一偶則八而其揲亦八이요 策亦四八三十二니 是爲居二之少陰이요 二偶一奇則七而其揲亦七이요 策亦

---

67 乾之策……百四十有四 : 李震相(朝鮮)은 《易學管窺》에서 "6개의 36이 216이 되고 6개의 24가 144가 되니 이것은 두 노양·노음의 수이다. 6개의 32가 192가 되고 6개의 28이 168이 되니 이것은 두 소양·소음의 수이다. 팔괘에 있어서는 두 순양과 순음만 들었기 때문에 사상에 있어서도 두 노양과 노음만 들어 이것에 나아가 미루려고 한 것이다." 하였다.

四七二十八이니 是爲居三之少陽이요 三偶則六而其揲亦六이요 策亦四六二十四니 是爲居四之老陰이라 是其變化往來進退離合之妙가 皆出自然이요 非人之所能爲也라 少陰은 退而未極乎虛하고 少陽은 進而未極乎盈이라 故此獨以老陽老陰으로 計乾坤六爻之策數니 餘可推而知也라 期는 周一歲也니 凡三百六十五日四分日之一이어늘 此는 特擧成數而槪言之耳라

이 策數는 四象에서 생겼으니, 河圖의 네 면에서 太陽은 1에 거처하여 9와 이어지고, 少陰은 2에 거처하여 8과 이어지고, 少陽은 3에 거처하여 7과 이어지고, 太陰은 4에 거처하여 6과 이어진다. 蓍草를 세는 방법은 세 번 변한 나머지를 통틀어 계산하되 처음 걸었던 1을 제거하여 4는 홀수라 하고 8은 짝수라 하니, 홀수는 둥글어서 둘레가 3이고, 짝수는 네모나서 둘레가 4이니, 3은 그 전체를 쓰고 4는 그 반만 쓴다. 이것을 모아서 세면 6, 7, 8, 9가 되어 세 번 변한 揲數와 策數가 또한 모두 들어맞는다.

나머지가 세 홀수이면 9(3+3+3)인데 그 센 것도 9이며 策數 또한 4에 9를 곱한 36이니 이것이 1에 거처한 太陽이 된다. 나머지가 두 홀수와 한 짝수이면 8(3+3+2)인데 그 센 것도 8이며 策數 또한 4에 8을 곱한 32이니 이것이 2에 거처한 少陰이 된다. 나머지가 두 짝수와 한 홀수이면 7(2+2+3)인데 그 센 것도 7이며 책수 또한 4에 7을 곱한 28이니 3에 거처한 少陽이 된다. 나머지가 세 짝수이면 6(2+2+2)인데 그 센 것도 6이며 책수 또한 4에 6을 곱한 24이니 이것이 4에 거처한 老陰이 된다.

이는 변화하고 왕래하여 나아가고 물러가며 떠나고 합하는 묘리가 모두 자연에서 나온 것이고, 사람이 할 수 있는 바가 아니다. 少陰은 물러가나 아직 虛한 곳의 끝까지 가지는 않았고, 少陽은 나아가나 가득 찬 곳의 끝까지 가지는 않았다. 그러므로 이는 홀로 老陽과 老陰으로 乾坤 여섯 爻의 策數를 계산한 것이니, 나머지를 미루어 알 수 있다. '期'는 1주년이니, 365일과 4분의 1일인데, 이는 다만 成數를 들어 대략 말했을 뿐이다.

字義 策 : 점대 책　期 : 돌 기

二篇之策이 萬有一千五百二十이니 當萬物之數也하니

상하 두 편의 策數가 11,520이니, 만물의 수에 해당하니,

【本義】二篇은 謂上下經이라 凡陽爻百九十二에 得六千九百一十二策이요 陰爻百九十二에 得四千六百八策이니 合之면 得此數라

두 편은 上經과 下經을 이른다. 陽爻 192개에서 6,912(192×36)策을 얻고 陰爻 192개에서 4,608(192×24)策을 얻으니 합하면 이 수(11,520)를 얻는다.

是故로 四營而成易하고 十有八變而成卦하니

이 때문에 네 번 경영하여 易을 이루고 18번 변하여 卦를 이루니,

【本義】四營은 謂分二, 掛一, 揲四, 歸奇也라 易은 變易也니 謂一變也라 三變成爻하니 十八變則成六爻也라

'네 번 경영함'은 둘로 나누고 하나를 걸고 넷으로 세고 나머지 수를 돌리는 것이다. 易은 變易이니 한 번 변함을 이른다. 세 번 변하여 爻를 이루니, 18번 변하면 여섯 爻를 이룬다.

字義 營 : 경영할 영

八卦而小成하여

八卦가 작게 이루어

【本義】謂九變而成三畫하여 得內卦也라

아홉 번 변하여 세 획을 이루어 內卦를 얻음을 이른 것이다.

引而伸之[68]하며 觸類而長之하면 天下之能事畢矣리니

이끌어 펴며 類에 따라 확장하면 천하의 가능한 일을 다할 수 있을 것이니,

【本義】謂已成六爻而視其爻之變與不變하여 以爲動靜이면 則一卦可變而爲六十四卦하여 以定吉凶하니 凡四千九十六卦也라

---

68 引而伸之 : 朴致和(朝鮮)는 《雪溪隨錄》에서 "이끌어 펴는 것은 8괘가 64괘가 됨을 말함이다. 류에 따라 확장함은 건괘는 원이 되고 임금이 되고 아버지가 되는 류이다." 하였다.

이미 여섯 爻를 이루고 그 爻의 변함과 변하지 않음을 보아 動靜을 삼으면 한 卦가 변하여 64卦가 되어 吉凶을 정함을 이르니, 모두 4096卦인 것이다.

字義 觸 : 닿을 촉   類 : 부류 류   畢 : 다할 필

顯道하고 神德行이라 是故로 可與酬酢[69]이며 可與祐神矣[70]니

道를 드러내고 德行을 신묘하게 한다. 이 때문에 더불어 수작할 수 있으며 더불어 神을 도울 수 있으니,

【本義】道는 因辭顯하고 行은 以數神이라 酬酢은 謂應對요 祐神은 謂助神化之功이라

'道'는 말로 인해 드러나고, '行'은 數로써 신묘해진다. '酬酢'은 응대함을 이르고, '祐神'은 신묘한 조화의 功을 도움을 이른다.

字義 酬 : 술권할 수   酢 : 잔 되돌릴 작   祐 : 도울 우

子曰 知變化之道者 其知神之所爲乎인저

공자가 말하였다. "변화의 道를 아는 자는 神의 하는 바를 알 것이다"

【本義】變化之道는 卽上文數法이 是也니 皆非人之所能爲라 故夫子歎之而門人加子曰하여 以別上文也라

변화의 道는 곧 윗글의 數의 법칙이 이것이니, 이는 모두 사람이 인위적으로 할 수 있는 것이 아니다. 그러므로 공자가 감탄하자, 문인들이 '子曰'을 더하여 윗글과 구별한 것이다.

---

69 觸類而長之……可與酬酢 : 金相岳(朝鮮)은 《山天易說》에서 "이미 6효를 이루고 다시 이 팔괘를 이끌어 펼쳐 64괘가 되고 이끌어 펴서 4096괘가 된다. 도리는 이것을 통해 드러나고 덕행은 이것을 통해 신비로와진다. '수작'은 손님과 주인이 서로 응대하는 것과 같다. 돕는다는 것은 귀신의 말을 대신하는 것으로 그 미치지 못함을 돕는 것이다." 하였다.

70 可與酬酢 可與祐神矣 : 《大全》의 소주에서 項安世(宋)는 "천도가 비록 그윽하지만 밝혀서 사람에게 보일 수 있고 사람의 일이 비록 드러나 있지만 미루어서 천도에 합치할 수 있다. 밝게는 사물의 마땅함과 수작하고 그윽하게는 귀신의 명을 드러나도록 돕는다." 하였다.

右는 第九章이라

이상은 제9장이다.

【本義】此章은 言天地大衍之數, 揲蓍求卦之法이라 然亦略矣니 意其詳이 具於大(太)卜筮人之官이어늘 而今不可考耳요 其可推者는 啓蒙에 備言之하니라

이 장은 하늘과 땅의 大衍數와 蓍草를 세어 卦를 구하는 방법을 말한 것이다. 그러나 또한 간략하니, 짐작컨대 그 상세한 내용이 太卜과 筮人의 관직에 갖추어져 있었는데 지금은 상고할 수 없고, 미루어 알 수 있는 것은《易學啓蒙》에 자세히 말하였다.

第十章

易有聖人之道四焉[71]하니 以言者는 尙其辭하고 以動者는 尙其變하고 以制器者는 尙其象하고 以卜筮者는 尙其占하나니

《周易》에는 성인의 道가 네 가지가 있다. 《周易》으로 말하는 자는《周易》의 말을 숭상하고, 행동하는 자는《周易》의 變을 숭상하고, 기물을 만드는 자는《周易》의 象을 숭상하고, 거북점과 시초점을 치는 자는《周易》의 占을 숭상한다.

【本義】四者는 皆變化之道니 神之所爲者也라

'네 가지'는 모두 변화의 道이니, 神이 하는 것이다.

---

71 易有聖人之道四焉 :《大全》의 소주에서 張栻(宋)은 "주역에는 성인의 도 네 가지가 있다. 그러므로 나아갈 바를 가리키는 것이 '주역의 말'이니 말하는 자가 그것을 숭상한다면 합당하지 않은 말이 없을 것이다. 변화하여 마름질하는 것이 '주역의 변'이니 행동하는 자가 그것을 숭상한다면 때에 맞지 않는 행동이 없을 것이다. 물건의 마땅함을 형상한 것이 '주역의 상'이니 기물을 만드는 자가 그것을 본뜬다면 물건을 창조하는 지혜를 다 할 수 있을 것이다. 수를 극진히 하여 미래를 아는 것이 '주역의 점'이니 거북점과 시초점을 치는 자가 그것을 숭상한다면 미리 아는 신묘함을 다할 수 있을 것이다." 하였다. 金相岳(朝鮮)은《山天易說》에서 "말과 점은 동일한 류이고 상과 변은 동일한 류이다. 말로는 변과 상의 도리를 밝히고 점으로는 변과 상의 호응을 판단하니 이른바 지극한 정미로움과 지극한 변화이다." 하였다.

是以君子將有爲也하며 將有行也에 問焉而以言하거든 其受命也如嚮(響)하여 无有遠近幽深히 遂知來物하나니 非天下之至精이면 其孰能與於此리오

이 때문에 君子가 큰일을 하고자 하거나 시행하고자 할 때에 말로써 물으면 그 명령을 받음이 메아리와 같아서 멀고 가까우며 그윽하고 깊음에 상관없이 드디어 미래의 일을 아니, 천하의 지극히 정밀한 자가 아니면 누가 여기에 참여할 수 있겠는가.

【本義】此는 尙辭尙占之事라 言人以蓍問易하여 求其卦爻之辭하여 而以之發言處事하면 則易受人之命而有以告之를 如嚮之應聲하여 以決其未來之吉凶也라 以言은 與以言者尙其辭之以言으로 義同이라 命은 則將筮而告蓍之語니 冠禮筮日에 宰自右贊命이 是也라

이것은 말을 숭상하고 占을 숭상하는 일이다. 사람이 蓍草로써 《周易》에 물어 卦辭와 爻辭를 구하여 이것으로써 말을 하고 일을 처리하면 《周易》이 사람의 명령을 받아 고해주기를 마치 메아리가 목소리에 응하듯이 하여 미래의 吉凶을 결단해 줌을 말한 것이다. '以言'은 '말하는 자는 《周易》의 말을 숭상하고'의 '以言'과 뜻이 같다. '命'은 점을 치려 할 때 蓍草에 고하는 말이니, 冠禮에 "날짜를 점칠 적에 주재자가 오른쪽에서 명령을 돕는다."고 함이 이것이다.

字義 嚮 : 메아리 향(響) 物 : 일 물 冠 : 관례 관 宰 : 주재할 재 贊 : 도울 찬

參伍以變[72]하며 錯綜其數[73]하여 通其變하여 遂成天地之文하며 極其數하여 遂定天下之象하니 非天下之至變이면 其孰能與於此리오

參과 伍로 세어 변하며 數를 교착하고 종합하여 變을 통하여 드디어 천지의 문양을 이루며, 수를 지극히 하여 드디어 천하의 象을 정하니, 천하의 지극히 변화하는 자가 아니면 그 누가 이에 참여하겠는가.

---

72 參伍以變 : 《大全》의 소주에서 朱震(宋)은 "'삼과 오로 세어 변함'은 가로와 세로의 합이 십오인 것이 천지의 오십오의 수이니 육·칠·팔·구를 교착하고 삼백육십을 종합하여 육·칠·팔·구의 변화를 통하면 강·유가 서로 바뀌어 드디어 천지의 문양을 이루고 오십오의 수를 지극히 하면 강·유가 몸체가 있게 되어 드디어 천하의 상을 정한다. 문양을 이룬 것이 아니면 물상을 이루기에 부족하고, 상을 정한 것이 아니면 기물을 만들기에 부족하다. 변하고 또 변한 것을 지극히 변함이라고 한다." 하였다.

73 錯綜其數 : 《大全》의 소주에서 학인이 錯綜의 뜻을 묻자, 朱熹(宋)는 "교착(錯)은 왔다갔다함이고, 종합(綜)은 오르내림이니, 옛사람이 이런 글자를 골라 쓰는 것이 매우 자세하다." 하였다.

【本義】此는 尙象之事니 變則象之未定者也라 參者는 三數之也요 伍者는 五數之也니 旣參以變하고 又伍以變하여 一先一後하여 更相考覈하여 以審其多寡之實也라 錯者는 交而互之니 一左一右之謂也요 綜者는 總而絜之니 一低一昂之謂也니 此亦皆謂揲蓍 求卦之事라 蓋通三揲兩手之策하여 以成陰陽老少之畫하고 究七八九六之數하여 以定 卦爻動靜之象也라 參伍錯綜은 皆古語而參伍尤難曉라 按荀子云 窺敵制變엔 欲伍 以參이라하고 韓非曰 省同異之言하여 以知朋黨之分하고 偶參伍之驗하여 以責陳言之 實이라하고 又曰 參之以此物하고 伍之以合參이라하며 史記曰 必參而伍之라하고 又曰 參 伍不失이라하며 漢書曰 參伍其賈(價)하여 以類相準이라하니 此足以相發明矣니라

이는 象을 숭상하는 일이니, '變'은 象이 아직 정해지지 않은 것이다. '參'은 三으로 셈이고 '伍'는 五로 셈이니, 이미 三으로 세어 변하고 또 五로 세어 변하여 한 번 먼저하고 한 번 나중에 하여 번갈아 서로 상고해서 많고 적음의 실제를 살피는 것이다. '錯'은 사귀어 서로 함이니 한 번 왼쪽으로 하고 한 번 오른쪽으로 함을 이르며, '綜'은 총괄하여 제시하는 것이니 한 번 낮추고 한 번 높임을 이르니, 이 또한 모두 蓍草를 세어 卦를 구하는 일을 말한다. 두 손의 蓍策을 통틀어 세 번 세어서 陰陽 老少의 획을 이루고, 七·八·九·六의 수를 연구하여 卦爻와 動靜의 象을 정한다. '參伍'와 '錯綜'은 모두 옛말인데, 參伍가 더욱 알기 어렵다. 살펴보건대《荀子》〈義兵〉에 "적을 엿보고 변화에 대처함에는 伍하고 參하고자 한다." 하였고, 《韓非子》〈備內〉에 "같고 다른 말을 살펴 붕당의 나뉨짐을 알고 參伍의 징험을 맞추어 陳言의 실제를 책한다." 하였으며, 또 〈揚權〉에 "이 일로써 參하고, 다섯으로 맞추어 參에 합한다." 하였다. 《史記》〈太史公自序〉에 "반드시 參으로 세고 伍로 센다." 하였고, 또 이르기를 "參伍함에 실수하지 않는다." 하였으며, 《漢書》〈趙廣漢傳〉에 "그 값을 參伍하여 종류로써 서로 기준한다." 하였으니, 이것을 보면 충분히 알 수 있을 것이다.

字義 參:석삼 伍:다섯 오 錯:섞일 착 綜:모을 종 考:살필 고 覈:조사할 핵 總:총괄할 총 絜:들 설 低:낮을 저 昂:높을 앙 窺:엿볼 규 責:책할 책 陳:진언할 진

易은 无思也하며 无爲也하여 寂然不動이라가 感而遂通天下之故하나니 非天下之 至神[71]이면 其孰能與於此리오

易은 생각함도 없고 함도 없어서 고요히 움직이지 않다가 느껴서 드디어 천하의 연

고를 통하니, 천하의 지극히 신묘한 자가 아니면 누가 이에 참여하겠는가.

【本義】此는 四者之體所以立而用所以行者也라 易은 指蓍卦라 无思, 无爲는 言其无心也라 寂然者는 感之體요 感通者는 寂之用이니 人心之妙 其動靜亦如此라

　이것은 네 가지의 본체가 서서 네 가지의 작용이 행해지는 것이다. '易'은 蓍草와 卦를 가리킨다. '생각도 없고 함도 없음'은 무심함을 말한다. '고요히'는 느낌의 본체이고 '느껴서 통함'은 고요함의 작용이니, 사람 마음의 신묘함이 움직이고 고요함이 또한 이와 같다.

夫易은 聖人之所以極深而研幾也니

　易은 성인이 깊음을 다하고 기미를 살피는 것이니,

【本義】研은 猶審也요 幾는 微也라 所以極深者는 至精也요 所以研幾者는 至變也라

　'研'은 살핀다는 審자와 같고, '幾'는 기미이다. '깊음을 다한다.'는 것은 지극히 정밀함이고, '기미를 살핀다.'는 것은 지극히 변화함이다.

字義　研 : 살필 연　幾 : 기미 기

唯深也故로 能通天下之志하며 唯幾也故로 能成天下之務하며 唯神也故로 不疾而速하며 不行而至[75]하나니

　깊기 때문에 천하의 뜻을 통하며, 기미를 살피기 때문에 천하의 일을 이루며, 신묘하기 때문에 빠르지 않으면서도 속하며 행하지 않아도 이른다.

【本義】所以通志而成務者는 神之所爲也라

---

74 至神 :《大全》의 소주에서 張橫渠(宋)는 "'하나이기 때문에 신이다.'를 사람의 몸에 비유하면 사지는 모두 하나의 몸이기 때문에 접촉하면 느끼지 않음이 없는 것과 같다. 이것이 이른바 '느껴서 드디어 통함'이고, '빠르지 않으면서도 속하고 빠르고 행하지 않으면서도 이른다.'는 것이다." 하였다.

75 唯深也故……不行而至 :《大全》의 소주에서 項安世(宋)는 "지극히 정밀함·지극히 변화함·지극히 신묘함은 역의 체이고, 깊음·기미를 살핌·신묘함은 역의 용이다." 하였다.

뜻을 통하고 일을 이루는 것은 神이 하는 것이다.

字義 疾 : 빠를 질　速 : 속할 속

子曰 易有聖人之道四焉者[76] 此之謂也니라

공자께서 말하였다. "《周易》에 성인의 道가 네 가지가 있다"는 것은 이것을 말한 것이다.

右는 第十章이라

이상은 제10장이다.

【本義】 此章은 承上章之意하여 言易之用이 有此四者하니라

이 장은 윗장의 뜻을 이어 《周易》의 쓰임에 이 네 가지가 있음을 말하였다.

第十一章

子曰 夫易은 何爲者也오 夫易은 開物成務[77]하여 冒天下之道하나니 如斯而已者也라 是故로 聖人이 以通天下之志[78]하며 以定天下之業하며 以斷天下之疑하나니라

---

76 易有聖人之道四焉者 : 李瀷(朝鮮)은 《易經疾書》에서 "역은 책이니, 어찌 생각이 있고 함도 있고 고요히 느끼는 것도 있겠는가? 비록 마음의 본체가 이렇다 하더라도 이것은 역을 써서 말한 것이다. 성인이 역을 지음엔 다만 64괘 384효가 있을 뿐이어서 혼연히 하나의 천지를 그려낸 것이다. 고요히 느껴 움직임이 없음은 생각도 없고 함도 없다는 것에 대한 각주일 뿐이다. 다만 이와 같다면 역은 쓸모없는 종잇장에 지나지 않는 것이어서 후세를 근심하는 뜻이 없다. 그래서 성인이 또 설시하여 괘를 구하는 방법을 만들어 한번에 384효를 따라서 느껴 각각 길흉선악으로 통달하여 드러내 천지의 마음과 더불어 하나가 되어 그 체용을 함께 한다." 하였다.

77 開物成務 : 《大全》의 소주에서 朱熹(宋)는 "역은 본래 점치기 위하여 말하였는데, 옛 사람들은 자질이 순수하여 처음에는 글과 뜻이 없었다. 그러므로 괘효를 긋고 이것으로 만물의 뜻을 개통시키고 일을 이루었다." 하였다.

78 通天下之志 : 《大全》의 소주에서 朱熹(宋)는 "'천하의 뜻을 통한다'에서 通은 개통의 뜻이다. 당시

공자가 말하였다. "易은 무엇을 하는 것인가? 易은 만물의 뜻을 개통시키고 일을 이루어 천하의 도리를 덮나니, 이와 같을 따름이다. 이 때문에 성인이 이로써 천하의 뜻을 통하며, 천하의 일을 정하며, 천하의 의혹을 결단한 것이다.

【本義】開物成務는 謂使人卜筮하여 以知吉凶而成事業이라 冒天下之道는 謂卦爻旣設而天下之道皆在其中이라

'만물의 뜻을 개통시키고 일을 이룸'은 사람에게 점을 치게 해서 吉凶을 알아 일을 이루게 함을 이른다. '천하의 도리를 덮음'은 卦爻가 이미 베풀어지면 천하의 도리가 모두 그 속에 있음을 이른다.

字義 開 : 개통할 개   務 : 일 무   冒 : 덮을 모

是故로 蓍之德은 圓而神이요 卦之德은 方以知요 六爻之義는 易以貢[79]이니 聖人이 以此洗心하여 退藏於密[80]하며 吉凶에 與民同患하여 神以知來하고 知以藏往하나니 其孰能與於此哉리오 古之聰明叡知神武而不殺者夫[81]인저

의 백성이 일을 만나면 막힘이 많아 할 바를 몰랐다. 그래서 성인이 역을 지어 이 이치로써 보여주어 그들에게 이렇게 하면 길하고 이렇게 하면 흉하니, 반드시 이렇게 하면 길하여 할 수 있고 이렇게 하면 흉하여 해서는 안 된다고 가르쳤다. 이것이 이른바 천하의 뜻을 통함이니 開物도 이와 같을 뿐이다." 하였다.

79 蓍之德……易以貢 : 《大全》의 소주에서 丘富國(南宋)은 "49의 시책을 나누고 걸며 세고 끼움에 음양의 노소가 변화하여 모남이 없다. 그러므로 그 덕이 둥글어 신묘한 것이다. 64괘의 象辭가 빽빽하게 나열되어 길함과 흉함, 얻음과 잃음이 바뀌지 않고 일정하다. 그러므로 그 덕이 모나서 지혜로운 것이다. 貢은 알림과 같으니, 384효의 강과 유가 번갈아 운용되고 양과 음이 서로 밀치니, 그 이치가 또한 변하여 바뀌면서 사람에게 알려준다. 그러므로 그 의미가 바뀌면서 알려주는 것이다." 하였다. 柳正源(朝鮮)은 《易解參攷》에서 "원은 움직임에 끝이 없고 방은 그쳐서 분수가 있다. 오직 변해 가는 것이 한없이 돌기 때문에 원이라고 한다. 괘를 벌리고 효를 나누어 각각 그 몸체가 있기 때문에 방이라 한다. 貢은 고함이니 육효의 변역으로 사람에게 길흉을 고해준다." 하였다.

80 退藏於密 : 《大全》의 소주에서 張橫渠(宋)는 "둥글어 신묘하기 때문에 천하의 뜻을 통할 수 있고, 모나서 지혜롭기 때문에 천하의 일을 정할 수 있고, 바뀌면서 알려주기 때문에 천하의 의혹을 결단할 수 있다. 《주역》 책이 이루어져 세 가지가 갖춰지고 백성의 우환이 밝혀지자, 성인은 이것으로 그 마음을 씻어내 은밀함에 물러나 숨는 것이다." 하였다.

81 神以知來……古之聰明叡知神武而不殺者夫 : 《大全》의 소주에서 張橫渠(宋)는 "기미에 앞서서 물건을 밝히기 때문에 올 것을 안다고 하였다. 우환을 밝히고 그 연고를 두루 알기 때문에 지난 것을 감춘다고 하였다. 사람에게 길흉을 보여주니 그 도가 드러난다. 올 것을 알고 지난 것을 감추

이 때문에 蓍草의 德은 둥글어서 신묘하고, 卦의 德은 모나서 지혜롭고, 六爻의 의미는 바뀌면서 알려주니, 성인이 이것으로 마음을 씻어 은밀한 데에 물러나 숨으며, 길하고 흉함에 백성과 더불어 근심을 같이 하여, 신묘함으로써 올 것을 알고 지혜로써 지나간 것을 간직하니, 그 누가 여기에 참여할 수 있겠는가. 옛날의 총명하고 슬기롭고 무력이 신묘하면서도 죽이지 않는 자일 것이다.

【本義】圓神은 謂變化无方이요 方知는 謂事有定理라 易以貢은 謂變易以告人이라 聖人은 體具三者之德하여 而无一塵之累하니 无事則其心寂然하여 人莫能窺하고 有事則神知之用이 隨感而應하나니 所謂无卜筮而知吉凶也라 神武不殺은 得其理而不假其物之謂라

'둥글어서 신묘함'은 변화함에 일정한 방향이 없음을 이르고, '모나서 지혜로움'은 일에 정해진 이치가 있음을 이르고, '바뀌면서 알려줌'은 바뀌면서 사람에게 알려줌을 이른다. 성인은 세 가지의 德을 체득하여 갖추어 티끌만한 허물도 없다. 일이 없으면 그 마음이 고요하여 사람들이 엿볼 수 없고, 일이 있으면 신묘하고 지혜로운 작용이 느낌에 따라서 응대하니, 이른바 '점치지 않고도 길흉을 안다.'는 것이다. '무력이 신묘하면서도 죽이지 않는다.'는 것은 그 이치를 얻고도 그 물건을 빌리지 않음을 이른다.

字義 貢 : 알릴 공   洗 : 씻을 세   叡 : 밝을 예

是以明於天之道而察於民之故하여 是興神物하여 以前民用하니 聖人이 以此齋戒하여 以神明其德夫인저

이 때문에 하늘의 도리를 밝히고 백성의 연고를 살펴서 이에 신령한 물건을 일으켜 백성들이 쓰기에 앞서서 열어놓게 하니, 성인이 이것으로 깨끗이 하며 두려워하여 그 德을 신묘하고 밝게 하신 것이다!

니 그 덕행이 신묘함은 시초와 거북의 쓰임을 말한다. 신묘한 무력으로 죽이지 않음은 신의 위대함으로 두려워하게 하고 범하지는 않는 것이 신묘한 무력이다." 하였다. 朱熹(宋)는 "신으로 올 것을 아는 것은 밝은 거울과 같아서 사물이 옴에 모두 보인다. 지혜로 지난 것을 간직함은 다만 현재의 일로 그가 모두 내면에 간직할 줄 아는 것이다. 시초를 헤아리는 것처럼, 아직 시초를 헤아리지 않았을 때에는 알지 못하다가, 괘가 이루어진 다음에는 일이 모두 그 위에 정해져 있으니, 이것이 바로 '지나간 것을 간직함'이다. 천하 사람들은 성인에 대해서 저절로 맞닥뜨리면 꺾이고 향하면 복종하지만, 성인은 전혀 행동을 취하지 않으니, 이것이 바로 무력이 신묘하면서도 죽이지 아니하는 것이다." 하였다.

【本義】神物은 謂蓍龜라 湛然純一之謂齋요 肅然警惕之謂戒라 明天道라 故知神物之可興이요 察民故라 故知其用之不可不有以開其先이라 是以로 作爲卜筮以敎人하고 而於此焉齋戒하여 以考其占하여 使其心神明不測하여 如鬼神之能知來也라

'신령한 물건'은 시초와 거북을 이른다. 담담하여 깨끗하고 한결같음을 '齋'라 하고, 엄숙하게 경계하고 두려워함을 '戒'라 한다. 하늘의 도리를 밝혔으므로 신령한 물건이 나올 수 있음을 알고, 백성의 연고를 살폈으므로 백성들이 쓰기에 앞서 열리지 않으면 안 됨을 안다. 이 때문에 점치는 것을 만들어 사람들을 가르치고, 여기에서 재계하여 점괘를 살펴서, 그 마음을 헤아릴 수 없이 신묘하고 밝게 하여 귀신이 올 것을 알 수 있음과 같게 하였다.

字義 湛 : 담담할 담　純 : 깨끗할 순　齋 : 재계할 재　肅 : 엄숙할 숙　警 : 경계할 경
惕 : 두려울 척　戒 : 재계할 계

是故로 闔戶를 謂之坤이요 闢戶를 謂之乾[82]이요 一闔一闢을 謂之變이요 往來不窮을 謂之通이요 見(현)을 乃謂之象이요 形을 乃謂之器요 制而用之를 謂之法이요 利用出入하여 民咸用之를 謂之神[83]이라

─────────────

82 闔戶……謂之乾 : 《大全》의 소주에서 朱震(宋)은 "곤은 하지부터 하나의 음이 우측으로 가는 것으로 만물이 이를 따라서 들어가므로 '문을 닫음'이라 하였고, 건은 동지부터 하나의 양이 좌측으로 가는 것으로 만물이 이를 좇아서 나오므로 '문을 엶'이라 하였다." 하였다.

83 闔戶……謂之神 : 《大全》의 소주에서 胡炳文(元)은 "이 단락을 점치는 것을 가지고 말한다면, '문을 닫음을 곤이라 한다.'는 49개의 시책을 합침이고, '문을 엶을 건이라 한다.'는 49개의 시책을 나눔이다. 한 번 합치고 한 번 나눔은 시책의 변을 이른 것이고, 나누고 합치며 나가고 물러나는 가운데 오가면서 다하지 않는 오묘함이 있음은 시초의 통을 이른 것이다. 드러나 7·8·9·6의 수가 됨을 상이라 이르고, 형성되어 강유와 동정의 효가 됨을 기라 이른다. 이는 곧 성인이 점치는 것을 만들어 사람에게 가르친 것이니, 시초를 셈하는 법이 되고, 백성이 한 번 내고 한 번 들이며 모두 사용하여 이롭게 여기니, 시초를 쓰는 신이 된다." 하였다. 項安世(宋)는 "'문을 닫음을 곤이라 한다.'는 음효(--)를 그음을 말한 것이니, 모든 짝의 효는 음에 속한다. '문을 엶을 건이라 한다.'는 양효(─)를 그음을 말한 것이니, 모든 홀의 효는 건에 속한다. '한 번 닫고 한 번 엶을 변이라 한다.'는 육효가 이미 이루어져 강과 유가 서로 섞임이니, 이루어진 괘를 말한 것이다. '오가면서 다하지 않음을 통이라 한다.'는 구(陽)와 육(陰)이 움직여서 서로 서로 오고가는 것이니, 변화된 之卦를 말한 것이다. 이것들은 모두가 신묘함으로 인해 밝힌 것이다. 그 자취를 살펴서 말하면 시책에 나타난 것을 象이라 이르고, 괘효에 형성된 것을 器라 이르고, 만들어 씀을 점치는 法이라 이르니, 분명하다고 할 만하다. 그 작용을 궁구하여 말하면, 가지가 마르고 낙엽이 떨어져도 안팎으로 가만히 일으키려 힘씀은 모두 씀을 이롭게 함(利用)을 의지하는 것이고, 왕공이나 아랫사람도 모두 이를 써서 의혹을 결단한다. 아주 깊이 파고들면 그 신묘함이 이와 같으니, 어찌 천하에

이 때문에 문을 닫음을 坤이라 하고, 문을 엶을 乾이라 하고, 한 번 닫고 한 번 엶을 變이라 하고, 오가면서 다하지 않음을 通이라 하고, 나타난 것을 곧 象이라 하고, 형체가 있는 것을 곧 器라 하고, 만들어 씀을 法이라 하고, 쓰기에 이롭게 하여 나가고 들어오며 백성들이 모두 씀을 神이라 한다.

【本義】闔闢은 動靜之機也니 先言坤者는 由靜而動也일새라 乾坤變通者는 化育之功也요 見象形器者는 生物之序也라 法者는 聖人修道之所爲요 而神者는 百姓自然之日用也라

'닫음'과 '엶'은 움직임과 고요함의 계기이다. 坤을 먼저 말한 것은 靜으로 말미암아 動하기 때문이다. '乾'과 '坤'과 '變'과 '通'은 만물을 기르는 일이고, '見'과 '象'과 '形'과 '器'는 만물을 낳는 차례이다. '法'은 성인이 道를 닦아 만든 것이고, '神'은 백성이 자연스럽게 날마다 쓰는 것이다.

字義 闔 : 닫을 합   闢 : 열 벽

是故로 易有太極하니 是生兩儀하고 兩儀生四象하고 四象이 生八卦하니

이 때문에 易에 太極이 있으니, 이것이 兩儀를 낳고, 양의가 四象을 낳고, 사상이 八卦를 낳으니,

【本義】一每生二는 自然之理也라 易者는 陰陽之變이요 太極者는 其理也라 兩儀者는 始爲一畫以分陰陽하고 四象者는 次爲二畫以分太少하고 八卦者는 次爲三畫而三才之象始備라 此數言者는 實聖人作易自然之次第니 有不假絲毫智力而成者라 畫卦揲蓍는 其序皆然하니 詳見序例啓蒙하니라

지극히 신묘한 것이 아니겠는가? 이것은 밝음으로 인해 신묘해진 것이다." 하였다. 金相岳(朝鮮)은 《山天易說》에서 "닫고 여는 것은 두 기운의 기틀이고 변통은 두 기운의 움직임이다. 나타남〔見〕과 형상〔象〕과 형체〔形〕와 그릇〔器〕은 물건이 나오는 순서이다. 성인이 밝게 닦아 가르침을 세움을 법이라 한다. 백성이 날마다 쓰면서도 알지 못하는 것을 神이라 한다. 문으로 비유했으니 그릇을 만드는 상이다. 아랫글에서 태극과 양의와 사상이 서로 생함을 말했기 때문에 먼저 지극히 가깝고 보기 쉬운 것으로 증명했다. 한 번 닫고 한 번 여는 것은 곧 한 번 움직이고 한 번 고요함이다. 가는 것은 열어 밖을 향함을 이르고, 오는 것은 닫아서 안을 향함을 이른다. 見은 광명이 투철한 것이다. 形은 그 형체가 도수에 합치됨이다. 制는 이 문을 만드는 법을 제작함이다. 利用出入은 백성들이 모두 이를 말미암아 출입함이다. 그러므로 아랫글에 이른바 상을 본받은 것이 천지보다 큰 것이 없다고 한 것은 닫고 여는 것과 더불어 一部 상응한다." 하였다.

하나가 매번 둘을 낳음은 자연스러운 이치이다. '易'은 陰陽의 변화이고, '太極'은 그 이치이다. '兩儀'는 처음에 한 획을 그어 陰과 陽을 나눈 것이고, '四象'은 다음에 두 번째 획을 그어 太(太陽·太陰)와 少(少陽·少陰)를 나눈 것이고, '八卦'는 그 다음에 세 번째 획을 그어 三才의 형상이 비로소 갖추어진 것이다. 이 몇 마디 말은 실로 聖人이 《周易》을 지은 자연스러운 차례이니, 조금도 지혜의 힘을 빌리지 않고 이루어진 것이다. 卦를 긋고 蓍草를 세는 것도 그 차례가 모두 그러하니, 상세한 것은 序文과 凡例 및 《易學啓蒙》에 자세히 보인다.

字義 絲 : 실 사   毫 : 터럭 호

八卦定吉凶하고 吉凶이 生大業[84]하나니라

八卦가 길흉을 정하고 길흉이 大業을 낳는다.

【本義】有吉有凶하여 是生大業이라

길함도 있고 흉함도 있으니, 이것이 대업을 낳는다.

是故로 法象이 莫大乎天地하고 變通이 莫大乎四時하고 縣(懸)象著明이 莫大乎日月하고 崇高莫大乎富貴하고 備物하며 致用하며 立成器하여 以爲天下利 莫大乎聖人하고 探賾索隱하며 鉤深致遠하여 以定天下之吉凶하며 成天下之亹亹者 莫大乎蓍龜하나니라

이 때문에 法과 象이 天地보다 큰 것이 없고, 變하며 通함이 四時보다 큰 것이 없고, 象을 내걸어 널리 밝힘이 日月보다 큰 것이 없고, 숭고함이 富貴보다 큰 것이 없고, 만

---

84 易有太極……生大業 : 李恒老(朝鮮)는 《周易傳義同異釋義》에서 "역에 태극이 있다는 것은 천도가 유행한다고 말하는 것과 같다. 유행하며 쉬지 않는 것은 태극을 골자로 삼았음을 말한다. 儀라 하고 象이라 하고 卦라 하고 吉凶이라 하고 大業이라 함은 모두 형질을 따라 형질이 갖추고 있는 태극을 가리킨 것이다. 어떻게 알 수 있는가? 儀는 드러남을 일컫는데 밖으로 드러났다는 것은 무엇을 지목하는가? 말하자면 태극이다. 象은 흡사하게 그린 것을 일컫는데 이른바 흡사하게 그렸다는 것은 무엇을 지목하는가? 말하자면 태극이다. 卦는 걸어서 보여줌을 일컫는데 이른바 걸어서 보여준다는 것은 무엇을 지목하는가? 말하자면 태극이다. 吉凶이라는 것은 태극이 실득으로 드러남이고 大業은 태극이 사물에 드러난 것이다. 그러므로 내가 사물에 나아가 사물이 갖추고 있는 태극을 가리켜 말한 것이라고 하였다." 하였다.

물을 갖추며 씀을 다하며 器物을 만들어 내어 이로써 천하의 이로움을 삼음은 성인보다 큰 것이 없고, 잡다한 것을 뽑아내며 은미한 것을 찾아내며 깊은 것을 끌어내며 먼 것을 불러들여 이로써 천하의 길흉을 정하며 천하의 부지런히 힘씀을 이루는 것은 시초와 거북보다 큰 것이 없다.

【本義】富貴는 謂有天下, 履帝位라 立下에 疑有闕文[85]이라 亹亹는 猶勉勉也니 疑則怠하나니 決故로 勉이라

'富貴'는 천하를 소유하고 황제의 지위에 오름을 이른다. '立'자 아래에는 빠진 글자가 있는 듯하다. '亹亹'는 부지런히 힘씀과 같으니, 의혹하면 나태하지만 결단했으므로 힘쓰는 것이다.

字義 縣 : 매달 현(懸) 探 : 찾을 탐 賾 : 잡란할 색 索 : 찾을 색 鉤 : 끌어올릴 구 亹 : 힘쓸 미

是故로 天生神物이어늘 聖人則(칙)之하며 天地變化어늘 聖人效之하며 天垂象하여 見(현)吉凶이어늘 聖人象之하며 河出圖하고 洛出書어늘 聖人則之하니

이 때문에 하늘이 신령한 물건을 낳거늘 성인이 본받으며, 천지가 변화하거늘 성인이 본받으며, 하늘이 象을 드리워 길흉을 나타내거늘 성인이 본떠 그려내며, 河水가 河圖를 내며 洛水가 洛書를 내거늘 성인이 본받으니,

【本義】此四者는 聖人作易之所由也라 河圖, 洛書는 詳見啓蒙하니라

이 네 가지는 성인이 易을 지은 유래이다. 河圖와 洛書는 《易學啓蒙》에 자세히 보인다.

易有四象은 所以示也요 繫辭焉은 所以告也요 定之以吉凶은 所以斷也라

易에 四象이 있음은 이로써 보여주는 것이고, 말을 붙인 것은 이로써 일러주는 것이고, 吉凶으로 정함은 이로써 결단하는 것이다.

---

85 立下 疑有闕文 : 《大全》의 소주에서 蔡淵(南宋)은 "경문의 '立'자 다음에 '象'자가 있어야 한다." 하였다.

【本義】四象은 謂陰陽老少요 示는 謂示人以所値之卦爻라

　'四象'은 陰과 陽의 老와 少를 이르고, '示'는 사람에게 해당되는 卦와 爻로 보여줌을 이른다.

右는 第十一章이라

　이상은 제11장이다.

【本義】此章은 專言卜筮하니라

　이 장은 전적으로 점치는 일을 말하였다.

第十二章

易曰 自天祐之라 吉无不利라하니 子曰 祐者는 助也니 天之所助者順也요 人之
所助者信也니 履信思乎順[86]하고 又以尙賢也라 是以自天祐之吉无不利也니라

　《周易》에 말하기를 "하늘로부터 돕기에 길하여 이롭지 않음이 없다." 하니, 공자가
말하였다. "'佑'는 돕는 것이니, 하늘이 도와주는 것은 순응하기 때문이고, 사람들이 도
와주는 것은 미덥기 때문이니, 믿음을 이행하여 순응할 것을 생각하고 또 어진 이를 숭
상한다. 이 때문에 하늘로부터 도와서 길하여 이롭지 않음이 없는 것이다."

【本義】釋大有上九爻義라 然在此는 无所屬하니 或恐是錯簡이니 宜在第八章之末이라

　大有卦䷍ 上九爻의 뜻을 해석하였다. 그러나 여기에는 붙일 곳이 없으니, 혹 竹簡의 순서
가 어긋난 것이 아닐까 의심스럽다. 마땅히 제8장의 끝에 있어야 한다.

子曰 書不盡言하며 言不盡意하니 然則聖人之意를 其不可見乎아 (子曰) 聖人이

86　履信思乎順 : 徐有臣(朝鮮)은 《易義擬言》에서 "육오에 미더움이 있으니 믿음을 이행하는 상이고,
부드러우며 가운데 있으니 순응함을 생각하는 상이다." 하였다.

立象하여 以盡意하며 設卦하여 以盡情僞하며 繫辭焉하여 以盡其言하며 變而通
之하여 以盡利하며 鼓之舞之하여 以盡神하니라

　공자가 말하였다. "글로는 말을 다하지 못하며, 말로는 뜻을 다하지 못하니, 그렇다
면 성인의 뜻을 볼 수 없다는 것인가? 성인이 象을 세워 뜻을 다하며, 卦를 펼쳐 진실
과 허위를 다하며, 말을 붙여 그 말을 다하며, 변하고 통하게 하여 이로움을 다하며, 격
려하고 북돋아서 신묘함을 다하였다.

　【本義】言之所傳者는 淺이요 象之所示者는 深이니 觀奇耦二畫이 包含變化하여 无有窮
盡이면 則可見矣라 變通鼓舞는 以事而言이라 兩子曰字는 疑衍其一이라 蓋子曰字는 皆
後人所加라 故有此誤하니 如近世通書는 乃周子所自作이어늘 亦爲後人每章加以周子
曰字하여 其設問答處가 正如此也라

　말로 전하는 것은 얕고, 象으로 보이는 것은 깊으니, 홀과 짝의 두 획이 변화를 포함하여
끝까지 다함이 없음을 보면 알 수 있을 것이다. 변하여 통하게 함과 격려하여 북돋움은 일로
말한 것이다. 두 개의 '子曰'이란 글자에서 하나는 잘못 붙인 듯하니, 대체로 '子曰'이란 글자
는 모두 후세 사람이 덧붙인 것이다. 그러므로 이런 잘못이 있으니, 이를테면 근세의 《通書》
는 周子가 스스로 지은 것이지만, 또한 후세 사람이 매 장마다 '周子曰'이란 글자를 덧붙여
문답식으로 펼쳐 놓은 곳이 바로 이와 같다.

　字義　鼓 : 부추길 고　　舞 : 춤출 무

乾坤은 其易之縕耶인저 乾坤成列에 而易立乎其中矣니 乾坤毁면 則无以見易이요
易不可見이면 則乾坤이 或幾乎息矣리라

　乾과 坤은 易 속에 깊이 쌓아 둔 이치일 것이다. 乾과 坤이 줄을 지음에 易이 그 가운
데에 서니, 乾과 坤이 훼손되면 易을 볼 수 없고, 易을 볼 수 없다면 乾과 坤이 혹 거의
그칠 것이다.

　【本義】縕은 所包蓄者니 猶衣之著也라 易之所有는 陰陽而已니 凡陽은 皆乾이요 凡陰은
皆坤이라 畫卦定位하면 則二者成列而易之體立矣라 乾坤毁는 謂卦畫不立이요 乾坤息은
謂變化不行이라

'縕'은 속에 쌓아 간직한 것이니, 옷에 솜을 둔 것과 같다. 易에 있는 것은 陰陽일 뿐이니, 모든 陽은 다 乾이고 모든 陰은 다 坤이다. 卦를 긋고 자리를 정하면 乾과 坤 두 가지가 줄을 지어서 易의 본체가 설 것이다. '乾과 坤이 훼손됨'은 卦의 획이 세워지지 않음을 이르고, '乾과 坤이 그침'은 변화가 진행되지 않음을 이른다.

字義 縕 : 솜 온, 쌓일 온(蘊)   著 : 솜둘 저(褚)

是故로 形而上者를 謂之道요 形而下者를 謂之器요 化而裁之를 謂之變이요 推而行之를 謂之通이요 擧而措之天下之民을 謂之事業[87]이라

이 때문에 形而上의 것을 道라 이르고, 形而下의 것을 器라 이르고, 변화하여 마름질함을 變이라 이르고, 미루어 행함을 通이라 이르고, 이것을 들어서 천하의 백성에게 시행함을 事業이라 이른다.

【本義】卦爻陰陽은 皆形而下者요 其理則道也라 因其自然之化而裁制之는 變之義也라 變通二字는 上章은 以天言이요 此章은 以人言이라

卦爻와 陰陽은 모두 形而下의 것이고, 그 이치는 道이다. 자연한 조화로 인하여 마름질함이 '變'의 의미이다. '變'과 '通' 두 글자는 윗장에서는 하늘로 말하였고, 이 장에서는 사람으로 말하였다.

是故로 夫象은 聖人이 有以見天下之賾하여 而擬諸其形容하며 象其物宜라 是故謂之象이요 聖人이 有以見天下之動하여 而觀其會通하여 以行其典禮하며 繫辭焉하여 以斷其吉凶이라 是故謂之爻니

이 때문에 象은 성인이 천하의 잡란함을 보고서 그 모양을 본떠서 그 사물의 마땅함

---

87 形而上者……謂之事業 : 《大全》의 소주에서 朱熹(宋)는 "형기의 본체로 형기를 떠나지 않으면 도라 이르고, 형기에 나아가서 말하면 기라 이르고, 성인이 그 자연한 조화를 따라서 마름질하면 변이라 이르고, 미루어 행하면 통이라 이르고, 들어서 놓으면 사업이라 이르는 것이니, 마름질함과 행함과 놓음은 모두 저 도리를 마름질하고 행하고 놓는 것입니까?" 하는 어떤 이의 질문에 "그렇습니다." 하였다.

을 형상한 것이니 이런 까닭으로 象이라고 일렀고, 성인이 천하의 움직임을 보고서 그 모이고 통하는 것을 살펴서 그 法과 禮를 행하며, 말을 붙여서 吉凶을 결단하였으니 이런 까닭으로 爻라고 일렀다.

【本義】重出하여 以起下文이라

거듭 나와 아래의 글을 일으켰다.

極天下之賾者는 存乎卦하고 鼓天下之動者는 存乎辭하고

천하의 잡란함을 지극히 한 것은 卦에 있고, 천하의 움직임을 부추기는 것은 말에 있고,

【本義】卦는 卽象也요 辭는 卽爻也라

'卦'는 곧 象이고, '辭'는 곧 爻이다.

化而裁之는 存乎變하고 推而行之는 存乎通하고 神而明之는 存乎其人하고 默而成之하며 不言而信은 存乎德行하나라

변화하여 마름질함은 변함에 있고, 미루어 행함은 통함에 있고, 신묘하여 밝힘은 그 사람에게 있고, 묵묵히 이루며 말하지 않아도 믿음은 德行에 있다.

【本義】卦爻所以變通者는 在人이요 人之所以能神而明之者는 在德이니라

卦爻가 변하고 통하게 하는 것은 사람에게 있고, 사람이 신묘하게 밝힐 수 있는 것은 德에 있다.

右는 第十二章이라

이상은 제12장이다.

周易傳義 卷第二十三

繫辭傳 下

第一章

八卦成列하니 象在其中矣요 因而重之⁸⁸하니 爻在其中矣⁸⁹요

팔괘가 줄을 이루니 象이 그 가운데 있고, 인하여 거듭하니 爻가 그 가운데 있으며,

【本義】成列은 謂乾一, 兌二, 離三, 震四, 巽五, 坎六, 艮七, 坤八之類라 象은 謂卦之形體也라 因而重之는 謂各因一卦而以八卦次第加之하여 爲六十四也라 爻는 六爻也니 旣重而後에 卦有六爻也라

'줄을 이룸'은 乾☰이 一, 兌☱가 二, 離☲가 三, 震☳이 四, 巽☴이 五, 坎☵이 六, 艮☶이 七, 坤☷이 八인 종류를 이른다. '象'은 괘의 형체를 이른다. '인하여 거듭함'은 각각 하나의 괘마다 팔괘를 차례로 더하여 64괘를 만드는 것을 이른다. '爻'는 육효이니, 거듭하고 난 뒤에야 卦에 육효가 있게 된다.

字義 重 : 거듭 중

剛柔相推하니 變在其中矣요 繫辭焉而命之하니 動在其中矣⁸⁷라

---

88 因而重之 : 金相岳(朝鮮)은 《山天易說》에서 〈계사상전〉과 〈계사하전〉의 차이를 이 구절을 들어 설명하여 "〈계사상전〉에서는 太極·兩儀·四象이 서로 생겨나 팔괘에 그쳤으므로 〈계사하전〉에서는 '인하여 거듭하여'라고 하여 비로소 64괘의 이름이 있게 되었다." 하였다.

89 八卦成列……動在其中矣 : 《大全》의 소주에서 吳澄(元)은 "이 글은 〈계사상전〉의 마지막 장을 이어서 筮卦의 象辭變占을 말하였다." 하고, 구체적으로 설명하기를 "'그 가운데 있다[在其中矣]'고 한 것이 모두 넷인데, 첫째는 象이고 둘째는 爻이고 셋째는 변화[變]이고 넷째는 움직임[動]이다. 여기에서 효가 말[辭]이고, 움직이면 길과 흉과 뉘우침과 인색함이라는 점사가 있게 된다." 하였다.

　　강건한 陽과 유순한 陰이 서로 밀치니 변화가 그 가운데 있고, 말을 붙여서 명하니
움직임이 그 가운데 있다.

【本義】剛柔相推하여 而卦爻之變이 往來交錯하니 无不可見이라 聖人이 因其如此而皆
繫之辭하여 以命其吉凶하니 則占者所値當動之爻象도 亦不出乎此矣라

　　강건한 陽과 유순한 陰이 서로 밀쳐서 괘효의 변화가 왕래하여 섞이니, 볼 수 없는 것이 없
다. 성인이 이와 같음으로 인하여 모두 말을 붙여서 그것의 길함과 흉함을 명하였으니, 점치
는 사람이 얻어서 실행해야 할 爻의 象도 또한 여기에서 벗어나지 않을 것이다.

字義　推 : 밀 추　錯 : 섞일 착

吉凶悔吝者는 生乎動者也요

　　길함과 흉함과 뉘우침과 부끄러움은 움직임에서 생겨나는 것이고,

【本義】吉凶悔吝은 皆辭之所命也라 然必因卦爻之動而後見이라

　　길함과 흉함과 뉘우침과 부끄러움은 모두 말로 명하는 것이다. 그러나 반드시 괘효의 움직
임을 따른 뒤에 드러난다.

字義　吝 : 부끄러울 린

剛柔者는 立本者也요 變通者는 趣時者也[91]라

---

90 剛柔相推……動在其中矣 : 《大全》의 소주에서 朱熹(南宋)는 "'變'은 陽剛과 陰柔가 섞여 괘효를
　　이룬다는 측면에서 말한 것이고, '動'은 전적으로 점친 爻를 위주로 말한 것이다." 하였다. 朴致和
　　(朝鮮)는 《雪溪隨錄》에서 "陽剛과 陰柔가 음이 '서로 밀침'은 64괘 본괘의 몸체로 말한 것이고,
　　'변화'는 蓍卦의 九와 六의 변화로 말한 것이다. 본괘의 몸체는 陽剛과 陰柔가 서로 밀쳐서 이루
　　어지기 때문에, 시괘의 변화하는 상이 이미 그 가운데 갖추어 있다. 움직임이 그 가운데 있는 것
　　도 이와 마찬가지이니, 모두 64괘의 본체로 말한 것이다." 하였다.
91 剛柔者……趣時者也 : 《大全》의 소주에서 朱熹(南宋)는 이 두 구절에 대하여 "'강건한 陽과 유순
　　한 陰'은 음양의 바탕이니, 바뀔 수 없는 고정된 몸체이므로 '근본'이라 하였다. 만약 강건한 陽이
　　변하여 유순한 陰이 되고, 유순한 陰이 변하여 강건한 陽이 된다면 이것이 바로 변하여 통하는

‘강건한 陽과 유순한 陰’은 근본을 세우는 것이고, ‘변함과 통함’은 때를 따르는 것이다.

【本義】一剛一柔가 各有定位하고 自此而彼로 變以從時라

　하나의 강건한 陽과 하나의 유순한 陰이 각각 정해진 자리가 있고, 여기에서 저리로 변하여 때를 따른다.

字義　趣 : 따를 추

吉凶者는 貞勝者也니

길함과 흉함은 항상 이기는 것이니,

【本義】貞은 正也, 常也니 物은 以其所正爲常者也라 天下之事는 非吉則凶이요 非凶則吉이니 常相勝而不已也[92]라

　‘貞’은 바름〔正〕이며 상도〔常〕이니, 만물은 그 바른 것을 ‘일상의 도리〔常道〕’로 삼는다. 천하의 일은 길함이 아니면 흉함이고 흉함이 아니면 길함이니, 항상 서로 이겨 그치지 않는다.

天地之道는 貞觀者也요 日月之道는 貞明者也[93]요 天下之動은 貞夫一者也[94]라

작용이다.” 하였다.

92　天下之事……常相勝而不已也 : ‘非吉則凶 非凶則吉’에 대한 《본의》의 설명에 대하여 朴齊家(朝鮮)는 《周易》에서, 胡一桂(元)가 “천지의 도는 바름으로 이기고, 일월의 도는 바름으로 밝히고, 천하의 움직임은 오직 마땅히 하나를 바름으로써 하여 이길 뿐이다.〔天地之道, 以貞而勝, 日月之道, 以貞而明, 天下之動, 亦惟當一以貞而勝之之而已〕”라고 한 말과 비교하여, “경문에서 貞자를 말한 경우는 모두 비중이 貞자에 있는데, 《본의》처럼 해석한다면 비중이 勝자에 있다. 천지의 도는 보이는데 있고, 일월의 도는 밝음에 있고, 천하의 움직임은 하나에 있는 것이니, 胡一桂처럼 설명하는 것이 설득력이 있을 듯하다.” 하였다. 《大全》의 소주에서 朱熹(南宋)는 ‘항상 서로 이겨 그치지 않음’에 대하여 “예컨대 子時 이전은 바로 밤이 낮을 이긴 것이고, 子時 이후는 바로 낮이 밤을 이긴 것이다.” 하였다.

93　天地之道……貞明者也 : 《大全》의 소주에서 程頤(北宋)는 “하늘과 땅의 도리는 항상 象을 드리워 사람들에게 보여주므로 ‘항상 보여준다.’고 하였고, 해와 달은 항상 밝고 쉬지 않으므로 ‘항상 밝다.’고 하였다.” 하였다.

94　天下之動 貞夫一者也 : 朴致和(朝鮮)는 〈雪溪隨錄〉에서 “천하의 움직임은 길·흉이 항상 이겨서

하늘과 땅의 도리는 항상 보여주는 것이고, 해와 달의 도리는 항상 밝은 것이며, 천하의 움직임은 하나의 이치를 항상하는 것이다.

【本義】觀은 示也라 天下之動이 其變无窮이나 然順理則吉하고 逆理則凶하니 則其所正而常者 亦一理而已矣라

'觀'은 보여줌(示)이다. 천하의 움직임은 그 변화가 다함이 없으나 이치를 따르면 吉하고 이치를 거스르면 凶하니, 그 바르며 항상한 것은 또한 하나의 이치일 뿐이다.

夫乾은 確然하니 示人易(이)矣요 夫坤은 隤然하니 示人簡矣니

乾은 굳세니 사람에게 쉬움(易)을 보여주고, 坤은 순하니 사람에게 간략함(簡)을 보여주니,

【本義】確然은 健貌요 隤然은 順貌니 所謂貞觀者也라

'確然'은 굳센 모양이고, '隤然'은 순한 모양이니, 이른바 '항상 보여준다.(貞觀)'는 것이다.

字義 確 : 굳을 확   隤 : 순할 퇴

爻也者는 效此者也요 象也者는 像此者也라

爻는 이를 본받은 것이고, 象은 이를 상징한 것이다.

【本義】此는 謂上文乾坤所示之理니 爻之奇偶와 卦之消息은 所以效而象之라

'此'는 윗글의 건곤이 보여준 이치를 이르니, 爻의 홀수와 짝수, 卦의 사라짐과 자라남은 이를 본받아 상징한 것이다.

字義   像 : 본뜰 상

하나를 항상하지 않음이 없다. '하나'라는 것은 하나의 도리이기 때문에, 《주역》에서 언제나 '곧은 것이 이롭다.'고 일컬었다." 하였다.

爻象은 動乎內하고 吉凶은 見乎外하고 功業은 見乎變하고 聖人之情은 見乎辭하니라

爻와 象은 안에서 움직이고, 길함과 흉함은 밖에 나타나며, 공적은 변화에 나타나고, 성인의 뜻은 말에 나타난다.

【本義】內는 謂蓍卦之中이요 外는 謂蓍卦之外라 變은 卽動乎內之變이요 辭는 卽見乎外之辭라

'內'는 시초로 괘를 구하는 과정[中]을 이르고, '外'는 시초로 괘를 구한 뒤를 이른다. '變'은 곧 안에서 움직이는 변화이고, '辭'는 곧 밖에 나타나는 말이다.

天地之大德曰生이요 聖人之大寶曰位니 何以守位오 曰(仁)〔人〕[95]이요 何以聚人고 曰財니 理財하고 正辭하며 禁民爲非曰義라

천지의 큰 덕을 '낳음'이라 하고, 성인의 큰 보배를 '자리'라 하니, 무엇으로 자리를 지키는가? '사람'이다. 무엇으로 사람을 모으는가? '재화'이다. 재화를 다스리고 말을 바르게 하며 백성의 잘못된 행동을 금지함을 '義'라고 한다.

【本義】曰人之人은 今本作仁이나 呂氏從古[96]하니 蓋所謂非衆이면 罔與守邦[97]이라

'曰人'의 '人'은 지금 판본에는 '仁'으로 되어 있지만, 呂氏는 옛 판본을 따라 '人'이라고 하였으니, 이는 이른바 "민중이 아니면 함께 나라를 지킬 수 없다"는 것이다.

---

95 (仁)〔人〕: 저본에 仁으로 되어 있으나, 《본의》에 의거하여 人으로 바로잡았다.

96 呂氏從古: 呂氏는 呂祖謙(1137~1181)을 가리키며, 從古는 '옛 판본을 따랐다'는 말이다. 《易經》은 《上經》·《下經》의 2편을 가리키며, 十翼은 〈彖傳 上〉·〈彖傳 下〉·〈象傳 上〉·〈象傳 下〉·〈繫辭傳 上〉·〈繫辭傳 下〉·〈文言傳〉·〈說卦傳〉·〈序卦傳〉·〈雜卦傳〉의 10편을 가리킨다. 본래 《周易》은 《易經》과 十翼이 분리되어 있었는데, 費直과 王弼이 〈彖傳〉·〈象傳〉·〈文言傳〉을 經文 아래에 붙이고 〈繫辭傳〉 이하는 별도로 붙여서 《易經》과 十翼을 통합하였다. 이후 통합된 편제가 유행하였으나 呂祖謙은 옛 판본에 갖춰진 편차의 정당성을 주장하고 이를 회복하였다. 그리하여 《易經》과 十翼이 분리된 《古周易》을 확정하여 편제했고, 朱熹는 이를 수용하여 《周易本義》를 저술했다.

97 蓋所謂非衆 罔與守邦: 《書經》〈大禹謨〉에 "민중은 元后가 아니면 누구를 받들겠으며, 원후는 민중이 아니면 함께 나라를 지킬 수 없을 것이니, 공경하여 네가 소유한 지위를 삼가 민중이 바라는 것을 공경히 닦아라.[衆非元后 何戴 后非衆 罔與守邦 欽哉 愼乃有位 敬脩其可願]" 하였다.

右는 第一章이라

이상은 제1장이다.

【本義】此章은 言卦爻吉凶, 造化功業하니라

이 장은 괘효의 길흉과 조화의 공적을 말하였다.

第二章

古者包犧氏之王天下也에 仰則觀象於天하고 俯則觀法於地하며 觀鳥獸之文과
與〔天〕[98]地之宜하며 近取諸(저)身[99]하고 遠取諸物[100]하여 於是에 始作八卦하여 以
通神明之德하며 以類萬物之情[101]하니라

옛날 포희씨가 천하에 왕이 되어 다스릴 때에 위로 하늘에서 象을 살피고 아래로 땅

---

98 〔天〕: 저본에 없으나, 《본의》에 의거하여 보충하였다.

99 近取諸(저)身 : 程頤(北宋)는 《二程遺書》에서 '가까이 자신에게 취함'을 하늘에 오행이 있다면 사람
에게도 五臟이 있는 것에 비유하여, 心臟은 火이니 약간이라도 천지의 더운 기운을 잡아서 타면
곧 바로 조급해지고, 肝臟은 木이니 약간이라도 천지의 바람 기운을 잡아서 타면 바로 성내게 되는
것을 예로 들었다. 또, 沈大允(朝鮮)은 《周易象義占法》에서 "하늘은 하나의 '큰 하늘'이고, 사람은
하나의 '작은 하늘'이다. 이치는 性情에 구비되어 있고 象은 臟腑에 갖추어있다. 피부·구멍·기수
는 호흡하고 움직이고 쉬는 데에 보존되어 있기 때문에 가까이 몸에서 취한다." 하였다.

100 仰則觀象於天……遠取諸物 : 李瀷(朝鮮)은 《易經疾書》에서 이 일은 〈설괘전〉에서 벗어나지 않는
다고 하여, "우러러 관찰하고 굽어 살핌은 곧 〈설괘전〉 제3·4장이 여기에 해당하고, 새와 짐승의
문채를 관찰함은 〈설괘전〉 제8장이 여기에 해당하며, 하늘과 땅의 마땅함을 살핌은 〈설괘전〉 제
5·6장이 여기에 해당하고, 가까이 자신에게서 취함은 〈설괘전〉 제9장이 여기에 해당하며, 멀리
사물에서 취함은 〈설괘전〉 제11장이 여기에 해당한다." 하였다.

101 仰則觀象於天……以類萬物之情 : 金相岳(朝鮮)은 《山天易說》에서 "'象'은 氣를 가지고 말했으니
양에 속하고, '法'은 形을 가지고 말했으니 음에 속한다. '하늘의 상'은 해·달·별이고, '땅의 상'은
산·언덕·천택이다. '새와 짐승의 무늬'는 날짐승은 양이고 길짐승은 음이다. '땅의 마땅함'은 나
무는 양이고 풀은 음이다. '가까이 자신에게서 취함'은 호흡하는 氣와 머리·발 같은 形體의 종류
이다. '멀리 사39993물에게서 취함'은 비늘·껍데기·깃·털을 갖추고 있는 온갖 생물과 날짐승과
길짐승의 암수 같은 종류이다. '신묘하고 밝은 덕'은 강건하고 유순하며 움직이고 그치는 성질 같
은 것이고, '만물의 실정'은 하늘·땅·우레·바람 같은 象이다. 德은 정밀하여 보기 어렵기 때문에
'통한다'고 하였고, 情은 거칠어서 보기 쉽기 때문에 '분류한다'고 하였다." 하였다.

에서 法을 살피며, 새와 짐승의 무늬와 하늘과 땅의 마땅함을 살피며, 가까이 자신에게서 취하고 멀리 사물에게서 취하여, 이에 비로소 팔괘를 만들어 이로써 신묘하고 밝은 덕에 통하며, 만물의 실정을 분류하였다.

【本義】王昭素[102]曰 與地之間에 諸本에 多有天字라 俯仰遠近이 所取不一이나 然不過以驗陰陽消息兩端而已라 神明之德은 如健順動止之性이요 萬物之情은 如雷風山澤之象이라

　　왕소소는 "與자와 地자 사이에 天자가 있는 판본이 많다." 하였다. 굽어보고 우러러보며 멀고 가깝게 취한 것이 같지는 않으나, 음양이 사라지고 자라는 두 가지 단서를 징험하는 것에 불과할 뿐이다. '신묘하고 밝은 덕'은 강건하고 유순하며 움직이고 멈추는 것과 같은 특성이고, '만물의 실정'은 우레나 바람, 산이나 못과 같은 상이다.

字義 犧 : 희생 희

作結繩而爲網罟하여 以佃以漁하니 蓋取諸離[103]라

　　노끈을 매듭지어 그물을 만들어서 사냥하며 고기를 잡으니, 이는 離卦☲에서 취한 것이다.

【本義】兩目相承而物麗焉이라

　　두 그물눈이 서로 이어져서 물건이 걸린다.

字義 繩 : 노끈 승　網 : 그물 망　罟 : 그물 고　佃 : 사냥할 전

---

102 王昭素 : 宋 太祖 치하에서 國子博士를 지냈으며, 榮利를 탐하지 않고 善을 베풀기를 좋아했다는 평이 있다. 九經에 두루 통하였으며, 저서에 《詩經》,《易經》이 있다.

103 作結繩而爲網罟……蓋取諸離 : 《大全》의 소주에서 馮椅(南宋)는 "離卦에는 象과 理에 따른 두 가지 뜻이 있다. 理는 걸림을 말하니 금수와 물고기가 그물에 걸림을 이르고, 象은 중앙이 빔을 말하니 그물의 눈이 빈 것이다." 하였다. 〈계사하전〉 2장에서는 卦에 의거하여 상을 취하였음을 설명하였는데, 이에 대하여 朱熹(南宋)는 "모두 13괘에 의거하여 상을 취했는데, 대체로 離卦에서 취하였다는 것은 노끈으로 그물을 만드는 것에는 離卦의 상이 있다는 것이지, 離卦를 보고 비로소 이것을 만든 것은 아니다." 하였다.

包犧氏沒이어늘 神農氏作하여 斲木爲耜하고 揉木爲耒[104]하여 耒耨之利로 以敎天下[105]하니 蓋取諸益이라

포희씨가 운명하자 신농씨가 일어나서, 나무를 깎아 보습을 만들고 나무를 휘어 쟁기를 만들어, 밭 갈고 김매는 이로움을 천하에 가르치니, 이는 益卦䷩에서 취한 것이다.

【本義】二體皆木이라 上入下動하니 天下之益이 莫大於此라

두 괘의 몸체가 모두 나무이다. 위(☴)는 들어가고 아래(☳)는 움직이니, 천하의 유익함이 이보다 큰 것이 없다.

字義 斲 : 깎을 착   耜 : 쟁기 뢰   揉 : 휠 유   耒 : 쟁기 뢰   耨 : 김맬 누

日中爲市[106]하여 致天下之民하며 聚天下之貨하여 交易而退하여 各得其所케하니 蓋取諸噬嗑이라

---

104 斲木爲耜 揉木爲耒 : 대체로 象을 가지고 설명하는 경우가 많다. 예컨대 吳致箕(朝鮮)는 《周易經傳增解》에서 "쟁기와 보습은 위와 아래의 몸체가 모두 나무인데 巽卦☴의 형상이 나무이고, 쟁기와 보습이 움직여 땅으로 들어감은 震卦☳가 움직임이고 巽卦☴가 들어감이며 互卦인 坤卦☷가 땅이다." 하였는데, 李瀷(朝鮮)은 《易經疾書》에서 "천하에 도움과 유익이 되는 것이 바람과 우레만한 것이 없다. 바람과 우레는 아울러 비의 윤택함이 그 가운데 있다." 하고, "이것은 오로지 도움과 유익이 됨을 취한 것이지, 쟁기와 보습의 상이 있어서가 아니다." 하여, 象과 무관함을 주장하였다.

105 包犧氏沒……以敎天下 : 朴齊家(朝鮮)는 《周易》에서 "농사 짓거나 씨 뿌리는 일이 없고 火食할 줄 몰라 털 달린 고기를 날로 먹고 피를 마시며 물고기를 먹을 줄 알았는데, 包犧氏가 특별히 새 그물과 물고기 그물을 만들고 燧人氏가 익혀 먹는 것을 가르쳤으니, 익혀먹는 것이 모두 가르침이다. 다만 神農氏가 쟁기와 보습을 만들어 이런 일을 더 이롭게 하였을 뿐이다." 하였다.

106 日中爲市 : 《大全》의 소주에서 耿南仲(北宋)은 "'한낮'은 만물이 서로 보이는 때〔相見之時〕이다. 만물이 서로 보이는 때에, 천하의 백성을 오게 하며 천하의 재화를 모아서 그 있음과 없음을 옮기게 하였으니, 제 자리를 얻을 것이다." 하였다. 또, 徐幾(南宋)는 "噬嗑卦䷔에서 離卦☲가 위에서 밝음은 한낮의 상이고, 震卦☳가 아래에서 움직임은 백성을 오게 하여 시장에서 교역한다는 뜻이다." 하였다. 또, 李瀷(朝鮮)은 《易經疾書》에서 "옛날에는 백리가 나라였는데 시장이 그 안에 있으니, 사방이 멀어도 50리를 넘지 않아 아침에 출발하면 저녁에 돌아올 수 있다. 그러므로 한낮에 시장을 여는 것이다." 하였다. 또, 柳正源(朝鮮)은 《易解參攷》에서 "離卦☲는 해이고 震卦☳는 우레이니, 대낮에 우레처럼 움직이는 상이 있다. 지금 시장에 사람이 모이는 것을 살펴보니, 이러한 상이 있는 듯하다." 하였다.

한낮에 시장을 만들어 천하의 백성을 오게 하며, 천하의 재화를 모아서 교역하고 물러가 각각 제자리를 얻게 하니, 이는 噬嗑卦☲☳에서 취한 것이다.

【本義】日中爲市는 上明而下動이라 又借噬爲市하고 嗑爲合也라

'한낮에 시장을 만듦'은 위(☲)는 밝고 아래(☳)는 움직이기 때문이다. 또 〈'噬'자와 '市'자가 音이 비슷하므로〉 '噬'를 가차하여 '市'의 뜻으로 삼고 '嗑'을 가차하여 '合'의 뜻으로 삼았다.

字義　噬 : 깨물 서　嗑 : 입다물 합

神農氏沒이어늘 黃帝堯舜氏作하여 通其變하여 使民不倦하며 神而化之하여 使民宜之하니 易이 窮則變하고 變則通하고 通則久라 是以自天祐之하여 吉无不利라 黃帝堯舜이 垂衣裳而天下治하니 蓋取諸乾坤[107]이라

신농씨가 운명하자 황제씨와 요임금·순임금이 일어나서, 그 變을 通하여 백성들이 게으르지 않게 하며, 신묘하게 化하여 백성들이 마땅하게 하니, 易은 궁하면 변하고 변하면 통하고 통하면 오래간다. 이 때문에 하늘로부터 도와 길하여 이롭지 않음이 없다. 황제와 요순이 하는 일 없이 의상을 드리우고 가만히 있어도 천하가 다스려지니, 이는 乾卦☰와 坤卦☷에서 취한 것이다.

---

[107] 垂衣裳而天下治 蓋取諸乾坤 : 朱熹(南宋)는 《本義》에서 '乾과 坤은 변화하지만 함이 없는 것'으로 해석하여 '하는 일 없이 옷자락을 드리우고 두 손을 잡고 있어도 천하가 잘 다스려짐[垂拱而天下治]'으로 설명하였으나, 《大全》의 소주에서 張栻(南宋)은 "의상을 제작하여 몸에 입힘에, 生絲를 드리워 상의[衣]를 만들고, 주름을 잡아서 치마[裳]를 만들었다. 이는 乾과 坤을 본받아 사람에게 보여주어 백성에게 임금과 신하, 아비와 자식, 높음과 낮음, 귀함과 천함을 알아 각각 그 분수를 편안히 여기지 않음이 없게 한 것이다." 하였으니, 차이가 있다. 徐有臣(朝鮮)은 《易義擬言》에서 "衣는 둥글며 위에 있으니 하늘[乾]의 상이고, 裳은 네모나고 아래에 있으니 땅[坤]의 상이다." 하였다.
　《大全》의 소주에서 邱富國(南宋)은 "13괘로 기물을 제작함에 象을 숭상함은 모두 변함을 통하고 백성을 마땅히 하는 일이다. 특히 황제와 요순을 언급한 것은, 신농의 때에는 사람을 해치는 것들이 사라졌으나 인문이 드러나지 않았고, 의식이 풍족했으나 예의가 일어나지 않아서, 임금이 또한 백성과 함께 밭 갈아 밥 먹고, 손수 밥을 지어 먹으면서 다스려도 어리석고 무례하니, 대체로 이른바 위와 아래, 높음과 낮음의 분수를 알지 못한 것이다. 이에 세 성인이 우러러 보고 굽어 살펴서 乾과 坤의 상을 체득하고 의상의 의례를 바르게 하여, 임금과 신하의 분수의 의리를 높은 하늘과 낮은 땅의 사이만큼 분명하게 분별하였으니, 천하에 다스려지지 않음이 있겠는가?" 하였다.

【本義】乾坤은 變化而无爲라

乾과 坤은 변화하지만 인위적으로 함이 없다.

刳木爲舟하고 剡木爲楫하여 舟楫之利로 以濟不通[108]하여 致遠以利天下하니 蓋取諸渙이라

나무를 쪼개 배를 만들고 나무를 깎아 노를 만들어, 배와 노의 이로움으로 통하지 못하는 곳을 건너서 먼 곳에 이르게 하여 천하를 이롭게 하니, 이는 渙卦☴☵에서 취한 것이다.

【本義】木在水上也라 致遠以利天下는 疑衍이라

渙卦는 나무(☴)가 물(☵)의 위에 있다. '致遠以利天下'는 연문인 듯하다.

字義 刳 : 쪼갤 고   剡 : 깎을 염

服牛乘馬하여 引重致遠하여 以利天下하니 蓋取諸隨[109]라

소를 부리고 말을 타서, 무거운 것을 운반하여 먼 곳에 이르게 하여 천하를 이롭게 하니, 이는 隨卦☱☳에서 취한 것이다.

---

108 刳木爲舟……以濟不通 : 《大全》의 소주에서 張栻(南宋)은 "의상을 드리움은 진실로 멀고 가까운 백성들이 보고서 교화되게 함이다. 그러나 물길이 험난하면 통행하지 못하는 곳이 있으니, 배와 노의 이로움을 일으켜야만 해와 달이 비추고 서리와 이슬이 내리는 곳마다 눈을 씻고 교화를 관찰하지 않음이 없어 천하가 한 집안과 같고 중국이 한 사람과 같아질 것이다." 하였다. 徐有臣(朝鮮)은 《易義擬言》에서 "巽卦☴의 나무가 坎卦☵의 물에서 움직여 손괘인 바람이 부니, 이것이 배의 형상이 된다." 하였다.

109 服牛乘馬……蓋取諸隨 : 《大全》의 소주에서 董眞卿(元)은 "소를 부리고 말을 탐에 코뚜레를 꿰고 머리에 굴레를 씌우는 것은 비록 사람이 한 일이지만 또한 각각 天賦를 따라서 행한 것이다. 그러므로 隨卦에서 취하였다." 하였고, 《大全》의 소주에서 胡瑗(北宋)은 "隨는 소와 말의 움직임이 반드시 사람을 따른다는 것이니, 멀리가도 사람을 따른 것이고, 가까워도 사람을 따른 것이다." 하였다.

【本義】下動上說이라

隨卦는 아래(☳)는 움직이고 위(☱)는 기뻐함이다.

重門擊柝하여 以待暴客하니 蓋取諸豫[110]라

문을 이중으로 하고 딱따기를 쳐서 사나운 나그네(강도, 도적)를 대비하니, 이는 豫卦
☳에서 취한 것이다.

【本義】豫備之意라

미리 대비하는 뜻이다.

字義 柝 : 딱따기 탁

斷木爲杵하고 掘地爲臼하여 臼杵之利로 萬民以濟하니 蓋取諸小過[111]라

나무를 잘라 절굿공이를 만들고 땅을 파서 절구를 만들어 절구와 절굿공이의 이로움
으로 온 백성이 구제되니, 이는 小過卦☳에서 취한 것이다.

【本義】下止上動이라

小過卦는 아래(☶)는 멈춰 있고 위(☳)는 움직인다.

字義 杵 : 절구공이 저   掘 : 팔 굴

---

110 重門擊柝……蓋取諸豫 : 《大全》의 소주에서 朱震(南宋)은 "옛날에는 밖의 문을 닫지 않고 바람만
을 막았는데, 이에 이르러 사나운 나그네를 방비하기 시작하였다." 하였고, 宋時烈(朝鮮)은 《易
說》에서 俞琰(宋末元初)의 설을 들어 "坤卦☷는 문짝이니 이중문의 상이고, 震卦☳는 움직임에
소리가 나는 나무이니 딱따기를 치는 상이다." 하였다.

111 掘地爲臼……蓋取諸小過 : 徐有臣(朝鮮)은 《易義擬言》에서 掘地爲臼를 '땅을 파서 절구를 안치하
는 것'으로 보고, 小過의 의미를 의식하여 "절구질의 이로움은 조금 지나침을 싫어하지 아니하
니, 지나치지 않으면 현미가 되고, 너무 지나치면 싸라기가 되기 때문이다." 하였다.

弦木爲弧하고 剡木爲矢하여 弧矢之利로 以威天下하니 蓋取諸睽[112]라

　나무에 시위를 걸어 활을 만들고 나무를 깎아서 화살을 만들어 활과 화살의 이로움으로 천하에 위엄을 보이니, 이는 睽卦☲☱에서 취한 것이다.

　【本義】睽乖然後威以服之라

　어그러진 뒤에 위엄으로 복종시킨다.

　字義　弦 : 활시위 현　弧 : 활 호　睽 : 어그러질 규

上古[113]에 穴居而野處러니 後世聖人이 易之以宮室하여 上棟下宇하여 以待風雨하니 蓋取諸大壯[114]이라

　上古時代에는 동굴에 살며 들에서 지냈는데, 후세의 성인이 家屋으로 바꾸어 용마루를 올리고 서까래를 얹어서 비바람에 대비하니, 이는 大壯卦☳☰에서 취한 것이다.

　【本義】壯固之意라

　튼튼하고 견고히 하는 뜻이다.

古之葬者는 厚衣之以薪하여 葬之中野하여 不封不樹하며 喪期无數[115]러니 後世

---

112 弦木爲弧……蓋取諸睽 : 《大全》의 소주에서 張栻(南宋)은 豫卦☳☷·小過卦☳☶와 睽卦☲☱를 연결하여 "밖으로는 딱따기를 쳐서 사나운 나그네를 방비하고, 안으로는 절굿공이와 절구로 곡식을 찧어 쌀밥을 먹지만, 무법자에게 위엄을 보일 수 없다면 비록 위험이 있어도 지킬 수 없고, 비록 곡식이 있어도 먹을 수 없다. 이래서 활과 화살의 이로움을 늦출 수 없는 것이다." 하였다.

113 上古 : 李冶(元)의 《敬齋古今黈》에 의하면, 대체로 복희씨·신농씨로부터 요·순에 이르기까지를 上古라 한다고 하였다. 일반적으로 中古는 周公 당시를, 下古는 孔子 당시를 이른다.

114 上棟下宇……蓋取諸大壯 : 《大全》의 소주에서 蔡淵(南宋)은 "'棟'은 집의 용마루이고, '宇'는 서까래이다. 용마루는 똑바로 들어 올리므로 '용마루를 올린다.'고 하였고, 서까래는 양쪽으로 드리워 내리므로 '서까래를 얹는다.'고 하였다. 용마루는 네 陽爻를 취함이니 剛의 뜻이고, 서까래는 두 陰爻를 취함이니 柔의 뜻이다." 하였다.

115 不封不樹 喪期无數 : 柳正源(朝鮮)은 《易解參攷》에서, 《周易正義》의 설명을 빌려 "봉분하지 않고

聖人이 易之以棺槨하니 蓋取諸大過라

옛날 장사 지내는 자들은 땔나무를 두껍게 입혀서(덮어서) 들 복판에서 장사지내어 봉분도 하지 않고 나무도 심지 않으며 초상의 기간도 정해진 數가 없었는데, 후세에 성인이 棺槨으로 바꾸니, 이는 大過卦☱☴에서 취한 것이다.

【本義】送死는 大事而過於厚라

　죽은 이를 보냄은 큰일이어서 두터움을 지나치게 한다.

字義　槨 : 외관 곽

上古엔 結繩而治러니 後世聖人이 易之以書契하여 百官以治하며 萬民以察하니 蓋取諸夬[116]하니라

〈문자가 없던〉上古時代에는 노끈으로 매듭을 만들어 약속을 표시하여 다스렸는데, 후세의 성인이 문자로 바꾸어 백관이 이것으로 다스리며 온 백성들이 이것으로 살피니, 이는 夬卦☱☰에서 취한 것이다.

【本義】明決之意라

　밝게 결단하는 뜻이다.

字義　契 : 문서 계　夬 : 결단할 쾌

나무를 심지도 않았다.'는 것은 흙을 쌓아 분묘를 만들지 않았으니 이것이 '봉분하지 않음'이고, 나무를 심어 분묘가 있는 곳을 표시하지 않았으니 이것이 '나무도 심지 않음'이다. '초상의 기간이 정해진 수가 없었다.'는 것은 슬픔이 가시면 그만두었으니, 한정된 날짜의 수가 없었다는 것이다." 하였다.

116 易之以書契……蓋取諸夬 : 《大全》의 소주에서 徐幾(南宋)는 "말에 기억할 수 없는 것이 있으면 글로 식별하고, 일에 믿을 수 없는 것이 있으면 문서로 확인하였으니, 밝게 결단한다는 뜻이다. 대체로 夬卦는 군자가 소인을 결단하는 괘이고, 글과 문서를 만든 것도 또한 소인의 거짓을 결단해서 버리고 그 기만을 방비하는 것이다." 하였다.

右는 第二章[117]이라

이상은 제2장이다.

【本義】此章은 言聖人制器尙象之事하니라

이 장은 성인이 기물을 만들 때에 象을 숭상한 일을 말하였다.

第三章

是故로 易者는 象也니 象也者는 像也[118]요

이런 까닭으로 《易》은 象이니, 상이란 상징이고,

【本義】易은 卦之形이요 理之似也라

《역》은 괘의 형상이고, 이치와 유사한 것이다.

彖者는 材也[119]요

彖은 재질이고,

【本義】彖은 言一卦之材라

---

117 第二章 : 李瀷(朝鮮)은 《易經疾書》에서 "13괘(離·益·噬嗑·乾·坤·渙·隨·豫·小過·睽·大壯·大過·夬)로 기물을 만듦은 대부분 괘명으로 인하여 추론하였으니 64괘의 이름이 복희씨 때 이미 있었던 것이다." 하였다. 64괘명을 누가 붙였는지에 대해서는 논란의 여지가 있다.

118 易者……像也 : 柳正源(朝鮮)은 《易解參攷》에서, 王弼(魏)의 설명을 빌려 "의미는 '象'으로써 극진히 하고, '象'은 말로써 드러난다. 그러므로 말이란 상을 밝히는 것이니 상을 얻으면 말을 잊고, 상이란 의미를 보존하는 것이니 의미를 얻으면 상을 잊는다. 마치 올무는 토끼를 잡는 도구이니 토끼를 잡으면 올무를 잊고, 통발은 물고기를 잡는 도구이니 물고기를 잡으면 통발을 잊는 것과 같다. 그렇다면 '말'이란 '상'을 밝히기 위한 올무이고, '상'이란 '의미'를 보존하기 위한 통발이다." 하였다.

119 彖者 材也 : 《大全》의 소주에서 朱震(南宋)은 "卦에 剛과 柔가 있음이 재질이다." 하였다.

'彖'은 한 괘의 재질을 말한 것이다.

爻也者는 效天下之動者也니

爻는 천하의 움직임을 본받은 것이니,

【本義】效는 放也라

'效'는 모방하는 것이다.

是故로 吉凶生而悔吝著也[120]니라

이런 까닭으로 길함과 흉함이 생기고 뉘우침과 부끄러움이 드러난다.

【本義】悔吝은 本微로되 因此而著라

뉘우침과 부끄러움은 본래 미미하지만, 이로 인하여 길함과 흉함이 드러난다.

右는 第三章이라

이상은 제3장이다.

---

120 彖者……吉凶生而悔吝著也 : 李瀷(朝鮮)은 《易經疾書》에서 "'彖'이란 어금니가 없는 상이니, 코끼리의 암컷이다. 암코끼리는 어금니가 짧기 때문에 '彖'도 그 형태를 본받았다. 수코끼리는 두 어금니가 코를 끼고 밖으로 나와 쓰임이 되기 때문에 그 자형이 象이다. '彖'의 재질로 인하여 효의 움직임이 있게 되고 길흉이 이 때문에 생긴다. 그러나 후회하면 흉한 것도 길함으로 되돌아가는 도가 있고, 부끄러워하면 길한 것도 흉함으로 마치는 도가 있다. 그 이치가 또한 분명하니, 이것을 드러난다고 한 것은 반드시 그러함을 보인 것이다." 하였다.

第四章

陽卦는 **多陰**하고 **陰卦**는 **多陽**하니

陽卦에는 음이 많고, 陰卦에는 양이 많으니,

【本義】震坎艮은 爲陽卦하니 皆一陽二陰이요 巽離兌는 爲陰卦하니 皆一陰二陽이라

震☳·坎☵·艮☶은 양괘가 되니 모두 양효가 하나이고 음효가 둘이며, 巽☴·離☲·兌☱는 음괘가 되니 모두 음효가 하나이고 양효가 둘이다.

其故는 **何也**오 **陽卦**는 **奇**요 **陰卦**는 **耦**일새라

그 까닭은 무엇인가? 양괘는 홀수이고 음괘는 짝수이기 때문이다.

【本義】凡陽卦는 皆五畫이요 凡陰卦는 皆四畫이라

모든 양괘는 모두 다섯 획씩이고, 모든 음괘는 모두 네 획씩이다.

[字義] 耦 : 짝 우

其德行은 **何也**오 **陽**은 **一君而二民**이니 **君子之道也**요 **陰**은 **二君而一民**이니 **小人之道也**라

그 덕행은 어떠한가? 陽卦는 임금이 하나이고 백성이 둘이니 군자의 道이고, 陰卦는 임금이 둘이고 백성이 하나이니 소인의 道이다.

【本義】君은 謂陽이요 民은 謂陰이라

'임금(君)'은 陽을 이르고, '백성(民)'은 陰을 이른다.

右는 **第四章**이라

이상은 제4장이다.

第五章

易曰 憧憧往來면 朋從爾思라하니 子曰 天下何思何慮리오 天下同歸而殊塗하며 一致而百慮니 天下何思何慮[121]리오

《역》에 이르기를 "자주 오고 가면 벗만 네 생각을 따른다."라고 하니 공자가 말하였다. "천하가 무엇을 생각하며 무엇을 걱정하겠는가? 천하가 돌아감은 같아도 길은 다르며, 이치는 하나여도 생각은 백 가지니, 천하가 무엇을 생각하며 무엇을 걱정하겠는가?"

【本義】 此는 引咸九四爻辭而釋之라 言理本无二而殊塗百慮나 莫非自然이니 何以思慮爲哉리오 必思而從이면 則所從者亦狹矣리라

이는 咸卦☷ 九四의 효사를 인용하고 해석한 것이다. 이치는 본래 두 가지가 아니어서 다양한 길과 온갖 사려가 본래 그러한 것 아님이 없으니, 무엇을 사려할 것이 있겠는가? 반드시 사려하고서 따른다면 따르는 것이 또한 협소할 것이다.

字義 憧 : 왕래끊이지않는모양 동 塗 : 길 도

日往則月來하고 月往則日來하여 日月相推而明生焉하며 寒往則暑來하고 暑往則寒來하여 寒暑相推而歲成焉하니 往者는 屈也요 來者는 信也니 屈信相感而利生焉하나라

---

121 天下同歸而殊塗……天下何思何慮 :《大全》의 소주에서 柴中行은 "이른바 '理'는 공자의 '一以貫之'나 子思의 '誠', 曾子의 '守約'이 이것이다. 돌아감은 같은데 길이 다른 것이니 천하에 이치가 둘일 리가 없고, 이치는 하나인데 염려가 백 가지인 것이니 천하에 마음이 둘일 리가 없다. '致'는 극치를 이르니, 돌아감이 같음을 밝히고 이치가 하나임을 지극히 한다면, 천하가 비록 길이 다르고 염려가 백 가지여도 감응하지 못할 것이 없으니, 무엇을 생각하고 염려하겠는가?" 하였다.
　李震相(朝鮮)은《易學管窺》에서 "군자는 생각하지 않는 것이 아니고, 염려하지 않는 것이 아니라, 생각하여야 할 것을 생각하고, 염려해야 할 것을 염려하여 저절로 그렇게 되는 이치를 따를 뿐이다. 만일 한가로운 생각과 잡된 염려로 마음을 어지럽게 한다면, 어찌 이것이 감응하는 바른 이치이겠는가?" 하였다.

해가 가면 달이 오고 달이 가면 해가 와서, 해와 달이 서로 밀쳐서 밝음이 생기며, 추위가 가면 더위가 오고 더위가 가면 추위가 와서, 추위와 더위가 서로 밀쳐서 한 해가 이루어진다. 가는 것은 굽힘이고 오는 것은 폄이니, 굽힘과 폄이 서로 감응하여 이로움이 생긴다.

【本義】言往來屈信이 皆感應自然之常理니 加憧憧焉이면 則入於私矣라 所以必思而後有從也니라

가고 옴과 굽히고 폄이 모두 감응하는 자연의 떳떳한 이치이니, 자주 오고감을 더하면 사욕에 들어가는 것이다. 이 때문에 반드시 생각한 뒤에 따름이 있는 것이다.

尺蠖之屈은 以求信也요 龍蛇之蟄은 以存身也[122]요 精義入神은 以致用也요 利用安身은 以崇德也니

자벌레가 몸을 굽힘은 이렇게 하여 몸을 펴고자 함이고, 용과 뱀이 칩거함은 이렇게 하여 몸을 보존하고자 함이다. 의를 정밀히 하여 신묘한 경지에 들어감은 이렇게 하여 씀을 이루고자 함이고, 씀을 이롭게 하여 몸을 편안히 함은 이렇게 하여 德을 높이고자 함이니,

【本義】因言屈信往來之理하여 而又推以言學亦有自然之機也라 精研其義하여 至於入神은 屈之至也라 然乃所以爲出而致用之本이요 利其施用하여 无適不安은 信之極也라 然乃所以爲入而崇德之資니 內外交相養, 互相發也라

굽히고 폄과 가고 옴의 이치를 말함으로 인하여 더욱 미루어서 학문에도 자연의 기틀이 있음을 말한 것이다. 의를 정밀히 연구하여 신묘한 경지로 들어감은 굽힘이 지극한 것이나 나

---

122 尺蠖之屈……以存身也 : 《大全》의 소주에서 余芑舒(元)는 "사람들이 폄이 이로운 것은 알아도 굽힘이 이로운 것임을 알지 못할까 염려하였으므로 자벌레와 용과 뱀으로 밝혔다." 하였다. 尹行恁(朝鮮)은 《薪湖隨筆》에서 "한 마리 용과 한 마리 자벌레는 도를 비유할 수 있다. 배우는 자가 뜻을 정밀하게 하여 신묘한 경지에 들어감이 마치 자벌레가 굽혔으나 쓰임에 미치는 것과 같으니, 구름이 떠다니고 비가 내려 여섯 마리 용이 하늘을 다스리는 것과 무엇이 다르겠는가? 곤궁하면 홀로 자기 몸을 착하게 하고, 통달하면 겸하여 천하를 착하게 하는 것이다." 하였다.

와서 씀을 다하게 되는 근본이고, 사용함을 이롭게 하여 어디서나 편안치 않음이 없음은 폄이 지극한 것이나 들어가 덕을 높이게 되는 바탕이니, 이는 안과 밖이 서로 길러주고 서로 발명하는 것이다.

字義 蠖 : 자벌레 확　蟄 : 숨을 칩

過此以往은 未之或知也니 窮神知化 德之盛也라

이를 지난 뒤로는 혹 알 수 없으니, 신묘한 이치를 궁구하여 조화를 앎이 德의 성대함이다."

【本義】下學之事는 盡力於精義利用하여 而交養互發之機가 自不能已하나니 自是以上은 則亦无所用其力矣라 至於窮神知化는 乃德盛仁熟而自致耳라 然不知者는 往而屈也요 自致者는 來而信也니 是亦感應自然之理而已라 張子曰 氣有陰陽하야 推行有漸이 爲化요 合一不測이 爲神이라 此上四節[123]은 皆以釋咸九四爻義[124]라

아래로 배우는 일은 의를 정밀히 하고 씀을 이롭게 함에 힘을 다하여 서로 기르고 서로 밝히는 기틀이 저절로 그칠 수 없으니 여기부터 위로는 또한 힘을 쓸 곳이 없다. 신묘한 이치를 궁구하여 조화를 알게 됨은 바로 德이 성대하고 仁이 무르익어 저절로 이루어진 것이다. 그러나 알지 못하는 것은 가서 굽히기 때문이고, 저절로 이루어지는 것은 와서 펴기 때문이니, 이 또한 감응하는 자연의 이치일 뿐이다.

張子가 말하였다. "기운에 음과 양이 있어서 점차 밀쳐 유행하는 것이 化이고, 하나로 합하여 헤아릴 수 없는 것이 神이다."

이상의 네 節은 모두 咸卦 九四爻의 의미를 해석한 것이다.

---

[123] 此上四節 : '子曰 天下何思何慮'에서 '窮神知化 德之盛也'까지의 4節을 가리킨다.

[124] 皆以釋咸九四爻義 : 沈就濟(朝鮮)는 《讀易疑義》에서 "咸卦는 부부를 말하였다. 부부는 '사람의 일'이니 사람의 일에서 서로 감응하는 것 중에 부부만한 것이 없으므로 '굽히고 폄'을 함괘에서 말하였다." 하였다.

易曰 困于石하며 據于蒺藜라 入于其宮이라도 不見其妻니 凶**125**이라하니 子曰 非
所困而困焉하니 名必辱하고 非所據而據焉하니 身必危하리니 旣辱且危하여 死期
將至어니 妻其可得見邪아

《역》에 이르기를 "돌[石] 때문에 곤란하며 가시나무[蒺藜]에 앉아있다. 제 집에 들어
가도 제 아내를 보지 못함이니, 흉하다."라고 하니, 공자가 말하였다. "곤란할 바가 아
닌데 곤란하니 이름이 반드시 욕되고, 앉을 곳이 아닌데 앉으니 몸이 반드시 위태로울
것이다. 이미 이름이 욕되고 또 몸이 위태로워 죽을 시기가 장차 이를 것이니, 아내를
볼 수 있겠는가?"

【本義】釋困六三爻義라

困卦䷮ 六三爻의 뜻을 해석한 것이다.

字義 蒺 : 가시나무 질 藜 : 가시나무 려

易曰 公用射(석)隼于高墉之上하여 獲之니 无不利**126**라하니 子曰 隼者는 禽也요
弓矢者는 器也요 射之者는 人也니 君子藏器於身하고 待時而動이면 何不利之
有리오 動而不括이라 是以出而有獲하나니 語成器而動者也라

《역》에 이르기를 "公이 높은 담 위의 새매[隼]를 쏘아 잡음이니, 이롭지 않음이 없
다."라고 하니, 공자가 말하였다. "새매는 날짐승이고, 활과 살은 기물이며, 쏘는 것은
사람이다. 군자가 몸에 기물을 간직하고 때를 기다려 움직이면 어찌 이롭지 않음이 있
겠는가? 움직임에 막히지 않으므로 나가서 잡음이 있으니, 기물을 만들어 움직이는 자
를 말한 것이다."

---

125 困于石……不見其妻凶 : 《大全》의 소주에서 朱熹(南宋)는 '이 효의 대의는 할 수 없는 것은 애초
에 해서는 안 된다는 것'이라고 하였고, 吳致箕(朝鮮)는 《周易經傳增解》에서 "困卦 六三爻는 험함
에 있으면서 응원이 없기 때문에 '곤란할 것이 아닌데 곤란하다.'고 하였고, 강한 양을 타고 처한
곳이' 바르지 않기 때문에 '자리할 곳이 아닌데 자리하였다.'고 하였다." 하였다.

126 公用射(석)隼于高墉之上……无不利 : 《大全》의 소주에서 朱震(南宋)은 "쓸 만한 기구를 간직하고
할 만한 시기를 기다렸기에, 움직이면 막힘이 없고 나오면 잡음이 있다. 오직 굽히고 펴는 이치
를 타서 씀을 이롭게 하는 사람만이 할 수 있다." 하였다.

【本義】括은 結礙也라 此는 釋解上六爻義라

'括'은 막힘이다. 이는 解卦䷧ 上六爻의 뜻을 해석한 것이다.

字義 隼 : 새매 준 堵 : 담 용 括 : 막힐 괄 礙 : 막힐 애

子曰 小人은 不恥不仁하며 不畏不義라 不見利면 不勸하며 不威면 不懲하나니 小懲而大誡가 此小人之福也[127]라 易曰 屨校하여 滅趾니 无咎라하니 此之謂也라

공자가 말하였다. "소인은 어질지 못함을 부끄러워하지 않으며, 의롭지 못함을 두려워하지 않는다. 이익을 보이지 않으면 장려되지 않으며, 위엄을 보이지 않으면 징계되지 않으니, 조금 징계하여 크게 경계시키는 것이 이에 소인의 福이다. 《역》에 이르기를 '형틀을 신겨서 발꿈치를 없앰이니 허물이 없다.' 하니, 이를 말함이다.

【本義】此는 釋噬嗑初九爻義라

이는 噬嗑卦䷔ 初九爻의 뜻을 해석한 것이다.

字義 懲 : 징계할 징 誡 : 경계할 계 屨 : 신 구 校 : 차꼬 교 趾 : 발꿈치 지

善不積이면 不足以成名이요 惡不積이면 不足以滅身이니 小人은 以小善爲无益而弗爲也하며 以小惡爲无傷而弗去也라 故로 惡積而不可掩이며 罪大而不可解니 易曰 何校하여 滅耳니 凶이라하니라

善이 쌓이지 않으면 이름을 이룰 수 없고, 惡이 쌓이지 않으면 몸을 멸할 수 없다. 소인은 작은 선을 유익함이 없다 하여 행하지 않으며 작은 악을 해로움이 없다 하여 버리지 않는다. 그러므로 악이 쌓여서 가릴 수가 없으며, 죄가 커져서 풀 수가 없으니, 《역》에 이르기를 '형틀을 씌워 없앰이니 흉하다.' 하였다."

---

127 小人……此小人之福也 : 柳正源(朝鮮)은 《易解參攷》에서, 李彦迪(朝鮮)의 설명을 빌려 소인에 대하여 말하기를 "이로움을 보인 뒤에야 선행을 하는 데 권면되고, 위엄으로 두렵게 한 뒤에야 악행을 함이 징계되니, 진실로 작은 일에서 징계될 수 있어 큰일에 이르지 않게 한다면 소인의 복이다." 하였다.

【本義】此는 釋噬嗑上九爻義[128]라

이는 噬嗑卦䷔ 上九爻의 뜻을 해석한 것이다.

子曰 危者는 安其位者也요 亡者는 保其存者也요 亂者는 有其治者也라 是故로 君子安而不忘危하며 存而不忘亡하며 治而不忘亂이라 是以身安而國家可保也[129]니 易曰 其亡其亡이라야 繫于包桑이라하니라

공자가 말하였다. "위태로울까 염려함은 그 자리를 편안히 하는 것이고, 망할까 염려함은 그 생존을 보존하는 것이며, 어지러울까 염려함은 그 다스림을 유지하는 것이다. 이러므로 군자는 편안해도 위태함을 잊지 않으며, 보존해도 망함을 잊지 않으며, 다스려져도 어지러움을 잊지 않는다. 이러므로 몸이 편안하여 국가를 보존할 수 있으니, 《역》에 이르기를 '망하지 않을까 망하지 않을까 노심초사 하여야 무더기로 난 뽕나무에 매어놓은 것처럼 안정되게 할 수 있다.' 하였다."

【本義】此는 釋否九五爻義라

이는 否卦 九五爻의 뜻을 해석한 것이다.

子曰 德薄而位尊하며 知(智)小而謀大하며 力小而任重하면 鮮不及矣나니 易曰 鼎折足하여 覆公餗하니 其形渥[130]이라 凶이라하니 言不勝其任也라

공자가 말하였다. "德은 적은데 지위가 높으며, 지혜는 작은데 꾀함이 크며, 역량은 작은데 소임이 무거우면 〈화가〉 미치지 않는 자가 드물다. 《역》에 이르기를 '솥발이 부

---

128 釋噬嗑上九爻義:《大全》의 소주에서 楊萬里(南宋)는 "공자가 噬嗑卦 初九爻와 上九爻의 효사를 해석하여, 惡을 징계함은 처음에 달렸고 과실을 고침은 작을 때에 달렸다고 한 것이다." 하였다.

129 危者……是以身安而國家可保也:吳致箕(朝鮮)는 《周易經傳增解》에서 "'편안함'과 '위태로움'은 몸으로써 말하였고, '보존함'과 '망함'은 집안으로써 말하였으며, '다스림'과 '어지러움'은 나라로써 말하였다. 이 때문에 아랫글에 '몸이 편안하여야 나라가 보존될 수 있다.'고 말한 것이다." 하였다.

130 其形渥:《정전》에서는 '形渥'을 부끄러워 얼굴이 붉어짐으로 풀이하였다. 여기서는 《본의》에 따라 해석하였다.

러져 公에게 바칠 음식을 엎으니 그 형벌이 무겁다. 흉하다.' 하니, 소임을 감당하지 못함을 말한 것이다."

【本義】此는 釋鼎九四爻義라

이는 鼎卦 九四爻의 뜻을 해석한 것이다.

字義 覆 : 뒤집힐 복   餗 : 솥안의음식 속   渥 : 형벌 악(剭), 붉을 악

子曰 知幾其神乎[131]인저 君子上交不諂하며 下交不瀆[132]하나니 其知幾乎인저 幾者는 動之微니 吉〔凶〕[133]之先見(현)者也[134]니 君子見幾而作하여 不俟終日이니 易曰 介于石이라 不終日이니 貞하고 吉이라하니 介如石焉이어니 寧用終日이리오 斷可識矣로다 君子知微知彰知柔知剛하나니 萬夫之望이라

공자가 말하였다. "기미를 앎이 신묘할 것이다. 군자는 윗사람과 사귈 때 아첨하지 않으며 아랫사람과 사귈 때 모독하지 않으니, 기미를 아는 것이다. 기미는 움직임의 은미한 것이니 길흉이 먼저 나타난 것이다. 군자는 기미를 보고 일어나 하루를 마치기를 기다리지 않으니 《역》에 이르기를 '절개가 돌과 같아 하루를 마치기를 기다리지 않으니, 바르고 길하다.' 하니, 견고함이 돌과 같으니 어찌 하루를 마치겠는가? 결단함을 알 수 있다. 군자는 은미함도 알고 드러남도 알며, 부드러움〔柔〕도 알고 굳셈〔剛〕도 아니, 모든 사람들의 선망이 된다."

---

131 知幾其神乎 :《大全》의 소주에서 張載(北宋)는 "기미는, 형상은 드러나나 형체는 아직 없는 것이다. 형체가 있으면 밝게 보이니 신묘함을 기다리지 않고도 알 수 있다." 하였다.

132 知幾其神乎……下交不瀆 : 朴致和(朝鮮)는 〈雪溪隨錄〉에서 "군자는 기미를 알기 때문에 윗사람과 사귀면서 아첨하지 않으며 아랫사람과 사귀면서 모독하지 않는다. 만일 기미를 모른다면 구차하고 연연하여 반드시 윗사람에게 아첨하고 아랫사람을 모독할 것이다." 하였다.

133 〔凶〕 : 저본에는 '凶'이 없으나,《본의》에 의거하여 보충하였다.

134 吉〔凶〕之先見(현)者也 : 柳正源(朝鮮)은《易解參攷》에서,《周易正義》의 설명을 빌려 "곧바로 '길'이라고 말하고 '흉'이라고 말하지 않은 것은, 미리 기미를 아니 모두 길함으로 향하고 흉함을 등지며, 흉함을 어기고 길함을 쫓으니, 더 이상 흉함이 없기 때문에, 길함이라고만 한 것이다. 凶자가 있는 판본도 있다." 하였다.

【本義】此는 釋豫六二爻義라 漢書에 吉之之間에 有凶字하니라

이는 豫卦䷏ 六二爻의 뜻을 해석한 것이다. 《한서》〈楚元王傳〉에는 '吉'자와 '之'자 사이에 '凶'자가 있다.

子曰 顔氏之子 其殆庶幾乎인저 有不善이면 未嘗不知하며 知之면 未嘗復(부)行也하나니 易曰 不遠復(복)이라 无祗悔니 元吉이라하니라

공자가 말하였다. "안씨의 아들은 거의 道에 가까울 것이다. 선하지 않음이 있으면 일찍이 알지 못한 적이 없으며, 선하지 않음을 알면 일찍이 다시 행한 적이 없으니, 《역》에 이르기를 '멀리가지 않고서 돌아와 후회함에 이르지 않으니, 크게 善하고 길하다.' 하였다."

【本義】殆는 危也라 庶幾는 近意니 言近道也라 此는 釋復初九爻義라

'殆'는 거의(危)이다. '庶幾'는 가깝다는 뜻이니, 道에 가까움을 말한다. 이는 復卦䷗ 初九爻의 뜻을 해석한 것이다.

字義 祗 : 이를 지

天地絪縕에 萬物化醇하고 男女構精에 萬物化生하나니 易曰 三人行엔 則損一人하고 一人行엔 則得其友라하니 言致一也라

천지의 기운이 얽히고 설킴에 만물이 변화하여 엉기고, 남녀가 精氣를 얽음에 만물이 변화하여 생긴다. 《역》에 이르기를 "세 사람이 가면 한 사람을 덜고, 한 사람이 가면 그 벗을 얻는다."라고 하니, 하나를 지극히 함을 말한 것이다.

【本義】絪縕은 交密之狀이요 醇은 謂厚而凝也니 言氣化者也라 化生은 形化者也라 此는 釋損六三爻義라

'絪縕'은 사귀어 친밀한 모양이고, '醇'은 두텁게 응결됨을 이르니, 기운이 변화하는 것을 말한다. '化生'은 형체가 변화하는 것이다. 이는 損卦䷨ 六三爻의 뜻을 해석한 것이다.

字義 絪 : 기운성할 인   縕 : 기운뭉칠 온   醇 : 진할 순

子曰 君子安其身而後動하며 易(이)其心而後語하며 定其交而後求하나니 君子修此三者라 故로 全也라 危以動하면 則民不與也요 懼以語하면 則民不應也요 无交而求하면 則民不與也라 莫之與하면 則傷之者至矣나니 易曰 莫益之라 或擊之리니 立心勿恒이니 凶이라하니라

공자가 말하였다. "군자는 그 몸을 편안히 한 뒤에야 움직이며, 그 마음을 화평히 한 뒤에야 말하며, 그 사귐을 정한 뒤에야 구하니, 군자는 이 세 가지를 닦으므로 온전한 것이다. 위태로움으로 움직이면 백성이 함께하지 않고, 두려움으로 말하면 백성이 응대하지 않고, 사귐이 없으면서 구하면 백성이 도와주지 않는다. 도와줄 이가 없으면 해롭게 하는 자가 이를 것이니, 《주역》에 이르기를 '보태주는 이가 없다. 혹 공격할 것이니, 마음을 세움에 〈이익에만〉 항상하지 말라. 凶하다.' 하였다."

【本義】此는 釋益上九爻義라

이는 益卦䷩ 上九爻의 뜻을 해석한 것이다.

字義 易 : 평할 이

右는 第五章[135]이라

이상은 제5장이다.

---

135 第五章 : 徐有臣(朝鮮)은 《易義擬言》에서 이 장에 대하여 "咸卦를 머리로 삼고 損卦·益卦로 마쳤으니 그 가운데 여러 효는 모두 굽히고 폄이다. 굽히고 편 뒤에 서로 느끼니 咸卦의 정신과 공용이 '덜고 더함'이 아니겠는가? 이것으로 말하면 64괘가 '덜고 더함' 아님이 없다." 하였다.

第六章

子曰 乾坤은 其易之門邪인저 乾은 陽物也요 坤은 陰物也니 陰陽合德하여 而剛柔有體[136]라 以體天地之撰(선)하며 以通神明之德[137]하니

공자가 말하였다. "乾과 坤은 《易》의 문일 것이다. 乾은 양물이고 坤은 음물이니, 陰과 陽이 덕을 합하여 剛과 柔가 몸체가 있게 되었다. 이것(乾과 坤)으로 천지의 일을 본받으며, 이것으로 신묘하고 밝은 덕을 통하니,

【本義】諸卦剛柔之體가 皆以乾坤合德而成이라 故曰乾坤易之門이라하니라 撰은 猶事也라

여러 괘의 剛과 柔의 몸체는 모두 건과 곤이 덕을 합함으로써 이루어졌다. 그러므로 "건과 곤은 《易》의 문이다."라고 하였다. '撰'은 일(事)과 같다.

字義 撰 : 일 선

其稱名也 雜而不越[138]하나 於稽其類엔 其衰世之意耶[139][140]인저

---

136 陰陽合德 而剛柔有體 : 權近(朝鮮)은 《周易淺見錄》에서 "〈계사전〉에서 말하는 강유는 모두 괘와 효가 奇인지 偶인지를 가지고 말하였으니 이것은 바탕이 정해져 있는 것이다. '陰陽合德'은 氣가 서로 감응하는 것으로 말하였으니 六二와 九五가 서로 감응하는 것과 같은 종류이다. 상하가 서로 감응하여 왕래하는 것은 숨어 드러나지 않기 때문에 氣로써 말한 것이다.

137 乾坤……以通神明之德 : 朱熹(南宋)는 《朱子語類》에서 "乾은 양물이고 坤은 음물인데, 陰陽은 형이하의 것이고 乾坤은 형이상의 것이다." 하였고, 《大全》의 소주에서 胡炳文(南宋)은 "처음에 陰陽으로 나뉘어 兩儀가 된다. 음양이 합쳐지면 四象과 八卦가 되는데, 굳센 양과 부드러운 음은 여기에서 몸체가 있게 된다. 드러나면 천지의 일이고, 은미하면 신묘하고 밝은 덕이지만 모두 본래 乾이 그 시작을 열고 坤이 그 마침을 이룬다. 그러므로 "乾坤은 역의 문이다." 하였다.

138 其稱名也 雜而不越 : 柳正源(朝鮮)은 《易解參攷》에서, 楊萬里(南宋)의 설명을 빌려 "'乾'을 이름붙이기를 때로는 용이라 하고, 때로는 말이라 하며, 때로는 옥과 쇠라고 하니, 그 칭호가 비록 잡다해도 陽의 것을 넘어가지는 않는다. '坤'을 이름 붙이기를 때로는 소라 하고, 때로는 암말이라 하며, 때로는 수레와 가마솥이라 하니, 그 칭호가 잡다해도 陰物을 넘어서지는 않는다." 하였다.

139 其稱名也……其衰世之意耶 : 沈大允(朝鮮)은 《周易象義占法》에서 "시행할 수 없기 때문에 말이 있고, 말하나 밝힐 수 없어, 사물을 끌어다가 비유한다." 하였다.

140 其衰世之意耶 : 朱熹(南宋)는 《本義》에서 이 때를 '대체로 문왕과 紂의 시대를 가리킨다.'고 하였는데, 《朱子語類》에서 "이는 복희씨가 괘를 그을 때에도 이런 일들이 모두 있었을 것이나, 다만 겪지 못했을 뿐이다. 문왕의 때가 되어 세상이 좋지 않게 변하여 예전에는 없었던 일들이 모두

이름을 칭함이 잡다해도 어긋나지는 않으나, 그 부류를 살펴볼 때 쇠락한 세상의 뜻일 것이다.

【本義】萬物雖多나 无不出於陰陽之變이라 故卦爻之義가 雖雜出而不差繆라 然非上古淳質之時思慮所及也라 故以爲衰世之意니 蓋指文王與紂之時也라

만물이 비록 많으나 음양의 변화에서 나오지 않은 것이 없기 때문에 괘와 효의 의미가 비록 잡다하게 나와도 어긋나지 않는다. 그러나 상고시대의 순후하고 질박하던 때의 생각이 미칠 바가 아니기 때문에 쇠락한 세상의 뜻으로 여긴 것이니, 대체로 문왕과 紂의 시대를 가리킨다.

字義 稽 : 상고할 계 繆 : 어그러질 류(謬)

夫易은 彰往而察來하며 (而微顯)〔微顯而〕[141]闡幽하며 開而當名하며 辨物하며 正言하며 斷辭하니 則備矣[142]라

易은 지나간 것을 드러내고 올 것을 살피며, 드러난 것을 은미하게 하고 그윽한 것을 밝히며, 열어서 이름에 마땅하게 하며, 사물을 분별하며, 말을 바르게 하며, 말을 결단

생기고, 그가 저 기구한 온갖 변란을 하나하나 겪었기에 그런 卦辭를 말하였던 것이다. 예컨대 明夷卦 六五爻의 '기자의 밝음을 감춤〔箕子之明夷〕'이나 明夷卦 六四爻의 '왼쪽 배에 들어감이니, 밝음을 감추는 마음을 얻기를 마당에 나와서 한다.〔入於左腹 獲明夷之心 于出門庭〕'와 같은 것은, 겪은 일이 아니라면 어떻게 말하였겠는가?" 하였다. 柳正源(朝鮮)은 《易解參攷》에서 "三劃卦의 이름은 복희씨가 명명하였다. 六劃卦도 복희씨가 그은 것이나, 그 이름은 문왕이 정한 것이니 쇠락한 세상의 뜻이다." 하였다.

141 (而微顯)〔微顯而〕: 저본에 '而微顯'로 되어있으나, 《본의》에 의거하여 '微顯而'로 바로잡았다.

142 夫易……則備矣 :《大全》의 소주에서 徐幾(南宋)는 "'往'은 음양의 消長과 剛柔의 변화가 괘효에 간직된 것을 말하는데, 《주역》이 모두 드러내 밝히므로 '간 것을 드러낸다.'고 하였다. '來'는 길흉이 아직 정해지지 않고 일이 앞으로 닥칠 것을 말하는데, 점칠 때에 알려주는 것이 앞서 알 수 있게 하는 것이므로 '올 것을 살핀다.'고 하였다. 드러난 것은 은미하게 하여 그 근원을 찾게 해주므로 '드러난 것을 은미하게 한다.'고 하였고, 그윽한 것은 밝혀서 그 단서를 나타나게 해주므로 '그윽한 것을 밝힌다.'고 하였다. '當名'은 父子, 君臣의 분수와 귀함과 천함, 上下의 등급이 각각 그 지위에 마땅하게 함을 말한다. '辨物'은 유사한 것을 분변하는 말이니 乾☰이 말이고 坤☷이 소이며, 離☲가 불이고 坎☵이 물인 것과 큰 과일이나 비름나물 따위의 분변이 이에 해당한다. '正言'은 乾卦의 '元亨利貞'이나 坤卦의 '直方大'라는 말을 이르니, 그 말을 바르게 하여 사람을 깨우치게 하기 때문이다. '斷辭'는 蠱卦의 '利涉大川'이나 訟卦의 '不利涉大川' 혹은 小過卦의 '可小事不可大事(작은 일에는 옳고 큰일에는 옳지 않다)'라는 말을 이르니, 그 의심을 결단하기 때문이다." 하였다.

하니, 갖추어져 있다.

【本義】而微顯은 恐當作微顯而라 開而之而도 亦疑有誤라

'而微顯'은 '微顯而'로 해야 할 듯하다. '開而'의 '而'도 誤字가 있는 듯하다.

字義 闡 : 드러낼 천

其稱名也小하나 其取類也大[143]하며 其旨遠하며 其辭文하며 其言曲而中하며 其 事肆而隱하니 因貳하여 以濟民行하여 以明失得之報니라

그 이름을 일컬음은 작으나 그 부류를 취함은 크며, 그 뜻이 심원하고 그 말이 문채 나며, 그 말이 곡진하면서도 꼭 맞고 그 일이 진열되어 있으면서도 은미하니, 의심나는 것으로 인하여 백성의 행함을 구제해서 잃음과 얻음의 응보를 밝혔다."

【本義】肆는 陳也요 貳는 疑也라

'肆'는 진열함이고, '貳'는 의심함이다.

字義 肆 : 진열할 사 貳 : 의심할 이

右는 第六章이라

이상은 제6장이다.

---

143 其稱名也小 其取類也大 : 柳正源(朝鮮)은 《易解參攷》에서 "예컨대 '恒'이라고 이름을 칭한 것은 단지 항구한 도를 취하였으나 천지 만물의 실정을 지극히 말한 것이며, '豫'라는 이름을 칭한 것은 단지 기쁨의 뜻을 취하였으나 음악을 만들고 덕을 높이는 뜻을 겸하여 말하였으니 이것이 부류를 취함이 큰 것이 아니겠는가?" 하였다. 吳致箕(朝鮮)는 《周易經傳增解》에서 "이름을 일컬음이 작다는 것은, 괘로써 말하면 '암말(牝馬)'이나 '나는 새(飛鳥)'의 부류와 같고, 문장으로 말하면 泰卦의 '띠풀의 뿌리를 뽑음'이나 姤卦의 '꾸러미에 물고기가 있듯이 함'의 부류와 같아서 이름을 일컬음이 비록 작으나 象으로 인하여 이치를 드러내지 않음이 없다. 그러므로 천지의 음양과 도덕과 성명의 큰 것이 그 가운데 붙어있지 않음이 없으니 이것이 이른바 '부류를 취함이 큼'이라는 것이다." 하였다.

【本義】此章은 多闕文疑字하니 不可盡通이라 後皆放此하니라

이 장은 빠진 글과 의심스런 글자가 많으니 다 통하지는 않는다. 뒤도 모두 이와 같다.

第七章

易之興也 其於中古[144]乎인저 作易者 其有憂患乎인저

《易》이 일어난 때는 中古時代일 것이다. 《易》을 지은 이는 우환이 있었을 것이다.

【本義】夏商之末에 易道中微러니 文王이 拘於羑里而繫彖辭하여 易道復興하니라

하나라와 상나라의 말기에 易의 道가 중간에 쇠락했는데, 문왕이 羑里에 갇혀 있을 때에 彖辭를 달자 易의 도가 다시 흥기했다.

字義 羑 : 유리(지명) 유

是故로 履는 德之基也요 謙은 德之柄也요 復은 德之本也요 恒은 德之固也요 損은 德之修也요 益은 德之裕也요 困은 德之辨也요 井은 德之地也요 巽은 德之制也[145]라

---

144 中古 : 朱熹의 《맹자집주》〈公孫丑 下〉에 "中古는 주공이 禮를 제정한 당시이다.〔中古 周公制禮 時也〕" 하였다.

145 履……德之制也 : 《大全》의 소주에서 朱熹(南宋)는 "'履卦는 덕의 터전이다.'는 단지 실천을 근본으로 삼으려는 것이다. '謙卦는 덕의 자루이다.'는 단지 겸손하게 물러나려는 것이니, 만약 환난에 처해서 교만하여 스스로 높인다면 반드시 재난을 취할 것이다. '復卦는 덕의 근본이다.'는 맹자의 이른바 '스스로 돌이킴〔自反〕'과 같다. '困卦는 덕의 분별함이다.'는 곤궁해도 통하면 그것의 옳음을 알 수 있고, 곤궁해서 통하지 않으면 그것의 그름을 알 수 있다. 損卦는 분노를 다스리고 욕심을 막아내는 것이고, 益卦는 덕을 더욱 광대하게 닦는 것이다. '巽卦는 덕의 마름질이다.'는 巽으로 권도를 행함이니, 巽은 다만 마음과 뜻을 낮춘다는 것이다. 일을 처리하려면 반드시 마음을 그 일에 몰입시켜 그 도리에 순응하여야 비로소 일을 처리할 수 있으며 비로소 권도를 행할 수 있다. 만약 마음이 거칠다면 일을 겉으로만 보며 지나칠 뿐이니, 이와 같이 권도를 행한다면 바로 어긋난다. 손은 엎드림〔伏〕이며 들어감〔入〕이다." 하였다.

이런 까닭으로 履卦는 德의 터전이고, 謙卦는 덕의 자루이고, 復卦는 덕의 근본이고, 恒卦는 덕의 확고함이고, 損卦는 덕의 닦음이고, 益卦는 덕의 넉넉함이고, 困卦는 덕의 분별이고, 井卦는 덕의 대지이고, 巽卦는 덕의 마름질이다.

【本義】履는 禮也라 上天下澤하야 定分不易하니 必謹乎此라야 然後其德有以爲基而立也라 謙者는 自卑而尊人이요 又爲禮者之所當執持而不可失者也라 九卦는 皆反身修德하여 以處憂患之事也而有序焉이라 基는 所以立이요 柄은 所以持라 復者는 心不外而善端存이요 恒者는 守不變而常且久라 懲忿窒慾以修身하고 遷善改過以長善하며 困以自驗其力하고 井以不變其所하니 然後에 能巽順於理하여 以制事變也라

'履☰'는 禮이다. 하늘(☰)은 위에 있고 못(☱)은 아래에 있어 분수가 정해져 바뀌지 않으니, 반드시 이것을 삼간 뒤에야 그 德이 터전을 삼아 확립될 것이다. '謙'은 스스로를 낮추고 남을 높임이며, 또 예를 행하는 이가 꼭 지켜서 잃지 말아야 할 것이다. 아홉 卦는 모두 자신에게 돌이켜 덕을 닦아서 우환에 대처하는 일인데, 여기에는 순서가 있다. 터전[基]은 세우는 것이고, 자루[柄]는 잡는 것이다. '復'은 마음이 벗어나지 않아 善의 단서가 보존됨이고, '恒'은 지킴이 변치 않아 한결같고 오래함이다. 성냄을 다스리고 욕심을 막아서 자신을 닦고[損], 선으로 옮기고 과실을 고쳐서 선을 기르며[益], '困'으로 스스로의 역량을 시험하고, '井'으로 제자리를 바꾸지 않은 뒤에야 이치에 순응하여 일의 변화를 마름질할 수 있을 것이다.

履는 和而至하고 謙은 尊而光하고 復은 小而辨於物하고 恒은 雜而不厭하고 損은 先難而後易하고 益은 長裕而不設하고 困은 窮而通하고 井은 居其所而遷하고 巽은 稱而隱하니라

履卦는 화합하면서도 지극하고, 謙卦는 높으면서도 빛나고, 復卦는 작으면서도 사물을 분별하고, 恒卦는 섞여 있으면서도 싫어하지 않고, 損卦는 어려움을 먼저 하여 뒤에는 쉽고, 益卦는 크고 넉넉하면서도 조작하지 않고, 困卦는 곤궁하면서도 통하고, 井卦는 제자리에 머무르면서도 옮겨가며, 巽卦는 걸맞으면서도 드러내지 않는다.

【本義】此는 如書之九德[146]이라 禮非强世나 然事皆至極이라 謙은 以自卑而尊且光이요 復은 陽微而不亂於群陰이요 恒은 處雜而常德不厭이요 損은 欲先難하니 習熟則易요 益은 但充長而不造作이요 困은 身困而道亨이요 井은 不動而及物이요 巽은 稱物之宜而潛隱不露라

이것은 《서경》〈皐陶模〉의 九德과 같다. 禮는 세상을 강압하는 것이 아니지만 일마다 모두 지극하다. '謙'은 스스로 낮추지만 높으면서 또 빛나고, '復'은 陽이 미약하지만 여러 陰에 의해 어지럽지 않으며, '恒'은 섞여 있지만 한결같은 德으로 싫어하지 않고, '損'은 어려움을 먼저 하려 하니 익숙하면 쉽게 되며, '益'은 다만 확충하여 기를 뿐 조작하지 않고, '困'은 몸은 곤란하지만 도리는 형통하며, '井'은 움직이지 않아도 사물에 미치고, '巽'은 사물의 마땅함에 걸맞으면서도 숨어서 드러내지 않는다.

履以和行하고 謙以制禮하고 復以自知하고 恒以一德하고 損以遠害하고 益以興利하고 困以寡怨하고 井以辨義하고 巽以行權하나니라

履卦로 행실을 온화하게 하고, 謙卦로 예를 절제하고, 復卦로 스스로 알고, 恒卦로 덕을 한결같이 하고, 損卦로 해로움을 멀리하고, 益卦로 이로움을 일으키고, 困卦로 원망을 적게 하고, 井卦로 의리를 분별하고, 巽卦로 權道를 행한다.

【本義】寡怨은 謂少所怨尤요 辨義는 謂安而能慮라

'寡怨'은 원망을 적게 함을 이르고, '辨義'는 편안하여 생각할 수 있음을 이른다.

右는 第七章이라

이상은 제7장이다.

---

146 書之九德 : 九德은 《書傳》〈皐陶謨〉에 禹임금의 물음에 고요가 대답한 아홉 가지 덕으로, 너그러우면서도 엄정하며, 유순하면서도 꼿꼿하며, 삼가면서도 공손하며, 다스리면서도 공경하며, 익숙하면서도 강인하며, 곧으면서도 온화하며, 간략하면서도 분명하며, 굳세면서도 독실하며, 용맹하면서도 義를 좋아한다.〔寬而栗 柔而立 愿而恭 亂而敬 擾而毅 直而溫 簡而廉 剛而塞 彊而義〕이다.

【本義】此章은 三陳九卦하여 以明處憂患之道하니라

이 장은 아홉 괘를 세 차례 진술하여 우환에 대처하는 道를 밝혔다.

第八章

易之爲書也 不可遠이요 爲道也屢遷이라 變動不居하여 周流六虛[147]하여 上下无常하며 剛柔相易하여 不可爲典要요 唯變所適이니

《易》이라는 책은 잊을 수 없고, 道됨은 자주 옮겨간다. 변동하여 머물지 않아 여섯 빈자리에 두루 흘러서 오르고 내림이 일정함이 없으며, 강유가 서로 바뀌어 정해진 준칙을 삼을 수 없고 오직 변화하여 가는 것이니,

【本義】遠은 猶忘也[148]라 周流六虛는 謂陰陽流行於卦之六位라

'遠'은 忘과 같다. '여섯 빈자리에 두루 흐름'은 음양이 괘의 여섯 자리에서 유행함을 이른다.

字義 遠 : 잊을 원 屢 : 여러번 루

其出入以度하여 外內에 使知懼하며

나가고 들어옴을 법도로 하여 밖과 안에 두려움을 알게 하며,

【本義】此句는 未詳하니 疑有脫誤라

이 구절은 자세하지 않으니, 脫字나 誤字가 있는 듯하다.

---

147 周流六虛 : 柳正源(朝鮮)은 《易解參攷》에서 "괘의 여섯 빈자리에 온갖 물상이 다 갖추어져 있음은 마치 허령한 마음이 온갖 이치를 다 구비하고 있는 것과 같다." 하였고, 金相岳(朝鮮)은 《山天易說》에서 "여섯 자리가 있으나 강유가 오고 가는 것이 마치 나그네가 붙어 살듯하여 실제로 있는 것이 아니다." 하였다.

148 遠 猶忘也 : 《本義》의 해석과 달리 金相岳(朝鮮)은 《山天易說》에서 '遠'을 '멀리하다'의 뜻이라고 하였다.

又明於憂患與故라 无有師保나 如臨父母하니

또 우환과 연고에 밝다. 가르치고 보호하는 이가 없어도 부모께서 임하신 듯하니,

【本義】雖无師保나 而常若父母臨之하니 戒懼之至라

비록 가르치고 보호하는 사람은 없지만 항상 부모께서 임하신 것과 같으니, 경계하고 두려워함이 지극한 것이다.

初率其辭而揆其方컨댄 旣有典常이어니와 苟非其人이면 道不虛行하나니라

처음에 그 말을 따라 그 방도를 헤아려 보면 이미 법칙과 常道가 있으나, 만일 그럴 만한 사람이 아니면 道는 헛되이 행해지지 않는다.

【本義】方은 道也라 始由辭以度(탁)其理하면 則見其有典常矣라 然神而明之는 則存乎其人也라

'方'은 방도이다. 처음에 말을 말미암아 그 이치를 헤아리면 법칙과 상도가 있음을 알 수 있다. 그러나 신묘하여 밝힘은 그 사람에게 달려 있다.

右는 第八章이라

이상은 제8장이다.

第九章

易之爲書也 原始要終하여 以爲質也하고 六爻相雜은 唯其時物也라

《易》이라는 책은 시작에 근원하여 마침을 미루어 살펴서 바탕을 삼고, 육효가 서로 섞임은 오직 그 때와 일을 따른다.

【本義】質은 謂卦體라 卦는 必擧其始終而後成體요 爻는 則唯其時物而已라

'質'은 괘의 몸체를 말한다. 괘는 반드시 그것의 시작과 마침이 세워진 뒤에야 몸체를 이루고, 爻는 다만 그것의 때와 일일 뿐이다.

其初는 難知요 其上은 易知니 本末也라 初辭擬之하고 卒成之終[149]하니라

初爻는 알기 어렵고 上爻는 알기 쉬우니, 근본과 끝에 해당한다. 처음 말은 모의하고, 끝마쳐 마침을 이룬다.

【本義】此는 言初上二爻라

이것은 初爻와 上爻 두 효를 말한 것이다.

若夫雜物과 撰(선)德과 辨是與非는 則非其中爻면 不備하리라

사물을 섞음과 德을 가려냄과, 옳음과 그름을 분별함 같은 것은 가운데 효가 아니면 갖추지 못할 것이다.

【本義】此는 謂卦中四爻라

이것은 괘의 가운데 네 爻를 이른 것이다.

字義 撰 : 가릴 선

---

149 初辭擬之 卒成之終 : 李瀷(朝鮮)은《易經疾書》에서 "처음 말은 헤아리나 아직 마침을 이루지 않았기 때문에 알기 어렵고, 마치는 말에 이르면 마침내 성취함으로 돌아오기 때문에 알기 쉽다." 하였고, 柳正源(朝鮮)은《易解參攷》에서 '헤아린다[擬之]'에 대하여 〈繫辭上傳〉 8장의 "성인이 천하의 잡란함을 보고서 그 형용을 모의하고 그 물건의 마땅함을 형상하였다.[聖人 有以見天下之 賾 而擬諸其形容 象其物宜]"를 적용하여 "乾卦의 초구는 용을 헤아리고 상구는 용을 이루었으며, 漸卦의 초육은 기러기를 헤아리고 상구는 기러기를 이루었으니, 헤아린다는 것은 이른바 '형용을 모의함'이다." 하였다.

噫라 亦要存亡吉凶인댄 則居可知矣어니와 知(智)者觀其彖辭하면 則思過半矣리라

아! 또한 존망과 길흉을 살피고자 하면 가만히 있어도 알 수 있겠지만, 지혜로운 이가 彖辭를 보면 생각이 반을 넘을 것이다.

【本義】彖은 統論一卦六爻之體라

'彖'은 한 卦 여섯 爻의 체를 통합하여 논한 것이다.

二與四는 同功而異位하여 其善不同하니 二多譽하고 四多懼는 近也일새라 柔之爲道 不利遠者언마는 其要无咎는 其用柔中也[150]일새라

二爻와 四爻는 공효는 같으나 자리가 달라서 善함이 같지 않으니, 二爻는 칭찬이 많고 四爻는 두려움이 많은 것은 〈四爻가〉 五爻와 가깝기 때문이다. 陰柔의 道는 멀리 있는 것이 이롭지 않지만 〈二爻가〉 그 大要에 허물이 없는 것은 陰柔로서 중도를 쓰기 때문이다.

【本義】此以下는 論中爻라 同功은 謂皆陰位요 異位는 謂遠近不同이라 四近君이라 故多懼라 柔不利遠而二多譽者는 以其柔中也일새라

이 이하는 가운데의 효들을 논한 것이다. '공효가 같음'은 모두 음의 자리임을 말하고, '자리가 다름'은 멀고 가까움이 다름을 말한다. 四爻는 임금과 가까우므로 두려움이 많다. 陰柔는 멀리 있음이 이롭지 않지만 二爻가 칭찬이 많은 이유는 그것이 陰柔로 중도를 쓰기 때문이다.

三與五는 同功而異位하여 三多凶하고 五多功은 貴賤之等也일새니 其柔는 危하고 其剛은 勝耶인저

---

150 其要无咎 其用柔中也 : 吳致箕(朝鮮)는 《周易經傳增解》에서 '要'는 大要이며 '用'은 功用이라고 하였다.

三爻와 五爻는 공효는 같으나 자리가 달라서 三爻에 흉함이 많고 五爻에 공적이 많은 것은 귀하고 천한 등급 때문이니, 음유는 위태롭고 양강은 이겨낼 것이다.

【本義】三五는 同陽位而貴賤不同이라 然以柔居之則危요 唯剛則能勝之라

　三爻와 五爻는 똑같이 양의 자리지만 귀하고 천함이 같지 않다. 그러나 음유로 자리하면 위태롭고, 오직 양강이라야 이겨낼 수 있다.

右는 第九章이라

　이상은 제9장이다.

第十章

易之爲書也 廣大悉備하여 有天道焉하며 有人道焉하며 有地道焉하니 兼三才而兩之라 故六이니 六者는 非他也라 三才之道也니

《易》이라는 책은 넓고 크게 모두 갖춰서 하늘의 도가 있으며 사람의 도가 있으며 땅의 도가 있으니, 三才를 겸하여 두 번 하였다. 그러므로 여섯이니, 여섯은 다름이 아니라 삼재의 도이니,

【本義】三畫에 已具三才어늘 重之라 故六이니 而以上二爻爲天이요 中二爻爲人이요 下二爻爲地라

　세 획에 이미 三才가 갖추어졌는데 이를 거듭하였으므로 여섯이니, 위의 두 효는 하늘이 되고, 가운데의 두 효는 사람이 되며, 아래의 두 효는 땅이 된다.

道有變動이라 故曰爻요 爻有等이라 故曰物이요 物相雜이라 故曰文이요 文不當이라 故吉凶生焉하니라

道가 변동이 있으므로 효라 하고, 효가 등급이 있으므로 사물〔物〕이라 하고, 사물이 서로 섞이므로 무늬〔文〕라 하고, 무늬가 마땅하지 못하므로 길흉이 나오는 것이다.

【本義】道有變動은 謂卦之一體라 等은 謂遠近貴賤之差라 相雜은 謂剛柔之位相間이요 不當은 謂爻不當位라

'도가 변동이 있다'는 것은 하나의 卦體를 이른다. '등급〔等〕'은 멀고 가까우며 귀하고 천한 차이를 이르고, '相雜'은 剛과 柔의 자리가 서로 끼어 있음을 이르며, '不當'은 효가 자리에 마땅하지 않음을 이른다.

右는 第十章이라

이상은 제10장이다.

第十一章

易之興也 其當殷之末世, 周之盛德耶인저 當文王與紂之事邪인저 是故로 其辭危[151]하여 危者를 使平하고 易(이)者를 使傾이라 其道甚大하여 百物을 不廢하나 懼以終始면 其要无咎리니 此之謂易之道也[152]라

《易》이 일어난 것은 은나라 말기와 주나라의 덕이 번성할 때에 해당할 것이다. 이는 곧 文王과 紂의 일에 해당할 것이다. 이런 까닭으로 그 말이 위태하여, 위태롭게 여기는 자를 평안하게 하고, 쉽게 여기는 자를 기울게 하였다. 그 도가 매우 커서 온갖 일을 폐지하지 않지만, 두려워함으로 마치고 시작하면 그 大要가 허물이 없을 것이니, 이것

---

151 其辭危 : 《大全》의 소주에서 胡炳文(南宋)은 "문왕이 우환의 마음으로 《주역》을 지었으므로 그 말이 위태하다." 하였다.

152 其道甚大……此之謂易之道也 : 《大全》의 소주에서 胡炳文(南宋)은 "역의 도는 비록 넓고 크게 모두 갖추었지만, 사람들에게 두려워함으로 마치고 시작하게 한 것에 불과하다. 두려워함으로 시작하는 것은 쉽지만, 처음처럼 변함없이 두려워함으로 마치는 것은 어렵다." 하였다.

을 역의 도라 이른다.

【本義】危懼故로 得平安이라 慢易則必傾覆이니 易之道也라

위태롭게 여기고 두려워하므로 평안함을 얻는다. 태만하고 쉽게 여기면 반드시 기울어지고 전복되니 이것이 易의 도이다.

右는 第十一章이라

이상은 제11장이다.

第十二章

夫乾은 天下之至健也니 德行이 恒易(이)以知險하고 夫坤은 天下之至順也니 德行이 恒簡以知阻[153]하나니

乾은 천하의 지극한 강건함이니 덕행이 항상 평이해서 험함을 알고, 坤은 천하의 지극한 유순함이니 덕행이 항상 간결해서 막힘을 아니,

【本義】至健則所行无難이라 故易요 至順則所行不煩이라 故簡이라 然其於事에 皆有以知其難而不敢易以處之也라 是以로 其有憂患이면 則健者는 如自高臨下而知其險하고 順者는 如自下趨上而知其阻하나니 蓋雖易而能知險이면 則不陷於險矣요 旣簡而又知阻면 則不困於阻矣라 所以能危能懼而无易者之傾也니라

---

153 夫乾……恒簡以知阻 : 沈就濟(朝鮮)는 《讀易疑義》에서 "〈계사전〉 상하가 모두 건곤으로 시작하고 건곤으로 끝맺으니 상하전이 건곤 안의 일에 지나지 않는다. 공부하는 이가 알아서 행하면 건곤의 가운데에서 이룰 수 있을 것이다. 하늘에 있어서는 命이라 하고, 사람에 있어서는 辭라고 하니, 천명을 잘 알아서 문왕을 계승한 것이 공자의 〈계사전〉이 아니겠는가?" 하였다. 李震相(朝鮮)은 《易學管窺》에서 여기(계사하 12장)의 知險과 知阻에 대하여 "'험함'이란 음의 몸체이니 강물과 못의 험함을 말하고, '막힘'이란 양의 몸체이니 산과 언덕에 막힘을 말한다. 양이 음을 만나면 거기 빠질 것을 두려워하므로 건으로써 험함을 알고, 음이 양을 만나면 그 막힐 것을 두려워하므로 곤으로써 그 막힘을 안다." 하였다.

지극히 강건하면 행하는 것이 어려움이 없으므로 평이하고, 지극히 유순하면 행하는 것이 번거롭지 않으므로 간결하다. 그러나 일에 있어서는 모두 그 어려움을 알아 감히 안이하게 대처하지 않는다. 이 때문에 우환이 있으면 강건한 사람은 높은 곳에서 아래에 임하듯이 하여 그 험함을 알고, 유순한 사람은 아래에서 위로 올라가듯이 하여 그 막힘을 안다. 비록 평이하지만 험함을 알 수 있다면 험함에 빠지지 않을 것이고, 이미 간결하면서도 다시 막힘을 안다면 막힘에 곤란하지 않을 것이다. 그래서 위태롭게 여길 수 있고 두려워할 수 있으며, 쉽게 여기는 자의 기울어짐이 없는 것이다.

能說(열)諸心하며 能研諸(侯之)[154]慮하여 定天下之吉凶하며 成天下之亹亹者[155]니

마음에 기뻐하며 생각에 궁구하여, 천하의 길흉을 정하며 천하의 부지런히 힘씀〔亹亹〕을 이루니,

【本義】侯之二字는 衍이라 說諸心者는 心與理會니 乾之事也요 研諸慮者는 理因慮審이니 坤之事也라 說諸心이라 故有以定吉凶이요 研諸慮라 故有以成亹亹라

'侯之' 두 자는 연문이다. '마음에 기쁘다'는 것은 마음이 이치와 맞음이니 乾의 일이고, '생각에 궁구한다'는 것은 이치를 생각에 의하여 살핌이니 坤의 일이다. 마음에 기쁘므로 길흉을 정할 수 있고, 생각에 궁구하므로 부지런히 힘씀을 이룰 수 있다.

字義 亹 : 힘쓸 미

是故로 變化云爲에 吉事有祥이라 象事하여 知器하며 占事하여 知來하나니

이런 까닭으로 變하고 化하며 말하고 행함에 길한 일은 상서로움이 있다. 일을 상징하여 기물을 알며, 일을 점쳐서 올 것을 아니,

---

154 (侯之) : 저본에는 '侯之'가 있으나, 《본의》에 의거하여 연문으로 처리하였다.

155 能說(열)諸心……成天下之亹亹者 : 《大全》의 소주에서 朱熹(南宋)는 "마음에 기뻐하는 것은 자연스러운 것이므로 陽에 속하고, 생각에 궁구하는 것은 작위하는 것이므로 陰에 속하며, 길흉을 정함은 건이고, 부지런히 애씀을 이룸은 곤이다." 하였다.

【本義】變化云爲라 故象事면 可以知器요 吉事有祥이라 故占事면 可以知來라

변하고 화하며 말하고 행하므로 일을 상징하면 기물을 알 수 있고, 길한 일에는 상서로움이 있으므로 일을 점치면 올 것을 알 수 있다.

天地設位에 聖人이 成能하니 人謀鬼謀에 百姓이 與能[156]하나니라

천지가 자리를 베풂에 성인이 능함을 이루니, 사람에게 도모하며 귀신에게 도모함에 백성이 능함에 참여한다.

【本義】天地設位에 而聖人作易하여 以成其功하니 於是에 人謀鬼謀에 雖百姓之愚라도 皆得以與其能이라

하늘과 땅이 자리를 베풂에 성인이 《역》을 지어 그 공효를 이루니, 이에 사람에게 도모하며 귀신에게 도모함에 비록 어리석은 백성이라도 모두 그 능함에 참여할 수 있다.

八卦는 以象告하고 爻彖은 以情言하니 剛柔雜居而吉凶을 可見矣라

팔괘는 象으로 일러주고 효사와 단사는 정황으로 말해주니, 剛과 柔가 섞여 있음에 길함과 흉함을 볼 수 있다.

【本義】象은 謂卦畫이요 爻彖은 謂卦爻辭라

'象'은 괘의 획을 이르고, '爻'와 '彖'은 괘사와 효사를 이른다.

變動은 以利言하고 吉凶은 以情遷이라 是故로 愛惡(오)相攻而吉凶生하며 遠近相

---

156 天地設位……百姓與能 : 《大全》의 소주에서 胡炳文(南宋)은 "天理에 이러한 이치가 있어도 사람에게 알려 줄 수 없어서 성인이 점치는 책을 만들고는 밝은 것은 사람에게 도모하고 어두운 것은 귀신에게 도모하였다." 하고, "성인이 천지가 이룰 수 없었던 공능을 이루었기에, 백성이 성인이 이뤄 놓은 공능에 참여할 수 있는 것이다." 하였다.

取而悔吝生하며 情僞相感而利害生하나니 凡易之情이 近而不相得하면 則凶或
害之하며 悔且吝하나니라

變動은 이로움으로 말하고 吉凶은 정황으로 옮겨간다. 이런 까닭으로 사랑함과 미워
함이 서로 공격함에 길과 흉이 생기며, 멂과 가까움이 서로 취함에 뉘우침과 부끄러움
이 생기며, 진실과 거짓이 서로 느낌에 이로움과 해로움이 생기니, 무릇 역의 정황이
가까우면서도 서로 얻지 못하면 흉하거나 혹 해치며 뉘우치고 또 부끄럽다.

【本義】不相得은 謂相惡也니 凶害悔吝이 皆由此生이라

'서로 얻지 못함'은 서로 미워함을 말하니, 흉함과 해침, 뉘우침과 부끄러움이 모두 이로부
터 생긴다.

將叛者는 其辭慙하고 中心疑者는 其辭枝하고 吉人之辭는 寡하고 躁人之辭는 多하고
誣善之人은 其辭游하고 失其守者는 其辭屈하니라

장차 배반할 자는 그 말이 부끄럽고, 속마음이 의혹된 자는 그 말이 갈라지며, 吉한
사람의 말은 적고, 조급한 사람의 말은 많으며, 善을 무함하는 사람은 그 말이 허황하
고, 지킴을 잃은 자는 그 말이 비굴하다.

【本義】卦爻之辭 亦猶是也라

괘사와 효사도 또한 이와 같다.

字義 叛 : 배반할 반 慙 : 부끄러울 참 誣 : 무함할 무

右는 第十二章이라

이상은 제12장이다.

周易傳義 卷第二十四

說卦傳[1]

第一章

昔者에 聖人之作易也에 幽贊於神明而生蓍[2]하고

　옛날에 성인이 易을 지을 적에 神明을 그윽히 도와 蓍草를 내고,

【本義】幽贊神明은 猶言贊化育[3]이라 龜筴傳曰 天下和平하고 王道得이면 而蓍莖長丈
이요 其叢生이 滿百莖이라하니라

　'神明을 그윽히 도왔다.'는 化育을 돕는다는 말과 같다. 《史記》〈龜筴列傳〉에 "천하가 화평하
고 王道가 제대로 행해지면 시초의 줄기가 한 길이 되고, 그 무더기가 백 개까지 찬다." 하였다.

字義　蓍 : 시초 시　筴 : 산대 책(策)　莖 : 줄기 경

參天兩地而倚數하고

　하늘에서 셋을 취하고 땅에서 둘을 취하여 數를 의지하고,

1　說卦傳 : 十翼의 하나로, 卦德과 卦象에 대해 설명하였다. 《大全》의 소주에서 吳澄(元)은 "〈설괘
　　전〉은 괘의 자리〔卦位〕, 괘의 덕〔卦德〕, 괘의 상〔卦象〕에 대한 설명을 갖추어 실었다. 예로부터 그
　　러한 설이 있으니, 아마도 八卦에 관해 기록한 《八索》 같은 책에 실린 내용을 공자가 가필하거나
　　산삭하여 傳으로 만든 듯하다." 하였다.
2　幽贊於神明而生蓍 : 《大全》의 소주에서 程頤(北宋)는 "'신명을 그윽히 도와 시초를 내었다'는 것
　　은 시초를 사용하여 괘를 구한 것이다." 하였다.
3　贊化育 : 《중용》 22장에 "天地의 化育을 도우면 天地와 함께 參與하게 될 것이다.〔可以贊天地之
　　化育 則可以與天地參矣〕" 하였다.

【本義】天圓地方하니 圓者는 一而圍三이니 三各一奇라 故參天而爲三이요 方者는 一而 圍四니 四合二偶라 故兩地而爲二하니 數皆倚此而起라 故揲著三變之末이 其餘三奇 則三三而九요 三偶則三二而六이요 兩二一三則爲七이요 兩三一二則爲八이라

하늘은 둥글고 땅은 네모진데, 둥근 것은 〈지름이〉 하나에 둘레가 3이니, 3은 각각 한 홀수 이므로 하늘에서 셋을 취하여 3이 되고, 네모진 것은 〈한 변이〉 하나에 둘레가 4이니, 4는 두 짝수를 합한 것이므로 땅에서 둘을 취하여 2가 되니, 數는 모두 이것에 의하여 일어났다. 그러 므로 蓍草를 세어 세 번 변한 뒤에 그 나머지가 홀수가 셋이면 3이 셋이어서 9이고, 짝수가 셋 이면 3이 둘이어서 6이며, 2가 둘이고 3이 하나이면 7이고, 3이 둘이고 2가 하나이면 8이다.

觀變於陰陽而立卦하고 發揮於剛柔而生爻하니

陰과 陽에서 변화를 보아 卦를 세우고, 剛과 柔에서 발휘하여 爻를 낳으니,

和順於道德而理於義하며 窮理盡性하여 以至於命하니라

道德에 화순하고 義에 맞게 하며, 이치를 궁구하고 본성을 다하여 命에 이른다.

【本義】和順은 從容无所乖逆이니 統言之也요 理는 謂隨事得其條理니 析言之也라 窮 天下之理하고 盡人物之性하여 而合於天道하니 此는 聖人作易之極功也라

和順은 자연스러워 어그러지고 거스르는 바가 없는 것이니 통합하여 말한 것이다. 理는 일 에 따라 그 조리에 맞음을 이르니 나누어 말한 것이다. 천하의 이치를 궁구하고 사람과 사물 의 본성을 다하여 천도에 합하니, 이는 聖人이 《易》을 지은 지극한 功이다.

右는 第一章[4]이라

이상은 제1장이다.

---

4 第一章:《大全》의 소주에서 吳澄(元)은 "제1장과 제2장은 성인이 역을 지은 큰 뜻을 공자가 총괄 하여 〈설괘전〉의 발단을 삼았다." 하였다.

第二章

昔者聖人之作易也는 將以順性命之理라 是以로 立天之道曰陰與陽이요 立地之
道曰柔與剛이요 立人之道曰仁與義[5]니 兼三才而兩之[6]라 故로 易이 六畫而成
卦하고 分陰分陽하며 迭用柔剛이라 故로 易이 六位而成章[7]하니라

　옛날에 성인이 《易》을 지음은 장차 性命의 이치에 순종하려고 해서이다. 이러므로
하늘의 道를 세움은 陰과 陽이라고 말하고, 땅의 道를 세움은 柔와 剛이라고 말하고,
사람의 道를 세움은 仁과 義라고 말하니, 三才를 겸해서 두 번 하였기 때문에 易이 여
섯 획으로 卦를 이루었고, 陰으로 나누고 陽으로 나누며 柔와 剛을 차례로 썼기 때문에
易이 여섯 자리로 문장을 이룬 것이다.

【本義】兼三才而兩之는 總言六畫이요 又細分之하면 則陰陽之位가 間雜而成文章也라

　'삼재를 겸하여 두 번 했다.' 함은 여섯 획을 총괄하여 말한 것이고, 또 세세하게 나누면 陰
陽의 자리가 사이사이에 섞여 문장을 이룬다.

右는 第二章이라

　이상은 제2장이다.

5　立天之道曰陰與陽……立人之道曰仁與義 : 《大全》의 소주에서 朱熹(南宋)는 "'하늘의 도를 세움은
음과 양이라고 말한다.'고 한 것은 氣를 가지고 말한 것이며, '땅의 도를 세움은 柔와 剛이라고 말
한다.'고 한 것은 재질[質]을 가지고 말한 것이고, '사람의 도를 세움은 仁과 義라고 말한다.'고 한
것은 이치[理]를 가지고 말한 것이다." 하였다.

6　兼三才而兩之 : 《大全》의 소주에서 朱熹(南宋)는 "한 괘를 가지고 말한다면 위의 두 획은 하늘이
고 가운데 두 획은 사람이며 아래 두 획은 땅이고, 두 개의 삼획괘에서 각각 본다면 상효와 삼효
는 하늘이 되고, 오효와 이효는 사람이 되며 사효와 초효는 땅이 된다." 하였다.

7　易……六位而成章 : 李瀷(朝鮮)은 《易經疾書》에서 "六畫의 畫은 剛과 柔로 말한 것이고, 六位의
位는 음과 양으로 말한 것이다." 하고, "剛이 양에 거하고 柔가 음에 거하는 것은 바름이 되고,
剛이 음에 거하고 柔가 양에 거하는 것은 바름을 잃는 것이 된다. 이효와 오효는 中道가 되고, 초
효·삼효·사효·상효는 中道를 잃는 것이 된다. 음과 양에는 바른 위치가 있고, 剛과 柔는 번갈아
거하여 문장을 이룬다." 하였다.

第三章

天地定位하며 **山澤通氣**하며 **雷風相薄**하며 **水火不相射**(석)하여 **八卦相錯**하니

하늘과 땅이 자리를 정하며, 산과 못이 氣를 통하며, 우레와 바람이 서로 부딪히며, 물과 불이 서로 쏘아 맞추지 않아서 八卦가 서로 섞이니,

【本義】邵子[8]曰 此는 伏羲八卦之位[9]니 乾南坤北하고 離東坎西하며 兌居東南하고 震居東北하며 巽居西南하고 艮居西北이라 於是에 八卦相交而成六十四卦하니 所謂先天之學也라

邵子가 말하였다. "이는 伏羲 八卦의 자리이니, 乾卦☰는 남쪽이고, 坤卦☷는 북쪽이며, 離卦☲는 동쪽이고, 坎卦☵는 서쪽이며, 兌卦☱는 동남쪽에 있고, 震卦☳는 동북쪽에 있으며, 巽卦☴는 서남쪽에 있고, 艮卦☶는 서북쪽에 있다. 이에 八卦가 서로 교차하여 64卦를 이루었으니, 이른바 先天의 학문이다.

字義 薄 : 부딪힐 박   射 : 쏘아맞힐 석   錯 : 갈마들 착

數往者는 **順**이요 **知來者**는 **逆**이라 **是故**로 **易**은 **逆數也**라

지나간 것을 셈은 순한 것이고, 올 것을 앎은 거스르는 것이다. 이 때문에 易은 거슬러서 세는 것이다.

【本義】起震而歷離兌하여 以至於乾은 數已生之卦也요 自巽而歷坎艮하여 以至於坤은 推未生之卦也라 易之生卦는 則以乾兌離震巽坎艮坤爲次라 故皆逆數也라

震卦☳에서 일어나서 離卦와 兌卦☱를 지나 乾卦☰에 이름은 이미 생겨난 卦를 세는 것이

---

8   邵子 : 邵雍(宋, 1011~1077)으로 자는 堯夫, 호는 康節이다. 《주역》을 상수학으로 설명하였으며, 저서에 《皇極經世書》가 있다.

9   伏羲八卦之位 : 〈伏羲八卦方位之圖〉를 참조해 살필 수 있다. 이는 河圖에 근거하여 작성된 것으로, 天地開闢 이전의 자연의 理法을 구현한 팔괘의 배열이다. 이를 先天易이라 하며, 이상적이고 안정적인 상태를 담고 있다.

며, 巽卦☴로부터 坎卦☵와 艮卦☶를 지나 坤卦☷에 이름은 아직 생겨나지 않은 卦를 미루어 보는 것이다. 易이 卦를 낳음은 乾卦·兌卦·離卦·震卦·巽卦·坎卦·艮卦·坤卦로 차례를 삼기 때문에 모두 거슬러서 센다.

右는 第三章이라

이상은 제3장이다.

第四章

雷以動之하고 風以散之하고 雨以潤之하고 日以烜之하고 艮以止之하고 兌以說之하고 乾以君之하고 坤以藏之하나니라

우레로써 움직이고, 바람으로써 흩뜨리고, 비로써 적시고, 해로써 말리고, 艮卦로써 그치고, 兌卦로써 기쁘게 하고, 乾卦로써 임금노릇하고, 坤卦로써 감춘다.

【本義】此는 卦位相對니 與上章同이라

이는 卦의 자리가 서로 마주함이니 윗장과 같다.

字義 潤 : 적실 윤 烜 : 말릴 훤

右는 第四章이라

이상은 제4장이다.

第五章

帝出乎震하여 齊乎巽하고 相見乎離하고 致役乎坤하고 說言乎兌하고 戰乎乾하고

勞乎坎하고 成言乎艮하니라

上帝가 震卦에서 나와 巽卦에서 가지런하고, 離卦에서 서로 만나보고, 坤卦에서 일을 이루고, 兌卦에서 기뻐하고, 乾卦에서 싸우고, 坎卦에서 수고롭고, 艮卦에서 이룬다.

【本義】帝者는 天之主宰라 邵子曰 此卦位는 乃文王所定이니 所謂後天之學也[10]라

‘帝’는 하늘의 주재자이다. 邵子가 “이 卦의 자리는 文王이 정한 것이니, 이른바 後天의 학문이다.” 하였다.

字義 勞 : 위로할 로

萬物이 出乎震하니 震은 東方也라 齊乎巽은 巽은 東南也니 齊也者는 言萬物之潔齊也라 離也者는 明也니 萬物이 皆相見할새 南方之卦也라 聖人이 南面而聽天下하여 嚮明而治는 蓋取諸此也라 坤也者는 地也니 萬物이 皆致養焉할새 故로 曰致役乎坤이라 兌는 正秋也니 萬物之所說(열)也일새 故로 曰說言乎兌라 戰乎乾은 乾은 西北之卦也니 言陰陽相薄也라 坎者는 水也니 正北方之卦也니 勞卦也니 萬物之所歸也일새 故로 曰勞乎坎[11]이라 艮은 東北之卦也니 萬物之所成終而所成始也일새 故로 曰成言乎艮이라

만물이 震卦에서 나오니, 震卦는 東方이다. ‘巽卦에서 가지런하다.’는 것은 巽卦는 東南이니, 齊는 만물이 깨끗하여 가지런함을 말한다. 離卦는 밝음이니 만물이 모두 서로 보기 때문에 南方의 卦이다. 성인이 南面하여 천하의 말을 들어 밝은 곳을 향해 다스림은 여기에서 취하였다. 坤卦는 땅이니, 만물이 모두 기름을 이루므로 ‘坤卦에서 일을

---

10 乃文王所定 所謂後天之學也 : 文王所定은 문왕팔괘를 가리키며, 〈文王八卦方位之圖〉를 참조해 살필 수 있다. 이는 洛書에 근거하여 작성된 것으로, 천지 만물이 이미 생성된 후 그것이 변화 운행하는 理法을 구현한 배열이다. 이를 後天易이라 하며, 현실적이고 불안정한 상태를 담고 있다.

11 坎者……曰勞乎坎 : 宋時烈(朝鮮)은 《易說》에서 ‘수고로운 卦〔勞卦〕’와 ‘감괘에서 수고롭다〔勞乎坎〕’에 대하여 “坎卦는 물이고 물의 성질은 아래로 내려가는데, 강과 바다는 가느다란 물줄기도 가리지 않고 받아들인다. 먼데서 온 자를 오게 함은 마치 사람이 수고롭게 옴에 위로하기를 게을리하지 않음과 같다. 또 감괘는 겨울에 속하는데, 겨울은 만물을 거두어 저장하는 것이므로 ‘감괘에서 수고롭다.’고 하였고, 또 ‘만물이 돌아가는 곳이다.’라고 말하였다.” 하였다.

이룬다.' 하였다. 兌卦는 바로 가을이니, 만물이 기뻐하는 바이므로 '兌卦에서 기뻐한
다.' 하였다. '乾卦에서 싸운다.'는 것은 乾卦는 西北方의 卦이니, 陰과 陽이 서로 부딪
힘을 말한다. 坎卦는 물이니, 바로 北坊의 卦이니 수고로운 卦이다. 만물이 돌아가므로
'坎卦에서 수고롭다.' 하였다. 艮卦는 東北方의 卦이니, 만물이 마침을 이루고 시작을
이루므로 '艮卦에서 이룬다.' 하였다.

【本義】上言帝하고 此言萬物之隨帝以出入也라

위에서는 上帝를 말하였고, 여기서는 만물이 上帝를 따라 들어오고 나가는 것을 말하였다.

字義 嚮 : 향할 향 薄 : 부딪힐 박

右는 第五章이라

이상은 제5장이다.

【本義】此章所推卦位之說은 多未詳者라

이 장에서 유추한 卦의 자리에 대한 설명은 자세히 알 수 없는 것이 많다.

第六章

神也者는 妙萬物而爲言者也니 動萬物者莫疾乎雷하고 撓萬物者莫疾乎風하고
燥萬物者莫熯乎火하고 說萬物者莫說乎澤하고 潤萬物者莫潤乎水하고 終萬物
始萬物者莫盛乎艮[12]하니 故로 水火相逮하며 雷風不相悖하며 山澤通氣然後에
能變化하여 旣成萬物也하니라

神이란 만물을 신묘하게 하는 것을 말하니, 만물을 움직이는 것은 우레보다 빠른 것

---

12 動萬物者莫疾乎雷……終萬物始萬物者莫盛乎艮 : 《大全》의 소주에서 邱富國(南宋)은 "여섯 자식
의 쓰임을 순서대로 말하고 乾卦·坤卦를 언급하지 않은 이유는 여섯 자식의 작용이 모두 건괘·
곤괘가 하는 것이기 때문이다. 다섯 괘는 모두 象을 말하였는데 艮卦에서 象을 말하지 않은 이유
는, 만물을 시작하고 마치는 일은 그 뜻이 山에 매이지 않기 때문이다." 하였다.

이 없고, 만물을 흔드는 것은 바람보다 빠른 것이 없고, 만물을 말리는 것은 불보다 잘 말리는 것이 없고, 만물을 기쁘게 하는 것은 못보다 기쁘게 하는 것이 없으며, 만물을 적시는 것은 물보다 잘 적시는 것이 없고, 만물을 마치고 만물을 시작하는 것은 艮卦보다 왕성한 것이 없다. 그러므로 물과 불이 서로 붙들며, 우레와 바람이 서로 어그러지지 않으며, 산과 못이 氣를 통한 뒤에야 변화하여 만물을 이룬다.

【本義】此는 去乾坤而專言六子하여 以見(현)神之所爲[13]라 然其位序亦用上章之說[14]하니 未詳其義라

여기에서는 乾과 坤을 제외하고 여섯 자식 괘만을 말해서 神이 하는 바를 나타내었다. 그러나 그 방위의 순서는 또한 윗장의 설명을 썼으니, 그 뜻이 자세하지 않다.

字義 燥 : 말릴 조   熯 : 말릴 한

右는 第六章이라

이상은 제6장이다.

---

13 去乾坤而專言六子 以見(현)神之所爲 :《大全》의 소주에서 胡炳文(南宋)은 "乾卦·坤卦를 제외하고 여섯 자식만을 말하여 神이 하는 바를 드러냄으로써 神을 말하였으니 건괘·곤괘는 그 가운데 있는 것이다." 하였고, 金相岳(朝鮮)은《山天易說》에서 "제6장에서 乾坤을 놓아두고 오로지 여섯 괘만을 말한 것은 〈서괘전〉에서 건곤을 말하지 않은 것과 같다. 또 神이 하는 일은 乾坤의 변화이기 때문에 아래 단락(제7장)에서 복희팔괘의 자리를 말하였다." 하였다. 徐幾(南宋)는 "복희팔괘의 방위는 조화의 對待하는 體를 중심으로 말한 것이고, 문왕팔괘의 방위는 조화의 유행하는 작용을 중심으로 말한 것이다. 對待는 流行이 아니면 변화할 수 없고, 流行은 對待가 아니면 스스로 행할 수 없다." 하였다.

14 其位序亦用上章之說 : 여기에서 언급한 여섯괘의 순서는 震 離 兌 巽 坎 艮으로서 〈복희팔괘방위지도〉와 순서와 같으나, 건괘와 곤괘가 빠졌다.《大全》의 소주에서 胡炳文(南宋)은 "위의 제3장, 제4장에서는 先天을 말하였고, 제5장에서는 後天을 말하였다. 여기 제6장은 後天으로부터 先天을 헤아린 것이다." 하였다. 項安世(南宋)는 "'움직이고〔動〕', '흔들고〔撓〕', '말리고〔燥〕', '기뻐하고〔說〕', '적시고〔潤〕', '왕성함〔盛〕'은 모두 後天의 나누어 다스리는 질서에 근거하고, '서로 붙들고〔相逮〕', '서로 어그러지지 않고〔不相悖〕', '기를 통하는〔通氣〕' 변화는 다시 先天의 서로 합하는 자리에 근거한다. 이는 다섯 기운이 고르게 퍼져 네 계절이 나뉘어 왕성한 때를 밝힌 것인데, 무극의 참됨과 음양오행의 精이 신묘하게 합하여 응결한 것이 先天의 일에서 어그러진 적이 없음을 밝힌 것이다. 참으로 이 장이 없다면 문왕의 괘는 體가 없게 되고, 복희의 괘는 작용이 없게 될 것이다." 하였다.

第七章

乾은 健也요 坤은 順也요 震은 動也요 巽은 入也요 坎은 陷也요 離는 麗(리)也요 艮은
止也요 兌는 說(열)也라

乾卦는 강건하고, 坤卦는 순하고, 震卦는 움직이고, 巽卦는 들어가고, 坎卦는 빠지
고, 離卦는 걸리고, 艮卦는 그치고, 兌卦는 기뻐한다.

【本義】此는 言八卦之性情이라

이는 八卦의 性情을 말한 것이다.

字義　麗 : 걸릴 리

右는 第七章[15]이라

이상은 제7장이다.

第八章

乾爲馬[16]요 坤爲牛[17]요 震爲龍이요 巽爲鷄[18]요 坎爲豕요 離爲雉요 艮爲狗[19]요

---

15 第七章 : 〈설괘전〉 제7장부터 제 10장까지의 내용에 대하여 《大全》의 소주에서 吳澄(元)은 "제7
장에서는 여덟 글자(健·順·動·入·陷·麗·止·說)로 팔괘의 덕을 단정하고, 그 아래 장에서는 사
물(제8장), 신체(제9장), 집안(제10장)으로써 여덟 덕의 종류에 의거하여 주관하는 것을 나누었
다." 하였다.

16 乾爲馬 : 《大全》의 소주에서 朱熹(南宋)는 "《역》의 象은 이해할 수 없다. 예컨대 乾卦는 말인데 乾
卦에서 오로지 龍만을 말하니, 이러한 종류는 다 통하지 않는다." 하였다.

17 乾爲馬 坤爲牛 : 《大全》의 소주에서 項安世(南宋)는 "말은 건괘의 상이므로 통굽이고, 소는 곤괘
의 상이므로 굽이 두 개가 붙어 있다." 하였다.

18 巽爲鷄 : 《大全》의 소주에서 龔原(北宋)은 "닭은 날개 달린 종류이니 날 수 있는데, 그 성질은 들
어감이고 엎드림이다. 때를 알아 잘 감응하므로 손괘가 닭이 된다." 하였다.

19 坎爲豕……艮爲狗 : 《大全》의 소주에서 張栻(南宋)는 "돼지는 주로 더럽고 습하니, 그 성질이 아

兌爲羊이라

乾卦는 말이 되고, 坤卦는 소가 되고, 震卦는 용이 되고, 巽卦는 닭이 되고, 坎卦는 돼지가 되고, 離卦는 꿩이 되고, 艮卦는 개가 되고, 兌卦는 양이 된다.

【本義】遠取諸物에 如此라

멀리 물건에서 취한 것이 이와 같다.

字義 豕 : 돼지 시

右는 第八章이라

이상은 제8장이다.

第九章

乾爲首요 坤爲腹이요 震爲足이요 巽爲股요 坎爲耳요 離爲目이요 艮爲手[20]요 兌爲口라

乾卦는 머리가 되고, 坤卦는 배가 되고, 震卦는 발이 되고, 巽卦는 다리가 되고, 坎卦는 귀가 되고, 離卦는 눈이 되고, 艮卦는 손이 되고, 兌卦는 입이 된다.

【本義】近取諸身에 如此라

가까이 몸에서 취한 것이 이와 같다.

래로 쫓아가므로 坎卦가 돼지가 된다. 꿩의 성질은 밝고 지조가 있으며 밖으로 문채가 나므로, 離卦가 꿩이 된다. 艮卦가 개가 됨은, 사람에게 머물러 있으면서도 사람을 그치게 할 수도 있음을 말한다." 하였다.

20 巽爲股……艮爲手 : 李震相(朝鮮)은《易學管窺》에서 "對待로 보면 巽卦는 마땅히 손(手)이 되어야 하고, 艮卦는 마땅히 코(鼻)가 되어야 하는데, 여기에서는 섞어서 취하였다. 대체로 象을 취하는 것은 한결같지 않으니, 하나에 사로잡혀서는 안 된다." 하였다.

右는 第九章이라

이상은 제9장이다.

第十章

乾은 天也라 故로 稱乎父요 坤은 地也라 故로 稱乎母요 震은 一索而得男이라 故로 謂之長男이요 巽은 一索而得女라 故로 謂之長女요 坎은 再索而得男이라 故로 謂之中男이요 離는 再索而得女라 故로 謂之中女요 艮은 三索而得男이라 故로 謂之少男이요 兌는 三索而得女라 故로 謂之少女[21]라

乾은 하늘이므로 아버지라고 칭하였고, 坤은 땅이므로 어머니라고 칭하였고, 震은 첫 번째로 구하여 남자아이를 얻었으므로 長男이라고 칭하였고, 巽은 첫 번째로 구하여 여자아이를 얻었으므로 長女라고 칭하였고, 坎은 두 번째로 구하여 남자아이를 얻었으므로 中男이라고 칭하였고, 離는 두 번째로 구하여 여자아이를 얻었으므로 中女라고 칭하였고, 艮은 세 번째로 구하여 남자아이를 얻었으므로 少男이라고 칭하였고, 兌는 세 번째로 구하여 여자아이를 얻었으므로 少女라고 칭하였다.

【本義】索은 求也니 謂揲著以求爻也라 男女는 指卦中一陰一陽之爻而言이라

'索'은 구하다는 의미이니, 시초를 세어 爻를 구하는 것이다. 男女는 卦 가운데 하나의 陰爻와 하나의 陽爻를 가리켜서 말한 것이다.

右는 第十章이라

이상은 제10장이다.

---

21 乾……謂之少女:《大全》의 소주에서 項安世(南宋)는 "乾과 坤의 여섯 자식은 처음에는 氣이고 끝에는 形이며, 중간에는 精이다." 하였다. 즉 우레〔震卦〕와 바람〔巽卦〕은 氣이고, 산〔艮卦〕과 못〔兌卦〕은 形이며, 물〔坎卦〕과 불〔離卦〕은 精이라는 말이다.

第十一章

乾은 爲天, 爲圓, 爲君, 爲父, 爲玉, 爲金, 爲寒, 爲冰, 爲大赤, 爲良馬, 爲老馬, 爲瘠馬, 爲駁馬, 爲木果라

乾卦☰는 하늘이 되고, 둥근 것이 되고, 임금이 되고 아버지가 되고, 玉이 되고, 金이 되고, 차가운 것이 되고, 얼음이 되고, 크게 붉은 것이 되고, 좋은 말이 되고, 늙은 말이 되고, 수척한 말이 되고, 얼룩말이 되고, 나무의 과실이 된다.

【本義】荀九家[22]엔 此下에 有爲龍, 爲直, 爲衣, 爲言이라

荀爽의 《九家易》에는 이 아래에 "龍이 되고, 곧음이 되고, 옷이 되고, 말이 된다."는 내용이 있다.

字義 圓 : 둥글 원(圓) 瘠 : 수척할 척 駁 : 얼룩말 박

坤은 爲地, 爲母, 爲布, 爲釜, 爲吝嗇, 爲均, 爲子母牛, 爲大輿, 爲文, 爲衆, 爲柄이요 其於地也에 爲黑이라

坤卦☷는 땅이 되고, 어머니가 되고, 펴는 것이 되고, 가마솥이 되고, 인색한 것이 되고, 균등한 것이 되고, 새끼 소나 어미 소가 되고, 큰 수레가 되고, 무늬가 되고, 무리가 되고, 자루가 되며, 땅에 있어서는 검은 것이 된다.

【本義】荀九家엔 有爲牝, 爲迷, 爲方, 爲囊, 爲裳, 爲黃, 爲帛, 爲漿이라

순상의 《九家易》에는 "암컷이 되고, 혼미한 것이 되고, 네모난 것이 되고, 주머니가 되고, 치마가 되고, 누런 것이 되고, 비단이 되고, 미음이 된다."는 내용이 있다.

---

22 荀九家 : 荀爽(128~190)의 《九家易》을 가리킨다. 순상은 後漢 말기에 살았으며 曹操의 참모였던 荀彧의 숙부이다. 자는 慈明이다. 8인의 형제가 있었는데 모두 才德이 뛰어났기 때문에 당시에 '八龍'으로 일컬어졌으며, 그 중 여섯째인 순상은 12세 때 《춘추》와 《논어》에 정통하여 '慈明無雙'이라는 칭송을 받았다. 九家는 《주역》을 주석했던 京房, 馬融, 鄭玄, 宋衷, 虞翻, 陸績, 姚信, 翟子玄에 荀爽을 포함하여 9인의 周易學者를 말한다. 荀爽이 이들의 易說을 모아 《九家易》 10권을 만들었다.

字義 釜 : 가마솥 부

震은 爲雷, 爲龍, 爲玄黃, 爲旉, 爲大塗, 爲長子, 爲決躁, 爲蒼筤竹, 爲萑葦요 其於馬也에 爲善鳴, 爲馵足, 爲作足, 爲的顙이요 其於稼也에 爲反生이요 其究爲健이요 爲蕃鮮이라

震卦☳는 우레가 되고, 龍이 되고, 검고 누런 것이 되고, 펴는 것이 되고, 큰 길이 되고, 長男이 되고, 결단함에 조급함이 되고, 푸른 대나무가 되고, 갈대가 되며, 말에 있어서는 잘 우는 것이 되고, 왼쪽발이 하얀 것이 되고, 잘 달리는 것이 되고, 흰 이마가 되며, 심는 데 있어서는 싹이 껍질을 이고 나옴〔反生〕이 되고, 그 궁극에는 굳셈이 되고, 번성하고 고운 것이 된다.

【本義】荀九家엔 有爲玉, 爲鵠, 爲鼓라

순상의《九家易》에는 "玉이 되고, 고니가 되고, 북이 된다."는 내용이 있다.

字義 旉 : 펼 부　馵 : 왼쪽뒷발흰말 주　的 : 밝을 적　顙 : 이마 상

巽은 爲木, 爲風, 爲長女, 爲繩直, 爲工, 爲白, 爲長, 爲高, 爲進退, 爲不果, 爲臭요 其於人也에 爲寡髮, 爲廣顙, 爲多白眼, 爲近利市三倍요 其究爲躁卦라

巽卦☴는 나무가 되고, 바람이 되고, 長女가 되고, 먹줄이 되고, 목공(만드는 것)이 되고, 흰 것이 되고, 긴 것이 되고, 높은 것이 되고, 나아가고 물러남이 되고, 과단성이 없는 것이 되고, 냄새가 되며, 사람에게 있어서는 털이 적은 것이 되고, 이마가 넓은 것이 되고, 눈에 흰자위가 많은 것이 되고, 이익을 가까이 하여 이득이 세 배가 되며, 그 궁극에는 조급한 卦가 된다.

【本義】荀九家엔 有爲楊, 爲鸛이라

순상의《九家易》에는 "버드나무가 되고, 황새가 된다."는 내용이 있다.

字義 繩 : 먹줄 승

坎은 爲水, 爲溝瀆, 爲隱伏, 爲矯輮, 爲弓輪이요 其於人也에 爲加憂, 爲心病, 爲耳痛, 爲血卦,²³ 爲赤이요 其於馬也에 爲美脊, 爲亟心, 爲下首, 爲薄蹄, 爲曳요 其於輿也에 爲多眚이요 爲通, 爲月, 爲盜요 其於木也에 爲堅多心이라

坎卦☵는 물이 되고, 도랑이 되고, 숨어 엎드림이 되고, 바로잡음과 굽음이 되고, 활과 바퀴가 되며, 사람에게 있어서는 근심을 더함이 되고, 심장병이 되고, 귀앓이가 되고, 血卦가 되고, 붉은색이 되며, 말에 있어서는 등줄기가 아름다운 말이 되고, 마음이 급한 말이 되고, 머리를 아래로 떨군 말이 되고, 발굽이 얇은 말이 되고, 끄는 말이 된다. 수레에 있어서는 事故가 많음이 되고, 통함이 되고, 달이 되고, 도둑이 되며, 나무에 있어서는 단단하고 심(뿌리 속에 섞인 질긴 줄기)이 많음이 된다.

【本義】荀九家엔 有爲宮, 爲律, 爲可, 爲棟, 爲叢棘, 爲狐, 爲蒺藜, 爲桎梏이라

순상의 《九家易》에는 "궁실이 되고, 율려가 되고, 가한 것이 되고, 기둥이 되고, 가시덤불이 되고, 여우가 되고, 가시가 되고, 큰 형틀과 작은 형틀이 된다."는 내용이 있다.

字義 溝 : 도랑 구 瀆 : 도랑 독 矯 : 바로잡을 교 輮 : 휠 유 脊 : 등골뼈 척 亟 : 급할 극

離는 爲火, 爲日, 爲電, 爲中女, 爲甲冑, 爲戈兵이요 其於人也에 爲大腹이요 爲乾卦, 爲鼈, 爲蟹, 爲蠃(螺), 爲蚌, 爲龜요 其於木也에 爲科上槁²⁴라

離卦☲는 불이 되고, 해가 되고, 번개가 되고, 中女가 되고, 갑옷과 투구가 되고, 창과 군사가 되며, 사람에게 있어서는 윗배(大腹)가 되고, 乾卦가 되고, 자라가 되고, 게가 되고, 소라가 되고, 조개가 되고, 거북이 되며, 나무에 있어서는 속이 비어 위가 마른 것이 된다.

23 爲心病……爲血卦 : 《大全》의 소주에서 鄭正夫(南宋)는 "火는 심장에 있는데 坎水가 그것을 억누르기 때문에 심장병이 된다. 水는 신장에 있는데 귀로 통하여 열려있고 水는 마음에 있어서 두려움이 되니, 두려워하면 신장이 상하기 때문에 귀앓이가 된다. 氣는 양이어서 운동이 항상 드러나고 피(血)는 음이어서 흘러다니는 것이 항상 드러나지 않으니 피가 형체에 있는 것이 물이 천지간에 있는 것과 같기 때문에 피를 상징하는 괘가 된다." 하였다.
24 爲科上槁 : 《大全》의 소주에서 蔡淵(南宋)은 "科는 빈 것이니 나무가 이미 속이 비었다면 위는 반드시 마른다." 하였다.

【本義】荀九家엔 有爲牝牛라

순상의 《九家易》에는 "암소가 된다."는 내용이 있다.

字義 冑:갑옷 주　鼈:자라 별　蟹:게 해　蠃:소라 라(螺)　蚌:조개 방　槁:마를 고

艮은 爲山, 爲徑路, 爲小石, 爲門闕, 爲果蓏, 爲閽寺(시)[25], 爲指, 爲狗, 爲
鼠, 爲黔喙之屬이요 其於木也에 爲堅多節이라

艮卦☶는 산이 되고, 지름길이 되고, 작은 돌이 되고, 작은 문과 큰 문이 되고, 과일
과 풀의 열매가 되고, 내시가 되고, 손가락이 되고, 개가 되고, 쥐가 되고, 부리가 검은
부류의 짐승이 되며, 나무에 있어서는 단단하고 마디가 많음이 된다.

【本義】荀九家엔 有爲鼻, 爲虎, 爲狐라

순상의 《九家易》에는 "코가 되고, 범이 되고, 여우가 된다."는 내용이 있다.

字義 蓏:풀벌레 라　閽:문지기 혼　黔:검을 검　喙:부리 훼

兌는 爲澤, 爲少女, 爲巫, 爲口舌, 爲毀折, 爲附決이요 其於地也에 爲剛鹵요
爲妾, 爲羊[26]이라

兌卦☱는 못이 되고, 少女가 되고, 무당이 되고, 입과 혀가 되고, 헐고 끊어짐이 되
고, 붙어서 함께 떨어짐이 되며, 땅에 있어서는 단단한 소금밭이 된다. 첩이 되고, 양이
된다.

【本義】荀九家엔 有爲常, 爲輔頰이라

25　閽寺(시):閽人과 寺人으로 모두 문을 지키는 일을 한다. 인신하여 內侍의 뜻으로 쓰이기 때문에
내시로 번역하였다.

26　爲妾 爲羊:《大全》의 소주에서 蔡淵(南宋)은 "막내딸은 언니를 따라가 동생이 되므로 첩이 되고,
'속은 사나우면서 겉은 기뻐하는 모습[內狠外說]'이므로 양이 된다." 하였다.

순상의 《九家易》에는 "떳떳함이 되고, 광대뼈와 뺨이 된다."는 내용이 있다.

字義 鹵 : 염밭 로 輔 : 광대뼈 보 頰 : 뺨 협

右는 第十一章[27]이라

이상은 제11장이다.

【本義】此章은 廣八卦之象이나 其間에 多不可曉者요 求之於經에도 亦不盡合也라

이 장은 八卦의 象을 확충하였으나 그 사이에 이해할 수 없는 것이 많으며, 이를 《易經》에서 찾아보아도 모두 부합하지는 않는다.

---

27 第十一章 : 《大全》의 소주에서 吳澄(元)은 "제11장에서는 모두 '음양이 순전한 괘', '음양의 획이 처음에 있는 것', '중간에 있는 것', '끝에 있는 것'으로 순서를 삼았다." 하였다.

序卦傳[1] 上

有天地然後에 萬物生焉이라 盈天地之間者唯萬物이라 故受之以屯하니 屯者는 盈也니 屯者는 物之始生也라

하늘과 땅이 있은 뒤에 만물이 생긴다. 하늘과 땅 사이에 가득한 것이 오직 만물이기 때문에 屯卦☵로 받았다. 屯은 가득함이니, 屯은 물건이 처음 생기는 것이다.

物生必蒙이라 故受之以蒙이라 蒙者는 蒙也니 物之穉也라

물건이 생기면 반드시 어리기 때문에 蒙卦☵로 받았다. 蒙은 어림이니, 물건이 어린 것이다.

字義 穉 : 어릴 치

---

1 序卦傳 : 十翼의 하나로, 괘의 순서에 대해 설명하였다. 徐有臣(朝鮮)은 《易義擬言》에서 "서괘는 《주역》의 순서로, 문왕이 괘를 늘어놓는 뜻이 대체로 이와 같을 뿐이다." 하였다. 《大全》의 소주에서 胡一桂(元)는 "문왕이 괘의 순서를 정할 때는 〈선천도〉에 근본하였으니, 동서남북 네 방위의 正卦인 乾卦☰·坤卦☷·坎卦☵·離卦☲를 〈上經〉의 시작과 끝으로 삼고, 서북 귀퉁이인 艮卦☶와 동남 귀퉁이인 兌卦☱를 합쳐서 咸卦䷦를 만들고 서남 귀퉁이인 巽卦☴와 동남 귀퉁이인 震卦☳를 합하여 恒卦䷟로 삼았다. 네 귀퉁이의 반대괘로 〈下經〉의 시작을 삼고, 旣濟卦䷾와 未濟卦䷿로써 끝마쳤으니, 또한 坎卦☵와 離卦☲의 사귐과 사귀지 않음이다. 그러므로 乾卦☰·坤卦☷·坎卦☵·離卦☲의 네 純卦는 모두 〈上經〉에 있고, 震卦䷲·巽卦䷸·艮卦䷳·兌卦䷹의 네 純卦는 모두 〈下經〉에 있다." 하였다. 이어 "후천의 학문은 인간의 일로써 하늘과 땅의 오묘함을 돕는 것이다. 〈상경〉과 〈하경〉의 시작과 끝을 합하여 말하면 乾卦☰와 坤卦☷는 하늘과 땅이고, 坎卦☵와 離卦☲는 물과 불이다. 본체로써 말하면 咸卦䷦와 恒卦䷟는 부부이고, 旣濟卦䷾와 未濟卦䷿는 물과 불이 사귀고 사귀지 않음이다. 작용으로써 말하면 〈상경〉은 天道를 위주로 하여 人道가 그 가운데 갖추어져 있고, 〈하경〉은 人道를 위주로 하여 天道가 그 안에 갖추어져 있으니, 천지인 三才 가운데 坎卦☵와 離卦☲가 가장 절실한 작용이 된다." 하였다.

物穉不可不養也라 故受之以需라 需者는 飮食之道也라

물건이 어리면 기르지 않을 수 없기 때문에 需卦☵☰로 받았다. 需는 음식의 道이다.

飮食必有訟이라 故受之以訟하고

음식은 반드시 다툼이 있기 때문에 訟卦☰☵로 받았고,

訟必有衆起라 故受之以師라

다툼은 반드시 무리로 일어나기 때문에 師卦☷☵로 받았다.

師者는 衆也니 衆必有所比라 故受之以比라

師는 무리이니 무리는 반드시 친함이 있기 때문에 比卦☵☷로 받았다.

比者는 比也니 比必有所畜이라 故受之以小畜이라

比는 친함이니 친하면 반드시 쌓임이 있기 때문에 小畜卦☴☰로 받았다.

字義 畜 : 쌓을 축

物畜然後에 有禮라 故受之以履하고

물건이 쌓인 뒤에 禮가 있기 때문에 履卦☰☱로 받았고,

履而泰然後에 安이라 故受之以泰라

禮를 행하여 태평한 뒤에 편안하기 때문에 泰卦☷☰로 받았다.

【本義】晁氏云 鄭无而泰二字라

晁氏가 말하였다. "鄭玄本에는 '而泰' 두 글자가 없다."

字義　晁 : 성씨 조, 아침 조

泰者는 通也니 物不可以終通이라 故受之以否(비)라

　泰는 통함이니 물건은 끝내 통할 수만은 없기 때문에 否卦☷☰로 받았다.

物不可以終否라 故受之以同人이라

　물건은 끝내 막힐 수만은 없기 때문에 同人卦☰☲로 받았다.

與人同者는 物必歸焉이라 故受之以大有라

　사람과 함께 하는 자는 물건이 반드시 돌아오기 때문에 大有卦☲☰로 받았다.

有大者는 不可以盈이라 故受之以謙이라

　큰 것을 소유한 자는 가득 차서는 안 되기 때문에 謙卦☷☶로 받았다.

有大而能謙이면 必豫라 故受之以豫하고

　큰 것을 소유하고도 겸손하면 반드시 즐거울 것이기 때문에 豫卦☳☷로 받았고,

豫必有隨라 故受之以隨라

　즐거우면 반드시 따름이 있기 때문에 隨卦☱☳로 받았다.

以喜隨人者必有事라 故受之以蠱라

기쁨으로써 남을 따르는 자는 반드시 일이 있기 때문에 蠱卦☶☴로 받았다.

字義 蠱 : 어지러울 고, 일 고

蠱者는 事也니 有事而後에 可大라 故受之以臨이니

蠱는 일이니, 일이 있은 뒤에 크게 될 수 있기 때문에 臨卦☷☱로 받았다.

臨者는 大也니 物大然後에 可觀이라 故受之以觀이라

臨은 큼이니 물건이 크게 된 다음에 볼 수 있기 때문에 觀卦☴☷로 받았다.

可觀而後에 有所合이라 故受之以噬嗑이라

볼 만한 뒤에 합함이 있기 때문에 噬嗑卦☲☳로 받았다.

字義 噬 : 깨물 서   嗑 : 입다물 합

嗑者는 合也니 物不可以苟合而已라 故受之以賁(비)라

嗑은 합함이니, 사물은 구차하게 합하고 말 수는 없기 때문에 賁卦☶☲로 받았다.

賁者는 飾也니 致飾然後에 亨則盡矣라 故受之以剝이라

賁는 꾸밈이니, 꾸밈을 이룬 뒤에 형통하면 다하기 때문에 剝卦☶☷로 받았다.

剝者는 剝也니 物不可以終盡이라 剝이 窮上反下라 故受之以復이라

剝은 깎여서 다하는 것이니 물건은 끝내 다할 수 없다. 깎는 것이 위에서 다하면 아래로 돌아오기 때문에 復卦☷☳로 받았다.

復則不妄矣라 故受之以无妄하고

회복하면 망령되지 않기 때문에 无妄卦☳로 받았고

有无妄然後에 可畜이라 故受之以大畜이라

망령됨이 없은 뒤에 쌓을 수 있기 때문에 大畜卦☶로 받았다.

物畜然後에 可養이라 故受之以頤라

물건이 쌓인 뒤에 기를 수 있기 때문에 頤卦☶로 받았다.

頤者는 養也니 不養則不可動이라 故受之以大過라

頤는 기름이니 기르지 않으면 움직일 수 없기 때문에 大過卦☱로 받았다.

物不可以終過라 故受之以坎이라

사물은 끝내 지나칠 수는 없기 때문에 坎卦☵로 받았다.

坎者는 陷也니 陷必有所麗(리)라 故受之以離하니 離者는 麗也라

坎은 빠짐이니 빠지면 반드시 붙는 바가 있기 때문에 離卦☲로 받았으니, 離는 붙음이다.

字義 麗 : 붙을 리, 걸릴 리

【本義】右는 上篇이라

이상은 上篇이다.

序卦傳 下

有天地然後에 有萬物하고 有萬物然後에 有男女하고 有男女然後에 有夫婦하고 有夫婦然後에 有父子하고 有父子然後에 有君臣하고 有君臣然後에 有上下하고 有上下然後에 禮義有所錯(조)니라

하늘과 땅이 있은 뒤에 만물이 있고, 만물이 있은 뒤에 男女가 있고, 남녀가 있은 뒤에 夫婦가 있고, 부부가 있은 뒤에 父子가 있고, 부자가 있은 뒤에 君臣이 있고, 군신이 있은 뒤에 上下가 있고, 상하가 있은 뒤에 禮義를 둘 곳이 있다.

夫婦之道不可以不久也라 故受之以恒이라

부부의 道는 오래하지 않을 수 없기 때문에 恒卦䷟로 받았다.

恒者는 久也니 物不可以久居其所라 故受之以遯(돈)이라

恒은 오래함이니, 물건은 한 곳에 오랫동안 머물 수 없기 때문에 遯卦䷠로 받았다.

字義 遯 : 숨을 돈

遯者는 退也니 物不可以終遯이라 故受之以大壯하고

遯은 물러감이니, 물건은 끝내 물러갈 수만은 없기 때문에 大壯卦䷡로 받았고,

物不可以終壯이라 故受之以晉이라

물건은 끝까지 장성할 수만은 없기 때문에 晉卦☷☷로 받았다.

晉者는 進也니 進必有所傷이라 故受之以明夷라

晉은 나아감이니 나아가면 반드시 상하는 바가 있기 때문에 明夷卦☷☲로 받았다.

字義 夷 : 상할 이

夷者는 傷也니 傷於外者는 必反其家라 故受之以家人이라

夷는 상함이니, 밖에서 상한 자는 반드시 집으로 돌아오기 때문에 家人卦☴☲로 받았다.

家道窮必乖라 故受之以睽라

집안의 道가 궁하면 반드시 어그러지기 때문에 睽卦☲☱로 받았다.

字義 睽 : 어그러질 규

睽者는 乖也니 乖必有難이라 故受之以蹇이라

睽는 어그러짐이니 어그러지면 반드시 어려움이 있기 때문에 蹇卦☵☶로 받았다.

字義 蹇 : 어려울 건

蹇者는 難也니 物不可以終難이라 故受之以解라

蹇은 어려움이니 물건은 끝까지 어려울 수는 없기 때문에 解卦☳☵로 받았다.

解者는 緩也니 緩必有所失이라 故受之以損이라

解는 느슨함이니 느슨해지면 반드시 잃는 것이 있기 때문에 損卦☳☶로 받았다.

損而不已면 必益이라 故受之以益하고

덜어내기를 그치지 않으면 반드시 보태기 때문에 益卦☴☳로 받았고,

益而不已면 必決이라 故受之以夬라

보태기를 그치지 않으면 반드시 터지기 때문에 夬卦☱☰로 받았다.

字義　夬 : 결단할 쾌

夬者는 決也니 決必有所遇라 故受之以姤라

夬는 결단함이니 결단하면 반드시 만남이 있기 때문에 姤卦☰☴로 받았다.

字義　姤 : 만날 구

姤者는 遇也니 物相遇而後에 聚라 故受之以萃라

姤는 만남이니, 물건이 서로 만난 뒤에 모이기 때문에 萃卦☱☷로 받았다.

萃者는 聚也니 聚而上者謂之升이라 故受之以升이라

萃는 모임이니, 모여서 올라가는 것을 오른다고 하기 때문에 升卦☷☴로 받았다.

字義　萃 : 모일 췌

升而不已면 必困이라 故受之以困하고

오르기를 멈추지 않으면 반드시 곤란해지기 때문에 困卦☵☱로 받았고,

困乎上者必反下라 故受之以井이라

위에서 곤란한 자는 반드시 아래로 돌아오기 때문에 井卦☵☴로 받았다.

井道不可不革이라 故受之以革하고

우물의 道는 변혁하지 않을 수 없기 때문에 革卦☱☲로 받았고,

字義 革 : 바꿀 혁

革物者莫若鼎이라 故受之以鼎하고

물건을 변혁함은 솥 만한 것이 없기 때문에 鼎卦☲☴로 받았으며,

主器者莫若長子라 故受之以震이라

그릇을 주관하는 자는 맏아들 만한 자가 없기 때문에 震卦☳☳로 받았다.

震者는 動也니 物不可以終動하여 止之라 故受之以艮이라

震은 움직임이니, 물건은 끝내 움직일 수만은 없기 때문에 艮卦☶☶로 받았다.

艮者는 止也니 物不可以終止라 故受之以漸이라

艮은 멈춤이니 물건은 끝내 멈출 수만은 없기 때문에 漸卦☴☶로 받았다.

漸者는 進也니 進必有所歸라 故受之以歸妹하고

漸은 나아감이니, 나아가면 반드시 돌아오는 것이 있기 때문에 歸妹卦☷로 받았고,

得其所歸者必大라 故受之以豊이라

돌아갈 곳을 얻은 자는 반드시 커지기 때문에 豊卦☷로 받았다.

豊者는 大也니 窮大者必失其居라 故受之以旅하고

豊은 큼이니, 큼을 끝까지 하는 자는 반드시 그 거처를 잃기 때문에 旅卦☲로 받았고,

旅而无所容이라 故受之以巽이라

나그네로 다녀 용납될 곳이 없기 때문에 巽卦☴로 받았다.

巽者는 入也니 入而後에 說之라 故受之以兌라

巽은 들어감이니, 들어간 뒤에 기뻐하기 때문에 兌卦☱로 받았다.

兌者는 說(열)也니 說而後에 散之라 故受之以渙이라

兌는 기뻐함이니, 기뻐한 뒤에 흩어지기 때문에 渙卦☴로 받았다.

渙者는 離也니 物不可以終離라 故受之以節하고

渙은 떠남이니, 물건은 끝내 떠날 수만은 없기 때문에 節卦☵로 받았고,

節而信之라 故受之以中孚라

절도가 있으면 믿기 때문에 中孚卦☴로 받았다.

有其信者는 必行之라 故受之以小過하고

　민음이 있는 자는 반드시 행하기 때문에 小過卦☳로 받았고,

有過物者는 必濟라 故受之以旣濟하고

　남보다 뛰어남이 있는 자는 반드시 이루기 때문에 旣濟卦☵로 받았으며,

物不可窮也라 故受之以未濟하여 終焉하니라

　물건은 다할 수 없기 때문에 未濟卦☲로 〈받아〉 마쳤다.

【本義】右는 下篇이라

　이상은 下篇이다.

雜卦傳¹

乾剛坤柔²요

乾卦☰는 강건하고 坤卦☷는 유순하다.

比樂師憂³라

比卦䷇는 즐겁고, 師卦䷆는 근심스럽다.

臨觀之義는 或與或求라

臨卦䷒와 觀卦䷓의 뜻은 혹은 주고 혹은 구한다.

【本義】以我臨物曰與요 物來觀我曰求라 或曰 二卦互有與求之義라

내가 남에게 임하는 것을 '준다'고 하고, 남이 와서 나를 보는 것을 '구한다'고 한다. 어떤

---

1 雜卦傳 : 十翼의 하나로, 괘를 '음양이 바뀐 괘〔錯卦〕'와 '거꾸로 된 괘〔綜卦〕'로 나열하여 설명하였으니, 길흉·화복·동정·강유가 모두 서로 반대된다. 《大全》의 소주에서 胡一桂(元)는 "〈잡괘전〉의 乾卦☰에서 困卦䷮까지는 〈上經〉의 30괘에 해당할 뿐만 아니라 실제로 〈下經〉의 12괘가 그 가운데 섞여 있고, 咸卦䷞에서 夬卦䷪까지는 〈하경〉의 34괘에 해당할 뿐만 아니라 또한 〈상경〉의 12괘가 그 가운데 섞여 있으니, 섞여 있는 가운데 섞이지 않음에 반드시 지극한 이치가 있다. 또 일찍이 〈잡괘전〉을 보니, 乾卦☰를 처음으로 하여 다른 괘로써 끝마치지 않고 반드시 夬卦䷪로써 끝마친 것은 쾌쾌는 다섯 양이 한 음을 결단하는 것으로 한 음을 결단하여 제거하면 다시 순수한 건괘가 되기 때문이다." 하였다.

2 乾剛坤柔 : 乾卦☰와 坤卦☷는 '음양이 바뀐 괘'로 剛柔가 반대이다. 이하 '음양이 바뀐 괘'의 서술방식이 대체로 이와 같다.

3 比樂師憂 : 比卦䷇와 師卦䷆는 '거꾸로 된 괘'로 樂憂가 반대이다. 이하 '거꾸로 된 괘'의 서술 방식이 대체로 이와 같다.

이는 "두 卦는 서로 주고 구하는 뜻이 있다" 하였다.

屯은 見而不失其居요 蒙은 雜而著라

屯卦☷는 나타나되 그 거처를 잃지 않으며, 蒙卦☷는 섞이되 드러난다.

【本義】屯은 震遇坎이니 震은 動이라 故見이요 坎은 險不行也라 蒙은 坎遇艮이니 坎은 幽昧요 艮은 光明也라 或曰 屯은 以初言이요 蒙은 以二言이라

　屯卦는 震卦☳가 坎卦☵를 만난 것이니, 震은 움직이기 때문에 나타나고, 坎은 험해서 가지 못한다. 蒙卦는 坎卦☵가 艮卦☶를 만난 것이니, 坎은 그윽하고 어두우며 艮은 빛나고 밝다. 어떤 이는 "屯卦는 初九로 말한 것이고, 蒙卦는 九二로 말한 것이다." 하였다.

震은 起也요 艮은 止也라

震卦☳는 일어남이고, 艮卦☶는 그침이다.

損益은 盛衰之始也라

損卦☲와 益卦☲는 성하고 쇠함의 시작이다.

大畜은 時也요 无妄은 災也라

大畜卦☲는 때이고, 无妄卦☲는 재앙이다.

【本義】止健者는 時有適然이요 无妄而災는 自外至라

　굳셈을 그침은 때가 마침 그런 것이고, 잘못이 없는 데 닥치는 재앙은 바깥으로부터 온 것이다.

字義　適 : 마침 적

萃는 聚而升은 不來也라

　萃卦☵☷는 모임이고, 升卦☷☴는 오지 않음이다.

謙은 輕而豫는 怠也[4]라

　謙卦☷☶는 가볍고, 豫卦☳☷는 게으름이다.

噬嗑은 食也요 賁(비)는 无色也[5]라

　噬嗑卦☲☳는 먹는 것이고, 賁卦☶☲는 색이 없는 것이다.

　【本義】白受采라

　　흰색이라야 채색을 받는다.

兌는 見(현)而巽은 伏也라

　兌卦는 나타남이고, 巽卦는 엎드림이다.

　【本義】兌는 陰外見이요 巽은 陰內伏이라

　　兌卦☱는 陰이 밖으로 나타난 것이고, 巽卦☴는 陰이 안에 엎드린 것이다.

隨는 无故也요 蠱則飭也라

4　謙……怠也 : 吳致箕(朝鮮)는 《周易經傳增解》에서 "겸손은 억제하고 덜어내서 스스로를 존중하지 않
　　으므로 '가볍다'고 하였고, 즐거움이 가득하면 제멋대로 하게 되므로 '게으르다'고 하였다." 하였다.

5　賁(비) 无色也 : 《大全》의 소주에서 郭雍(南宋)은 "賁는 꾸밈을 희게 하면 허물이 없다. 그러므로
　　색이 없으면 바탕이 온전할 것이니, 천하의 지극한 꾸밈이 있는 것이다." 하였다. 余芑舒(元)는
　　"색은 꾸밈이 지극하면 허물이 되기 쉽기 때문에 경계한 것이다." 하였다.

隨卦는 연고가 없음이고, 蠱卦는 삼감이다.

【本義】隨前无故요 蠱後當飭이라

　隨卦☷는 〈일이 생기기〉 전이니 연고가 없고, 蠱卦☶는 〈일이 생기고 난〉 뒤이니 마땅히 삼가야 한다.

字義　蠱 : 어지러울 고, 일 고

剝은 爛也요 復은 反也라

剝卦☶는 문드러짐이고, 復卦☳는 돌아옴이다.

字義　爛 : 문드러질 란

晉은 晝也요 明夷는 誅也라

晉卦☶는 낮이고, 明夷卦☳는 상함이다.

【本義】誅는 傷也라

　'誅'는 상함이다.

字義　夷 : 상할 이

井은 通而困은 相遇也라

井卦☵는 통함이고, 困卦☱는 서로 만남이다.

【本義】剛柔相遇而剛見揜也라

　剛과 柔가 서로 만남에 剛이 가려지는 것이다.

字義　揜 : 가릴 엄

咸은 速也요 恒은 久也라

　咸卦☶는 빠름이고, 恒卦☳는 오램이다.

　【本義】咸速恒久라

　　咸卦는 빠름이고, 恒卦는 오램이다.

渙은 離也요 節은 止也라

　渙卦☵는 떠남이고, 節卦☵는 그침이다.

解는 緩也요 蹇은 難也라

　解卦☵는 느슨해짐이고, 蹇卦☶는 어려움이다.

睽는 外也요 家人은 內也라

　睽卦는 밖이고, 家人卦는 안이다.

否(비)泰는 反其類也라

　否卦☰와 泰卦☷는 그 부류를 뒤집어 놓은 것이다.

大壯則止요 遯則退也라

　大壯卦☳는 멈춤이고, 遯卦☰는 물러감이다.

　【本義】止는 謂不進이라

　　멈춤은 나아가지 못함을 말한다.

大有는 衆也요 同人은 親也라

大有卦☰☲는 무리이고, 同人卦☲☰는 친함이다.

革은 去故也요 鼎은 取新也라

革卦☱☲는 옛 것을 버림이고, 鼎卦☲☴는 새 것을 취함이다.

小過는 過也요 中孚는 信也라

小過卦☳☶는 지나침이고, 中孚卦☴☱는 미더움이다.

豊은 多故요 親寡는 旅也라

豊卦☳☲는 까닭이 많은 것이고, 친한 사람이 적은 것은 旅卦☲☶이다.

【本義】旣明且動하니 其故多矣라

이미 밝고 또 움직이니, 그 까닭이 많다.

離는 上而坎은 下也라

離卦☲☲는 올라가는 것이고, 坎卦☵☵는 내려가는 것이다.

【本義】火는 炎上이요 水는 潤下라

火는 불타오르고, 水는 적셔 내려간다.

小畜은 寡也요 履는 不處也라

小畜卦☴☰는 적은 것이고, 履卦☰☱는 머물지 않는 것이다.

【本義】不處는 行進之義라

'머물지 않음'은 행하여 나아가는 뜻이다.

需는 不進也요 訟은 不親也라

需卦䷄는 나아가지 않음이고, 訟卦䷅는 친하지 않음이다.

大過는 顚也라

大過卦䷛는 엎어지는 것이다.

姤는 遇也니 柔遇剛也요 漸은 女歸니 待男行也라

姤卦䷫는 만나는 것이니 柔가 剛을 만나는 것이고, 漸卦䷴는 여자가 시집가는 것이니 남자를 기다려 가는 것이다.

頤는 養正也요 旣濟는 定也라

頤卦䷚는 바름을 기르는 것이고, 旣濟卦䷾는 정해진 것이다.

歸妹는 女之終也요 未濟는 男之窮也라

歸妹卦䷵는 여자의 종착점이고, 未濟卦䷿는 남자의 궁한 곳이다.

夬는 決也라 剛決柔也니 君子道長이오 小人道憂也라

夬卦䷪는 터놓는 것이다. 剛이 柔를 터놓으니, 군자의 道는 자라나고 소인의 道는 근심스럽다.

【本義】自大過以下는 卦不反對하니 或疑其錯簡이나 今以韻協之면 又似非誤하니 未詳何義라

　大過卦로부터 이하의 卦들은 陰陽이 서로 바뀌었거나 거꾸로 되지 않았으니, 혹 착간인 듯 의심스러우나, 이제 韻으로 맞춰보면 또 오류는 아닌 듯하니 무슨 뜻인지 잘 모르겠다.

附錄

《周易傳義》 참고도판 목록

1. 《五經圖彙》〈周易圖〉

	도 판	면 수	출 처
1	八卦相盪	372	繫辭傳 上 1章
2	六爻之動 三極之道也	372	繫辭傳 上 2章
3	天數二十有五 地數三十	373	繫辭傳 上 9章
4	蓍之德 圓而神 / 卦之德 方以知	373	繫辭傳 上 11章
5	仰觀天象	374	繫辭傳 下 4章
6	俯觀地法	374	
7	近取諸身 / 遠取諸物	375	
8	天地定位 山澤通氣 雷風相薄 水火不相射	376	說卦傳 3章
9	帝出乎震 齊乎巽 相見乎離 致役乎坤 說言乎兌 戰乎乾 勞乎坎 成言乎艮	377	說卦傳 5章

2. 《六經圖考》〈周易〉

	도 판	면 수	비 고
1	易有太極圖	378	
2	河圖數圖	379	
3	洛書數圖	380	
4	四卦合律圖	381	
5	卦爻律呂圖	382	
6	八卦生六十四卦圖	383~386	
7	八卦變六十四卦圖	387~390	
8	十有八變圖	391	

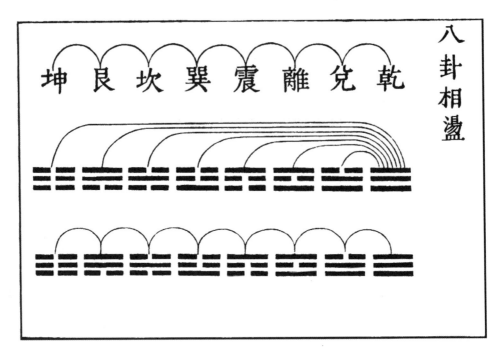

八卦相盪

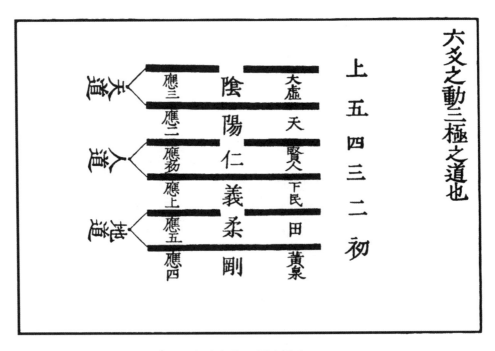

六爻之動 三極之道也

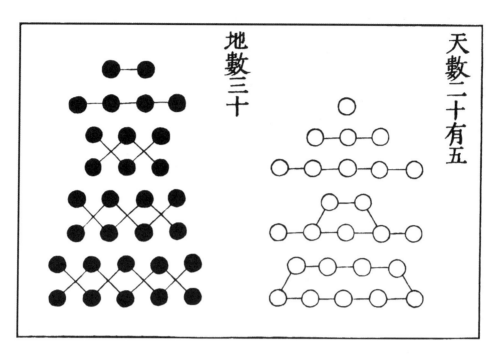

天數二十有五 地數三十

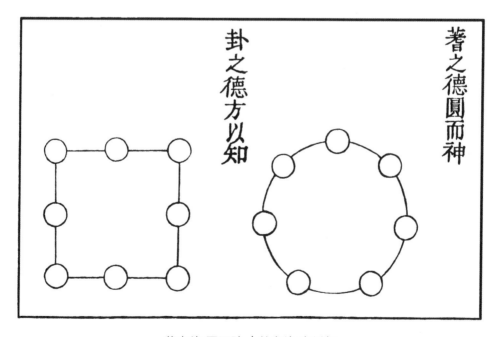

蓍之德 圓而神 / 卦之德 方以知

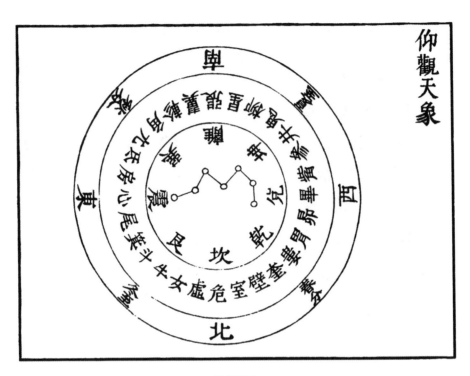

仰觀天象

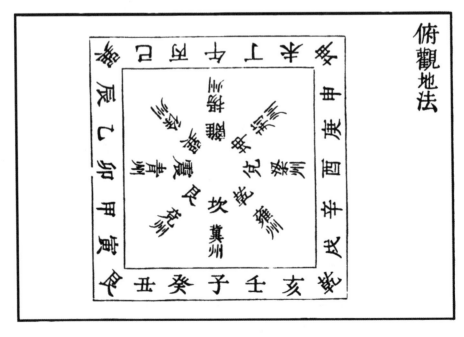

俯觀地法

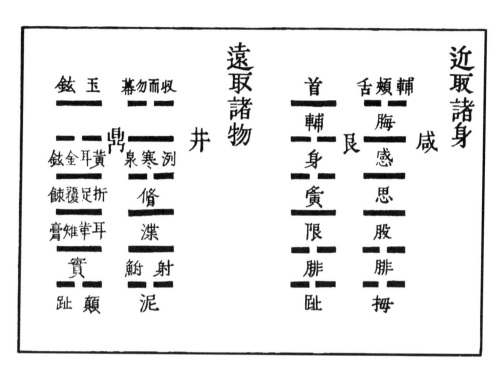

近取諸身 / 遠取諸物

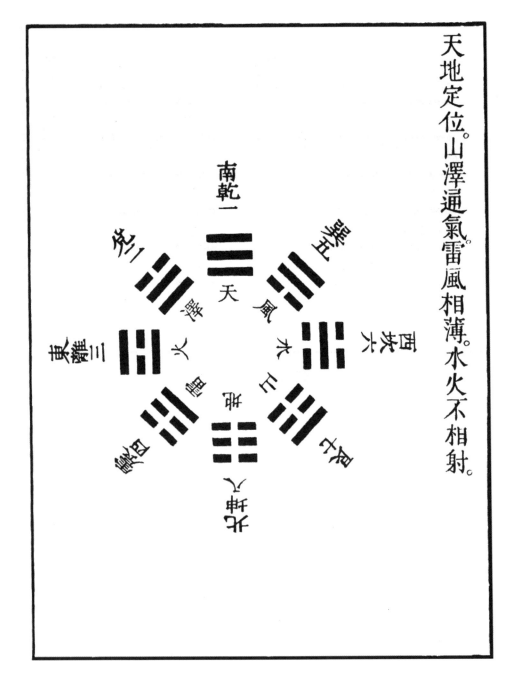

天地定位 山澤通氣
雷風相薄 水火不相射

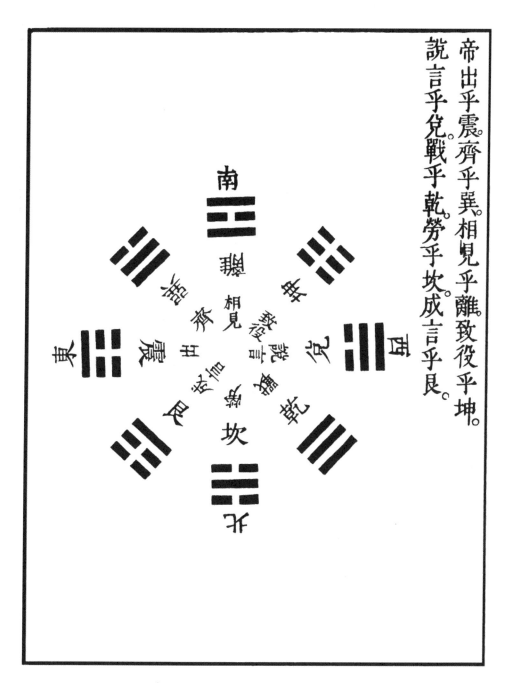

帝出乎震 齊乎巽 相見乎離 致役乎坤
說言乎兌 戰乎乾勞乎坎 成言乎艮

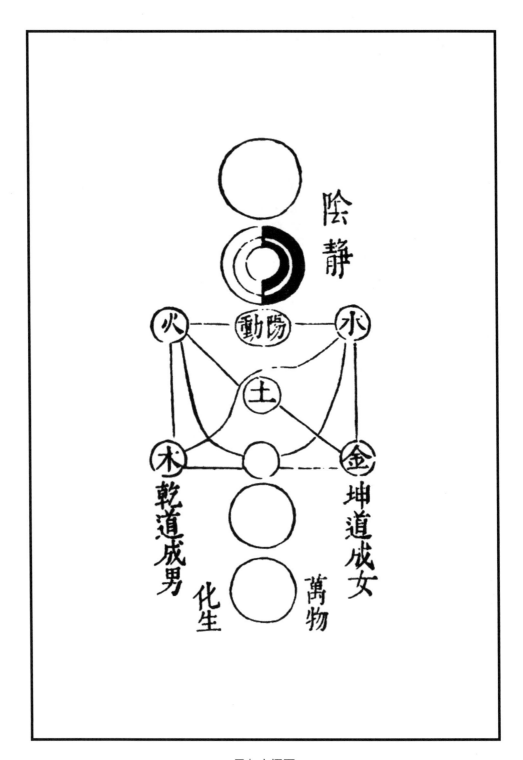

易有太極圖

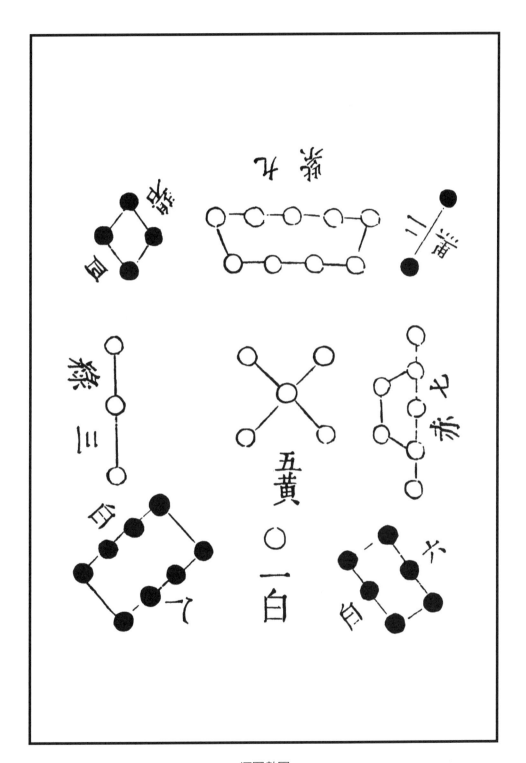

河圖數圖

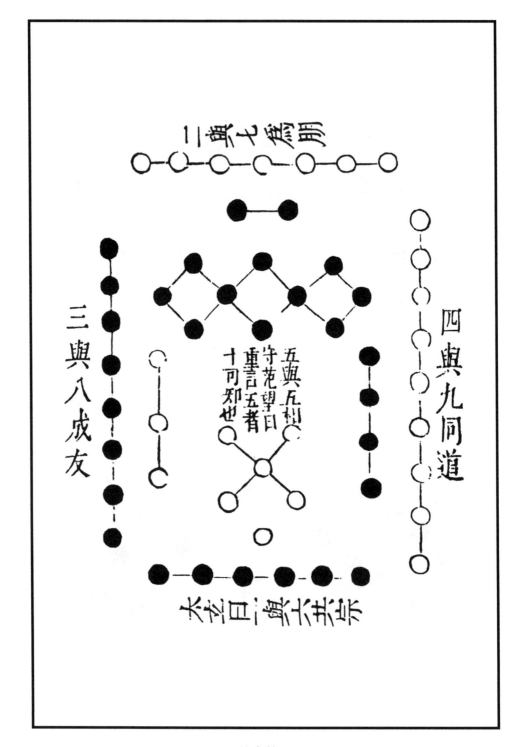

洛書數圖

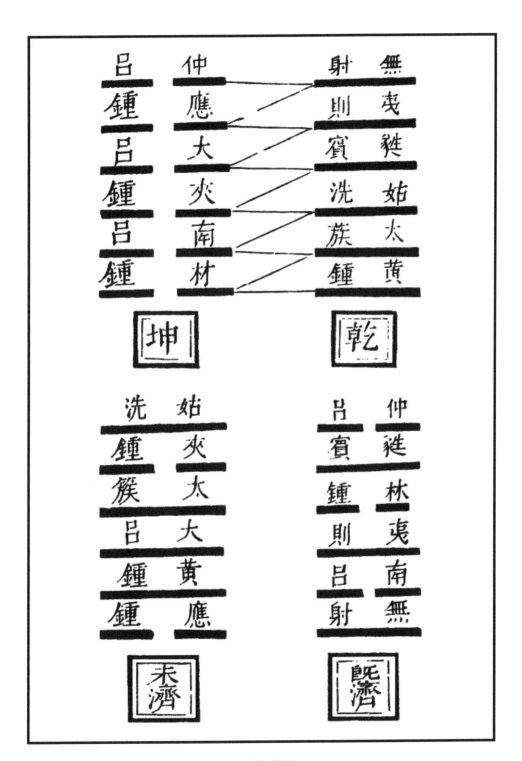

四卦合律圖

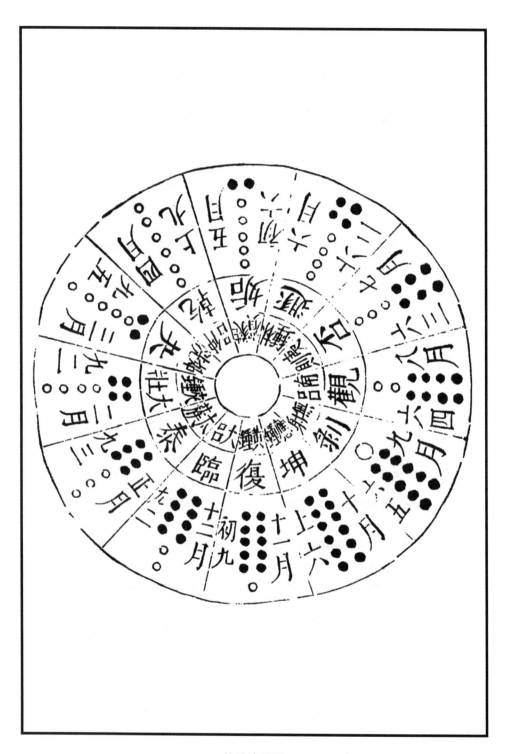

卦爻律呂圖

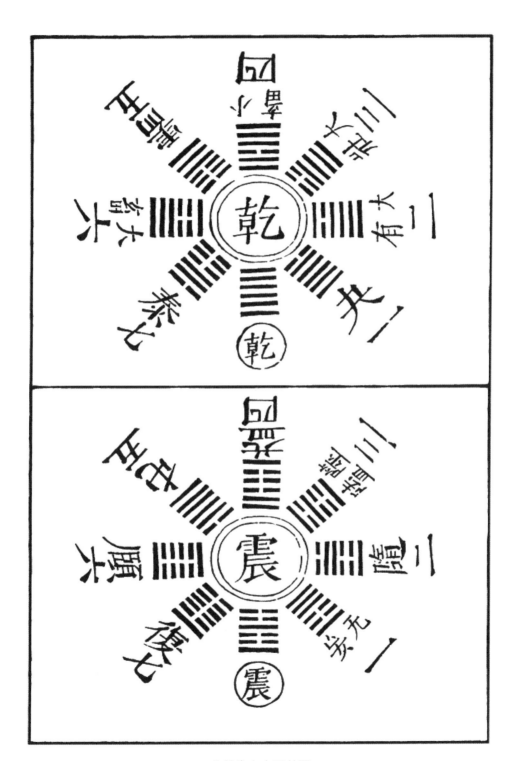

八卦生六十四卦圖

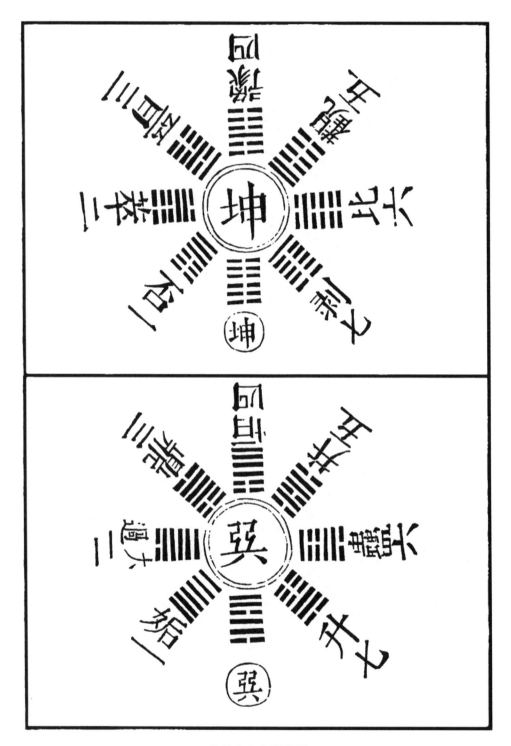

八卦生六十四卦圖

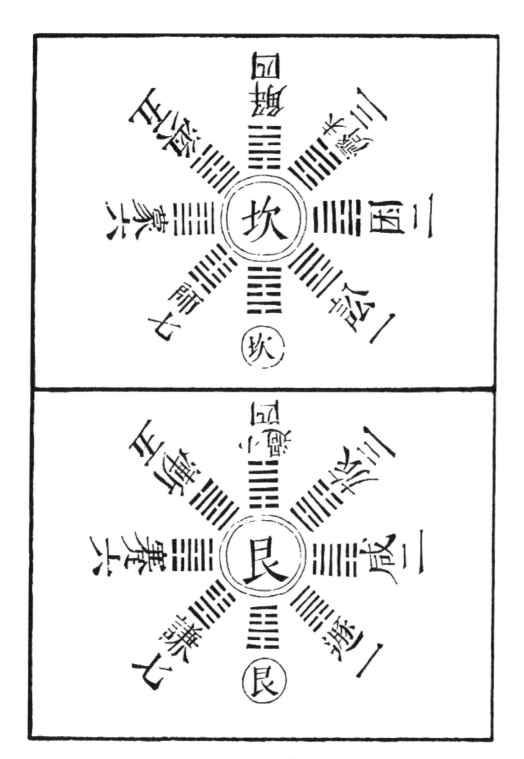

八卦生六十四卦圖

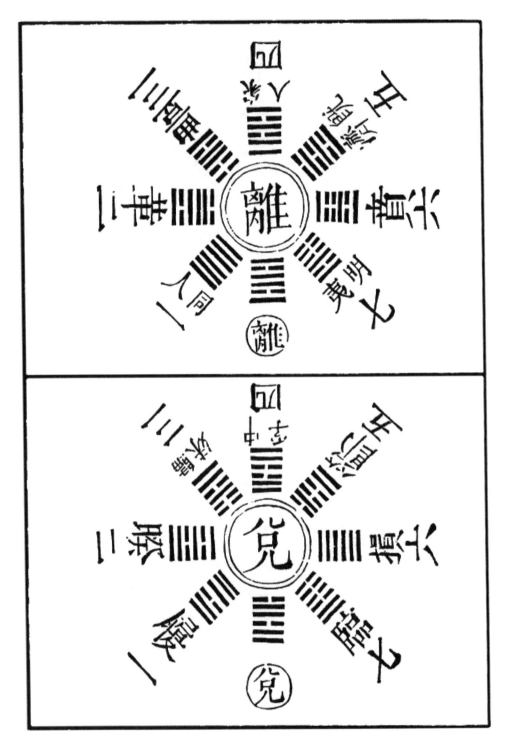

八卦生六十四卦圖

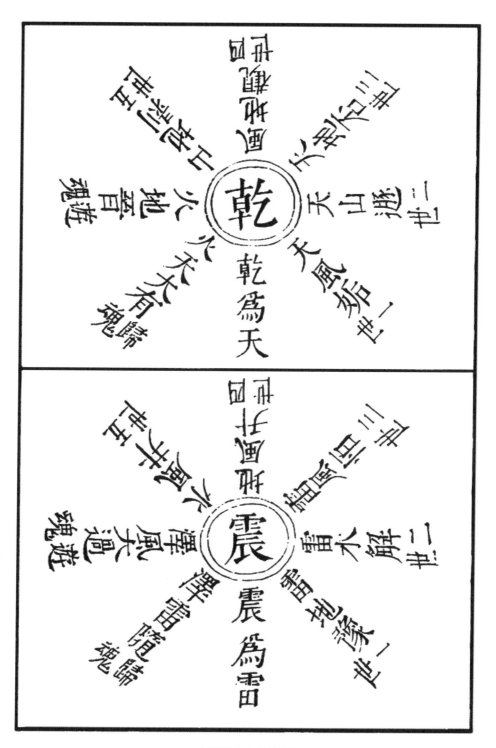

八卦變六十四卦圖

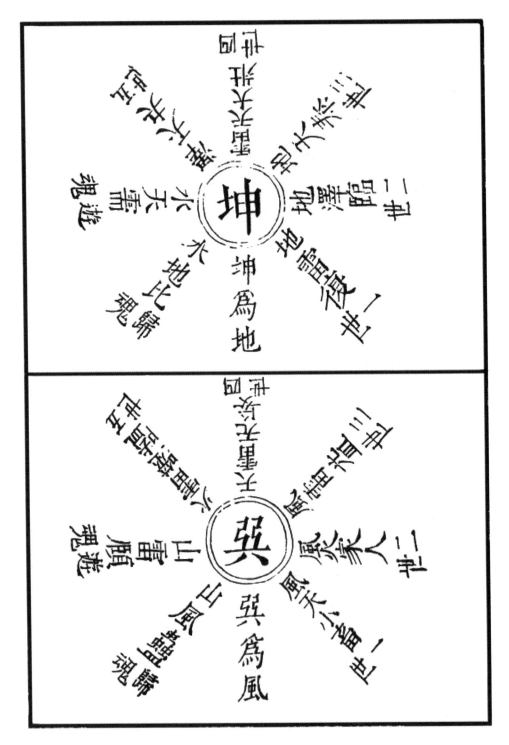

八卦變六十四卦圖

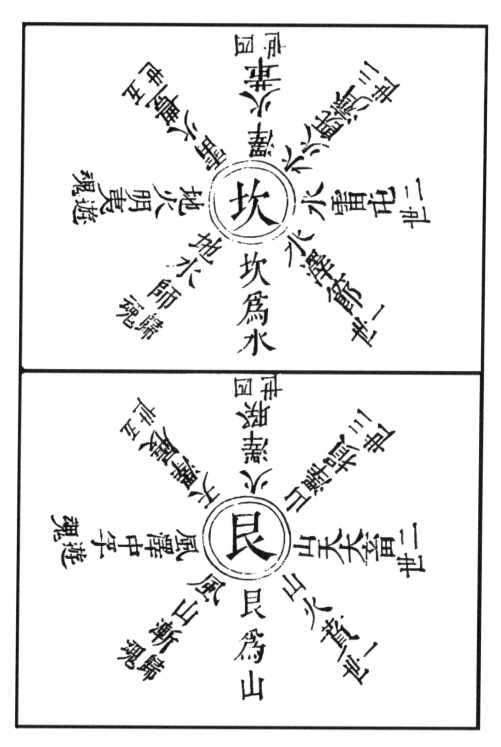

八卦變六十四卦圖

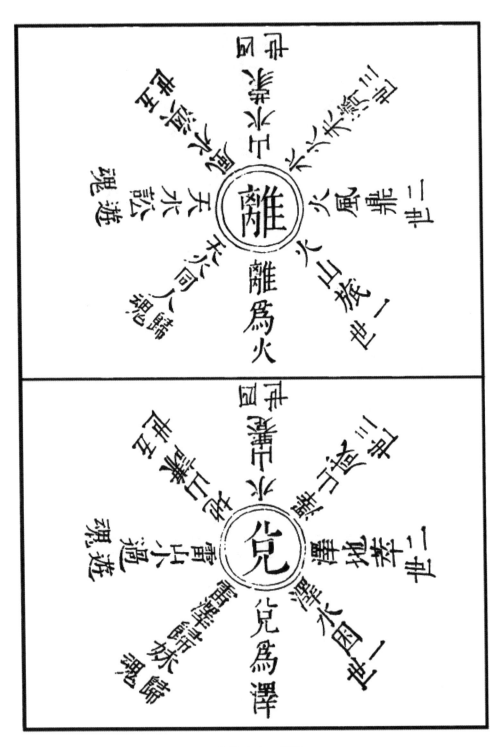

八卦變六十四卦圖

乾 坤 父 母 少女 長女 長男 少男 少男 長男 少女
漸 大過 顧 隨 蠱
次 離 咸 恆 損 益 中孚 既濟
中男 中女 少男 少女 長男 長女
歸妹 小過 未濟
中男 中女 長女 長男 少男 少女 長女 長男

十有八變圖

參考文獻

◆ 底本 및 주요 참고도서

• 《周易大全》, 朱熹(南宋) 集傳, 胡廣(明) 等 編, 朝鮮 內閣本, 影印本, 學民文化社.

• 《周易傳義大全》, 程頤(北宋) 傳, 朱熹(南宋) 本義, 胡廣(明) 等 編, 影印本, 學民文化社.

• 《周易正義》, 阮元(淸) 校刻, 十三經注疏(淸 嘉慶刊本), 中華書局, 2009.

• 《周易正義》, 十三經注疏整理委員會 整理, 北京大學出版社, 2000.

• 《經學資料集成 : 易經》, 대동문화연구원, 성균관대학교출판부, 1995~1997.

• 《中國易學大系》, 驪江出版社, 1987.

• 《The I Ching》, Richard Wilhelm, Princeton Univ. Press, 1977.

◆ 經部

• 《周易注疏》, 阮元(淸) 校刻, 十三經注疏(淸 嘉慶刊本), 中華書局, 1980.

• 《論語注疏》, 阮元(淸) 校刻, 十三經注疏(淸 嘉慶刊本), 中華書局, 2009.

• 《論語集註大全》, 朱熹(宋) 集註, 胡廣(明) 等 編, 朝鮮 內閣本, 影印本, 學民文化社.

• 《孟子注疏》, 阮元(淸) 校刻, 十三經注疏(淸 嘉慶刊本), 中華書局, 2009.

• 《孟子集註大全》, 朱熹(宋) 集註, 胡廣(明) 等 編, 朝鮮 內閣本, 影印本, 學民文化社.

• 《大學章句大全》, 朱熹(宋) 章句, 胡廣(明) 等 編, 朝鮮 內閣本, 影印本, 學民文化社.

• 《中庸章句大全》, 朱熹(宋) 章句, 胡廣(明) 等 編, 朝鮮 內閣本, 影印本, 學民文化社.

• 《孝經注疏》, 阮元(淸) 校刻, 十三經注疏(淸 嘉慶刊本), 中華書局, 2009.

- 《爾雅注疏》, 阮元(淸) 校刻, 十三經注疏(淸 嘉慶刊本), 中華書局, 2009.
- 《毛詩正義》, 阮元(淸) 校刻, 十三經注疏(淸 嘉慶刊本), 中華書局, 2009.
- 《毛詩正義》, 十三經注疏整理委員會 整理, 北京大學出版社, 2000.
- 《詩集傳》, 朱熹(宋), 中華書局, 1973.
- 《書傳大全》, 朱熹(宋) 集傳, 胡廣(明) 等 編, 朝鮮 內閣本, 影印本, 學民文化社.
- 《尙書正義》, 阮元(淸) 校刻, 十三經注疏(淸 嘉慶刊本), 中華書局, 2009.
- 《禮記正義》, 阮元(淸) 校刻, 十三經注疏(淸 嘉慶刊本), 中華書局, 2009.
- 《儀禮注疏》, 阮元(淸) 校刻, 十三經注疏(淸 嘉慶刊本), 中華書局, 2009.
- 《周禮注疏》, 阮元(淸) 校刻, 十三經注疏(淸 嘉慶刊本), 中華書局, 2009.
- 《周禮正義》, 孫貽讓(淸) 撰, 續修四庫全書 82~84, 上海古籍出版社, 1995.
- 《春秋左傳正義》, 阮元(淸) 校刻, 十三經注疏(淸 嘉慶刊本), 中華書局, 2009.
- 《春秋穀梁傳注疏》, 阮元(淸) 校刻, 十三經注疏(淸 嘉慶刊本), 中華書局, 2009.
- 《春秋公羊傳注疏》, 阮元(淸) 校刻, 十三經注疏(淸 嘉慶刊本), 中華書局, 2009.
- 《春秋考徵》, 丁若鏞(朝鮮) 撰, 韓國文集叢刊 283, 民族文化推進會, 2002.
- 《春秋傳服氏注》, 服虔(漢) 撰, 續修四庫全書 117, 上海古籍出版社, 1995.
- 《五經大全》, 胡廣(明) 等 撰, 明 內府刊本, 影印本, 日本國立國會圖書館 所藏本.
- 《三經諺解》, 朝鮮 校正廳 諺解, 影印本, 保景文化社.
- 《韓詩外傳》, 韓嬰(漢) 撰, 影印本, 學民文化社.
- 《說文解字》, 許愼(漢) 撰, 文淵閣四庫全書 223, 臺灣商務印書館, 1982.
- 《說文解字注》, 許愼(漢) 撰, 段玉裁(淸) 注編, 上海古籍出版社, 2011.

◆ 史部

- 《舊唐書》, 劉昫(後晉) 撰, 中華書局, 1975.
- 《國語》, 左丘明(周) 撰, 文淵閣四庫全書 406, 臺灣商務印書館, 1982.
- 《史記》, 司馬遷(漢) 撰, 中華書局, 1974.
- 《水經注》, 酈道元(北魏) 撰, 文淵閣四庫全書 573, 臺灣商務印書館, 1982.

- 《隋書》, 魏徵·長孫無忌(唐) 等 撰, 中華書局, 1997.
- 《新唐書》, 歐陽脩·宋祁(宋) 撰, 中華書局, 1995.
- 《晏子春秋》, 晏嬰(周) 撰, 文淵閣四庫全書 446, 臺灣商務印書館, 1982.
- 《資治通鑑》, 司馬光(宋) 撰, 胡三省(元) 音註, 中華書局, 1956.
- 《戰國策》, 劉向(漢) 撰, 高誘(漢) 註, 文淵閣四庫全書 406~407, 臺灣商務印書館, 1982.
- 《漢書》, 班固(漢) 撰, 中華書局, 2002.
- 《後漢書》, 范曄(宋) 撰, 中華書局, 1997.

◆ 子部

- 《近思錄》, 朱熹·呂祖謙(宋) 編, 影印本, 學民文化社.
- 《老子道德經》, 王弼(晉) 注, 影印本, 中華書局, 1985.
- 《白虎通義》, 班固(漢) 撰, 文淵閣四庫全書 850, 臺灣商務印書館, 1982.
- 《本草綱目》, 李時珍(明) 撰, 文淵閣四庫全書 772~774, 臺灣商務印書館, 1982.
- 《說苑》, 劉向(漢) 撰, 文淵閣四庫全書 696, 臺灣商務印書館, 1982.
- 《世說新語》, 劉義慶(宋) 撰, 文淵閣四庫全書 1035, 臺灣商務印書館, 1982.
- 《新書》, 賈誼(漢) 撰, 文淵閣四庫全書 695, 臺灣商務印書館, 1982.
- 《新序》, 劉向(漢) 撰, 文淵閣四庫全書 696, 臺灣商務印書館, 1982.
- 《莊子注》, 莊周(周) 撰, 郭象(晉) 編, 文淵閣四庫全書 1056, 臺灣商務印書館, 1982.

◆ 集部

- 《朱子大全》, 朱熹(宋) 著, 中華書局, 1970.
- 《宋子大全》, 宋時烈(朝鮮) 著, 韓國文集叢刊 108~116, 民族文化推進會, 1993.
- 《朱子語類》, 黎靖德(宋) 編, 標點校勘本, 中文出版社, 1970.
- 《朱子全書》, 朱熹(宋) 著, 上海古籍出版社·安徽教育出版社, 2002.
- 《二程集》, 程顥·程頤(宋) 著, 王進祥(臺) 編, 漢京文化事業有限公司, 1983.

•《晦菴集》, 朱熹(宋), 朱子全書, 上海古籍出版社·安徽教育出版社, 2001.

◆ 字典 및 目錄類

•《經籍纂詁》, 阮元(清) 撰, 阮氏琅嬛仙館原刻本, 影印本, 中華書局, 1982.

•《經典釋文》, 陸德明(唐) 撰, 文淵閣四庫全書 182, 臺灣商務印書館, 1982.

•《經傳釋詞》, 王引之(清) 撰, 江蘇古籍出版社, 2000.

•《文獻學大辭典》, 趙國璋·潘樹廣 主編, 廣陵書社, 2005.

•《四庫全書總目提要》, 紀昀(清) 總纂, 孟蓬生(中) 外 點校, 河北人民出版社, 2000.

•《四庫提要辨證》, 余嘉錫(清) 撰, 雲南人民出版社, 2004.

•《欽定四庫全書簡明目錄》, 永瑢(清) 等 編, 清 乾隆刊本.

•《中國歷史紀年表》, 方時銘 著, 上海人民出版社, 2007.

•《中國歷史大事典》, 張海鵬 主編, 山東大學出版部, 2000.

•《漢詩原流字典》, 谷衍奎 著, 華夏出版社, 2003.

•《漢語大詞典》, 羅竹風 著, 漢語大詞典出版社, 1995.

•《經學歷史》, 皮錫瑞 著, 河洛圖書出版社, 1974.

•《古代漢語》, 王力 著, 中華書局, 2004.

•《國語全譯》, 黃永堂 譯注, 貴州人民出版社. 1995.

•《群經平議》, 俞樾(清) 撰, 春在堂全書, 世界書局, 1963.

•《論鄭玄詩譜的貢獻》, 王洲明 著, 人民文學出版社, 1986.

•《說文解字今釋》, 湯可敬 著, 岳鹿書社, 2002.

•《中國歷史地圖集》, 程光裕·徐聖謨 編, 中華文化出版事業委員會, 1957.

◆ 單行本 및 飜譯書

[韓國]

•《周易傳義》, 成百曉 譯註, 傳統文化研究會, 1999.

•《한국주역대전》, 한국주역대전 편찬실, 學古房, 2017.

•《대산 주역강의》, 金碩鎭 著, 한길사, 1999.

•《周易哲學史》, 廖名春·康學偉·梁韋弦 著, 심경호 역, 예문서원, 1994.

•《역주 주역사전》(전8책), 방인·장정욱 共譯, 소명출판, 2007.

[中國]

•《周易譯註》, 黃壽祺·張善文 譯註, 上海古籍出版社, 2004.

•《周易本義》, 朱熹 著, 廖名春 注解, 中華書局, 2016.

•《周易大傳今注》, 高亨 著, 清華大學出版社, 2010.

•《周易今注今譯》, 南懷瑾·徐芹庭, 重慶出版社, 2011.

•《老子周易王弼注校釋》, 樓宇烈 校釋, 華正書局, 1983.

•《易學哲學史》, 朱伯崑, 北京大學出版社, 1986.

•《先秦易學史》, 高懷民, 中國學術著作獎助委員會, 1985.

•《兩漢十六家易注闡微》, 徐芹庭, 五洲出版社, 1974.

[日本]

•《易經》(전2책), 高田眞治·後藤基巳 譯, 岩波文庫, 1969.

•《易經》, 今井宇三郎 著,《新釋漢文大系》, 明治書院, 1987.

•《易經》, 鈴木田次郎 著,《全釋漢文大系》, 集英社, 1983.

•《周易講義》, 根本通明 著, 田中重光 編,

•《易學の研究》, 上野 淸 著, 歷史圖書社, 1980.

[英美]

•《The I ching or Book of changes》, The Richard Wilhelm Translation rendered into English by Cary F.Baynes, PRINCETON UNIVERSITY PRESS, 1977.

•《I ching : Book of changes》, James Legge, The Citadel Press, 1964.

- 〈The Emergence of Technical Communication in China-Yi Jing(I Ching) : The Budding of a Tradition〉, Daniel D. Ding, 《Journal of business and technical communication : JBTC》, Vol.17, 319~345p, 2003.

◆ 電子文獻 및 Web DB

- CD-ROM 中國基本古籍庫
- 한국고전종합DB(http://db.itkc.or.kr)
- 동양고전종합DB(http://db.cyberseodang.or.kr)
- 상우천고(http://www.s-sangwoo.kr)
- 電子版 文淵閣四庫全書, 上海古籍出版社.

|책임번역|

崔英辰

忠南 大田 出生
成均館大學校 卒業
成均館大學校 大學院 東洋哲學科 卒業(哲學博士)
公州師範大 漢文教育科, 全北大 哲學科 助教授 歷任
成均館大 韓國哲學科 教授, 儒學大學院長, 儒教文化研究所長 歷任
韓國周易學會, 韓國東洋哲學會, 韓國思想史學會, 韓國朱子學會, 韓國東西哲學會 會長 歷任
成均館大 韓國哲學科 名譽教授(現)
주자학상 受賞

論文 〈易學思想의 哲學的 探究 :《周易》의 陰陽對待的 構造와 中正思想을 中心으로〉
     〈朱子 人心道心의 概念과 分岐에 관한 分析的 探求〉 등 多數
著書 《유교사상의 본질과 현재성》
     《조선조 유학사상사의 양상》
     《퇴계 이황》
     《한국성리학의 발전과 심학적·실학적 변용》
     《韓國儒學思想研究》(中文)
共譯 《한국주역대전》
     《한국유학 3대논쟁》

|공동번역|

金炳愛

京畿 驪州 出生
弘益大學校 師範大學 國語教育科 卒業
高麗大學校 大學院 古典飜譯協同科程(文學博士)
民族文化推進會 國譯研修院 常任研究員
傳統文化研究會 校務委員 및 講師
서울市立大, 檀國大, 弘益大, 韓國古典飜譯院 講師 歷任
成均館大學校 儒教文化研究所 首席研究員 歷任
韓國傳統文化大學校 哲學研究所 專任研究員(現)
교육부장관상 受賞
국사편찬위원회장상 受賞(現)

論文 〈蘇軾散文의 文藝美 研究〉
     〈《律呂新書》의 번역·교감·주석 고찰〉
     〈折中義例에 보이는 신후담 역학요소의 개념 분석과 성호문인의 周易折中 논변〉
     〈화서 이항로의 斥邪衛正思想에 대한 이론적 근거와 실천〉
     〈河濱 愼後聃《周易象辭新編》譯註〉
譯書 《마음 속의 대나무 - 蘇軾散文評說》
共譯 《한국주역대전》
     《承政院日記》
     《銀臺條例》등 多數

崔廷準

忠南 大田 出生
成均館大學校 卒業
成均館大學校 大學院 東洋哲學科 卒業(哲學博士)
成均館大學校 儒教文化研究所 首席研究員, 京畿洪易學會 會長 歷任
東方文化大學院大學校 未來豫測學科 教授(現)
여헌학술상 受賞

論文   〈旅軒 張顯光 易學思想의 哲學的 探究〉
        〈李炳憲의 卦變說과 策數論 분석〉
        〈실용과 과학에 기초한 星湖 李瀷의 縫針六合理論〉
        〈태극기에 관한 역학적 검토〉
        〈程傳의 '八則陽生'에 관한 한국역학자들의 견해〉 등 多數
著書   《여헌 장현광의 사상과 한국역학》
        《주역개설》
        《고사성어 인문학》
譯書   《경씨역전》
共譯   《한국주역대전》

|현   토|

吳圭根

江原 平昌 大化 出生
南山 鄭鑽 先生, 祖父 鳳西 先生, 家親 硏靑 先生에게 受學
民族文化推進會 國譯研修院 卒業
民族文化推進會 國譯研修院 講師 歷任
傳統文化研究會 古典研修院 講師 歷任
傳統文化研究會 理事(現)

譯書   朝鮮王朝實錄《宣祖實錄》,《光海君日記》,《中宗實錄》
        《白湖全書》,《順庵集》,《承政院日記》(高宗朝) 등 多數 國譯
        《韓國文集叢刊》標點, 校勘

오서오경독본

懸吐完譯 周易傳義 貞

2021년 3월 01일 초판 인쇄
2021년 3월 15일 초판 발행

책임번역   최영진
공동번역   김병애 최정준

현   토   오규근
윤문교정   박승주

출   판   강운숙 백준철
관   리   이화춘
보   급   서원영

발 행 인   박홍식
발 행 처   (사)전통문화연구회
          서울시 종로구 삼일대로 428 낙원빌딩 411호
          전화 : (02)762-8401   전송 : (02)747-0083
          홈페이지 : juntong.or.kr
등   록   1989. 7. 3. 제1-936호

인 쇄 처   한국법령정보주식회사(02-462-3860)
총   판   한국출판협동조합(070-7119-1750)

I S B N   979-11-5794-364-7 (04140)
          979-11-5794-202-2 (세트)

정   가   30,000원